KNU 경북대학교 인문학술원 HK+사업단 연구총서 01
INSTITUTE OF HUMANITIES STUDIES

동아시아 논어의 전파와 계양산성

윤재석 편저

주류성

발 간 처 | 경북대학교 인문학술원 HK+사업단
편 저 자 | 윤재석
펴 낸 날 | 2022년 1월 31일
발 행 처 | 주류성출판사 www.juluesung.co.kr
서울특별시 서초구 강남대로 435 주류성빌딩 15층
TEL | 02-3481-1024(대표전화)·FAX | 02-3482-0656
e-mail | juluesung@daum.net

ⓒ경북대학교 인문학술원

이 저서는 2019년 대한민국 교육부와 한국연구재단의 지원을 받아 수행된
연구임(NRF-2019S1A6A3A01055801).

ISBN 978-89-6246-471-9 94910
ISBN 978-89-6246-470-2 94910(세트)

* 이 책의 일부에는 함초롬체가 사용되었음.

KNU 경북대학교 인문학술원 HK+사업단 INSTITUTE OF HUMANITIES STUDIES 연구총서 01

동아시아 논어의 전파와 계양산성

윤재석 편저

 주류성

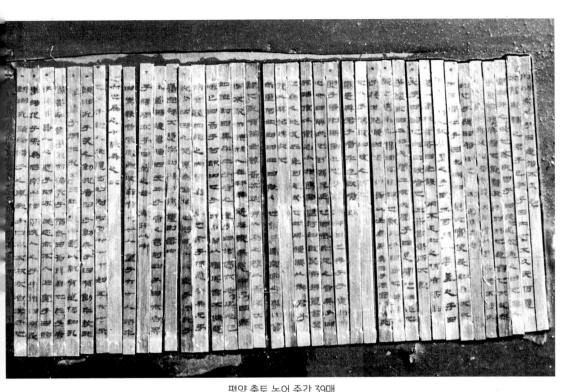

평양 출토 논어 죽간 39매
(1990년 정백동 364호분 출토, 선진편 31매, 안연편 8매)
추정 크기 18×0.8-0.2~0.3㎝
사진 : 『목간과 문자』 제4호(한국목간학회, 2009) 화보8 전재

사진 5

Ⅴ면   Ⅳ면   Ⅲ면

▶ 계양산성 출토 논어 목간
  (2005년, 제1집수정 출토)
  (13.8) × 1.19 ~ 1.87㎝

Ⅰ. ×賤君子□若人□×
Ⅱ. ×吾斯之未能信子□×
Ⅲ. ×□不知其仁也求也×
Ⅳ. ×[   ]×
Ⅴ. ×[   ] 子曰吾×

   논어 공야장편 일부

Ⅱ면   Ⅰ면

사진 7

차 례

서설

제1부 《論語》의 형성과 전파

발간사

전근대 동아시아 사회에서 논어가 지닌 가치와 역사적 의의 및 그 영향력을 새삼스럽게 재론할 필요는 없을 것이다. 그러나 소위 4차산업혁명의 인공지능사회로 진입한 21세기에까지 기원전의 저작이 끊임없이 소환되고 있음을 볼 때, 시공을 초월하여 인간다운 세상살이의 길잡이 역할을 하는 논어가 가진 장기지속적 역량을 수긍하고도 남음이 있다.

고전으로서 논어의 가치를 축적하고 전파하는 것은 인문학자들의 끊임없는 연구의 결과임은 말할 필요도 없다. 전근대 유학자들의 천착에서 시작하여, 근대학문 체계가 수립된 이후부터는 역사학과 철학은 물론이고 고고학과 문헌학에 이르는 다양한 영역에서 논어의 연구가 진행되어 왔으며, 최근에는 소위 '인문경영학'의 차원에서 논어가 주요 텍스트로 연구되기까지 한다.

이러한 측면에서 볼 때, 이 책은 한반도와 중국 및 일본열도에서 木簡 형태로 流傳된 논어의 형태와 내용 및 동아시아 지역사회로의 전파 양상을 역사학과 고고학 및 문헌학적 관점에서 분석한 연구물의 모음집이라 할 수 있다. 특히 여기에 수록된 漢代 논어의 원형과 보급 양상에 대한 연구를 비롯하여, 魏晉南北朝時代 각 지역으로 논어의 전파 양상, 그리고 한반도의 평양과 계양산성·부여 쌍북리·김해 봉황동 및 일본열도 곳곳에서 발굴된 論語木簡의 원형 복원과 그 특징, 나아가 논어가 한자문화권의 동아시아 사회에 미친 영향 등에 대한 연구는 기존 문헌 중심의'論語學'과는 또 다른 연구사적 의미를 지닌다. 아울러 논어목간이 한중일 삼국에서 공통으로 발굴된 유일한 유가경전 자료인 까닭에, 이를 연구한 본서는 동아시아 유교·한자문화권의 형성과 전개 과정을 실체적으로 입증하는 학술적 가치도 지니고 있다.

이 책은 2020년 11월 경북대학교 인문학술원 HK+사업단이 계양산성박물관·한국목간학회와 공동으로 주최한 「동아시아'論語'의 전파와 桂陽山城」이라는 주제의 학술심포지움에서 발표된 글들을 중심으로 편집되었다. 옥고를 투고해주신 저자들과 심포지엄 공동 주최 기관에 감사드린다. 아울러 본서의 출판에 실무를 맡은 경북대학교 인문학술원 HK+사업단의 윤용구 교수, 그리고 경북대 HK+사업단의 운영과 본서의 출간을 위해 경제적 지원을 아끼지 않은 한국연구재단에 감사의 마음을 전한다. 또한 어려운 여건 속에서도 본서의 출판을 맡은 주류성출판사에도 사의를 표하는 바이다.

윤재석

경북대학교 인문학술원장

HK+사업연구책임자

2022.1

동아시아의
문자 교류와 논어

동아시아의 문자 교류와 논어

-한반도 논어 목간을 중심으로-

李成市

I. 머리말

필자에게 주어진 주제는 「동아시아의 문자 교류와 논어」이다. 지금까지 필자가 한반도에서 출토된 논어 목간이나 죽간을 만날 수 있었던 것은 고대 동아시아 문자 교류 연구의 진전 덕분이다. 그 자료들과의 만남은 한국 목간 연구의 급속한 진전과 그 연구에 종사하는 사람들과의 만남없이는 불가능하였다. 『논어』라는 텍스트가 동아시아史를 연구하는 데 중요한 위치를 차지함은 두말할 나위 없으나, 출토 문자 자료로서 『논어』는 그 중요성에 비하여 의거해야 하는 자료가 충분하지 않으며, 아직 초기 단계에 있다고 해도 과언이 아니다. 그러한 가운데 한반도에서 출토된 논어 목간·죽간은 특별한 위치를 차지하고 있다고 할 수 있다.

예컨대 중국에서도 河北省 定州市 中山懷王 劉修 墳墓에서 출토된 논어 죽간이 널리 알려져 있는데, 발굴 이래 화재나 재해를 당하는 등 발굴 당시의 整簡이

거의 현존하지 않고, 죽간 사진은 한 장도 공개되지 않는 상황이다.[1] 이에 비해 한반도에서는 이미 尹龍九 씨의 專論이 있듯이 평양 貞柏洞 364호분에서 출토된 논어 죽간의 선명한 사진이 남아 있어 그 사진을 통해 기원전 1세기 논어 텍스트의 상황을 구체적으로 살펴볼 수 있는 귀중한 자료이다.[2]

또한 한반도에서 발견된 세 점의 논어 목간(인천 계양산성, 김해 봉황동, 부여 쌍북리)은 모두 다각형의 觚에 기록되어 있고, 글씨를 생략하지 않고 기록하였다는 특징을 가지고 있는 점에서 일본 열도에서 출토된 습서 등의 논어 목간과 성격을 달리한다. 이러한 성격은 고대 한반도에서 『논어』의 수용 방식을 검토하는 데 매우 흥미로운 자료라 할 수 있다.

이와 같은 특색을 지닌 한반도 출토 논어 목간·죽간이 한국 목간 연구가 본격화된 2000년대에 들어와 발견된 것은 결코 우연이 아니라 동아시아에서 진행되고 있는 목간 연구의 교류가 촉진된 결과라고 필자는 생각한다.[3]

위와 같은 이유로 필자에게 요구된 주제는 「동아시아의 문자 교류와 논어」이지만, 현대 출토 자료로서 논어 목간·죽간에 관한 연구에서 진행되고 있는 인적 교류와 고대 동아시아에서의 문자 교류를 往還하면서 주제에 대해 생각하는 바를 논해 보고자 한다.

---

1) 河北省文物研究所定州漢墓竹簡整理小組, 1997, 『州漢墓竹簡論語』, 文物出版社.

2) 尹龍九, 2020, 「平壤出土 竹簡『論語』의 文本」『東아시아 '論語'의 전파와 桂陽山城 심포지움 자료집(2020년 11월 27일)』.

3) 韓半島에서 出土된 논어 목간·죽간에 관한 拙稿는 다음과 같다. 李成市, 2009, 「新羅の識字教育と『論語』」『漢字三千年』, 高田時雄編, 臨川書店(2010년에 『新羅史學報』에 번역 게재); 李成市·尹龍九·金慶浩, 2009, 「平壤 貞柏洞364號墳출토 竹簡『論語』에 대하여」『木簡과 文字』 4; 李成市, 2011, 「平壤出土『論語』竹簡の消息」『史滴』 33; 李成市, 2014, 「韓國木簡と東アジア世界一『論語』木簡を中心に」『東アジア木簡学のために』, 角谷常子編, 汲古書店; 李成市, 2015, 「平壤楽浪地区出土『論語』竹簡の歴史的性格」『國立歴史民俗博物館報告』 194.

II. 한국 목간 연구 프로젝트를 통한 한국 목간과의 만남

필자가 한국 목간에 대해 집중적으로 연구를 시작한 것은 2002년 와세다대학(早稻田大學)이 21세기 COE 프로그램으로 채택되어 대학 내에 「아시아 지역문화 인핸싱 연구 센터(アジア地域文化エンハンシング研究センター)」가 설립된 것과 관련이 있다. 이 연구 센터는 한국의 BK, HK사업단에 해당하는 것이며, 연구 센터에서 8개의 프로젝트 연구소가 국제 공동연구를 추진했다.[4] 필자가 설립한 조선문화연구소는 이 프로젝트의 인수처가 되었으며, 2002년 국립창원문화재연구소에 한국 목간 연구의 공동연구를 제의하여 2004년에 국립문화재연구소로부터 승인을 받았다. 연구 대상으로서 한국에서 가장 많은 목간이 출토된 성산산성 목간의 공동 조사를 처음부터 구상하고 있었다. 한국에서 처음으로 계획된 본격적인 목간 연구를 추진하기 위해 일본 고대 목간 연구의 일인자인 히라카와 미나미(平川南) 씨를 객원 교수로, 일본 고대사 연구자인 미카미 요시타카(三上喜孝) 씨, 중국 고대사 연구자인 아베 소이치로(安部聡一郞) 씨를 각각 객원 연구원으로 초빙하고, 하시모토 시게루(橋本繁) 씨를 객원 연구 조수로 채용하여 한국 목간을 다각적인 관점에서 조사하기로 하였다.[5]

이와 같은 목적으로 2002년 국립창원문화재연구소에 공동연구를 제의하자, 정계옥(鄭桂玉) 학예실장은 공동연구를 시작하는 데 앞서 협의한 끝에 한국 목간에 대한 기초 자료 제작에 착수하였다. 정계옥 씨는 단기간에 『한국의 고대 목

---

4) 이 프로그램의 구상에 대해서는 早稻田大學アジア地域文化エンハンシング研究センター編, 2006, 『アジア地域文化の構築−21世紀COEプログラム研究集成』, 雄山閣을 참조.

5) 공동 연구의 추이에 대해서는 朝鮮文化研究所編, 2008, 『韓國の古代木簡』, 雄山閣; 早稻田大學朝鮮文化研究所·大韓民國國立加耶文化財研究所編, 2009, 『日韓共同研究資料集成 安城山山城木簡』, 雄山閣을 참조.

간』의 편찬을 이루고 출판하였다.[6] 이 책의 간행 이전에는 한국 출토 목간을 총람하는 도록이 전무하였고, 이미 간행된 보고서에도 목간의 仔細를 전하는 것은 없는 것이나 마찬가지였다. 『한국의 고대 목간』은 한국 목간의 중요성을 국제적으로도 널리 알리는 획기적인 도록이 되었다. 바로 이러한 도록의 간행과 궤를 같이 하듯 2001년 김해 봉황동에서 『논어』 공야장편이 쓰인 목간이 발견되었다. 이 논어 목간의 출토는 국립창원문화재연구소에 공동연구를 신청한 2002년 말에 부산대학교 신경철(申敬澈) 교수로부터 발견 연락을 받고 곧바로 부산대학교 박물관에서 조사할 수 있었다. 오랫동안 유적 발굴 현장 견학에 도움을 주었던 전옥년(全玉年) 학예사가 발굴 담당자이기도 하였고, 그 후 발굴 상황도 보고서[7]를 통해서는 알 수 없는 세부 사항을 확인할 수 있었다.

이 당시의 조사나 이후의 연구 진전은 하시모토 시게루 씨에 의한 일련의 연구를 통해 밝혀졌는데, 2002년 12월 부산대학교 박물관에서 진행된 조사 직후에 하시모토 씨는 봉황동 출토 논어 목간에 관한 가설을 제기하였다.[8] 하시모토 씨가 제시한 출토 목간의 복원안은 일부 논자를 제외하면 대부분 지지를 받고 있는 것으로 보인다. 즉 봉황동에서 출토된 논어 목간은 그 現狀을 보면 양끝이 결손되어 있어 21㎝도 되지 않으나, 원래 1m 이상에 달하는 사각형의 장대한 觚에

---

6) 國立昌原文化財研究所編, 2004, 『韓國의 古代木簡』, 國立昌原文化財研究所.

7) 부산대학교 박물관, 2007, 『金海鳳凰洞低湿地遺跡』釜山大學校博物館研究叢書33輯에 따르면 6세기 후반에서 7세기 초의 연대라고 되어 있으나, 당시 질문에 대해 신경철 씨는 더 내릴 가능성을 제시하였다. 구체적으로는 발굴을 맡은 전옥년 씨가 목간이 출토된 층에서 경주 안압지에서 출토된 토기와 편년상 비슷한 시기의 토기가 검출된 점으로 미루어 7세기 후반 이후에나 이를 가능성이 충분하다는 견해를 제시하였다.

8) 橋本繁, 2004, 「金海出土『論語』木簡と新羅社会」『朝鮮学報』193; 朝鮮文化研究所編, 2007, 「東アジアにおける文字文化の伝播—朝鮮半島出土『論語』木簡の検討を中心に」『韓國出土木簡の世界』, 雄山閣; 橋本繁, 2012, 「韓國出土『論語』木簡의 形態와 用途」『지하의 『論語』지상의 『論語』』, 金慶浩·李昤昊編, 成均館大學校出版部; 橋本繁, 2019, 「視角木簡의 政治性」『文字와 古代韓國1(記錄과 支配)』, 韓國木簡学会編, 주류성.

공야장편이 생략되지 않고 적혀 있던 것으로, 발견된 논어 목간은 그 일부였을 것으로 추정되고 있다.[9]

이 봉황동 논어 목간의 가장 큰 문제는 출토층이 교란되어 있어 복잡하고, 출토지의 층위를 파악할 수 없어 논어 목간이 이용·폐기된 시대를 특정하기 어렵다는 점이다. 이는 발견된 논어 목간의 용도와 관련된 근본적인 문제이며, 어떠한 시대에 어떠한 장소에서 어떠한 목적으로 이용되었는가하는 논어 목간의 텍스트로서의 성격을 알아내는 데 필수적인 조건이 되는 여러 문제들을 특정하기 어려워 연구상의 큰 隘路가 되어 있다.

그러나 하시모토 씨는 봉황동 출토 논어 목간에 대한 자신의 복원안을 토대로 이 논어 목간이 신라 시대 김해소경에 소재한 학교에서 이용된 것으로 추정하였다. 그와 같은 추정의 근거는 『新增東國輿地勝覽』 소재의 기사에 天寶 연간(8세기 중엽) 신라 웅주에 국학 조교의 존재가 확인되는 것으로 간주하고, 나아가 州 뿐만 아니라 小京에도 학교의 존재를 추정하는 데 있다. 그 후에도 약간의 수정을 가하여 재차 신라 지방(소경·군)에서 진행된 석전 등의 제사에서 논어 목간이 이용되었다고 하는 가설을 제기하였다.[10]

필자는 하시모토 씨의 가설을 참조하면서 중국 고대에서 학습에 사용되었다고 하는 『急就篇』이나 『蒼詰篇』 등의 다면 목간(觚)이 있는 점이나 조선 왕조 시대 四書五經의 암기 도구인 경서통이 있다는 사실을 염두에 두고, 지방 관아의 관인이 신라 국학에서 행해진 논어 시험을 위한 학습에 이용하는 학습용 교본이라고 생각하고 있었다.[11] 이러한 가설이 성립하기 위해서는 우선 봉황동 논어 목간이 신라에 국학이 성립된 7세기 후반 이후의 목간이어야 한다.

---

9) 橋本繁, 2020, 「한국출토 論語 목간의 원형복원」 『東아시아 '論語'의 전파와 桂陽山城 심포지움 자료집(2020년 11월 27일)』.

10) 橋本繁, 2012, 앞의 책.

11) 李成市, 2009, 앞의 책.

그 후 인천광역시 부천구의 계양산성에서 약 14㎝ 크기의 오각형 觚 형상을 가진 『논어』의 공야장편이 쓰인 논어 목간(1호 목간)이 발견되었다. 연합뉴스 김태식(金泰植) 기자는 2008년 11월 12일자로 선문대학교 고고연구소(이형구(李亨求) 소장)가 2006년 3차 조사에서 제1 集水井에서 논어 목간을 검출한 사실을 보도하면서 계양산성 출토 논어 목간은 널리 알려지게 되었다. 그것은 보고서 『계양산성』[12]이 간행된 직후의 일이었다.

보도에서도 강조된 것은 출토된 목간과 같은 층위에서 円底短頸壺가 발견된 사실이다. 이는 한성 백제 시대의 전형적인 토기임이 발굴 담당자에 의해 인정되고, 함께 출토된 논어 목간도 한성 백제 시대인 5세기의 것으로 보고서에서 특필되었다.

이와 더불어 중요한 점은 같은 집수정에서 길이 50㎝에 가까운 목간이 발견되었는데, 그 하단부 4분의 1은 공야장의 논어와 마찬가지로 오각형으로 되어 있으며, 더구나 그 오각형의 한쪽 면에 7자 정도의 글자가 확인된 사실이다(2호 목간). 그 서체로 미루어 이 2호 목간은 1호 목간과 마찬가지로 논어가 기록되어 있었다고 보고서에서 추정되고 있다.[13]

보도와 동시에 김태식 기자는 이형구 소장과의 중개를 맡아, 鮮文대학교 고고연구소로부터 보고서가 필자에게 전달되었다. 그 후 필자는 하시모토 시게루 씨와 함께 계양산성을 방문하여 성 내부를 답사하여 계양산성의 입지와 목간이 발견된 제1집수정을 확인할 수 있었다.

아직도 필자의 뇌리에 남아 있는 것은 발굴 조사 보고서에 명기된 논어 목간을 5세기 한성 백제 시대의 유물로 보는 시대관이다. 발굴 담당자의 고고학적 지식이 우선적으로 존중되어야 함은 물론이다. 그러나 여러 論難이 있는 가운데 그

---

12) 李亨求, 2008, 『桂陽山城発掘報告書』, 鮮文大學校考古研究所·仁川廣域市桂陽區, 牙山市, p.279.
13) 하단부의 석문은 「□□□子□□□」로 되어 있다(李亨求, 2008, 앞의 글, p.270).

후에 진행된 계양문화유산연구원에 의한 5, 6차 조사 이후(2013~14년)에 계양산성의 유적이나 유물은 6세기 말에서 10세기 사이의 시기에 걸쳐 있다는 사실이 공표되었다.[14] 백제, 고구려계의 유물이 전혀 없는 것은 아니나, 계양산성의 유적, 유물의 대부분이 신라가 이 지역에 6세기 후반에 진출한 이후의 것이라는 점은 움직일 수 없다.[15]

또한 주목해야 할 것은 하시모토 시게루 씨의 연구에 의해 계양산성 출토 논어 목간 또한 觚 형태라는 점 및 1m가 넘는 장대한 목간이라는 점이 복원안에서 김해 봉황동 출토 논어 목간과 동일한 형태적 특징을 지니며, 더구나 생략되지 않은 공야장편이 기록되어 있었다는 공통점이 있다는 것이다.

김해 봉황동과 인천 계양산성에서 발견된 두 논어 목간은 모두 발굴 당초의 발굴 보고서와 시대관이 상이하나, 한쪽은 발굴 담당자의 조언으로, 다른 한쪽은 그 후의 조사 진전에 따라 7세기 말 이후 신라의 유물로 고찰할 수 있음이 판명되고, 현재 연구자들 사이에서 공통적인 이해가 되어 있다.

III. 2개의 논어 목간의 용도

앞서 언급한 바와 같이 김해 봉황동 목간이 발견되었을 당시에 필자는 장대한 觚 형태를 한 논어 목간을 소박하게 학습용 교본으로 생각하였다. 그러나 김해와 인천이라는 멀리 떨어진 두 지역에서 장대한 목간이 『논어』 공야장편을 생략하지 않고 적는다는 공통성이 나타남에 따라 논어 목간의 용도에 대해 재검토

---

14) 桂陽文化遺産研究院, 2015, 『桂陽山城第5·6次試·發掘調査略報告書』, 仁川廣域市桂陽區.
15) 徐奉洙, 2020, 「계양산성의 발굴과 문자자료」 『東아시아 '論語'의 전파와 桂陽山城 심포지움 자료집(2020년 11월 27일)』; 白種伍, 「한국고대 산성의 집수시설과 용도」 『東아시아 '論語'의 전파와 桂陽山城 심포지움 자료집(2020년 11월 27일)』.

할 필요성이 제기되었다.

즉 봉황동 출토 논어 목간에 대해서는 국학의 시험을 전제로 하여 학습용 교본으로 간주하였으나, 계양산성에서 출토된 논어 목간과 함께 살펴보면 출토지가 통일 신라 영역의 변경인 해변 지역이라는 지리적 조건에서 공통된다. 나아가 장대한 觚와 『논어』 공야장편이 기록되어 있다는 공통점 또한 간과할 수 없다.

만약 양자의 복원안이 옳다면, 두 논어 목간의 특징은 먼저 서사 재료로서 목재가 가진 내구성이라는 특성을 살린 이용법이 있다고 보아야 한다. 그러한 서사 재료를 규정한 배경으로, 일본 고대에서 『논어』나 『文選』이 학습 대상이 된 것처럼 양 목간은 국학이라는 국가의 교육 기관과의 관련이 지적되어 왔다.

원래 신라의 국학은 7세기 중엽에 연원이 있으며, 신문왕대(682년)에 제도로 정비되었는데, 거기서 이루어진 교육은 유학의 경전이 중심이었고, 특히 학습자에게 『논어』는 『孝經』과 함께 필독 문헌이었다. 그렇기에 필자는 신라 국학의 위상을 전제로 논어 목간의 구체적 이용 방법을 암송용 학습 도구로 추정하였다.

이와 같이 추측한 과정에는 唐代 과거에서 경서의 앞뒤 문장을 가리고 한 줄만 보이게 하고, 그 한 줄 중의 세 글자를 다시 숨기고 그 글자를 알아맞히게 하는 경서의 암기 능력을 묻는 시험(帖経, 試帖)이 있었던 사실이나 나아가 고대 일본의 學令에는 "一帖三言을 시도하라"라고 보이는데, 논어 목간은 이러한 貼紙에 對備하는 학습에 사용되었을 거라는 생각이 있었다. 즉 한국에서 출토된 논어 목간을 통해 신라의 국학에서도 『논어』의 習熟度를 가늠하는 試帖이 이루어졌을 가능성을 추측해 본 것이다.[16)]

---

16) 李成市, 2009, 앞의 책. 일본의 學令에 따르면 諸經의 학습 요령과 평소 치러지는 시험에 대해서는 다음과 같은 규정이 있다. "凡學生, 先讀經文, 通熟, 然後講義. 每旬放一日休暇, 休暇前一日, 博士考試, 其試讀者, 每千言內, 試一帖三言, 每二千言內, 問大儀一条." 먼저 텍스트의 素讀을 배워 암송할 수 있게 되면 文意에 대한 강의를 받는다. 10일마다 하루 쉬는 날이 있고, 쉬는 날 전날에 박사가 시험을 실시하는데, 그 시험에서는 암송한 문장에 대해 千字마다 한 군데 세 글자를 가리고 그 글자를 답하게 하고, 二千字마다 한

이와 같은 논어 목간에 대한 추정에 대해 도미야 이타루(冨谷至) 씨의 요청에 따라 발표한 자리에서 도미야 씨로부터 다음과 같은 지적을 받았다. 즉 중국의 장대한 간독이나 觚는 쓰인 내용을 전달하는 데 기능한 것이 아니라, 간독의 형상을 시각에 호소하는 것을 목적으로 하는 경우가 있어 거기에 기록되어 있는 내용(知覺)보다는 그 형상이 전해 주는 시각 효과를 의식한 「視覺木簡」이라는 것이다.[17] 도미야 씨는 필자가 한국에서 출토된 두 개의 『논어』 목간을 암기용 도구로 보는 가설을 숙지하면서 자설을 전개하기 위한 전제로 일부러 저에게 발표를 요청하였다는 사실을 심포지엄이 끝난 후에 알게 되었다. 도미야 씨는 필자가 2000년 교토대학(京都大学) 인문과학연구소 연구회에서 한국 목간에 대한 발표를 요구받은 이래 한국 목간에 대해 다양하게 지적한 바가 있어 위와 같은 새로운 관점을 무겁게 받아들였다.

이와 같은 도미야씨의 識見을 감안할 때[18] 더욱 유의해야 할 것은 한반도에

군데 文意를 답하게 하였다고 한다. 애초에 일본 학령에서 규정된 상기와 같은 시험은 당의 시험법에 유래된 것이었다. 『通典』 卷15 選擧2에는 "凡學司課試之法, 貼經者, 以所習經掩其兩端, 中間開唯一行, 裁紙爲貼, 凡貼三字, 隨時增損, 可否不一, 或得四, 得五, 得六者爲通."라고 되어있다. 經書 문장의 전후를 가리고 중간의 한 줄만을 보이게 하여 그 한 줄 가운데 세 글자를 종이에 붙여 가린 글자를 답하게 하는 시험이다. 일본의 학령에 있는 「一貼三言을 시도하라」란 바로 종이를 재단하고 세 글자에 붙인 貼紙를 사용한 「試帖」, 「貼經」을 말하는 것으로 보인다.

17) 심포지움 「漢字文化三千年」(京都大学 21世紀COEプログラム 「東アジア世界の人文情報学研究教育拠点」主催シンポジウム, 2007년 12월 11일). 이때의 발표 논문인 도미야 씨의 「書記官への道一漢代下級役人の文字修得」은 高田時雄編, 2009, 『漢字文化三千年』, 臨川書店 第二部에 수록되어 있다.

18) 다만 도미야 이타루 씨는 표식으로 기능한 다면체의 장대한 簡에 대해, 한국 출토 논어목간과 일본 관음사 유적에서 출토된 논어 목간을 들어 이들 장다면체의 논어 簡은 읽기 위한 것이 아니라 게시하여 상징적인 역할을 수행한 시각 목간의 일종이라 생각한다」고 하였다. 그러나 어떠한 상징적 역할인지에 대해서는 언급이 없다(冨谷至, 2012, 「視角木簡への展望」 『東アジアの簡牘と社会一東アジア簡牘学の検討』, 角谷常子編,

서 출토된 두 논어 목간의 출토지가 가지는 공통성에 대해서이다. 즉 김해 봉황동 부근에는 신라 시대에 김해소경이 소재하였다. 한편 인천 계양산성에서는 집수 시설을 비롯하여 '主夫'라는 명문 기와가 출토된 사실에서 고구려 시대부터 신라 시대에 걸쳐 이 땅에 主夫吐郡이 소재하였던 것으로 추정된다. 따라서 두 논어 목간은 통일 신라에 존재한 소경이나 군의 관아 시설과 어떠한 관련이 있을 것으로 추측되는 것이다.

이러한 사실을 전제로 하시모토 씨는 재빨리 도미야 씨의 「시각목간」의 지견을 도입하면서 새로운 가설을 제기하였다. 즉 두 목간은 소경이나 군에서 석전과 같은 의식에 사용되었을 것으로 추정하고, 나아가 『논어』의 상징성이 중시되고 있었다고 간주하여 서사된 문자 자체가 의례에서 주술적인 의미를 지녔을 것이라는 가설이다. 요컨대 두 『논어』 목간이 소경이나 군 시설과의 관련을 전제로 신라 소경이나 군의 학교에서 석전과 같은 의례에 사용된 것으로 해석하는 것이다.[19]

그러나 이 가설에는 여러 가지 논증해야 할 과제가 있어 보인다. 가령 『신증동국여지승람』에 전하는 통일 신라의 구주(웅주)의 경우는 고사하고 5소경이나 지방의 군에 학교가 있었음은 사료상 확인되지 않는다. 또한 석전과 같은 제사가 지방 사회에서 개최되려면 이를 요청할 역사적 조건이 있어야 한다. 설사 석전이 소경이나 군에서 행해졌다 하더라도 왜 그 자리에서 다름 아닌 공야장편이 읽혀야 하는지, 이들에 대한 구체적인 설명이 필요하지 않을까 생각된다.

혹은 논어 목간의 상징성, 시각성을 강조한다면 공야장편이 아니더라도 고대 일본에서 많은 사례가 있듯이 학이편도 좋지 않을까 생각된다. 또한 의례에서 주술적인 의미를 지니고 있었다면 일본 도쿠시마현(德島県) 관음사 유적에서 출토

中國法政大学法律戶籍整理研究所, 奈良大学簡牘研究会, 中國法律史学古代法律文献専業委員会).

19) 橋本繁, 2012, 앞의 책.

된 논어 목간이 그렇듯 문자의 탈락 없이 정확하게 전문을 적을 필요는 없지 않
을까 하는 등의 다양한 의문이 제기된다.[20]

IV. 시각 목간으로서의 한국 논어 목간

돌이켜 보면 두 개의 논어 목간이 출토된 지점인 김해 봉황동과 인천 계양산
성은 신라의 동남쪽과 서북쪽 변경의 땅에 위치한다. 나아가 중요한 점은 김해
봉황동과 계양산성이 일본 열도 혹은 중국 대륙과 동떨어진 신라 국토의 周緣인
바닷가에 위치하고 있다는 점이며, 그 위치는 소경이나 군사상의 요충지가 된 군
의 소재지였다는 입지이다.

이러한 입지 조건에서 상기되는 것은 일본 열도에서 출토된 논어 목간의 사
례이다. 일본에서는 논어 목간의 출토지 가운데 3분의 1이 도읍이 아닌 지방에
서 출토되었으며, 이들 유적의 상당수가 모종의 형태로 國府나 국부의 관인과 관
련되어 있다는 특징이 있다고 한다. 또한 이들 유적은 국부 자체가 아니라 하더
라도 국부가 관할하는 역참이었거나 초기 국부였을 가능성이 높은 곳이었으며,
이러한 특징으로 미루어 지방 사회에서 『논어』가 확산된 배경에 국부 관인의 존
재를 상정할 수 있다는 지적이 있다.[21]

---

20) 도쿠시마현(德島縣) 관음사유적에서 출토된 논어 목간은 『논어』를 정확하게 쓴 것이 아
   니기 때문에 습서로 보는 설도 있다. 그러므로 '읽기를 위한 텍스트가 아니라 보여 줌으
   로써 효과를 발휘하는 呪物이었다'고 하는 견해도 있다(多田伊織, 2002, 「観音寺遺跡出
   土『論語』木簡の位相―觚・『論語』文字」 『観音寺遺跡 I (観音寺遺跡木簡篇)』, 財団法人德
   島県埋蔵文化財センター編, 德島県埋蔵文化財研究会.
21) 三上善孝, 2008, 「韓國出土木簡と日本古代木簡―比較研究の可能性をめぐって」, 朝鮮
   文化研究所編, 2007, 앞의 책: 三上喜孝, 2020, 「古代日本における論語木簡の特質―韓
   國出土の論語木簡との比較から」 『東아시아 '論語'의 전파와 桂陽山城 심포지움 자료집

이와 같은 일본 고대의 사례를 참조하면서 한반도에서 출토된 두 개의 논어 목간에서 주목되는 것은 출토된 두 지점이 위에서 언급한 바와 같이 통일 신라 시대의 단순한 지방이 아니라는 사실이다.

우선 계양산성은 현재 인천광역시 부천구의 시가지에 입지하고 있으며, 주변의 간척이 진행된 현재의 경관을 보고 과거의 지형을 상상하는 것은 매우 어려우나, 적어도 고려 시대에 계양산 부근은 한강 하구와 바다가 가까이에 있는 환경이었다. 현재 계양산성 남쪽에 펼쳐져 있는 평야부는 과거 한강 유역이었던 것으로 추정되어 있다.[22] 『대동여지도』에 보이는 掘浦川이 큰 유역이었던 것으로 보면 될 것이다.

그러한 현재의 환경과는 전혀 다른 신라 시대의 경관을 짐작할 수 있는 문헌으로서 13세기 초에 이규보가 좌천되어 계양부사로 간 당시의 시문이 남아 있다. 이에 따르면 한강 하류의 하구에 위치한 계양산의 입지 모습은 한쪽만 육지로 이어져 있고 세 방향이 물로 둘러싸여 있었다고 전한다. 또한 계양에서 보는 경관은 섬에 있는 듯했고, 나아가 산 정상에서는 서쪽 황해상의 섬들이 한눈에 내려다볼 수 있었다고 한다.[23] 또한 『동국여지지』(1656년)에도 이와 같은 경관이 기록되어 있다. 아마도 지금의 인천항과 가까운 남서쪽 일부만 육지로 이어져 있었던 것으로 추측된다.

다른 한편인 김해 봉황동에 대해서도 『논어』 목간의 출토지 부근은 그 가까운 곳까지 해안선이 들어와 있었음이 밝혀진 바 있다. 최근 들어 봉황동 서쪽에

(2020년 11월 27일)」.

22) 오랫동안 한반도 역사 지도 작성에 관여해 온 김유철(金裕哲) 씨의 교시에 따른 것이다.

23) 『新增東國輿地勝覽』 권9, 富平都護府, 山川條에는 다음과 같은 기록이 있다. "李奎報望海誌、路四出桂之徵、唯一面得通於陸、三面皆水也。始予謫守是州、環顧水是蒼然浩然者、疑入島嶼中、…群山衆島杳然相望". 또한 현재 지형으로는 부근이 육지가 되어 있고, 계양산에서 서남쪽으로 15㎞ 떨어진 곳에 인천항이 위치하고 있으며, 여기서부터 중국 각지로 향하는 항로가 있다.

서 고려 시대 선착장이 발견되었으며, 나아가 신라에 의해 금관가야가 병탄된 532년 이전부터 그곳에 선착장이 있었다는 추정도 있다.[24] 논어 목간이 출토된 김해 봉황동은 바로 해변의 포구에 자리를 잡고 있었던 셈이다.

이렇게 보면 논어 목간이 출토된 두 지점은 신라 국토의 서북쪽(당)과 동남쪽(일본)을 가르는 바다에 면한 변방에 있었다는 점에서 공통된다고 할 수 있을 것이다. 더구나 두 지역은 바다를 사이에 두고 이웃나라인 당과 일본에 이르는 국경의 요충지였던 셈이다. 통일 신라 시대 당으로 가는 외항으로는 인천보다 남양만의 당성(당은군)이 알려져 있다. 다만 인천이 당과의 교섭에서 상징적인 지역이었던 점은 『仁川李氏大同譜』에 보이는 바와 같다. 즉 고려의 권신인 이자겸의 원조인 許仁이 경덕왕 때(천보 14년)에 당에 파견되었을 때 현종이 帝都를 떠나던 어려운 시기였는데, 그럼에도 불구하고 조공하였다는 것이 크게 환영 받아 현종으로부터 李姓을 하사 받고 귀국하자 경덕왕으로부터 邵城(인천시 남구)의 식읍을 하사 받았다고 한다.[25] 이러한 전승에서도 인천이 당과의 관계를 상징하는 땅이었다는 일단을 알 수 있다.

문제는 이와 같은 입지 조건에서 『논어』 공야장편을 쓴 것의 의미나 그 상징성을 찾는 것이 가능한지 여부이다. 여기서 상기되는 것은 오래전부터 종종 여러 문헌에 인용되는 공야장편 가운데 다음 한 구절이다.

子曰, 道不行, 乘桴浮於海. 從我者其由與. 子路聞之喜.

---

24) 田中俊明, 2009, 『古代の日本と加耶』, 山川出版社, p.36.
25) 『仁川李氏大同譜』(全 6 巻大同譜編纂委員会, 1982) 巻 1 「大阿湌邵城伯事績」에는 다음과 같이 있다. "公本姓許氏, 始諱仁, 賜改名奇, 景徳王朝以阿湌奉使于唐, 即玄宗天寶十四年乙未也, 丙申禄山之亂, 義未能遽還, 從帝帝入蜀, 備経艱嶮, 盡力衛扈, 不憚勞苦, 丁酉從帝還都, 帝嘉之, 贈之以詩. 仍賜皇姓李氏, 戊戌奉帝詔還國, 王以其四年, 即還功高努多, 特加崇秩, 封邵城伯食邑一千五百戸, 諱儉·諱波·諱貴·諱俊, 世爲新羅大官, 襲奉邵城, 皆以李許複姓云".

즉 시대와 공간을 넘어 인구에 膾炙된 이 구절은 공자가 이상으로 삼는 도덕이 행해지지 않고 있음을 한탄하며, 중국을 떠나 桴를 타고 동쪽 바다로 나아가고 싶은데, 그때 공자를 따르는 자는 子路일까라고 말한 구절이다.

시대를 거슬러 올라가면, 낙랑에 있던 조선의 백성들이 간소한 법에 의해 다스려진 것이 箕子의 교화에 의한 것이라고 하는 사상은 漢代까지 널리 정착되어 있었다. 실제로 공야장편의 위 구절은 箕子 東來 전설과 결부되어 『한서』 지리지에도 다음과 같이 보인다.

> 殷道衰, 箕子去之朝鮮. 敎其民以禮義·田蠶·織作. 樂浪朝鮮民犯
> 禁八條. …(중략)… 俗稍益薄. 今於犯禁浸多, 至六十餘條. 可貴哉,
> 仁賢之化也. 然東夷天性柔順, 異於三方之外. 故孔子悼道不行, 設
> 浮於海, 欲居九夷. 有以也夫.

낙랑군 설치 이전의 조선은 기자와 공자 두 聖賢과 결부되어 이상향이었던 것처럼 묘사되어 있다. 이러한 기술을 기점으로 『논어』 공야장편의 한 구절은 「東夷」 혹은 「조선」과 결부되어 해석되기에 이르게 된다.

주지하다시피 후세에 이를수록 『논어』 공야장편의 해당 기사는 기자 동래 전설과의 관련성을 강화하면서 공자가 가야 할 땅(동이, 조선)이라는 해석은 후세에도 영향을 미치게 된다. 이는 중국의 『논어』 공야장편의 해석뿐만 아니라 기자 동래 전설이 한반도에서 역사를 거치면서 점차 심화된 사실에서도 엿볼 수 있다.

이러한 역사적 문맥을 상기할 때, 공야장편을 쓴 논어 목간이 눈앞에 바다를 바라보는 김해 봉황동이나 계양산성에 소재한 소경의 관아나 군의 관아에 내걸려 있었다면, 그러한 공야장의 한 구절을 암시하는 논어 목간이 내걸린 그곳이야말로 신라왕의 덕으로 다스려진 국토의 변경임을 상징적으로 말해 주는 것이라할 수 있지 않을까 생각된다.

이때 전제가 되는 것은 공야장편의 내용을 자국(신라)의 덕치주의로 내면화하고 있었다는 신라 왕토사상의 高揚이다. 어쨌든 이 점에 대해서는 앞서 언급한 7세기 말의 국학 설치에 따른 유교 교육이 이후 신라 유교 사상의 기반과 그 형성으로 이어지지 않았을까 생각해 보고 싶다.[26]

그러나 좀 더 생각해 보아야 할 것은 두 개의 목간이 원래 1m가 넘는 형태를 가진 논어 목간이었음에도 불구하고 짧게 절단되어 폐기되었던 사실이다. 제작 당시의 이용 목적은 바닷가에 소재한 관아에서 신라 국토의 덕치주의를 상징하는 시각 목간이었다 하더라도 그것이 그 후에 짧게 절단되어 계양산성의 경우처럼 집수정에 투기된 이유가 문제가 될 것이다.

여기서 주목해야 할 것은 계양산성에서 출토된 목간이 円底短頸壺와 함께 출토된 점이나 이성산성 등 다른 사례에서 논어 목간이 円底短頸壺 안에 담아 주술로 사용된 것이 아닌가 하는 지적이 있다는 점이다.[27] 실제로 이성산성의 저수지 터에서는 토기 안에서 부적과 같은 목간이 출토된 바 있다. 또한 최근에는 경산 소월리에서도 人面裝飾甕과 함께 목간이 출토되었는데, 목간이 출토된 이 土坑이 주변 상황으로 미루어 제사 유적으로 추정된다는 견해는 움직이기 어렵다고 한다.[28]

말하자면 계양산성이나 김해 봉황동의 논어 목간이 視覺 목간으로서 상징적인 의미를 지니고 관아에 내걸려 있었다 하더라도 그것이 최종적으로는 주술적인 목적을 지니고 투기된 것에 대해 그러한 사실이 갖는 별도의 의미를 규명할 필요가 다시 생기는 것이다.

---

26) 李成市, 2014, 앞의 책.
27) 白種伍, 2020, 앞의 글.
28) 윤용구 씨의 敎示에 따른 것이다.

V. 평양 정백동 논어 죽간 발견의 경위

이상과 같이 한반도의 두 논어 목간에 대해서는 와세다대학의 COE 프로젝트에 관여한 것도 있어 커다란 연구 과제 중 하나가 되어 있었다. 바로 계양산성에서 출토된 논어 목간이 화제가 되고 있던 거의 같은 무렵에 필자는 쓰루마 가즈유키(鶴間和幸) 씨가 근무하는 가쿠슈인대학(学習院大学)에서 오랫동안 편집에 관여해 온 『世界史史料』(岩波書店)의 최종 작업에 종사하고 있었다. 그 일을 하고 있을 때 쓰루마 씨가 평양에서 논어 죽간이 출토된 사실을 아느냐고 필자에게 물으며, 쓰루마 씨의 연구실에서 종이에 인쇄된 논어 죽간 사진을 보았다. 당시는 다급한 마감 작업을 하고 있었을 때이기도 하여 어떠한 유래를 가진 죽간인지 자세히 살펴볼 여유도 없어 평양 출토라는 점에 관심을 가지면서도 쓰루마 씨가 기탁한 자료 가운데 논어 죽간의 사진을 몇 분간 확인하는 데 그쳤다. 그것이 정백동 364호분에서 발견된 논어 죽간이었고, 초원 4년 낙랑 호구부와 함께 출토되었다는 사실을 확인하기까지 지금으로서는 믿기지 않을 만큼의 우여곡절이 있었다.

사진에 찍힌 평양 출토 논어 죽간의 구체적인 발굴 장소와 시기를 알게 된 큰 계기는 이듬해(2009년) 4월 安息年으로 성균관대학교 동아시아학술원에 방문교수로 체류하기 위해 서울에 도착하였을 때부터였다. 서울에서는 윤용구 씨를 중심으로 북한에서 간행된 『朝鮮考古研究』(149호, 2008년 11월)에 게재된 낙랑군 호구부 목독 사진의 검토회가 진행되고 있었다. 이 낙랑 호구부는 孫永鍾 씨가 2006년 6월 『歷史科学』에서 釋文을 발표하였으나, 사진은 이때 처음 공표된 것이었다. 윤용구 씨를 비롯한 한국목간학회에서는 선명하지 않은 사진에 대한 분석을 여러 기법을 이용해 정력적으로 진행하고 있었다.[29]

---

29) 尹龍九, 2008, 「平壤出土 『楽浪郡初元四年縣別戸口簿』 研究」 『木簡과 文字』 3.

손영종 씨가 2005년에 낙랑 호구부에 관한 논문을 발표한 것은 당시 필자에게 있어 평생 잊을 수 없는 큰 충격이었다. 그것은 논문이 발표되기 7개월 전인 2005년 12월에 필자가 북한의 사회과학원 고고학연구소를 방문하여 아들인 孫秀浩 소장과 함께 손영종 씨를 만났었기 때문이다. 고고연구소에서는 주로 북한의 목간 출토 현황 등을 손수호 소장에게 질문하고, 제가 들고 간 국립가야문화재연구소편 『한국의 고대 목간』을 기증하며, 북한의 목간 출토 상황에 관한 가능성에 대해 논의하고 있었다. 그때 고고학연구소의 후의에 따라 대동강 남안 일대(통일가 발굴 현장) 출토 유물 등을 열람하게 해주시면서도 오로지 고구려 유적에서 목제품의 출토에 대한 질문만 하였다. 그동안 손영종 씨는 오로지 『한국의 고대 목간』만 샅샅이 훑어보고 계셨다. 지금 돌이켜봐도 손영종 씨와의 대화가 전혀 없는 채 끝난 것이 후회스럽다.

손영종 씨가 『朝鮮斷代史』 고구려편이나 『역사과학』에서 낙랑 호구부의 목독에 언급하는 것은 그로부터 4개월, 7개월 후에 간행된 각각의 저작에서였다.[30] 당시 이미 그 서술이 끝난 상태였을지도 모르지만, 손영종 씨는 2005년 12월에 비로소 한국 목간 연구의 진전에 대해 알게 된 것만은 틀림없다. 당시 손영종 씨가 중병을 앓았다는 것을 그 후의 소식을 통해 알게 되었는데, 『조선단대사』나 『역사과학』에서 언급된 낙랑 호구부에 대한 내용은 한국을 비롯한 해외 연구자들에게 전하는 말로 남겨진 것이 아닐까 은근히 추측하고 있다.

2009년 한국에 체재하고 있을 때 일로 다시 돌아가면, 성균관대학교에서는 김경호 씨와 매주 한국 목간과 중국 목독과의 관계에 대해 논의할 기회가 있어 김경호 씨의 연구실을 자주 찾아갔다. 그 무렵에 평양 목독(호구 통계부)과 중국

---

30) 孫永鍾, 「平壤市貞柏洞三六四号古墳からは楽浪郡初元四年県別戸口多少□□という統計表が書かれている木簡が現れた」 (孫永鍾, 2006, 『朝鮮斷代史(高句麗一)』, 과학백과사전출판사); 孫永鍾, 2006, 「楽浪郡南部地域(後代帯方郡地域)의 位置-『楽浪郡初元四年戸口多少□□』統計資料를 中心으로」 『歷史科学』 2006년 第二期

출토 목독과의 관계 등을 연구실에 있던 여러 도판에 기초하여 교시를 받았다.

그와 같은 일도 있어 2009년 10월 말에 윤용구 씨도 함께 셋이서 중국 출토 문자 자료를 논의하던 중 필자가 과거에 쓰루마 씨 연구실에서 보았던 평양 출토 논어 죽간을 상기하여 평양 출토 논어 죽간은 낙랑 호구부와 어떠한 관계가 있지 않겠느냐는 이야기가 나왔다. 그 자리에서 쓰루마 씨에게 직접 확인할 것을 두 사람에게 약속하고, 쓰루마 씨에게 메일로 연락하여 이 점을 세 사람의 요청으로 확인을 의뢰하였다. 공교롭게도 김경호 씨는 쓰루마 씨의 저작인 『秦の始皇帝』를 번역하여 한국에 소개한 것이나 윤용구 씨의 낙랑 호구부 연구가 쓰루마 씨가 깊이 관여하던 학회지 『中國出土資料研究』에 이듬해 3월에 번역 게재될 예정이었다는 인연도 있어 쓰루마 씨는 곧바로 평양 출토 죽간 사진의 뒷면에 「貞柏洞364号墳出土」라 명기되어 있다는 답신을 주셨다. 우리는 이때 비로소 논어 죽간이 정백동 364호분에서 초원 4년 낙랑 호구부와 함께 출토되었음을 확인할 수 있었다.

그 해 12월에는 쓰루마 씨에게 사진 자료를 위탁한 前 고구려회 회장인 이토 도시미쓰(伊藤利光) 씨로부터 정식으로 사진 대여를 받게 되었고, 처음으로 사진 뒷면에 쓰여 있던 출토지가 「貞柏洞364号墳」임을 확인하였다.

윤용구 씨, 김경호 씨와 필자 세 사람은 11월에 쓰루마 씨로부터 회신을 받았을 때 공동 집필을 통해 정백동 364호분 출토 논어 죽간의 전체 모습을 『목간과 문자』에 투고할 것을 약속하고, 한국목간학회 총무 이사였던 윤선태 씨에게 보고하고 12월에 간행된 4호에 게재하게 되었다.

이렇게 해서 발표된 공저 논문은 그 후 일본어, 중국어로 번역되고 영어로도 소개된 덕에 많은 연구자에게 전할 수 있었다.[31] 이러한 큰 성과도 있어 김경

---

31) 李成市·尹龍九·金慶浩, 2009, 앞의 글(日本語譯『中國出土資料研究』 14, 2010년 3월, 中國語譯 「平壤貞柏洞三六四號墓出土竹簡《論語》」 『出土文獻硏究』 10, 2011년 7월, 中國文化遺産硏究院, 北京).

호 씨는 2010년 8월에 성균관대학교 동아시아학술원이 주최한 국제회의인「논어와 동아시아-지하의 논어, 지상의 논어」를 주관하여 중국에서 3명의 연구자를 초빙하고, 또한 일본에서도 3명의 연구자를 초청하여 국제 학회를 개최하였다.

이 국제회의 자리에서 뜻밖의 발언이 중국의 연구자로부터 있었다. 즉 정백동에서 출토된 논어 죽간의 사진이 너무 선명하여 출토 유물 여부가 의심스럽다는 것이다. 이와 같은 발언은 필자에게 생각지도 못했던 일이지만, 논어 죽간이 촬영된 경위에 깊은 관심을 기울이는 계기가 되기도 하였다.

원래 정백동 출토 유물을 비롯한 統一街 출토 유물의 사진은 사회과학원으로부터 일본에서 발표할 것을 의뢰받은 것이었다.[32] 그 이전에 이토 도시미쓰 씨에게는 여러 차례에 걸쳐 사진 입수 경위에 대해 여쭈었으나, 필자가 논어 목간의 사진을 접하기까지는 상당한 우여곡절이 있었음을 알게 되었다. 게다가 논어 죽간의 사진 피사체의 진위가 문제가 되기도 하여 재차 국제회의 후에 이토 씨에게 묻게 되었다. 마침 이토 씨는 그 해 여름 북한에 도항을 계획하고 있어 저도 동행할 것을 부탁하였으나, 논어 죽간의 진위 문제도 있어 직접 사회과학원 관계자에게 찾아갈 것을 이토 씨와 상의하고 9월에 가게 되었다.

같은 해 8월 말에 동아시아 목간 연구의 국제회의가 베이징에서 개최되기도 하여 이토 도시미쓰(伊藤利光) 씨와는 베이징에서 합류하고 함께 북한의 사회과학원 역사연구소를 방문하였다. 조희승(曺喜勝) 소장과는 2008년에 캐나다 UBC에서 열린 고구려사 국제회의에 동석하였는데, 성균관대학교 국제회의에서 중국 연구자들의 疑義를 전하였더니 1990년대 정백동 고분군 발굴 상황 및 사진이 찍

---

32) 고구려회는 일본에서 개최된 高句麗文化展(1985년 9월~1987년 5월)을 계기로 1988년 6월 설립되었는데, 초대 회장으로 에가미 나미오(江上波夫)가 취임하고, 1990년부터 매년 북한을 방문해 회보를 간행하여 활동을 홍보해 왔다. 그 후 구노 다케시, 나가시마 기미치카 씨가 회장으로 취임하고, 회보는 67호(2002년)까지 간행되었다. 이후 이토 도시미쓰 씨가 회장이 되었는데, 이토 씨는 오랫동안 사회과학원에서 기탁받은 사진을 보관하였으며, 이후 사진은 쓰루마 씨에게 위탁되었다.

힌 경위에 대한 자세한 내용을 솔직하게 말씀해 주셨다. 조 소장에 따르면 정백동 364호분은 발굴 당초에 1m 정도 물에 잠긴 흔적이 있었고, 발굴 당시에도 고분 바닥 부분은 수분을 포함하고 있었다고 한다. 조 소장은 출토된 후 바로 현장으로 달려가 직접 현장을 목격하였다고 한다. 또한 1992년에 간행된 조선고고연구에는 유병흥(劉秉興) 씨에 의해 "논어 제11권 전문이 쓰인 책서와 같은 유물도 있다."[33]라고 서술되어 있고 당시 유물 조사를 맡았던 고전 연구자 원로들이 분석한 결과라는 경위에 대해서도 소개되어 있다.

그 후 윤용구 씨는 『高句麗會會報』에 실린 논어 죽간의 사진[34] 분석을 통해 죽간 총수를 추정하여 조희승 소장의 회상이 근거 없는 지적이 아님을 확인하였다.[35] 또한 이토 씨의 후의에 의해 사회과학원역사연구소에서 위탁받은 정백동 364호분에서 출토된 세형동검(細形銅劍)과 漆器 등 출토품의 사진에 대해서도 후일 학술지에 발표할 것을 허락하셨다.[36] 주목해야 할 것은 그 세형동검의 사진 가운데 하나에 「貞柏洞364号墳1990年7月発掘」이라 명기되어 있었다는 점이다. 이에 따라 그동안 발견 시기를 알 수 없었던 정백동 출토 낙랑 호구 통계부나 논어 죽간이 발견된 시기를 특정할 수 있게 되었다. 정백동 364호분 발굴로부터 20년만의 일이었다.

조희승 소장은 국제적으로도 주목받고 있는 정백동 364호분 출토 논어 죽간이 향후 연구에 활용되기를 바란다며, 사진의 활용은 저에게 일임할 것을 평양을 떠나기 전에 전해 주셨다. 정백동 일대 발굴 당시에는 북한이 '고난의 행군' 시기였던 것도 있어 정식 보고서는 아직 간행되지 않았지만, 앞으로도 계속 남겨진

---

33) 劉秉興, 1992, 「考古學分野에서 이룬 成果」『朝鮮考古学研究』 1992년 第2期, p.2.
34) 高句麗會 간행, 2001, 『高句麗會會報』 63호.
35) 李成市·尹龍九·金慶浩, 2009, 앞의 글.
36) 낙랑 구역에서 출토된 유물의 사진은 2011년에 이르러 공표를 전제로 열람하였다. 이 때 정백동 364호분에서 출토된 세형동검의 사진 캡션에 "1990年7月発掘"이라 기록되어 있었기 때문에 정백동 364호분의 발굴 시기가 판명되었다.

논어 죽간의 사진을 통해 많은 사실이 밝혀지기를 간절히 바란다.[37]

VI. 맺음말

이상에서 「동아시아 문자 교류와 논어」라는 주제로 논술해 보았는데, 한반도에서 출토된 논어 목간·죽간에 대해 필자가 지금까지 진행해 왔던 연구가 동아시아 목간 연구자와의 교류의 산물임을 다시 한 번 강조하고 싶다.

마지막으로 한반도에서 출토된 논어 목간·죽간 연구와 관련하여 신라 사회에서 이루어진 『논어』의 수용에 대해 약간의 사견을 표하고자 한다. 아직까지는 충분한 논증을 실시하기에 이르지 못하고 있지만, 결론만을 말해 향후의 연구를 위한 각서로 하고 싶다.

「東아시아 '論語'의 전파와 桂陽山城」 심포지움 자료집에서도 채미하(蔡美河) 씨가 「신라의 유가 교육과 논어」를 고찰하였는데, 국학과 『논어』와의 관계에서 각별히 유의하고 싶은 것은 신라 국학에서의 학습 내용과 8세기 말 원성왕대에 이르러 새롭게 설치된 讀書三品科(788년)의 학습 내용과의 관계에 대해서이다. 지금까지도 독서삼품과에 대해서는 많은 언급이 있는데,[38] 국학이 창설되었을 때(682년)에도, 또 독서삼품과가 설치되었을 때에도 『논어』의 학습이 계속 중시되고 있었던 사실이다. 말하자면 필수 과목으로 계속 중시되고 있는 점은 신라 사회를 생각하는 데 『논어』가 가지고 있는 의의가 강조되어도 좋을 것이다.

더욱이 독서삼품과에서 주목되는 것은 「삼품과」라는 명칭의 유래가 되는 「上品, 中品, 下品」이라는 세 가지 등급 설정은 국학 학생들이 다음과 같이 通曉한 과

---

37) 尹龍九, 2020, 앞의 글.
38) 木村誠, 2004, 「統一新羅の官僚制」『古代朝鮮の國家と社會』, 吉川弘文館; 浜田耕策, 2002, 「國学と遣唐討留学生」『新羅國史の研究—東アジア史の視点から』, 吉川弘文館.

목의 多寡에 따라 행해진 점이다.

上品『春秋左氏傳』(혹은『禮記』혹은『文選』),『論語』『孝經』
中品『曲禮』『論語』『孝經』
下品『曲禮』『孝經』

나아가 이 삼품 위에는 널리 五經·三史·諸子百家의 서적에 정통한 자를 대상으로 삼품의 평가를 뛰어넘어 발탁하였다는 별격의 대우가 존재한 것이다.[39]

종래 국학 및 독서삼품과의 말미에 기록된 졸업생에게 주어진 관위의 성격을 둘러싸고 국학 수학생은 입학 시에 大舍에서 無位인 사람들이고, 학생들은 국학 졸업 시에 大奈麻, 奈麻의 관위가 주어진다. 이에 대해 5두품·4두품의 골품 신분인 무위에서 대사 이하인 사람에 대해 중급 실무 관료로 나아갈 榮達의 길을 준다는 해석이 있다. 또한 이와 더불어 졸업할 때 주어지는 대나마와 나마는 유교 전거를 중심으로 한 과목을 배운 학생(대나마)과 算學 과목을 선택한 학생(나마)으로 나뉘어 진다는 가설이 제기된 바 있다.[40]

그러나 이러한 이해에서 불충분한 것은 위의 가설이『삼국사기』직관지에 기록된 대나마 및 나마의 특진 계급의 존재를 전제로 국학이나 독서삼품과를 논하고 있다는 점이다. 즉 대나마에는 九重大奈麻까지 특진 계급이 있었고, 한편 나마에는 七重奈麻까지 있었다고 한다. 이것이 독서삼품과 졸업생의 대우라면「중급 실무 관료」로의 영달이라 할 수 없을 것이다.[41]

---

39) 해당 부분은 다음과 같이 있다.『三國史記』卷10 新羅本紀10, "若博兼通五經·三史, 諸子百家書者, 超擢用之".
40) 木村誠, 2004, 앞의 책, p.232.
41) 木村誠, 2004, 앞의 책, p.231에는 중위제에 대한 근본적인 오해가 있다. 九重奈麻의 존재는 골품제의 규제를 받는다기보다는 골품제의 규제가 완화되어 관위 상당보다는 상위 관직에 오를 수 있는 조치로 보아야 한다. 따라서 진골 상당의 관직(장관)에 오를 수

애초에 重位制는 신라 17등의 관등 가운데 아찬에도 있었다. 이들 아찬, 대나마, 나마의 중위란 6두품, 5두품, 4두품에 대해 제도상의 한계를 넘는 은혜로 마련된 제도로 생각되어 있다. 그런 점을 염두에 두고, 다시 주시해야 할 것은 九重大奈麻가 실재하였다면 그 오를 수 있는 관위는 四重阿飡을 넘게 된다. 四重阿飡은 6두품에 대한 특진 계급(제3등 상당)이지만, 5두품의 특진 계급인 九重奈麻(제2등 상당)는 6두품의 특진 계급을 능가해 버리는 것이다.

이러한 점에서 九重大奈麻에 대해서는 그 존재를 의심하는 지적도 있었다.[42] 그러나 그 실재를 적극적으로 지지하는 견해도 있다.[43] 그렇다면 신문왕대 국학의 설치로부터 1세기를 지난 원성왕대에 독서삼품과가 설치되기에 이르자 신라에서는 유교 경전의 학습이 한층 더 중시되어 삼품의 성적 우수자나 「超擢」자 가운데 5두품 출신자라 하더라도 진골 상당의 제5등 이상의 관직으로 오를 수 있음이 보장되어 있었다고 이해하여야 한다. 수업의 결과에 따라 삼품의 등급 차가 있었고, 나아가 「超擢」의 평가가 존재하였다면 그에 상당한 대우를 준비해야 하기 때문이다.

따라서 독서삼품과의 상품, 중품을 얻기 위해 필수가 된 『논어』 학습은 신라 8세기 후반부터 한층 더 열을 띠게 된 것으로 추정된다. 또한 앞서 언급한 바와 같이 논어 목간이 발휘하는 상징성을 보더라도 신라에서의 『논어』는 단순히 학습의 수준이라기보다는 신라의 역사적, 사회적 맥락에서 접근하는 것이 좋다고 생각된다. 이런 점들을 고려해 볼 때 독서삼품과를 설치한 8세기 말에 이르면 신라 사회의 『논어』는 더욱 특별한 위치를 차지하지 않았을까 생각된다. 이상과 같

있는 국학 졸업생을 「중급 실무 관료」의 양성 기관으로 규정할 수는 없다. 덧붙여 大奈麻에 九重大奈麻까지 실재하였을 가능성에 대해서는 武田幸男, 1954, 「新羅の骨品体制社會」『歷史学研究』 299를 참조.

42) 末松保和, 1954, 「梁書新羅伝考」『新羅史の諸問題』, 東洋文庫, p.406.

43) 武田幸男, 1954, 앞의 글; 武田幸男, 1975, 「骨品制の再檢討」『東洋文化研究所』 67.

이 말미에서 억측에 불과한 사견을 표하게 되었다. 한반도에서 출토된 논어 목간의 해석을 둘러싼 향후 논의가 활발해지기를 바라는 마음에서이다. 너그러이 용서해 주시기를 바란다.

참고문헌

桂陽文化遺産研究院, 2015, 『桂陽山城第5·6次試·發掘調査略報告書』, 仁川廣域市
    桂陽區

國立昌原文化財研究所編, 2004, 『韓國의 古代木簡』, 國立昌原文化財研究所

金慶浩·李昤昊編, 2012 『지하의 『論語』 지상의 『論語』』, 成均館大學校出版部

「東아시아 '論語'의 전파와 桂陽山城」 심포지움 자료집(2020년 11월 27일)

부산대학교 박물관, 2007, 『金海鳳凰洞低湿地遺跡』釜山大學校博物館研究叢書33輯

孫永鍾, 2006, 『朝鮮斷代史(高句麗史一)』, 과학백과사전출판사

孫永鍾, 2006, 「楽浪郡南部地域(後代帯方郡地域)의 位置-『楽浪郡初元四年戶口多
    少□□』統計資料를 中心으로」 『歷史科学』 2006년 第二期

劉秉興, 1992, 「考古學分野에서 이룬 成果」 『朝鮮考古学研究』 1992년 第2期

尹龍九, 2008, 「平壤出土 『楽浪郡初元四年縣別戶口簿』研究」 『木簡과 文字』 3

李成市·尹龍九·金慶浩, 2009, 「平壤 貞柏洞364號墳출토 竹簡 『論語』에 대하여」
    『木簡과 文字』 4

李亨求, 2008, 『桂陽山城発掘報告書』, 鮮文大學校考古研究所·인천광역시 계양구

橋本繁, 2019, 「視角木簡의 政治性」 『文字와 古代韓國1(記録과 支配)』, 韓國木簡学
    会編, 주류성

河北省文物研究所定州漢墓竹簡整理小組, 1997, 『州漢墓竹簡論語』, 文物出版社

角谷常子編, 2012, 『東アジアの簡牘と社会ー東アジア簡牘学の検討』, 中國法政

角谷常子編, 2014, 『東アジア木簡学のために』, 汲古書店大学法律戸籍整理研究
    所, 奈良大学簡牘研究会, 中國法律史学古代法律文献専業委員会

高句麗會 간행, 2001, 『高句麗會會報』 63호

高田時雄編, 2009, 『漢字三千年』, 臨川書店

橋本繁, 2004, 「金海出土『論語』木簡と新羅社会」『朝鮮学報』193

末松保和, 1954, 『新羅史の諸問題』, 東洋文庫

木村誠, 2004, 『古代朝鮮の國家と社会』, 吉川弘文館

武田幸男, 1954, 「新羅の骨品体制社会」『歴史学研究』299

武田幸男, 1975, 「骨品制の再検討」『東洋文化研究所』67

浜田耕策, 2002, 『新羅國史の研究—東アジア史の視点から』, 吉川弘文館

李成市, 2011, 「平壌出土『論語』竹簡の消息」『史滴』33

李成市, 2015, 「平壌楽浪地区出土『論語』竹簡の歴史的性格」『國立歴史民俗博物館
　　報告』194

財団法人徳島県埋蔵文化財センター編, 2002, 『観音寺遺跡Ⅰ(観音寺遺跡木簡
　　篇)』, 徳島県埋蔵文化財研究会

田中俊明, 2009, 『古代の日本と加耶』, 山川出版社

早稲田大学アジア地域文化エンハンシング研究センター編, 2006, 『アジア地
　　域文化の構築-21世紀COEプログラム研究集成』, 雄山閣

早稲田大学朝鮮文化研究所·大韓民國國立加耶文化財研究所編, 2009, 『日韓共同
　　研究資料集成安城山山城木簡』, 雄山閣

朝鮮文化研究所編, 2007, 『韓國出土木簡の世界』, 雄山閣

朝鮮文化研究所編, 2008, 『韓國の古代木簡』, 雄山閣

「漢字文化三千年」(京都大学21世紀COEプログラム「東アジア世界の人文情報
　　学研究教育拠点」主催シンポジウム, 2007년 12월 11일

《論語》의 형성과 전파

제1장

先秦 禮典을 통해 본『論語』에 보이는 "將命" 두 용례에 대한 검토

寧鎭疆

I. 머리말

『論語』憲問 "闕黨童子將命" 章에 다음과 같은 내용이 나온다.

> "闕黨童子將命. 或問之曰: '益者與?' 子曰: '吾見其居於位也, 見其
> 與先生並行也. 非求益者也, 欲速成者也.'"

여기서 童子의 "將命"은 『集解』에서는 馬融이 "傳賓主之語出入也[1]"라 하였고, 이후에 皇侃은 "傳賓主之辭", 朱子의 『集注』에서는 "傳賓主之言"이라 하였으며,

---

[1] 程樹德, 1990,『論語集解』, 中華書局, p.1046.

청나라 사람인 劉寶楠 및 현대의 각 주석본에 이르기까지 기본적으로는 모두 "傳賓主之語"라는 해석 논리를 따르는데, 혹 "말을 전하다(傳話)", "소식을 전하다(捎口信)"[2]라 하는 것은 고금에 이의가 없다고 할 수 있다. 이외에 "將命"이라는 말은 『論語』 陽貨 편 "孺悲欲見孔子章"에도 보인다.

"孺悲欲見孔子, 孔子辭以疾. 將命者出戶, 取瑟而歌, 使之聞之."

여기서의 "將命"에 何晏이 주를 달아 이르길 "그 將命者가 자신을 모르기 때문에 노래를 불러 將命者를 깨닫게 함으로써 孺悲가 생각하게 하였다.(爲其將命者不知己, 故歌, 令將命者悟, 所以令孺悲思之.)"라고 했지만, 구체적으로 "將命"을 해석한 것은 아닌 듯하다. 다만 이후에 邢昺의 소에 이르길 "將은 奉과 같다. 奉命이란 주인의 말을 출입하는 사람에게 전하는 것이다.(將猶奉也. 奉命者, 主人傳辭出入人也.)"라 하였다. 이른바 "傳辭出入"이란 위에서 "闕黨童子將命"에서의 馬融주와 기본적으로 일치하며, 淸代의 劉寶楠 및 근래의 학자들은 모두 이렇게 이해하였다. 담백하게 말하자면 『陽貨』 편의 이 한 구절에서 "將命"을 "傳辭"로 이해하는 것은 그래도 대체로 통할 수 있다. 또한 "將命"자가 "傳辭"인 이상, 사실 孺悲와는 별개라는 게 일반적인 인식이다. 즉 孺悲는 孔子를 만나고자 하는 생각을 가지고 "將命"하는 자에게 선생의 뜻을 알아오도록 한 것이다.[3] 이 또한 매우 합리적으로 보인다. 그러나 "將命"을 "傳辭"로 이해하면, "闕黨童子將命" 章에서 분

---

2) 楊伯峻 선생은 "정보를 전달하다"(楊伯峻, 1980, 『論語譯註』, 中華書局, p.160), 孫欽善 선생은 "전달하는 말"(孫欽善, 2009, 『論語本解』, 北京三聯書店, p.192), 楊逢彬 선생은 "말을 전하게 하다"(楊逢彬, 2016, 『論語新注新譯』, 北京大學出版社, p.291) 등으로 이해하였는데, 모두 "傳辭"의 논리에 따르고 있다고 말할 수 있다.

3) 黃式三은 여기 "중간 사람"의 "將命"에 관하여 何晏·皇侃이 孺悲의 使者로 이해하는 것, 및 宋代 邢昺·朱子가 孔子의 집에서 명을 전달하는 자로 이해하는 것 등 두 가지 의견을 정리하였는데, 자세한 내용은 程樹德, 『論語集解』, p.1231을 참고할 수 있다.

명 석연치 않은 대목이 있다. 가장 분명한 것은, 단순히 賓主들 사이에서만 전해지는 말에서 공자가 어떻게 "어른과 함께 자리에 앉아 있고(其居於位也)", "선생과 나란히 한다(其與先生竝行)"는 이러한 많은 문제들을 알 수 있었을까? 또한 "어른과 함께 자리에 앉아 있고(其居於位也)", "선생과 나란히 한다(其與先生竝行)"는 것은 "말의 전달(傳話)"과는 전혀 무관하며, 사실 行禮하는 행위에 가깝다. 楊伯峻은 일찍이 『禮記』 玉藻의 "일이 없으면 童子는 주인의 북쪽에서 서서 남면한다(童子無事則立主人之北, 南面)"[4]라는 말을 인용하여 "자리에 앉아 있다(居於位)"는 것은 당시 예절에 맞지 않음을 증명하고 있으나, "將命"을 "傳辭"로 이해한다면 사실 "일이 있는(有事)" 상황으로, 『禮記』 玉藻가 기록한 것과 부합하지 않는다고 하였다. 또한 『禮記』 玉藻에서 앞부분의 "聽事不麻"는 명백히 喪禮의 경우에 속하므로, 『論語』에 실린 것과도 맞지 않는다. 또한 『論語』 憲問의 상하 문장에 따르면 孔子가 동자의 "자리에 앉아 있다(居位)", "선생과 나란히 하다(與先生竝行)" 등의 예식을 관찰한 후에 "더 나음을 구하는 자가 아니라, 빨리 이루고자 하는 자이다(非求益者, 欲速成)"라고 판단한 것은, 예식 자체는 문제가 없으나 동자가 조금 성급하게 일을 끝마쳤다고 보았던 것 같다(즉 "집중이 부족하다"는 의미). 따라서 『論語』 陽貨편 "孺悲欲見孔子" 章의 "將命"이 타당하다고 한다면, 『論語』 憲問편 "闕黨童子將命"의 "將命"이 馬融 이래 "賓主의 말을 전하다"라는 의미로 이해되어 온 것은 곰곰이 생각해보면 사실 납득하기 어렵다. 사실 "將命"은 禮典에서 흔히 볼 수 있는 단어로, 『儀禮』, 『禮記』에 모두 17번, 『左傳』에도 3번 보인다. 이는 『論語』 두 곳의 "將命" 문제를 이러한 禮典의 여러 사례와 통합해서 보아야 비로소 원만한 이해를 할 수 있다는 뜻인데, 최근 각 주석을 포함하여 전통 經師는 모두 포괄적이며 체계적으로 정리되지 않았다. 이 글은 고서에 기재된 禮

---

4) 玉藻는 이 장의 처음에서 "童子의 節"이라 말하고는, 그 이후에 동자가 마땅히 지켜야 할 각종 예식이 언급되어 있으며, 바로 뒤에 "聽事不麻, 無事則立主人之北, 南面……" 운운하고 있으므로 楊 선생이 인용한 것은 정확하지 않다.

典의 "將命" 辭例를 결합하여 『論語』에서 闕黨 동자 및 孺悲가 孔子를 보고자 하는 章의 "將命" 문제에 대해 우리의 견해를 밝히는 것이다.

II. 禮典의 '將命' 용례

『儀禮』라는 책은 고대 禮經으로 관련 의식들이 특히 상세히 기록되어 있는데, 그중에서 "將命"은 모두 17건이다. 이에 대한 정현의 해석은 대체로 3가지이다. 『儀禮』 士相見禮에 "將命자에게 예물을 돌려주길 청하다.(請還摯於將命者)"의 주석에 "將은 傳과 같다. 傳命이란 손님을 맞이하는 자를 이른다.(將猶傳也, 傳命者, 謂擯相者)"라는 것이 첫 번째 해석인데, 바로 『論語』 두 곳의 "將命" 훈고에 따르는 것이다. "將命"은 손님을 맞이하는 傳命이나 傳話로 이해하는 것이 합리적일 것 같지만, 이러한 이해에 따르면 "將命"의 주어는 擯相이지, 賓主의 어느 한쪽이 아니라는 점을 주의하길 바란다. 士相見禮에서 말하는 상황은 사실 孺悲가 공자를 보고 싶어 하는 모습과 대체로 같다. 『論語』 陽貨편과 마찬가지로 정현의 해석에 따른다면, "將命"이란 말을 전하는 것이고, 賓主 이외의 제3자이다. 賈疏도 "將命"을 擯相으로 해석하였는데, 이 역시 최근 『儀禮』 번역편의 보편적인 해석이다. 이외에, 정현의 문구 해석을 따라 『儀禮』의 "將命"에 대한 두 번째 해석이 있다. 예를 들어 聘禮에 "만약 사행 도중에 다른 나라를 경유하게 되었을 경우에는 그 나라의 국경에 이르렀을 때 차개를 보내어 길을 빌리게 한다. 차개는 속백을 들고 그 나라의 외조로 가서 군주의 명을 받든다(若過邦, 至於竟, 使次介假道, 束帛將命於朝)"의 주에 "將은 奉과 같다"에서 정현이 이곳의 "將命"을 "奉命"이라 해석한 것은 사실 전술한 "傳命"의 의미에 가깝다. 聘禮에서 使者는 종종 임금의 명을 받들어 오기도 하기 때문에 정현 주석의 "奉命"설은 간신히 통하기는 한다. 하지만 "奉命於朝"라는 표현도 사실 매우 이상하다. 또한 여기서 한 가지 짚고 넘어가야 할 것은, 정현의 해석에 따르면 士相見禮에서 "將命"의 주체는 "擯相"이지만,

"使次介假道, 束帛將命於朝"에서는 "次介"가 "將命"의 주어이다. 따라서 "奉命"하는 자는 "次介"일 수밖에 없는데, "次介"는 분명히 "擯相"이 아니다. 이외에 또 정현의 "將命"에 대한 세 번째 해석이 있다. 聘禮·記에 "만약 빙국에 주국과 상의할 시급한 일이 발생하면, 빙향의 예를 마친다. 속백 위에 서신을 올려 주군에게 빙군의 명을 전해 바치는데, 백 글자가 넘을 경우에는 간책에 쓰고, 백 글자가 안될 경우에는 목판에 쓴다(若有故, 則卒聘. 束帛加書將命, 百名以上書於策, 不及百名書於方)"라고 하였다. 이에 대하여 정현은 주석에서 "將은 致와 같다."고 하였다. "將命"을 "致命"으로 이해하는 것은 정현의 "傳命"·"奉命" 이외에 세 번째 해석으로, 분명하지 않지만 "傳命"의 논리를 따르고 있다. 주인에게 사명을 "致"(傳)하는 것도 말이 되는 것 같다. 다만 여기서 "將命"의 주어도 마찬가지로 使者이며, 擯相이 아니다. 그러나 설명이 필요한 부분은 『儀禮』에 "致命"도 22번 보인다는 점인데, "將命"과 "致命"의 뜻이 같은 것인지 의심이 들게 만든다. 특히 "致命"이란 단어는 『禮記』에 8번 나올 뿐만 아니라 때로는 "將命"과 "致命"의 위치가 매우 가깝기도 한데, 예를 들면 다음과 같다.

> 『禮記』雜記上: "含者執璧將命曰: '寡君使某含', 相者入告, 出曰: '孤某須矣'. 含者入, 升堂致命. 子拜稽顙."

두 곳의 위치가 이렇게 가까운데, 왜 똑같이 일률적으로 바꾸지 않았을까? 설마 문장의 중복을 피하려고 한 것일까? 또한 雜記上의 다음 문구는 아래와 같다.

> "上介賵, 執圭將命曰: '寡君使某賵'. 相者入告, 反命曰: '孤某須矣'. 陳乘黃·大路於中庭, 北輈. 執圭將命."

두 문단 중 3곳의 "將命"은 모두 "執璧"이나 "執圭"처럼 하나의 동작이 부가되어 있으나 "致命"은 없으며, 『儀禮』 22곳의 "致命"에도 이러한 부가된 동작이 없다. 우리는 이것이 "將命"과 "致命"에 구별이 있다는 것을 분명히 나타낸다고 생각하며, 아래에서 다른 곳의 "將命"과 결합하여 재차 토론할 것이다.

정현은 『儀禮』의 "將命"에 대하여 상술한 3가지 해석에 대하여 주를 달았다. 첫 번째, "將命者"는 "擯相"이라 하며, 그것은 使者가 아니다. 2·3번째, "奉命"이든 "致命"이든 "將命"의 행동 주어는 使者일 뿐 擯相이 아니다. 이는 이미 두 해석 사이에 모순이 존재하고 있음을 설명한다. 특히 상술한 『禮記』雜記上 두 구절 "將命"과 "致命" 외에는 모두 하나의 "相者"가 존재하는데 이는 擯相이 분명하고, 그것은 명백히 "將命"과 같은 사람이 될 수 없다. 특히 언급해야 할 것은, 상술한 『論語』의 "將命" 두 부분은 예로부터 모두 첫 번째 해석에 따라 이해되어왔다는 것이다. 실제로 孺悲欲見孔子章에서 "將命"을 "致命"으로 이해하면, 앞서 말한 "致命"하는 자는 왕왕 使者 본인의 기록을 참고할 수 있다. 이 "將命者"가 孺悲 본인일 가능성이 충분하다는 점에서 이 章의 이해는 전통적인 해석과 크게 다르다. 이것은 『論語』 "將命" 두 곳의 전통적인 이해가 사실 그렇게 탄탄하지 않다는 것이다.

상술한 정현이 주석한 『儀禮』의 "將命"에 대한 3가지 해석, 예를 들어 "將命"을 "致命"으로 이해하면 "將命"자는 使者 자신인데, "擯相"이 없는 것은 "傳命"설과 다를 뿐만 아니라 聘禮에서도 원만하게 설명하기 어려운 모순에 부딪친다. 聘禮에 이르길 "빈이 개인의 자격으로 주군을 알현한 후에 만약 개인적으로 진귀한 물건을 헌상하고자 할 경우, 군주의 명이라 하면서 헌상하는 물건을 받들어 바친다(旣覿, 賓若私獻, 奉獻, 將命)"라 하였고, 정현 주에 "君命으로 이르는 것과 같다.(猶以君命致之.)"고 하였는데, "致命"으로 이해한다면 "致" 혹은 "傳"하는 것은 누구의 "命"일까? 賈疏에서 보완하길 "비록 私獻이라 하더라도 자신의 물건은 군주의 물건과 같으니, 모두 君命으로 이르렀다고 하는 것은 신하가 군주에게 통할되기 때문이다(雖是私獻, 己物與君物同, 皆云君命致之, 臣統於君)"[5]라 하였다. 이른바 "자신의 물건은 군주의 물건과 같다(己物與君物同)", "신하는 군주에게 통할된다(臣統於君)"라고 하는 것은 뜻이 매우 잘 통하지 않는다. 손님의 개인 물건을 공물로 드려야 하는데, "將命"을 "傳命"으로 이해하면 그 "傳"의 "命"은 실현될 수 없는 문제에 직면하게 된다. 사실 "賓若私獻……將命"이란 賓이 공식적인 使命을 다한 이후에 개인적인 봉헌이 있다면 재차 예식을 거행해야하는 것이지, "君命"이라고 할 수는 없다. 즉, 여기서 "將命"은 간단히 말하면 行禮한다는 뜻이고, 여기서 賓은 분명히 "將命"의 주어이며, 擯者와는 무관하다. 聘禮는 극단적인 상황까지 언급하면서 "將命"의 용례도 담고 있다. 예를 들어 聘禮에 "상을 당했을 경우, 빈은 빙군의 명을 주국의 대부에게 전해 바치는데, 주인(대부)은 장의에 연관을 하고서 명을 받는다(遭喪, 將命於大夫, 主人長衣練冠以受)"라 하였다. "將命於大夫"는 "상을 당한(遭喪)" 상황에서 "大夫가 주인을 대행한다(大夫攝主人)"는 뜻으로, 즉 大夫가 국왕을 대신하여 상대방의 行禮를 받는 變禮를 말한다. 따라서 이른바 "將命於大夫"란 大夫에게 行禮하는 것으로 "傳命"이 아니며, 行禮하는 사람 역시 "擯相"이 아니다. 聘禮에는 "賓"이 상을 당한 상황에 대해서도 "만약 빈이 죽었는데 미처 빙군의 명을 주군에게 전하여 바치지 못하였다면, 관사에서 대렴을 한 후에 관을 주국의 조정까지 운반하여 나아가고, 상개가 대신 빙군의 명을 전하여 바친다(若賓死, 未將命, 則旣斂於棺, 造于朝, 介將命)"고 언급하였다. 이 역시 變禮로서 정현 주에서 "君命이 도달했다(達君命)"라고 하여 그럭저럭 "傳命"이나 "致命"에 연결하면 통한다고 할 수는 있다. 하지만 사실 "賓死, 未將命, ……介將命."은 분명히 賓이 사망하여 行禮를 할 수 없자 겨우 "介"로 바꾸어 行禮할 수밖에 없던 상황이며, 똑같이 바로 "行禮"한 것으로 이해할 수 있다. 또한 "介將命"에서 "介"가 분명히 "將命"의 주어이므로, 마찬가지로 "擯相"과는 무관하다.

다시 旣夕禮와 士喪禮의 "將命"을 살펴보기로 하자. 旣夕禮에 이르길 "만약 빈이 사자를 시켜 부의를 보낼 경우 빈자를 통해 주인에게 명을 전달한다. 빈자는 문 밖으로 나가 빈에게 무슨 일로 왔는지 묻고서 안으로 들어가 주인에게 보고한

---

5) 王輝整理, 2011, 『儀禮注疏』, 上海古籍出版社, p.740.

다.(賓贈者將命, 擯者出請, 入告.)"라 하였고, 賈疏에 이르길 "將命者'라 하는 것은 본인은 오지 않고 使者를 보내어 將命을 주인에게 고하는 것이다.(言'將命者', 身不來, 遣使者將命告主人.)"[6]고 하며 "傳命"의 옛 해석을 따르지 않았다. 사실 "將命"의 주어는 "賓贈者"이고, 그 뒤에 "擯者"·"出請, 入告"라 하여 "擯者"와 "將命" 자가 분명히 한 사람이 아님을 설명하고 있다. 뒷 문구의 "贈者將命, 擯者出請……"에서 "將命"자와 "擯者"의 구분 역시 뚜렷하다. 특히 이 "賓贈"은 旣夕禮의 앞 부분에 나오는 "公贈", 즉 군주가 장례를 돕기 위해 보낸 기물과 상대가 된다. 즉 卿·大夫·士가 보낸 장례를 돕기 위한 기물은 윗 문장의 聘禮 중, 賓의 "私獻"과 어느 정도 비슷하다. 다시 "傳命"을 말하자면, "傳"하는 것은 누구의 "命"일까? 사 실 이곳의 "將命" 역시 바로 行禮하는 것으로 이해하면 된다. 마찬가지로, "贈者" 는 앞의 "賓贈者"와 분명히 상대되는 것인데, 여기서 "將命"을 "傳命"으로 이해한 다면 도대체 누구의 명령을 전하는 것인가? 당혹스럽기는 마찬가지이지만 贈者 가 行禮하는 것으로 이해하면 의문이 눈 녹듯이 풀린다. 旣夕禮 다음 문장에서는 또 "만약 빈이 전을 올릴 것이 있다고 하면 빈자는 안으로 들어와 주인에게 보고 한 다음, 나가서 빈을 이끌고 안으로 들어온다. 빈은 명을 전달하기를 처음처럼 한다.(若奠, 入告, 出, 以賓入, 將命如初.)"라 하였는데, 이는 賓이 제사를 지낼 때 보내야 하는 물품이 있다면 공경히 바쳐야 한다고 말한 것이다. 그렇다면 行禮가 당초 부조품을 보낼 때와 같게 되므로, 여기서 命을 전달하는 것으로 해석하면 뜻이 대단히 잘 통하지 않게 된다. 이미 "將命如初"라 한 이상 "傳命"으로 이해하 면 재차 전달해야 한다는 것인가? 너무 군더더기로 보인다. 마찬가지로 다음 문 장 "만약 빈이 부의 보낸 것이 있다고 하면 빈자가 안으로 들어가 주인에게 보고 한다. 주인은 대문 밖으로 나가서 왼쪽으로 나아가 서쪽을 향해 선다. 빈은 동쪽 을 향하고서 주인에게 명을 전달한다.(若賻, 入告. 主人出門左, 西面. 賓東面將命.)"

---

6) 王輝整理, 2011, 위의 책, p.1186.

에서 "賓"은 분명 "將命"의 주어[7]이고, 여기서 賓이 동쪽을 향하여 行禮하는 것을 말하는데, "명령을 전달하다"라고 해석하면 똑같이 기계적인 해석에 그치게 된다. 『旣夕禮』에서 마지막에 "무릇 예를 행할 때는 반드시 남아 있는 일이 없는지 빈에게 물어본 뒤에, 주인이 배례를 하면서 빈을 전송한다.(凡將禮, 必請而後拜送.)"라고 하는데, 이는 주인의 입장에서 말하는 것이지만 "禮"의 의미도 "將"이니만큼, 앞의 "賓"이 누구이 "將命"하는 것도 간단한 "傳命"이 아닌 行禮하는 것을 뜻한다. 또 『士喪禮』에 이르길 "대공 이상 친족은 의복을 부의로 보내는데, 사람을 시켜 주인에게 통보하지 않고 자신이 직접 방에 진설한다. 서형제가 의복을 부의로 보낼 때는 사람을 시켜 실 안의 주인에게 통보하는데, 주인은 시신을 눕혀 놓은 침상의 동쪽 곡을 하는 자리에서 배례를 하고, 수의를 전달하는 사람은 시상 위 시신의 동쪽에 수의를 올려 놓는다.(親者襚, 不將命, 以即陳. 庶兄弟襚, 使人以將命於室, 主人拜於位, 委衣於尸東床上.)"라 하였는데, 이 두 곳의 "將命"은 정현의 해석에서 전자는 "사람을 시켜 주인에게 이르지 않도록 하라.(不使人將之致於主人也)"는 뜻으로, 뒷 문장의 "사람을 시켜 실 안으로 통보하다.(使人以將命於室)"를 참고한 것이 분명하다. 후대에 『儀禮』를 해석한 사람들도 대부분 주인에게 "통보"하다는 뜻으로 이해하였는데[8], 사실 여전히 "傳命"의 논리에 따르고 있다. 그러나 이렇게 이해하는 것은 분명히 문제가 있다. "親者襚"는 앞 문장의 "君使人襚"에 상대적인 말이기 때문이다. 군주는 사람을 파견하여 장례를 돕는 물품을 보내어 정부 측을 대표하게 하는데, 예식이 엄숙하기 때문에 "수의를 전달하는 사람은 왼손으로 수의의 옷깃을, 오른손으로 허리 부분을 잡는다.(襚者左執領, 右執要.)"는 의식이 요구된다. 그러나 "親者襚"는 이러한 예식에 구애받지 않으

---

7) 旣夕禮 1편을 보면 "將命" 행동의 주어는 "賓眂者", "眂者", "賓" 등이 있고, 그들은 모두 "擯者"와 명확히 구별된다.

8) 楊天宇, 1994, 『儀禮譯註』, 上海古籍出版社, p.346; 彭林 역주, 2012, 『儀禮』, 中華書局, p.408을 참고할 수 있다.

며, 이른바 "以即陳"이란 바로 장례를 돕는 물품을 놓아두고 행하는 것이다. 그렇다면 "不將命"이란 行禮의 의식을 할 필요가 없는 것인데, 傳命이나 通報의 의식과 무슨 관계가 있는가? 『士喪禮』 뒷 문장에서는 "(소렴 뒤에도) 의복을 부의로 보내는 사람이 있을 경우, 빈을 통해 명령을 전달하는데, 빈은 문을 나와 빈께서 어떤 일로 왔는가를 묻고, 들어와 주인에게 보고한다.(有襚者, 則將命, 擯者出請, 入告.)"라 하였다. 이는 小斂 이후에 보내온 장례 의물이 있다면 의식을 행해야 한다는 것을 말한다.(이는 앞서 언급한 장례 초입에 "親者襚"·"庶兄弟襚"·"朋友襚"한 상황과 뚜렷하게 구별된다.) 그래서 다음 문장에서는 번거롭지 않게 이른바 "擯者入請, 入告"·"主人待於位"·"賓入中庭" 같은 예를 갖추는데, 바로 이러한 의미에서 "襚者"야말로 "將命"의 주어이다. 만약 "傳命"이나 "通報"로 이해한다면 그 주어는 하인과 같은 인원으로 변하여, 필연적으로 이해하는데 중대한 실수를 초래하게 된다.[9]

상술한 禮書에 기재된 "將命"을 보면 "將命"이란 대부분 동작의 실행자이며, 결코 어떠한 "擯相"을 필요로 하지 않는다. 따라서 대부분의 경우 결코 "傳話"로 이해될 수 없으며, 사실 바로 "行禮"로 이해해도 된다. 예서에 기재된 구체적인 역사적 상황이 부족하여, 아마 쉽게 분간할 수는 없을 것이다. 우리는 史書의 몇 가지 구체적인 예를 들어서 "將命"에 대한 이해 문제를 살펴볼 것이다. 『左傳』 僖公三十年에 다음의 일이 기록되어 있다.

> "周·冶殺元咺及子適·子儀. 公入祀先君. 周·冶旣服, 將命: 周歂先
> 入, 及門, 遇疾而死. 冶廑辭卿."

---

9) 참고로, 『禮記』 雜記上에는 또 상술한 襚襚 및 襚과 유사한 기록이 있는데, 예를 들면 "襚者降, 受爵弁服于門內溜, 將命, 子拜稽顙, 如初. 受皮弁服於中庭, 自西階受朝服, 自堂受玄端, 將命, 子拜稽顙, 皆如初……"이다. 그중 "將命"은 "行禮"로 해석될 수 있고, "傳命" 혹은 "傳話"로 해석하지 않아도 된다.

이는 외국으로 달아난 衛成公이 국내의 周歂·冶廑에게 뇌물을 주어 주·야 두 사람에게 정변을 일으키게 하고, 元咺과 子適·子儀 등을 죽여 衛侯가 성공적으로 복위하였다는 것을 말한다. 복위에 성공한 위성공은 자연히 당초의 약속("만약 나를 위나라로 들여보내 준다면 내 자녀들을 경으로 임용하겠다.(苟能納我, 吾使而爲卿)")을 지키며 두 사람을 포상하였다. 책명이 시작되었을 때, 주천·야근 두 사람은 모두 盛裝(旣服)을 차려입고서 周歂이 먼저 들어왔으나 이상하게도 때마침 발병하여 급사하니, 冶廑은 놀라서 감히 卿을 맡을 엄두를 내지 못하였다. 이곳의 "周冶旣服, 將命" 중 "將命"은 분명히 상술한 禮典의 "將命"과 의미가 같다.[10] 게다가 周歂·冶廑은 분명히 "將命"의 주어이므로 "擯相"과 아무런 관계가 없을 뿐만 아니라, "傳命"도 필요 없다. 여기서 정현의 "傳命"이라는 해석은 유례없는 도전에 부딪혔다. 사실 이곳에서는 "將命"을 "行禮"라고 바로 이해하는 것이 매우 타당하다. "先入"·"及門"은 바로 行禮의 구체적인 과정이다.

"將命"을 언급한 또 다른 『左傳』의 구체적인 사례를 보자. 그 기사의 세부적인 부분과 전말은 매우 분명해서 우리가 "將命"의 구체적인 뜻을 정확히 이해하

---

10) 두예 주는 "將入廟受命"이라 하여, "將" 자를 시간의 의미인 "막 ~를 하려고 하다"로 이해하였는데, 正義와 後人이 이를 많이 따르는 것은 옳지 않다. 문법적으로 "將入廟受命"이라는 두예 주의 이해에 따르면, 周·冶는 분명히 "命"의 목적어인데, 이곳 "周·冶旣服 將命"에서 周·冶는 분명히 주격이다. 우리는 『左傳』의 다른 두 곳에서 "將" 자가 "막 ~하려고 하다"는 의미인 "將命"으로 나타나는 것을 참고로 할 수 있다. 昭公七年: "史朝亦夢康叔謂己: '余將命而子苟, 與孔烝鉏之曾孫圉, 相元.'", 昭公十三年: "鄭人請曰: '聞諸道路, 將命寡君以犨·櫟. 敢請命.'" 전자 "將命"의 주어인 "余"는 史朝의 꿈에 나온 衛康叔이고, 후자 "將命"의 주어는 楚王(國)이다. 희공 13년의 이 항목대로 두예 주에 따라 "將" 자를 시간적인 "將要"로 이해하면 周·冶는 "將命"의 주어일 수밖에 없지만, 두예 주 "受命"의 이해는 오히려 周·冶의 목적격에 놓이게 되어 이는 문법적으로 모순이 된다. 만약 우리가 周·冶를 "將命"의 주어로 인정한다면, 이곳의 "將命"은 두예의 그러한 시간적 이해를 따를 수 없다는 것을 의미한다. 사실 이곳의 "將命"은 禮書에서 흔히 보이는 行禮를 나타내는 "將命"이며, 다음 문장의 "先入", "及門"은 모두 의식의 다른 부분으로, 전후 논리가 명백하다고 할 수 있다.

는 데 큰 도움이 된다. 『左傳』哀公15년 吳는 楚의 공격을 받았고, 陳은 특별히 公孫貞子를 吳로 보내 위문하였으나 공손정자는 도중에 사망하였다고 기록하고 있다. 이것이 바로 『聘禮』의 "賓入竟而死"한 경우이다. 당시의 禮制에 따르면 이때 조문의 예는 계속 진행되므로, 『左傳』에는 陳의 사자가 "將以尸入", 즉 貞子의 시신을 수레에 싣고 오의 도읍에 들어온 것이 기록되어 있다. 하지만 이를 이상하게 여긴 오나라 사람들은 太宰 嚭으로 하여금 陳의 사자를 거부하고 들어가지 못하게 하였고 陳의 사자 芋尹盖는 오가 실례를 범했다고 여겼는데, 그가 든 이유는 "事死如事生, 禮也."이었다. 정자는 사망하였으나 사명은 완수되어야 하고, 그렇지 않으면 "이는 우리 임금의 명령을 무시하여 저 풀밭 속에 내던지는 것(我寡君之命委於草莽也)"으로, 즉 陳 군주의 사명을 황야에 버리는 것이었다. 그래서 그는 "이제 만약 시신을 메고 사명을 다하지 않는다면 이는 상을 당하면 돌아가야 하는 것이니, 불가하지 않겠습니까?(若不以尸將命, 是遭喪而還也, 無乃不可乎?)"라고 버텼다. 이것은 "將命"이 절대로 傳命이나 通報일 수 없음을 충분히 보여주는데, 시신이 어떻게 말을 전달할 수 있겠는가? 이와 대조적으로 『禮記』雜記上에는 "무릇 將命이란 殯을 향하여 사명을 다하는 것이다. 절을 하며 이마를 조아리는 것이다(凡將命, 鄕(向)殯將命. 子拜稽顙)"라 하였는데, 여기서도 "將命"을 "傳話"로 이해할 수 없다. 어떻게 殯柩에 말을 전할 수 있겠는가?[11] "致命"이라고 하는 것도 적절치 않은데, 다음 문장에서 "子拜稽顙"라고 하는 것을 보면 진실로 "命"을 받아들일 수 있는 것은 사실 嗣子이다. 『禮記』두 곳의 "行喪禮"를 모두 殯柩를 향해 行禮해야 한다는 것으로 생각하면 눈 녹듯이 쉽게 이해가 된다. 이것은 우리가 『左傳』의 "將命"에 대해 이해하는 데 매우 좋은 참조가 된다. 또한 『左傳』의 기록은 "將命"이 어떤 "擯者"라고 해도 구애받지 않는다는 것을 보여주는

---

11) 『左傳』昭公五年 "以書使杜洩告於殯"으로 殯柩에 말을 전할 수 있다는 것을 증명할 수도 있으나, 『左傳』의 이 기사는 특별한 역사적 사정이 있어 상례도 아닐 뿐만 아니라 "將命"도 보이지 않는다.

데, "以尸將命"의 "尸"가 의식의 주체라는 점을 분명히 했기 때문이다. 어떤 사람은 苧尹盖가 계속 조문의 예를 하지 않는다면 "寡君之命委于草莽也"라고 이야기한 것은 곧 "寡君之命"을 포기한다는 의미라고 이해하기도 하지만, 그 사자의 의무는 "傳命"이 아닌가? 우리는 이것이 정확하지 않다고 생각한다. 사자의 임무는 비록 군주의 명을 받들어 조문을 하는 것이지만, 이 일의 구체적인 내용은 일련의 예절을 통해 실현되는 것이고, 절대로 단순히 "傳話"만은 아니라고 해야 한다. 陳의 苧尹盖는 또 만약 오에 입국할 수 없다면, 즉 "死而棄之"한다면 "是棄禮也"라고 하였다. "將命"하지 않으면 "禮"를 포기하는 것이라고 명확하게 이야기하는 것이고, 이것이야말로 중요한 내용이다. 단순히 "傳命" 또는 "傳話"로 이해하면, 사자의 실질적인 임무 내용이 "빠지기" 쉽다.

이상의 『左傳』에 실린 "將命"의 사례를 보면 첫 번째, "將命"하는 자가 바로 동작의 주어이며 어떠한 "擯相"을 필요로 하지 않는다. 두 번째, "將命"을 똑같이 行禮하는 것으로 바로 이해할 수 있다는 것은 단순한 이야기가 아니다. "將命"을 직접적으로 "行禮"라 이해할 수 있는 것에 관하여, 이미 『左傳』哀公15년의 苧尹盖는 吳에 대해 매우 분명하게 밝혔다.

> "於是乎有朝聘而終, 以尸將事之禮. 又有朝聘而遭喪之禮. 若不以
> 尸將命……"

앞에는 "將事(之禮)", 뒤에는 "(以尸)將命"이라 하였는데, "將事"는 분명히 "將命"에 대응하며, 혹 "將命"이 사실 "將事"이고 "將事"가 "禮"라고 한다면, "將命"의 의미는 어렵지 않게 짐작할 수 있다. "將命"과 마찬가지로 "將事"라는 용어도 고대 禮典에서 매우 빈번히 나온 어휘였다. 그렇다면 "將事"라고 하는 것에서 "將"은 어떠한 "事"일까? 사실 "禮"가 대부분이다. 우선 『儀禮』의 두 가지 예를 보면, 『土婚禮』에 다음과 같은 내용이 나온다.

"某旣得將事矣, 敢辭."

"凡使者歸, 反命, 曰: "某旣得將事矣, 敢以禮告." 主人曰: "聞命矣.

　　정현 주에 "將은 行이다."라 하므로 "將事"는 "行事"이며, 즉 직무를 이행하는
것이다. 여기서 정현은 "將"을 "傳"으로 해석하지 않았다.(아마도 목적어인 "事"에
걸렸을 것이다.) 士婚禮의 위아래 문장을 보면 두 "將事"는 사실 모두 의식을 이
행하거나 바로 "行禮"하는 것으로 이해해야 하며, 특히 "아무개는 이미 맡은 일을
완수하였습니다. 감히 예물을 가지고 고합니다(某旣得將事矣, 敢以禮告)"의 "以禮
告"(앞에서 "선인께서 물려주신 예이므로, 감히 예례를 받아주시기를 거듭 청합
니다.(先人之禮, 敢固以請)"라 答辭하는 것에서도 "禮"를 강조한다.)에서 특히 두
드러진다. 또한 聘禮편 마지막에는 "공적인 일을 마친 이후, 빈은 주군에게 귀국
할 시기를 정해줄 것을 청한다(旣將公事, 賓請歸)"라 하는데, 이른바 "將公事"도
분명히 "將事"의 구조이다. 이는 賓이 한 차례 번잡한 방문 의식을 끝낸 이후 돌
아갈 준비를 하는 것으로, 그렇다면 이른바 "將公事"도 聘禮와 관련이 있을 것이
다. 그렇다면 다른 고서의 "將事"는 어떨까? 이와 마찬가지로 다음과 같은 고서
의 기록을 살펴보자.

　　　『左傳』成公十三年, "十三年春, 晋侯使來乞師, 將事不敬. 孟獻子曰:
　　　　　　　　'郤氏其亡乎! 禮, 身之于也. 敬, 身之基也. 郤子
　　　　　　　　無基.'"

　　　『左傳』襄公二十五年, "鄭子産獻捷於晋. 戎服將事."

　　　『左傳』昭公二十年, "齊侯使公孙青聘於衛. 旣出, 聞衛亂. 使請所聘.
　　　　　　　　公曰: '犹在竟内. 則衛君也.' 乃將事焉. 遂從諸死
　　　　　　　　鳥, 請將事. 辭曰: '亡人不佞, 失守社稷, 越在草
　　　　　　　　莽, 吾子無所辱君命.' 賓曰: '寡君命下臣於朝,
　　　　　　　　曰: "阿下執事." 臣不敢貳.' 主人曰: '君若惠顧先

君之好, 照臨敝邑. 鎭撫其社稷, 則有宗祧在.'乃
止. 衛侯固請見之, 不獲命, 以其良馬見, 爲未致
使故也. 衛侯以爲乘馬. 賓將掫. 主人辭曰: '亡人
之憂, 不可以及吾子. 草莽之中. 不足以辱從者.
敢辭.' 賓曰: '寡君之下臣, 君之牧圉也. 若不獲扞
外役, 是不有寡君也. 臣懼不免於戾, 請以除死.'
亲執鐸, 終夕與於燎."

『國語』周語中, "晉既克楚於鄢, 使郤至告慶於周. 未將事. 王叔簡公
飮之酒, 交酬好貨皆厚……."

『孔子家語』辨物, "吳伐越, 墮會稽. 獲巨骨一節, 專車焉. 吳子使來聘
於魯, 且問之孔子, 命使者曰: "無以吾命也." 賓
既將事, 乃發幣於大夫及孔子, 孔子爵之, 既彻
俎而燕客, 執骨而問曰: "敢問骨何如爲大?"

이상과 같은 "將事"의 사례는 사실 모두 行禮 혹은 의식을 이행하는 것으로
이해해야 한다.[12] 成公 13년 郤錡의 "將事不敬"에서 孟獻子는 그의 말에 "禮, 身之
干也. 敬, 身之基也"가 있다고 평하였다. "敬"은 "不敬"에 대비되므로, "禮"는 "將

---

12) 사실 西周 청동기 명문에도 "將事"의 사례가 있는데, 師寰簋銘文에 "今余肇令汝, 率齊師
……左右虎臣征淮夷, ……師寰虔不象(弛), 夙夜恤厥牆(將)事, 休既有工(功), 折首執訊……"
라 하였다(師寰簋 集成 4313 4314). 그중의 "牆"은 학자들이 옛 발음의 관점을 따라
"將"과 통한다고 한 것은 믿을 만하다. 그렇다면 "牆事"는 즉 "將事"이다. 그러나 이 "將
事"는 "恤"의 주어이고, 분명히 명사이다. 銘文의 위아래 문장을 보면 여기의 "事"는 주
로 왕명으로 淮夷를 정벌하는 일이다. 여기서 "王命"의 배경은 이 "牆"의 본 글자도 사
실 당연히 ""여야 한다고 결정하였는데, "牆事"는 아래에서 언급할 麥器 및 史頌鼎의
"命"과 비슷하게 모두 직무를 이행한다는 뜻을 가지고 있으며, 후대의 禮書에서 이미
고착화된 "將命"과 "將事"와는 또 다르다.

事"에 대비되는 것이 틀림없다. 이 점에 관하여 『禮記』 鄕飮酒禮의 "성이 서서 이 것을 거느리는데 공경으로 하는 것을 예라고 이른다(聖立而將之以敬曰禮)"를 참 고할 수 있는데, 비록 "事"라고 하지 않고 "將之"라 하였으나, 이 또한 "禮"와 가까 운 것이다. 襄公 25년 子産의 "戎服將事"는 분명히 승전을 아뢰는 禮다. 昭公 20년의 "將事" 두 가지 예에서 전자는 두예 주에서 "行聘事"라고 했고, 후자의 "將 事"는 楊伯峻이 간단명료하게 "行聘禮"라고 하였다. 이어지는 내용에서 聘禮가 최종적으로 거행되지는 않았으나, 公孫靑과 衛侯 사이에 賓·主의 문답 및 마지막 에 公孫靑이 "越在草莽"을 견지하며 衛侯가 "執鐸"한 것을 보면, 견고하게 예를 지 키는 것을 어렵지 않게 짐작할 수 있다.[13] 『國語』의 "未將事"는 徐元誥가 "未行告 慶之禮"임을 분명히 하였다. 『孔子家語』의 "將事"는 마찬가지로 賓이 거행하는 聘 禮로 이해해야 한다.[14]

실제로 고서의 "將事"를 의식을 이행하거나 行禮하는 것으로 이해해야 할 뿐 만 아니라, 심지어는 "禮" 그 자체가 "將"이라 할 수 있는, 즉 "將"의 목적어로도 이해해야 한다. 아래의 예를 보자.

> 『尙書』 洛誥, "惇宗將禮".
> 『儀禮』 旣夕禮, "凡將禮 , 必請而後拜送".
> 『詩經』 樛木, "樂也君子, 福禮將之".
> 『孔子家語』 冠頌, "行冠事必於祖廟, 以祼享之, 禮以將之".

---

13) 덧붙이자면 고대 예절의 진행 과정에서 당연히 손님과 주인 사이에 대화를 필요로 하 였는데, 이는 특히 『儀禮』에서 뚜렷하게 보이지만 대화가 行禮의 전부는 아닐 것이다. 특히 "將命"을 "傳話"로 단순하게 해석할 수는 없다.
14) 『孔子家語』의 이 기사는 『國語』 魯語下에도 보이며, 『國語』에는 "旣將事"가 없으니 당연 히 누락된 것이다.

『孔子家語』의 "禮以將之"는 곧 "禮"를 "將之"하는 것이다. 이 기사는 또한 『左傳』 襄公九年의 기록과 흡사한데, 『左傳』의 글에서 "군주가 관례를 행할 때에는 반드시 관향의 예를 행하고 금석의 악기를 울려 절도를 맞추며 선군의 묘에서 행해야 하는 것입니다(君冠, 必以祼享之禮行之, 以金石之樂節之, 以先君之祧処之)"는 『孔子家語』의 부분과 대응하며, 『左傳』에서 "以祼享之禮行之"라 한 것은 사실 "行", "祼享之禮"이다. 오늘날 『毛詩(詩經)』 樛木에 여러 차례 보이는 "福履"는 安徽大學 소장 楚 죽간(이하 安大簡)에 모두 "福禮"라고 되어 있으며, 정리자는 『說文』의 "禮, 履也. 所以事神致福也"를 인용하고 있다. "간본에서 사용한 '禮'가 정자이고, 『毛詩』에서 사용한 '履'는 가차자이다."[15]라고 한 것은 믿을 만하다고 생각한다. 위에서 언급한 "將禮"·"禮以將之"·"將事之禮" 등의 사례를 보면 安大簡의 "福禮將之"도 분명 여기에 속하며, 의미에서도 "將之以福禮"로 이해해야 옳다. 같은 이유로 『雀巢』 "之子於歸, 百兩將之"의 "將"을 安大簡에서는 "遷"이라 하여 "遷(將)之", "百兩"이라고 하였는데, 『禮記·檀弓』의 "백고의 상에 공씨의 부의를 전하는 사람이 오지 않으니, 명주와 말을 빌려 대신 가지고 갔다.(伯高之喪, 孔氏之使者未至, 束帛·乘馬而將之)"(『孔子家語』 曲禮子貢問에서는 "摄束帛乘馬而以將之"라 하였다)와 비슷하다. "束帛乘馬而將之"는 "束帛·乘馬"를 "將之"하는 것과 같다. "束帛·乘馬"라고 하는 것은 고대에 禮儀를 거행할 때의 상징적 기호로서, 더 말할 필요도 없이 명백한 것이다. 따라서 여기서는 사실상 "束帛乘馬"로 行禮하는 것을 말한다.[16] 『雀巢』의 시에서 毛亨이 "將"을 "大"라고 한 것, 鄭玄이 "將"을 "扶助"

---

15) 黃德寬·徐在國 主編, 2019, 『安徽大學藏戰國竹簡(一)』, 中西書局, p.77.
16) 당대의 禮家 楊天宇 선생이 『儀禮』에 주를 달기를 비록 많은 곳의 "將命"이 "傳命"의 옛설을 따르고 있으나, 전거한 聘禮·記의 "束帛加書將命"을 楊 선생은 "본국 군주의 서신을 書帛에 담아 主國의 군주에게 올리다."로 해석하였는데, 분명히 行禮의 행위였으나 역으로 유연함을 잃지 않았다(楊天宇, 1994, 『儀禮譯註』, 上海古籍出版社, p.257 참조). 또 徐淵 선생은 일찍이 檀弓의 "伯高之喪"의 문제에 관심을 가졌고, 아울러 禮書 중의 "將命"을 논하기도 했었다. 徐 씨는 禮書에서 "將命"의 "將"을 "致"로 해석하여 정현의

라 한 것은 모두 정확하지 않다. 『禮記』檀弓上에는 공자가 衛國에 가서 "옛날 자신이 머물던 집 주인의 초상을 만나, 들어가서 곡을 슬프게 하였다(遇舊館人之喪, 入而哭之哀)"라고 기록되어 있다. 공자는 이 정도로 상심하여 곡을 하면서도 예물을 보내 "表示"하지 않을 수 없었고, 이에 子貢에게 "說(필자의 의견은 脫이다)驂而賻之"하게 하였다. 자공은 "문인의 상에도 참마를 떼내어 부의한 일이 있었는데, 옛 집 주인에게 참마를 꺼내어 부의하는 것은 너무 과중하지 않습니까?(於門人之喪, 未有所說驂, 說驂於舊館, 無乃已重乎?)"라 하여 의견이 달랐지만, 공자는 "내가 저번에 들어가 곡을 할 때에 상주가 나를 보고 애통해하는 것을 보고 나도 눈물을 흘렸다. 내가 어찌 이유 없이 눈물을 흘렸겠느냐.(予鄕者入而哭之, 遇於一哀而出涕. 予惡夫涕之無從也.)"라 하였다. 공자는 매우 슬퍼하며 곡을 하면서도 조금의 예물도 보내지 않은 상황은 꺼려했던 것이다. 이 기사는 『孔子家語』曲禮子夏問에도 보인다. 『禮記』의 "惡夫涕之無從"을 『家語』에 "惡夫涕而無以將之"라 한 것에 "將之"가 보인다. 『禮記』를 참조하면 『孔子家語』에서 "將之"하여 준비한 물건은 분명히 喪禮의 상황에서 장례를 돕는 물건이다. 그러므로 여기의 "將之"는 사실 伯高 喪事의 "將之"와 의미가 일치하며, 모두 장례를 돕는 물건을 빌려 行禮를 한다는 뜻을 가리킨다. 또한 『雀巢』의 "將之", "百兩", 『禮記』檀弓의 "束帛·乘馬"를 "將之"하는 것, 『孔子家語』의 "驂馬"를 "將之"하는 것 등은 모두 예물을 빌려 行禮하는 것이다. 전술한 『禮記』雜記上 "執璧將命"·"執圭將命"의 "將命"은 분명히 "璧" 또는 "圭"를 "將之"하여 行禮하는 것으로 이해해야 옳다. 이와 유사한 기록은 『禮記』少儀편에도 있다.

"其以乘壺酒, 束修, 一犬賜人, 若獻人, 則陳酒執修以將命, ……其

세 번째 설에 접근하는 경향을 보였고, 사실 禮書에 나오는 모든 "將命"의 사례를 다 말할 수는 없었다. 徐 씨의 주장은 徐淵, 2016, 「論孔子"不成禮"於伯高――從禮制角度解讀〈禮記·檀弓〉"伯高之喪"章」『儒學與古今中西問題』, 北京三聯書店, p.244 참조.

以鼎肉, 則執以將命. 其禽加於一雙, 則執一雙以將命, ……車則說
綏, 執以將命. 甲若有以前之, 則執以將命."

　이상의 예처럼 "將命"이라는 단어가 많이 나온다. 이렇게 많은 "將命"에 대해
전통적인 注疏에서도 대부분 "傳命"으로 해석하였고, 근년의 『禮記』 해석문도 이
에 편승하여 "致辭" 혹은 "傳話"로 해석하였으나, 사실 모두 억지스럽다. 이곳의
이른바 執修·執鼎肉·執禽·執綏의 "將命"은 『檀弓』의 "束帛·乘馬"를 "將之"하는
사례와 극히 유사하므로, 이것은 모두 다른 사람에게 보내는 물건들을 어떻게 보
내야 하는지에 대한 문제이다. "致辭" 혹은 "傳話"와는 모두 관계가 없고, 바로
"行禮"로 이해하면 된다.

　상술한 禮書에 나오는 "將命"의 사례에 대한 토론을 보면, "將命"은 왕왕 동작
의 주어이며 결코 어떠한 "擯者"를 필요로 하지 않는다. "將命"이라는 말은 그저
行禮하는 것으로 이해하면 된다. 필자는 이것이 우리가 『論語』의 "闕黨童子將命"
에 대해 이해하는 데에도 시사하는 바가 크다고 본다. "童子將命"이란 사실 동자
가 行禮하는 것이다. 아래에서 공자가 아이를 관찰하는 관점에서 보면, 이른바
"居於位也"·"與先生竝行也"에서 "居"·"行" 등 다양한 부분을 언급하는 것은 분명
히 이 아이가 行禮하는 잡다한 의식이다. 공자는 이러한 예의의 작은 부분에서
비로소 동자에 대해 "非求益者也, 欲速成者也"라고 판단한다. 이처럼 이곳의 "將
命"을 行禮로 해석하는 것이 "傳賓主之辭"로 이해하는 것보다 훨씬 타당하다. 또
한 『論語』에서 공자가 관찰한 "闕黨童子將命"은 長幼 간에 속하는 것으로서, 『禮
記』少儀편에도 長幼 간 "將命"을 언급하고 있다.

　　"尊長於已逾等, 不敢問其年, 燕見不將命; ……寢, 則坐而將命."

　두 곳의 "將命"은 전자의 경우 후배는 선배가 한가한 시간에 가서 만날 때, 정
식으로 예를 갖추지 않아도 된다는 것을 말한다.(정현 주의 이른바 "自不用賓主

之正來, 則若子弟然") 후자의 경우, 손윗사람이 누워있을 때 후배는 서 있지 말고 무릎을 꿇고 行禮해야 한다는 것을 말한다. 전통적인 注疏와 근년의 해석은 전례대로 "傳命"·"傳話"로 이해하였으나, 사실 매우 뜻이 통하지 않는 편이다.

만약 『論語』 "闕黨童子將命" 章의 "將命"이 "傳命"이 아니고 行禮라면, 陽貨편의 "將命者"가 가리키는 바도 재차 고려할 필요가 있다. 陽貨편의 "將命者"는 바로 孺悲 본인에 해당하고, 어떤 손님과 주인 간의 "傳命"者는 아니라고 생각한다. 이렇게 이해한다는 것은 陽貨편 "將命者"에 대한 전통적인 해석이 禮書에 의거한 것이므로, 특히 士相見禮의 일부 기본 예절에 대한 이해도 재검토해야 한다는 의미이다. 士相見禮의 "將命"은 모두 "主人復見之, 以其摯……" 단락에 나오며, 총 3번 보인다. 이곳의 "將命"은 정현부터 賈公彦[17], 胡培翬[18], 더 나아가 근년의 『儀禮』 주석까지 모두 "傳命", 심지어는 擯相으로 해석하는데,[19] 사실 믿을 수 없다. 여기에는 두 가지 이유가 있다. 첫 번째, 士相見禮의 앞 문장에 따르면, 모두 主·賓 사이의 왕복문답이며 擯相하는 자가 없다. 주인은 심지어 누차 "請吾子就家, 吾將走見"라고 하는데, 이는 친히 찾아뵙겠다는 것이다. 그러나 사양하며 마지막으로 "주인은 대문 밖으로 나아가서 빈을 맞이하고 재배를 한다. 빈은 답례로 재배를 한다. 주인은 읍을 하고 대문 안으로 들어가 오른쪽으로 나아간다. 빈은 예물을 받들고 대문 안으로 들어가 왼쪽으로 나아간다((主人)出迎於門外, 再拜. 賓答拜. 主人揖, 入門右. 賓奉摯, 入門左.)"라 하였다. 모두 賓·主 두 사람 사이의 일인데 어찌 "擯者"가 수고를 하겠는가? 士相見禮 전편을 검토하면 賓과 主 사이에 하나의 "擯者"가 필요하다고 명시되어 있는데, 사실 두 가지 상황, 즉 "若嘗爲臣者"

---

17) 王輝 整理, 2011, 『儀禮注疏』, 上海古籍出版社, p.171.

18) 胡培翬는 이 "將命"의 해석에 『論語』 "闕黨童子將命" 章을 증거로 인용할 뿐만 아니라 『周禮』 司儀의 정현 주 "出接賓曰擯, 入贊禮曰相"을 인용하여, "將命"은 곧 "傳命"임을 반복하여 표명하였다. 胡培翬, 2016, 「儀禮正義」『儒藏 (精華編) 第47冊』, 北京大學出版社, 2016, p.183 참조.

19) 彭林 譯註, 2012, 『儀禮』, 中華書局, p.76을 참조할 만하다.

와 "若他邦之人" 두 가지 경우뿐이다.[20] 기타는 "만약 선생이나 작위가 다른 사람이 대문 밖에 이르러 만나기를 청하면, 사양한다. 사양을 했는데도 허락을 받지 못할 경우, '아무개는 찾아뵐 기회가 없었습니다. 사양을 했는데도 허락하는 명을 받지 못하였으니, 장차 나가서 뵙겠습니다.'라고 말하고는 대문 밖으로 나가서 빈에게 먼저 배례를 한다(若先生·異爵者請見之, 則辭. 辭不得命, 則曰: '某無以見, 辭不得命, 將走見', 先見之)"처럼 "擯者"가 필요 없다. 두 번째, 위에서 언급한 본편의 "將命"은 모두 "주인이 다시 빈을 찾아뵙는데, 빈이 들고 왔던 예물을 가지고 간다. ……(主人復見之, 以其摯)" 단락에 나오는데, 무엇을 "復見之"라 하는가? 바로 앞 문구의 賓이 이미 주인을 방문하였기 때문에, 예에 따라 왕래한다는 관점에서[21] 이번에는 주인이 답방을 해야 하는 것이다. 이때 주인이 먼저 "지난번 그대께서 수고롭게 찾아오셔서 아무개로 하여금 뵐 수 있게 해 주셨으니, 빈자를 통해 예물을 돌려드리고자 합니다(向者吾子辱, 使某見, 請還摯於將命者)"라고 말하는데, 이 "將命者"는 결코 擯相이 아니라 賓 본인이어야 한다.[22] 이전의 賓은 주인을 만나러 갈 때 바로 "摯"를 가지고 갔기 때문이다. 우리는 士相見禮 앞문장에서 賓主 사이의 "摯"에 관한 대화를 보자.

---

20) "爲臣者"는 이전에 "主人"을 만났는데 "主人"의 신분이 월등히 높은 경우이고, "他邦之人"은 서로 다른 나라 간의 인사 교제를 언급한 것으로, 양자의 "擯"은 속사정이 있는 것이다.

21) 정현 주에 "復見之者, 禮尙往來也"라 하였다. 王輝 整理, 2011, 앞의 책, p.171.

22) 楊天宇 선생은 여기서 "將命者란 즉 傳命者이고, 擯者이기도 하다. 사실 여기서는 주인을 뵈어야 하고, 주인에게 감히 직언을 하지 못하도록 겸손해야 하기 때문에 將命者라고 한다."고 주를 달았다. 한편으론 "擯者"의 옛 주석을 따르지만 "사실 여기서는 주인을 뵈어야 한다."는 인식도 가지고 있으나, 최종 해석문은 "지금 당신을 뵐 수 있는 擯者를 허락해 달라."며 "擯者"를 고수한다. 楊 씨의『儀禮譯註』, p.57 참조.

"(主人)'聞吾子稱摯, 敢辭摯'. 賓對曰: '某不以摯, 不敢見'. 主人對曰: '某不足以習禮, 敢固辭'."

　　"摯"란 예를 거행할 때의 상징적인 기호로서, 비록 "形式"에 속하지만, 없어서는 안 될 것이다(앞 문장의 "束帛乘馬"와 유사하다). 士相見禮는 "사들이 서로 찾아뵙는 예. 자신의 신분을 나타내는 예물로 겨울에는 죽은 꿩을 사용하고, 여름에는 말린 꿩고기를 사용한다(士相見之禮. 摯, 冬用雉, 夏用腒)"라 시작하며, 『禮記』郊特牲에도 "폐백을 가지고 서로 보는 것은 공경하여 분별을 분명히 밝히는 것이다(執摯以相見, 敬章別也)"라 하는데, 그래서 "摯"는 어떤 의미에서는 "禮"를 대표한다.[23] 주인은 賓이 "摯"를 가지고 찾아왔다는 것을 알았을 때, 심지어 "某固不足以習禮"라 정중하게 말한다. 여기서 "禮"는 바로 "摯"에 비하는 것이다. 당초 賓이 주인을 만나러 갔을 때 "摯"를 가지고 만났고, 지금은 주인이 답방할 때 "請還摯於將命者"라고 하였다. 이곳의 "將命者"는 당연히 "賓"일 텐데, 어떻게 "擯相"으로 이해할 수 있겠는가? 이른바 "還摯於將命者"의 정확한 의미는 "당초 摯를 가지고 行禮하던 당신에게 摯를 돌려주겠다."는 것이다. "將命"을 "執摯行禮"라 이해하는 것은 우리가 윗글에서 "將命"을 곧바로 行禮로 해석할 때가 많다는 것과도 일치한다. 참고로 전통적인 經師는 항상 『禮記』少儀 "들으니 처음으로 군자를 뵈려는 자의 말에 이르기를, '아무개는 진실로 전달자를 통해서 이름이 들려지기를 원합니다.'라고 한다(聞始見君子者, 辭曰: '某固願聞名於將命者')"로 시작하는데, 士相見禮의 "將命"과 서로 참조할 수 있다. 그러나 그중 "將命"에 대하여 똑같이 "傳命"이나 "通報"로 해석하면, 이른바 "某固願聞名於將命者"는 내가 이름을 傳命者에게 알려 당신에게 줄 수 있도록 희망한다는 의미로 받아들여지기 쉽다. 士相見禮의 "將命"을 상술한 것으로 이해한 만큼, 少儀편 이곳의 "將命者"에 대한

───────────

23) 정현 주에는 "不敢當其崇禮來見己"라 하였다. 王輝 整理, 2011, 앞의 책, p.169.

전통적인 시각도 검토해야 한다. 여기서 "將命者"는 行禮하는 자를 가리키는 것으로 보인다. "辭"의 주어는 예로부터 모두 "賓"으로 이해되어왔는데, 이는 사실 틀린 것이며 "主人"이 되어야 한다. 여러 士相見禮에 따르면, "賓"이 "主人"을 만나러 갈 때, "주인"은 직접 만나는 것이 아니라 겸양과 사양하는 말을 반복하며, 심지어는 누차 "固辭"라고 말하기도 하는데,[24] 이것은 모두 少儀의 해당 부분에서 "辭"의 주어가 "주인"이라고 할 수 있는 명확한 증거이다. 賓이 와서 보면, 주인은 정중히 '나도 일찍부터 行禮하는 당신을 알고 싶었습니다.'라고 말한다. 이에 따라 『論語』 陽貨편 "孺悲欲見孔子, 孔子辭以疾. 將命者出戶……"을 보면, 역사적 사실의 상황은 바로 상술한 "士相見禮"를 방불케 한다. 孺悲는 응당 "摯"를 가지고 뵙기를 청해야 하였으나, 결국 공자는 "辭以疾"한 후 "將命者出戶……"하였는데, 士相見禮의 "還摯於將命者"라는 표현과 연결해 보면, 陽貨편 이곳의 "將命者"가 孺悲가 아니라면 누구이겠는가? 또 摯를 가지고 뵐 때 擯者를 쓰지 않는 한 가지 다른 증거도 있다. 『禮記』 檀弓下에 "노나라 사람에 주풍이라는 자가 있었다. 애공이 예물을 가지고 보기를 청하였다(魯人有周豊也者, 哀公執摯請見之)"라 하였는데, "哀公執摯請見"에 어떻게 擯者를 쓰겠는가?[25]

III. 西周 金文의 '將命'

禮書의 "將命"이란 단어는 西周金文에도 보인다. 금석문에서 "將命"을 언급한 사례를 통해 상술한 예서의 "將命"이라는 단어의 이해 문제에 대하여 검증해 보자.

---

24) 主人이 한 번 말하길 "某也固辭, 不得命, 將走見……", 다시 말하길 "某不足以行禮, 敢固辭", 다시 말하길 "某也固辭, 不得命, 敢不敬從"라 하였다.

25) 심지어 『論語』 陽貨편 첫 章 "陽貨欲見孔子"에서조차 어떠한 "擯者"를 볼 수 없다.

서주 금석문의 "將命"은 麥器에 집중적으로 보인다.

"……賜金, 用作尊彝. 用觥井侯出入遟命. 孙孙子子其永寶" (麦方
彝 9893 西周早期).
"用作寶尊彝. 用觥侯逆造遟明命". (麦尊 6015 西周早期)[26]

그중의 "遟"은 徐中舒가 가장 먼저 "將"으로 해석하였고, 후에 黃德寬이 또 한 층 더 논증하였으며,[27] 지금은 安大簡『詩經』의 발견으로 인해 이미 이 해석은 공인된 결론이라고 할 수 있다. 가장 먼저 "遟"을 "將"으로 해석한 徐中舒는 바로 『論語』"闕黨童子將命"을 인용하여 麥器의 "將命"을 "傳命"으로 해석하였다.[28] 麥器는 "將命"과 "出入"을 병기하고 있기 때문에, "出入", "傳命(話)"은 확실히 쉽게 통한다. 다만 여기에는 주로 "遟"의 사례가 언급되어 있는데, 그중 麥器의 "遟"자 의 사례는 종종 "出入"과 "逆造"와 함께 병기되어서, 李學勤은 이 두 단어를 토론 할 때 더 많은 사례를 열거하였다.[29] 상술한 "遟命"이나 "遟明命"의 이해는 더 많 은 사례를 들어 다시 따져봐야 할 것으로 보인다. 李學勤은 논증하기 위한 방식 으로 우선 금석문의 "出入", "逆造"의 사례를 논한 후에 麥器 銘文의 해독 문제를 재검토하였는데, 방증의 효과가 꽤 있었다. "出入", "逆造"의 사례를 열거하면 다 음과 같다.

---

26) 이 기물의 아래문장에는 "遟天子休"가 있는데, 이 "遟"은 "揚"과 통하며 "遟天子休"는 청 동기 명문의 "對揚"과 비슷하다. 鄧佩玲, 『〈雅〉〈頌〉與出土文獻新證』, 商務印書館, 2017, p.252를 참조할 수 있다.
27) 黃德寬, 2002, 「說」『古文字研究』第24輯, 中華書局, p.272.
28) 徐中舒, 1998, 『徐中舒歷史論文選輯』, 中華書局, p.555.
29) 李學勤, 2010, 「釋"出入"和"逆造"——金文釋例之一」『通向文明之路』, 商務印書館, p.180. 아래에 인용한 李 선생의 설은 모두 해당 글에 보인다.

用鄉(饗)王出入吏(使)人(生尊 集成6001)

用鄉(饗)王出入 (小臣宅簋 集成4201)

用鄉(饗)王逆造吏(使)人(伯密父鼎 集成2487)

用鄉(饗)王逆造吏(使) (賞簋 集成3731)

用鄉(饗)厥辟軝侯逆造出入吏(使)人 (叔趯父卣 集成5428-5429)

　　“用鄉(饗)”이란 단어를 李學勤은 윗 글에서 이미 정확하게 “파견되어 출입하
는 使者를 환대하다”고 지적하였고, 상술한 器銘에 여러 번 “出入吏(使)人”·“逆造
吏(使)人”이라 말하는데, 그 “使者”의 신분은 분명하다.[30] 전거한『左傳』哀公十五
年 芋尹蓋가 자신을 반복해서 “使人”이라 칭한 것이다. 설령 宅簋이 “出入”에 가까
운 것이라 하더라도, 李學勤이 “使人”을 명사적인 것으로 해석한 것도 옳다. 또한
상술한 “受派出入的使者”는 이미 왕과 제후의 사자임을 내포하고 있다(叔趯父卣).
이를 전제로 李學勤은 비로소 麥器의 “出入(逆造)”과 “遹命”의 연칭 문제를 토론하
였다. 상술한 “用鄉(饗)”의 사례를 참고하여 李學勤은 麥器 銘文의 “訊”을 “饌”으로
해독하고, “具食” 즉 접대의 뜻으로 이해한 것은 매우 정확하다. 군주가 使者를
대접한다는 이러한 의미는『詩·小雅·四牡』의 小序 “勞使臣之來也”[31] 및『儀禮·燕
禮』에서 주인이 “不腆之酒”로 “使臣”에게 “잠시” 피로를 풀게 한 것을 참고할 수
있다. 나아가 李學勤은 麥器 銘文의 “遹命”을 바로 禮의 “將命”이자 명사적인 것으
로 해석하여 “將命하는 사람은 곧 使人이고, 군주의 명령을 전달한다.”고 하였다.
李學勤이 “遹(將)命”을 명사적인 “使人”으로 이해한 것은 탁월한 식견이다. 이로

30)　유사한 사례로는 伯矩鼎의 “伯矩作寶彝, 用言(歆)王出内(入)使人”(集成2456); 衛鼎의 “乃
　　用鄉(享)王出入使人, 眔多朋友”(集成2733)를 들 수 있는데, 이른바 “用言(歆)”·“用鄉(享)”
　　은 모두 환대·초대하다는 뜻이다.
31)　그 당시 使臣의 노고는 시에서 누차 “王事靡盬”고 한 것을 통해 그 실마리를 한번 살펴
　　볼 수 있다.

써 "遷命"과 禮의 "將命"을 연결시킬 수 있을 뿐만 아니라, 동작의 주어인 "使人"은 우리가 윗 글에서 토론한 禮書의 "將命", "將事"자의 신분에 매우 부합한다는 것을 알 수 있었다. 그들 역시 파견을 보낸 자들이었으며, 그 본인은 "遷(將)命"자였고, 결코 어떠한 "擯相"이 아니었다. 현재의 문제는 "遷(將)命" 또는 "遷明命"을 어떻게 풀어야 하는가이다. 李學勤은 禮書의 옛 주석을 따라 "국군의 명령을 전달한다"고 해석하였는데, 위아래 문장을 보면 이 또한 말이 된다. 그러나 상술한 禮書·史書(『左傳』, 『國語』)의 "將命", "將事"의 사례를 보면, "將命", "將事"의 행위 주체는 대부분 使者이거나 예식을 행하는 것을 대접하는 사람이다. 사자나 行禮하는 사람들은 사명을 띠고 찾아오는 경우가 많지만, 구체적인 행동은 단순히 上傳下達의 "傳話"만이 아니라, 일련의 번잡한 行禮를 하는 과정까지 포함하고 있다. 따라서 禮書나 史書의 "將命", "將事" 사례를 참조하면, "用鄉(饗)"의 여러 사례의 "出入(使人)" 또는 彝器의 "出入命"은 모두 "出入"하여 예식을 이행하는 사람들을 가리키며, 이들은 "命"을 받아 "出入"하였으나, 결코 단순히 "傳話"하는 것이 아니라 일련의 번잡한 의식을 완수해야 하였다.

상술한 "使人" 직책을 보다 더 잘 설명하기 위한 관건은 "禮"이고 단순히 "傳話"가 아니다. 또 "使人"의 신분에 대하여 설명할 필요가 있다. 이른 바 "使人"은 사실 바로 고서에 자주 보이는 "行人"이며, 사서에 증거가 있다.

> 『左傳』襄公十一年, "書曰'行人', 言使人也".
> 『左傳』昭公二十三年, "書曰: '晉人執我行人叔孫婼', 言使人也".
> 『左傳』哀公十五年, "上介芋尹盖對曰: '寡君聞楚爲不道, 荐伐吳國, 滅厥民人. 寡君使盖備使, 吊君之下吏. 無禄, 使人(公孙貞子)逢天之戚, 大命隕隊, 絶世於良, 廢日共積, 一日遷次. 今君命逆使人曰: "無以尸造於門." 是我寡君之命委於草莽也.'"

『春秋經』襄公 11년과 昭公 23년의 傳의 설명에 따르면, "行人"이 곧 "使人"이

라는 말을 반복하고 있다. 哀公 15년 陳 측의 苙尹盖가 "使人"이라 자칭한 것도
사실 "行人"이다. 즉 군주의 명을 받고 出使한 외교관이었다. 여러 史書를 살피면,
이들 "行人"이나 "使人"이 직무 수행 과정에서 가장 흔히 마주하는 것이 바로 禮
儀나 儀節의 문제이다. 아래의 기록이 모두 명증할 수 있다.

『左傳』文公四年, "衛寧武子來聘, 公與之宴, 爲賦『湛露』及『彤弓』.
不辭, 又不答賦. 使行人私焉. 對曰: '臣以爲肄業及之也. 昔諸侯朝
正於王, 王宴樂之, 於是乎賦'湛露', 則天子當陽, 諸侯用命也. ……
今陪臣來繼舊好, 君辱貺之, 其敢干大禮以自取戾?'"

『左傳』襄公四年, "穆叔如晋, 報知武子之聘也, 晋侯享之. 金奏『肆
夏』之三, 不拜. 工歌『文王』之三, 又不拜. 歌『鹿鳴』之三, 三拜. 韓獻
子使行人子員問之, 曰: '子以君命, 辱於敝邑. 先君之禮, 藉之以樂,
以辱吾子. 吾子舍其大, 而重拜其細, 敢問何禮也?' 對曰: '三『夏』,
天子所以享元侯也, 使臣弗敢與聞. 『文王』, 兩君相見之樂也, 使臣
不敢及. 『鹿鳴』, 君所以嘉寡君也, 敢不拜嘉. ……'"

『左傳』昭公六年, "季孫宿如晋, 拜莒田也. 晋侯享之, 有加籩. 武子
退, 使行人告曰: '小國之事大國也, 苟免於討, 不敢求貺. 得貺不過
三獻. 今豆有加, 下臣弗堪, 無乃戾也.' 韓宣子曰: '寡君以爲歡也.'
對曰: '寡君猶未敢, 况下臣, 君之隷也, 敢聞加貺?' 固請徹加而後卒
事. 晋人以爲知禮, 重其好貨".

『左傳』成公十三年, "三月, 公如京師. 宣伯欲賜, 請先使, 王以行人
之禮禮焉. 孟獻子從. 王以爲介, 而重賄之".

이상의 문헌 중 밑줄 친 부분은 "禮"가 초기의 "行人"이나 "使人"의 직무에서
중요한 내용이었음을 충분히 증명해준다. 先秦의 "行人"이나 "使人"의 직무 수행
과정에서 직면하는 예절의 번잡함에 관하여, 『儀禮』聘禮 등의 편만 자세히 읽어

봐도 이해할 수 있다. 『禮記』 聘義에는 심지어 "빙례와 사례는 지극히 큰 예이다. 질명에 행사를 시작하여 날이 거의 한낮이 된 뒤에야 예가 이루어진다. 군세고 용기가 있는 자가 아니고서는 능히 행하지 못한다(聘射之禮, 至大禮也. 質明而始行事, 日幾中而後禮成, 非强有力者弗能行也)"라 하였는데, 이는 단순히 "使人"이 대면해야 하는 번잡한 예절뿐만 아니라 그 의식의 繁重은 심지어 비범한 "체력"이 뒷받침되어야 할 정도로, 결코 傳話의 문제만이 아니었다는 것을 충분히 설명한다. 따라서 상게한 금석문은 "用縴"의 여러 사례인 "出入使人" 또는 麥器의 "出入遷命"을 막론하고 모두 군주의 명을 받고 出使하는 사람을 가리키며, 이들의 직무 수행 과정의 핵심 업무는 바로 관련 의례 규정을 이행하는 것으로, 결코 단순한 傳話가 아니다. 이를 놓고 보면, 후대 禮書에서 고사성어로 굳어진 "將命"은 분명 麥器의 "遷命"과 더 가깝다.

참고로 금석문 중에는 상술한 麥器의 "遷(將)命" 이외에 이하의 사례가 있는데, 학자들이 "遷" 글자를 논할 때 자주 언급하는 것이다. 史頌鼎에 다음의 내용이 나온다.

"頌其萬年無疆, 日遷天子顯命"(史頌鼎 2787·2788 西周晚期)

史頌鼎 "日遷天子顯命"의 배경은 周王이 史頌에게 명하여 "百姓"·"里君" 및 "率堣盩於成周" 등을 살펴서 최종적으로 "休有成事"하는 것이다. 사실 史頌의 역할은 "出入(使人)"과 흡사하며, 물론 직무 수행 과정에서 禮儀 등의 일을 피할 수 없다. 史頌이 鼎의 주조를 기념하며 "日遷天子顯命"이라 한 것은, 여기서는 단순히 "傳話"일 뿐만 아니라 심지어 "遷"을 "奉"이라 이해해도 괜찮다고 생각한다. 銘文의 위아래 문장을 살펴보면, 정확한 의미는 그가 천자의 "出入(使人)" 직무를 매일 극진히 다하겠다는 뜻이다. 또한 史頌鼎의 "日遷天子顯命"과 『大雅·烝民』의 "肅肅王命, 仲山甫將之"의 사례는 유사한데, 후자의 "將之"도 "王命"이며, 毛傳에서는 "將은 行이다."라 하였다. "行", "王命"은 "傳話"로 개괄할 수 없는 것이다. 여

러 『烝民』의 시에서 仲山甫의 직무를 살펴보면, 그중 "出納王命, 王之喉舌"이라는 것은 확실히 "傳話"인 듯하나, 이외에도 "賦政於外, 四方爰發", "袞職有闕, 維仲山甫補之", "仲山甫出祖, 四牡業業", "夙夜匪懈, 以事一人" 등 매우 많은 업무가 있으며, "傳話"로 개괄할 수 있는 것이 아니다. 또한 史頌鼎의 "日遟天子顯命"와 『烝民』의 "肅肅王命, 仲山甫將之"에서 비록 "遟(將)"이나 "將之"와 "命"이 그림자처럼 따르는 모습이지만, 우리는 이것들이 상술한 禮書에서 이미 특정한 의미로 고착된 "將命"과는 다소 구별이 있다고 생각한다.

또한 禹鼎의 銘文에서는 다음과 같이 말하고 있다.

"於遟朕肅慕, 惠(助)西六師·殷八師, 伐噩侯馭方, 勿遺壽幼"(禹鼎 2833 西周晚期)

다만 "慕"는 "謨"와 통하며, 뜻은 "꾀하다(謀)"이다. "於遟朕肅慕"는 사실 武公이 禹에게 공경하게 하거나 자신의 계획·모략을 수행하게 한다는 뜻이다. 이는 史頌鼎 및 『烝民』의 恭行王命과도 비슷한 뜻이지만, 禮書에 흔히 보이는 "將命"과는 다소 다른 것이다.

IV. 맺음말

마지막으로 본문의 논의를 명확히 함으로써 정리하고자 한다. 우리는 "將命"이 先秦의 禮典에서 자주 쓰이는 성어로 만들어졌으며, 이 점은 西周의 麥器에서 처음 드러난 것이라고 생각한다. 성어로 만들어진 단어는 "將"과 "命"을 따로 분리하여 해석하는 것이 적절치 않다는 것을 의미하며, 진실로 王國維가 "그 성어의 의미는, 그 안의 단어를 구별한 의미와는 또 다르다."[32]고 말한 것 같다. 이는 전통적인 經師에서 "將"을 "傳"·"奉"·"致"라고 하기 때문에, 禮書에 있는 "將

命” 사례를 원만하게 해석하지 못하는 원인이다. 우리는 禮典의 성어가 된 “將命”은 사실 “將事”, “將禮”의 의미와 같고, “行禮”로 바로 이해하면 된다고 생각한다. “行禮”할 때는 구체적인 儀節도 일부 포함되어 있을 뿐만 아니라 관련자들이 하는 말도 포함되어 있다. 전통 經師는 “傳賓主之辭”로 해석하였지만, 사실 언어적 측면에 주의를 기울였을 뿐, 전면적이지는 못하였다. 뿐만 아니라 “將命”을 기계적으로 “傳話”라 이해하면, “將命”이라는 단어의 주어를 착각하여 賓·主 사이에 존재하지 않는 “擯相”을 만들어내기 쉽다. 이로부터 출발하면, 『論語』 憲問 “闕黨童子將命”의 “將命”을 “行禮”로 바로 번역하면 된다고 본다. 바로 “行禮”이기 때문에, 공자는 동자가 “其居於位也”, “其與先生竝行” 등 다른 예의범절 부분에서 이 아이가 너무 서두른다는 것을 알 수 있었다. 또한 『論語』 陽貨 편 “孺悲欲見孔子” 章의 “將命者”는 孺悲 본인이며, 역으로 이곳의 “將命者”를 공자와 孺悲 사이에 말을 전달하는 제3자(擯相)로 해석하는 것은 부정확하다. 여태까지 士相見禮의 賓·主 사이에는 반드시 하나의 “擯者”가 필요하다는 이해에 대해서도 사실 더 검토할 필요가 있다.

(번역 : 이계호 | 경북대학교 사학과 박사과정)

---

32) 王國維, 黃愛梅 点校, 王國維 手定, 2014, 『與友人論詩書中成語書』, 『觀堂集林』, 浙江教育出版社, p.24.

참고문헌

鄧佩玲, 2017, 『〈雅〉〈頌〉與出土文獻新證』, 商務印書館

徐淵, 2016, 「論孔子"不成禮"於伯高――從禮制角度解讀〈禮記·檀弓〉"伯高之喪" 章」『儒學與古今中西問題』, 北京三聯書店

徐中舒, 1998, 『徐中舒歷史論文選輯』, 中華書局

孫欽善, 2009, 『論語本解』, 北京三聯書店

楊伯峻, 1980, 『論語譯註』, 中華書局

楊逢彬, 2016, 『論語新注新譯』, 北京大學出版社

楊天宇, 1994, 『儀禮譯註』, 上海古籍出版社

王國維, 黃爱梅 点校, 王國維 手定, 2014, 『與友人論詩書中成語書』, 『觀堂集林』, 浙 江教育出版社

王輝整理, 2011, 『儀禮注疏』, 上海古籍出版社

李學勤, 2010, 「釋"出入"和"逆造"――金文釋例之一」『通向文明之路』, 商務印書館

程樹德, 1990, 『論語集解』, 中華書局

彭林 譯註, 2012, 『儀禮』, 中華書局

胡培翬, 2016, 「儀禮正義」『儒藏 (精華編) 第47册』, 北京大學出版社

黃德寬, 2002, 「說遷」『古文字研究』第24辑, 中華書局

黃德寬·徐在國 主編, 2019, 『安徽大學藏戰國竹簡(一)』, 中西書局

제2장

전한시기 출토문헌 『論語』와 유교이념의 전파

김경호

I. 머리말

동아시아 사회에서 '儒教' 또는 '儒學'의 영향력은 전근대 사회는 물론이고 근현대 사회에서도 단순한 이념의 차원을 넘어서 정치와 사회 문화 전반에 걸쳐 그 영향력은 가히 대단하다고 할 수 있다. 19세기 말 康有爲를 중심으로 전개된 孔教 國教化 운동을 통해 공자를 신비화하거나 '孔子教'의 종교화를 주장하고자 한 것이나 日本의 明治시기 이래 이른바 '教育勅語'의 핵심 내용인 도덕 교육을 강화하기 위한 덕목으로 '孝'와 '忠'을 강조한 것 등은 근대시기 이후에도 여전히 유교가 중요한 작용을 하고 있음을 의미한다. 이러한 사례의 공통적인 특징은 종교적인 색채보다는 정치적 의미가 외부로 나타나는 점이다. 즉 종교는 정치에 예속되고 정치에 의해 규정된다는 점이다. 그렇다면 종교로서 내재되어 있지만 정치에 규정된 것은 유교의 도덕윤리이고, 이를 講究하는 것은 유학이라 부를 수 있을 것이다.

'유교'이던 '유학'이던 모두 공자의 가르침(教說)에서 비롯된 것은 자명한 사실이다. 그런데 공자의 가르침을 '유학'이라 할 것인지 아니면 '유교'라고 정의해야 할 것인가의 문제는 단순히 용어의 문제가 아니다. 이것은 공자를 시조로 한 교설을 '禮敎' 즉 가르침으로 파악하여 '儒學'이라는 개념으로 표현하는지 아니면 '宗敎'라고 파악하여 '儒敎'라는 개념으로 표현해야 하는 문제와 직결되어 있다. 즉 '유학'이라 칭하는 것은 '비종교'적인 특징으로 파악하여 윤리성을 강조하며 현실 정치에 예속된 성격이 강한 것이다. '유교'라 칭하는 것은 종교성을 강조하여 본원적인 주술성을 중시하여 祭禮 등을 강조하는 것이다. 따라서 이왕에 한대 유교의 국교화를 둘러싸고 전개되었던 논쟁 역시 이러한 인식의 차이에서 기인한다.

진한시기에 유교가 어떤 역할을 수행했는가라는 문제를 탐구하기 위해서는 유교가 언제 중국사회에서 지배이념이 되어 정착하게 된 정치·사회적 배경을 이해하는 것이 중요하다. 이왕의 연구는 그 시점을 한 무제시기 董仲舒의 對策을 계기로 유교의 국교화가 전개되었다고 이해하고 있다. 그러나 이와 관련하여 그 시기 및 내용 등과 관련한 논의는 매우 多岐하지만 대체로 4개의 시기, 첫째 文帝-武帝期, 둘째 宣帝-元帝期, 셋째 王莽期, 넷째 光武帝-章帝期를 그 해당 시기로 보는 견해가 일반적이다.[1] 이러한 시기 가운데 유교가 국가의 지배이념으로 전환되고 유교의 기준에 의해 사회와 제도의 성격이 변화되는 전환기 시기는 宣帝와 元帝시기일 것이다. 왜냐하면 이 시기의 주요 특징은 황제 자신이 유학을 학습하거나 尊崇하며 유교적 관료가 정계로 본격적인 진출을 하여 국가 체제의 재편성에 기여하거나 민간의 일상생활이 儒敎 敎義 원칙에 따라 진행되기 때문이다. 따라서 유교의 국교화란, 제도적인 儒敎一尊體制의 확립, 관료에게로의 유교의 침투, 사상내용으로서 체제의 근간이 되는 유교의 성립 등이라 할 수 있다.

---

1) 福井重雅, 『漢代儒敎の史的硏究』, 汲古書院, 2005; 이에 대해 渡邊義浩(『後漢における 「儒敎國家」の成立』, 汲古書院, 2009, p.25)는 한대 유교의 국교화는 다음의 3단계 과정을 통해서 달성되었다고 한다. 1) 전한 선제기~石渠閣회의(유교 국교화의 개시), 2) 전한 원제기~王莽期(유교 국교화의 진전), 3) 후한 광무제~白虎觀會議(유교 국교화의 완성).

그렇다면 실제로 선제 원제시기에 유교가 중앙에서 '四方'의 주변지역까지 전파되어 한대 사회를 유교 일존체제로 확립하였는지를 확인할 필요가 있다. 종래의 연구는 宣帝·元帝시기 유교의 국교화와 관련해서는 『史記』·『漢書』 등의 문헌자료의 기사를 중심으로 분석하였다. 그러나 1970년 중반 이래로 각 지역에서 간헐적으로 출토되는 論語 簡牘의 정황을 살펴본다면 선제·원제 시기가 종래 유교의 국교화 과정에서 매우 중요한 시기였다는 견해를 다양한 측면에서 확증할 수 있다. 따라서 본 고에서는 이 문제에 초점을 두고 論語 簡牘의 출토정황과 유교이념의 확산 및 전파의 관련성에 대해서 검토하고자 한다.

II. 진한시기 유교의 특징

진시황제의 동방 6국의 一統은 당대는 물론이고 그 이후 중국을 비롯한 동아시아 사회를 새로운 패러다임으로 전환시킨 획기적인 사건이었다. 주지하듯이 통일 이후 시행된 군현제, 황제에 의한 일원적 지배, 다양한 문물 제도의 통일 등은 모두 황제 1인의 권력하에서 일원적인 지배 통치체제에서 가능한 것이었다. 이러한 제도의 변화 가운데 사회체제의 근간을 轉變한 것은 봉건제의 폐지와 이를 대신한 郡縣制의 시행이다. 秦 통일 이후, 종래처럼 봉건제를 채택하여 지배체제의 강화를 도모하지 않은 이유를 李斯는 다음과 같이 밝히고 있다.

> "周의 文·武王이 분봉한 子弟들의 수가 많을지라도 시간이 경과하면서 그 관계가 疎遠해져 서로 攻伐한다" (『史記』 권6 「秦始皇本紀」)

李斯는 봉건제 폐지의 주요 원인을 주왕의 혈연들이 각지에 분봉되어 주왕조의 기틀이 되었지만 시대가 내려가면서 혈연의식이 약화되어 각지에서 서로 원수처럼

攻伐을 반복하는 상황하에서는 통일 제국의 일원적 지배통치를 할 수 없음을 지적하고 있다. 더욱이 비혈연관계로서 분봉된 제후도 그 자손들에게 국가에 대해서 영원한 충성을 기대 또는 강요할 수는 없었을 것이다. 이러한 배경에서 봉건제를 대신한 것이 군현제이다. 군현제의 시행 목적은 지배권력의 철저함과 그에 의한 황실 집안의 영속이었다. 따라서 황제를 정점으로 한 지배통치는 그 목적을 달성하기 위해서 제도를 확립하고 절대적 권력을 '四方'에 과시하고자 한 것이다. 이런 까닭에 황제의 존재에 대해서 "지금 황제께서 천하를 병합하고 흑백을 구분하여 지존 한분에 의해 (모든 것이) 결정되었다(今陛下幷有天下, 辨白黑而定一尊)", "천하의 일이 크고 작은 것을 막론하고 모두 황상에 의해 결정된다(天下之事無小大皆決於上)"(『史記』 권6 「秦始皇本紀」)이나 "제왕의 존귀함을 큰 집[堂]에 비유한다면 (당에 오르는) 계단과 같고 여러 백성들은 땅이라 할 수 있습니다(人主之尊 譬如堂 群臣如陛 衆庶如地)"(『漢書』 권48 「賈誼傳」) 등의 서술은 황제의 至高함이나 절대성이 국가제도로서 영원히 보증되고 있음을 의미한다.

황제의 일원적 지배 체제는 군현조직의 말단인 里까지 국가권력의 침투를 의미한다. 이러한 사실은 이미 진한시기 각 지역에서 출토된 다양한 竹簡과 木簡자료를 통해서 확인할 수 있다. 文書의 下達과 上計를 통한 국가 조직의 운영은 황제 지배체제에 대한 里民의 공감 혹은 순종을 얻기 위해서 황제 자신이 향촌사회의 말단에 까지 그 지배력을 확산하여야 가능했던 일이다. 『睡虎地雲夢秦簡』 「爲吏之道」의 구절 중, "자식된 자는 효성스러워야 한다(爲人子則孝)"라는 유교의 윤리 개념이 法을 절대시하는 진의 지배체제에서 도입된 것도 이와 일맥상통하는 내용이다. 이러한 경우는 한대에서도 孝廉制의 시행이나 다양한 孝道德의 고양을 통해서 鄕里사회와 국가권력이 친밀한 관계를 맺고 있음을 알 수 있다.[2] 한대 儒者가 중앙집권적인 제국의 질서체제를 완성하는 주체로서 國政의 참여를 요구받은 이유는 무엇보다도

---

2) 齋木哲郎, 『秦漢儒教の研究』(汲古書院, 2004), 제2장 「漢初の儒教」 제5절 「漢代の統治政策における孝思想の展開と『孝經』」, pp.303~335.

秦代 통치의 근간이었던 법치의 한계를 알았기 때문이다. 法을 절대화하여 이에 의지한 강제력으로서 臣民을 다스린 것은 비록 황제지배체제를 완성시키는 첩경이었을지라도 극단적인 불신과 반발을 초래하며 오히려 제국의 안정은 위태로워질 것이다. 이에 비해 중앙의 국가권력으로부터 제국의 말단 조직인 鄕里까지 하나의 공통된 질서를 관철시켜 제국의 연대감 확립을 도모할 수 있다면 새로운 형태의 제국 질서를 완성시킬 수 있는 것이다. 즉 제국의 기반을 지지하는 향리의 질서를 천하의 국가에까지 확대하여 그 질서에 의해 황제가 신민을 통치한다면 황제는 향리의 父老 등과 같은 존재들이 里人의 존경과 신뢰를 받듯이 동등한 존경과 신뢰를 얻는 존재로 인식되며 또한 臣民의 의식속에도 이른바 '하나의 가정(=漢家)'이라는 제국과의 연대감이 생겨 제국의 기초는 법에 의해 탄생한 제국보다도 훨씬 强固한 국가로서 그 명맥을 유지할 수 있을 것이라는 인식이었다.

이런 까닭에 漢 帝國의 儒者는 그들이 신봉한 가족주의 윤리관이 당시 향당윤리를 포섭하여 천하 세계까지 확장하는 제국의 지배질서를 구현하고자 하였다. 따라서 국가권력은 유자들에게 가족주의 윤리관이 국가권력과 향리사회 윤리의 일원화를 담당하여 한의 지배에 대해 복종하는 것이 향리사회의 의무라는 윤리관 형성의 역할을 기대하였을 것이다. 그 결과 유자들은 진·한초 이래로 점차 국가권력의 관료로서 채용되었다. 따라서 이들은 춘추전국시기의 遊者처럼 제후들의 客으로서 자유롭게 자신들이 의견을 피력한 존재가 아니라 체제 옹호를 위한 심지어는 체제의 의향에 영합한 의견을 제출하기조차 한 것이다. 체제의 의지에 반대되는 독자적인 주장을 하는 것은 허용되지 않았다. 즉 정치에 예속되기 시작한 것이다. 그러나 유교의 정치 예속화는 한편으로는 황제를 비롯한 국가권력의 모든 분야에 유교의 교의를 침투시켜 유교를 지향하는 국가권력을 형성하는 것이 가능하게 되었다. 따라서 유자는 博士官에 임명되는 존재에 불과하였지만 太子太傅로서 황태자의 교육이나 제후왕의 太傅로서 교육을 담당하여 황제나 제후왕에게 유교적 교양을 체득할 수 있게 하였다. 이런 까닭에 유자들은 국가의 통치 방식을 유교적 교의로 집행할 수 있는 환경을 조성할 수 있게 되었다. 즉 교양으로서 유교가 성립한 것이다.

武帝 이후, 황제는 물론 三公에 이르기까지 지배계층은 몸소 유교 교양을 체득하기 시작하였고, 그 결과 유자는 주요 관직에 진출하게 되었다. 이러한 상황과 결합하여 교양적 차원의 유교가 교의의 개변과 정비를 진행하여 '經學'으로서 정치와 결합하기에 이른 것이다. 秦代의 경우, 경학은 박사관의 전유물로서 국가행정과는 관계가 없었다(『史記』권6 「秦始皇本紀」, "非博士官所藏, 敢有藏詩書百家語者雜燒之"). 그러나 한초부터 이런 상황은 변화되었다. 陸賈나 賈誼가 진의 멸망 원인을 탄압적 법치주의에서 구하고 그 대안으로 새로운 이념인 유교를 제창한 것은 유교가 점차로 정치의 중심으로 진입하기 시작함을 의미한다. 이러한 변화에 따라서 『禮記』「王制」편이 文帝의 요구에 부응하여 만들어진 것이고 각종의 經典이 訓詁의 해설과 함께 정비되었다. 그 결과 무제 이후에는 유교의 교의가 점차 절대적 교의로서 권위를 가지게 되었다. 예를 들면 무제가 흉노를 공격할 때 『춘추공양전』(莊公4년조)의 "復九世之讎"의 기사를 명분으로 사용하였다. 이러한 추세는 宣帝 때에는 "경학을 연구한자에게 널리 묻다(博問經學之士)"(『漢書』「宣帝紀」)가 일반화되었고, 元帝시기 諸葛豊에게 준 책 가운데 "중화에 힘쓰면서 경술의 뜻에 순종해야 한다(免處中和, 順經術意)"(『漢書』권77 「諸葛豊傳」)라고 언급하고 있다. 더욱이 成帝는 珠崖郡의 반란 진압에 반대한 賈捐之에게 侍中駙馬都尉 王商을 파견하여 "경서의 의미에서 무엇에 해당되는가?(經義 何以處地)"(『漢書』권70 「賈捐之傳」)라고 하여 경서의 뜻에 따라 회답을 구하고 있다. 이러한 양상은 원제 이후 빈번하게 행해지고 있으며 哀帝나 平帝시기에는 황위의 계승에도 경서의 내용이 간여하며 국가에서는 "조정 신하들의 논의에서 경서에 의거하지 않은 것이 없다(朝臣論義 靡不據經)"(『漢書』권99 「王莽傳」)이라는 상황까지 이를 정도였다.

진에서 한에 이르기까지 제국 내부로의 유교 교의의 전파는 국가 행정기구의 정점에서 하부 발단에 이르기까지 모든 계층에 미치고 있었으며 현실적으로는 정책으로서 사회의 다양한 분야에 영향을 끼친 것이다. 특히 漢은 유교를 적극적으로 수용하여 秦과는 다른 성격의 국가로 변모하였으며, 유교의 입장에서는 국가의 현실정치를 그 시야에 두면서 다양한 측면에서 그 이상을 실험할 수 있었던 것이다.

진한이라는 400년에 걸친 제국 시대는 이러한 의미에서 유교이념의 실행이 시도된 것이다. 한대 이후의 유교는 현실정치에 뿌리를 내리고 구체적인 정치이념의 구현으로 새로운 국가의 변화된 모습을 제시하였다는 점에서 선진시기 유교와 본질적으로 다른 독자적인 사상사적 의의를 가지고 있다고 할 수 있다.

III. 유교이념의 정착과 사회변화

최근 해혼후 묘 발굴과 관련한 일부 보도에 의하면 孔子 父인 "叔梁紇", "……自齊多來學焉.孔子弟子顔回,子……", "凡□六十三, 當此亡□周室□王", "……夷吾……" 등의 문자 및 공자의 출생과 관련한 "魯昭公六年, 孔子盖卅矣"의 문구가 적힌 병풍이 발견되었다.[3] 이와 관련한 문헌 기사는 "魯襄公二十一年"(『公羊傳』·『穀梁傳』)과 "魯襄公二十二年"(『史記』「孔子世家」)이라 하여 15~16년의 시간적 차이가 있다. 또한 『論語』·『易經』·『禮記』, 方術, 養生과 房中術과 관련있는 醫書 및 冢墓를 묘사한 賦 등의 서적간이 출토되었는데[4] 그중 5,000매 정도의 간독 가운데에는 대량의 서적이 있다고 한다.[5] 이러한 죽간들은 아직 정리가 되지 않았기 때문에 일정 기간이 경과한 이후에 연구자들에게 소개되겠지만, 이러한 출토 사실만으로도 전한 중·후기 이후의 유학 보급에 대한 정황을 이해하는데 많은 시사점을 제공하고 있다.[6]

---

3) 中國靑年網, 海昏侯墓出土的屛風 顯示孔子罕見事迹
  http://d.youth.cn/shrgch/201512/t20151230_7477629_1.htm
4) 金光閃閃之外的海昏侯墓, 2016-3-11, http://history.sohu.com/20160311/n440086704.shtml
5) 搜狐文化 海昏侯墓考古領隊楊軍: 再晩一天墓葬就被洗劫, 2015-12-17
  http://cul.sohu.com/20151217/n431658593.shtml
6) 周鳳翰 主編,『海昏簡牘初論』(北京大學出版社, 2020)에 게재된 '考古發掘과 出土簡牘', '竹書初論', '木牘과 孔子衣鏡' 등으로 분류하여 게재된 20편의 논문은 최근까지의 정리된 성

무제 시기 유교의 흥성은 무엇보다도 五經博士의 설치와 같은 학문적 배경에 기인한 것이다. 더욱이 황실내에서의 유교 이념이 정착하게 된 주요 배경은 賈誼가 주장한 유교 이념에 의한 태자 교육의 필요성이었다. 가의는 禮를 중심으로 한 유교 이념을 태자 교육의 교재로 삼아 그 자신이 長沙王·梁王의 太子太傅로서 그들의 교육을 담당하였으며, 실제로 景帝 시기 이후에는 유자에 의한 황태자의 교육이 관습적으로 시행되기도 하였다.[7] 武帝 역시 어린 시절에 衛綰으로부터 교육을 받았으며,[8] 아들 戾太子 劉據 역시 어릴 적부터 『公羊春秋』를 학습하고, 아버지 무제와 마찬가지로 瑕丘江公이나 韋賢에게서 『詩』에 대한 강연을 들었음을 볼 때, 다른 자식 역시 유사한 내용의 학습을 받고 있었음은 쉽게 짐작할 수 있다. 특히 불우한 어린 시절을 보낸 선제 역시 張賀에게서 『詩』를 학습하였으며(『漢書』 「張湯傳」), 이러한 사실은 『漢書』 「霍光傳」에는 "至今年十八, 師受詩·論語·孝經"이라 하여 유교 관련 서적의 내용 들을 학습하였음을 알 수 있다. 따라서 무제가 百家를 罷黜하고 六經을 表章하고 太學을 일으켰다는 언급[9]은 유교 이외의 경전을 박사관에서 배제한 것을 의미하며, 이후 儒教一尊의 사회적 기풍이 제도로서 확립됨을 의미한다. 아울러 유교 중심의 사회적 변화는 文翁이 成都에서 학관을 세운 것처럼[10] 지방인 郡國에까지 유교 이념을 보급시키고 있음으로써 더욱 확장되었을 것이다. 유교 중심의 사회적 변화는 무엇보다도 무제 자신이 유교도덕을 교양으로 인식한 황제임을 스스로 나타냄으로서 더욱 강화되었을 것이다. 이와 관련하여 『漢書』 권56 「董仲舒傳」에는 武帝의 制詔를 소개하고 있다.

과를 잘 반영하고 있다.

7) 齋木哲郎, 「賈誼の太子教育論と西漢儒學」(『中國─社會と文化』 第6號, 1991→ 『秦漢儒教の研究』, 汲古書院, 2004, 제2장 제2절에 재수록).

8) 『漢書』 권63 「武五子傳」, p.2741, "少莊, 詔受公羊春秋, 又從瑕丘江公受穀梁"

9) 『漢書』 권6 「武帝紀」 贊, p.212, "孝武帝初立, 卓然罷黜百家, 表章六經. …… 興太學"

10) 『漢書』 권89 「文翁傳」, p.3626, "修起學官於成都市中, 招下縣子弟爲以學官弟子.……至武帝時, 乃令天下郡國皆立學校官, 自文翁之始云."

짐은 오제와 삼왕의 도에 대해서 들었다. 제도를 바꾸고 음악을 제정하자 천하가 모두 화합하였고 모든 제왕이 이에 동의하였다고 한다. 순임금의 음악 가운데 韶보다 위대한 것은 없고 주나라 음악가운데 勺보다 위대한 것은 없다고 한다. 성왕이 죽은 후에 종과 북, 피리와 현악기로 연주하는 음악이 미처 쇠하기도 전에 大道는 쇠약해져서 타락해버렸다. 걸과 주의 행위가 맹렬히 나타나 王道는 크게 붕괴하였다.…(중략)…그대 대부들은 先王의 치적에 밝고 습속과 교화의 변화나 (사물의) 처음과 끝의 순서를 알며, 고매한 이치를 강론해 들은지 오래일터니 짐을 명확하게 깨우쳐 주기를 바란다(蓋聞五帝三王之道, 改制作樂而天下洽和, 百王同之. 當虞氏之樂莫盛於韶, 於周莫盛於勺. 聖王已沒, 鐘鼓筦絃之聲未衰, 而大道微缺, 陵夷至虖桀紂之行, 王道大壞矣. …(중략)… 子大夫明先聖之業, 習俗化之變, 終始之序, 講聞高誼之日久矣, 其明以諭朕. pp.2496-2498)

대체로 듣건대 요순시대에는 궁정의 깊은 곳[巖郎]에서 노닐고 옷소매를 늘어뜨리고 팔장을 낀 채 아무 하는 일이 없어도 천하가 태평스러웠다. 주 문왕은 해가 저물도록 식사할 틈도 없을 만큼 정사에 여념이 없었는데도 천하는 잘 다스려졌다. 무릇 제왕의 도리는 다른 조건이라도 공통된 부분이 관철하는 것이 있을텐데 어찌 그 수고로움과 즐김에 차이가 있는가?(制曰..蓋聞虞舜之時, 游於巖郎之上, 垂拱無爲, 而天下太平. 周文王至於日昃不暇食, 而宇內亦治. 夫帝王之道, 豈不同條共貫與? 何逸勞之殊也? p.2506)

무제의 制詔는 유교도덕에 의한 왕도의 실현을 도모하고자 한 무제의 의욕을 개진한 것이고 그의 가치관이 유교윤리에 근거하고 있음을 보여주고 있다. 더욱이

『한서』「무제기」에 기록된 조칙에서도 仁, 禮, 樂, 德 등의 개념을 강조하고 있는 것은 무제의 시정방침이 仁義의 실현에 두고 있음을 보여주고 있다. 뿐만 아니라 무제의 조칙에는 『詩』, 『易』, 『論語』 등의 유교 문헌으로 인용된 어구가 비교적 많이 발견된다는 점은 그가 유교 교의에 매우 정통하였음을 반영하는 것이다. 따라서 한초 이래로 지배적 통치이념이었던 黃老術이나 法家의 통치 이념은 무제시기 이후 유교의 教義로 점차로 대체되기 시작하였다. 그 결과 유교 이념은 정치 등의 다양한 분야에 적용되기 시작하여 成帝시기에 이르러 "五經 내용에 부합하지 않는 것은 시행할 수 없다"는 劉歆과 이에 동조한 李尋의 태도는[11] 당시의 변화된 정치적 사회적인 분위기를 잘 표현한 것이다.

무제가 설치한 오경에 실질적으로 각 경마다 박사관이 임명된 것은 선제시기에 이르러서이다.[12] 따라서 선제시기 이후에는 국가가 실질적으로 경에 대한 해석 등을 주도적으로 전개하였다. 이러한 배경에는 18세에 詩, 論語, 孝經 등을 사사하고 품행이 節儉慈愛하여 昭帝의 제위를 계승하고 祖宗을 섬길 수 있는 선제가 그 중심에 있음을 알 수 있다. 더욱이 선제는 무제의 행적을 추존하여 何武와 같은 名儒나 俊才를 측근으로 임명하는 등[13] 유교를 선호한 황제였다. 선제에게 임용된 인물은 『漢書』 권36 「楚元王傳」에 의하면 更生, 王褒, 張子僑 등과 같은 인물이었다.[14] 따라서 宣帝시기 夏侯勝이 諸生들에게 講授할 때마다 經學에 힘쓰면 관료가 될 수 있다고 강조하고[15] 자식들에게 황금을 물려주는 것보다 經典을 물려주는 것이 낫다고

---

11) 『漢書』 권75 「李尋傳」 p.3192, "歆以爲不合五經, 不可施行. 而李尋亦好之."

12) 福井重雅, 「五經博士の硏究」(『漢代儒敎の史的硏究』, 汲古書院, 2005, pp.222~223).

13) 『漢書』 권86, 3481, "宣帝循武帝故事, 求通達茂異士, 召見武等於宣室."

14) 『漢書』 권36 「楚元王傳」, p.1928, "向字子政, 本名更生. 年十二, 以父德任爲輦郎. 既冠, 以行修飭擢爲諫大夫. 是時, 宣帝循武帝故事, 招選名儒俊材置左右. 更生以通達能屬文辭, 與王褒·張子僑等並進對, 獻賦頌凡數十篇."

15) 『漢書』 권75 「夏侯勝傳」 p.3159, "始 勝每講授 常謂諸生曰..「士病不明經術 經術苟明 其取青紫如俛拾地芥耳. 學經不明 不如歸耕」".

한 鄒·魯지방의 俗諺[16]은 바로 유학의 수학 여부가 관계 진출을 비롯한 사회적 진출과 밀접한 관련이 있음을 반영한 것이다.

한대 황위 계승의 원칙은 嫡子相續制이다. 그런데 서한 시기 적자가 황위를 계승한 경우는 元帝와 成帝에 불과하다. 두 황제를 제외하고는 庶子 또는 先帝의 庶孫이 제위를 계승하였다. 더구나 적자로서 제위를 계승한 元帝·成帝 역시 각각 淮陽王과 定陶王이 제위를 대신하고자 하였다는 사실은 무제 이전의 경우처럼 황태자의 지위가 연령이나 모친의 신분(母以子貴)이라는 제도적 요인에 의해서만 결정된 것은 아닌 듯하다. 황태자 개인의 개성이나 능력이 황제가 되기에 적합한지의 여부, 제위 계승자에게 유교적 소양이 요구되었다는 점이다.

전한의 황실에서는 昭帝 사후 누가 제위를 계승할 것인지가 중대한 문제였다. 廣陵王 胥가 당시 생존한 무제의 유일한 자식이었지만, 종묘를 계승할 자격이 없다는 이유로 昌邑王 劉賀가 그 제위를 계승하게 되었다. 그러나 유하 역시 제위에 오른 후, 패륜적 행위를 하였다는 빌미로 廢帝되었고 이를 계승한 자가 宣帝였다. 이와 같이 황실에서는 제위 계승자의 품행이 옳고 잘못됨이 제위 계승의 여부를 결정할 정도로 유교에 대한 자질을 중요한 요소로서 인식한 것이다. 이러한 이유는 제위 계승이 무제 이전 시기처럼 황실의 신분만으로 결정되는 것이 아니라 황실의 인척이라도 그 개인의 능력과 자질의 평가, 즉 도덕적 수양에 의해 결정되기 때문이었다. 따라서 제위 대상인 황태자들은 제위로 등극하기 위해서 경쟁적으로 인격도야에 진력을 다 했을 것이다. 소제 이후의 황실 분위기가 이러하다면 자연스럽게 그 대상자들은 학문과 유교적 소양을 연마했을 것이다. 비록 27일간의 단명 폐제가 된 창읍왕 해혼후 유하이지만 그 역시 이러한 황실 분위기속에서 자유롭지 못하였을 것이고, 그 역시 『논어』를 비롯한 유교 경전을 학습하였을 것이다.

---

16) 『漢書』 권73 「韋賢傳」 p.3107, "故鄒魯諺曰..「遺子黃金滿籝 不如一經」."

IV. 『論語』簡의 출토와 儒教理念의 확산

유교적 교양이 중시된 사회적 분위기 속에서 유교 이념의 습득을 위하여 텍스트로 사용된 것 가운데 하나가 유하의 묘에서 발굴된 『논어』 죽간이다. 전한시기의 사용된 『논어』 텍스트로서 현재까지 알려진 대표적인 자료는 1973년 河北省 定州 소재의 前漢 中山懷王 劉脩 墓에서 출토된 이른바 定州漢墓 『論語』 竹簡이다(이하, '정주논어').[17] 정주논어 죽간은 묘주인 中山懷王 劉脩가 宣帝 五鳳3年(B.C.55)에 사망했기 때문에 정주논어 죽간의 하한 시기는 五鳳3年 이전임을 알 수 있다. 이에 비해 宣帝 "元康四年六月"이란 명문이 보이는 해혼후 묘의 하한 연대는 원강4년(B.C.62)이전 임을 알 수 있다. 그러므로 두 제후왕 묘에서 출토된 『논어』의 사용연대는 적어도 선제시기에 7년이란 시간적인 차이를 보이고 있는 까닭에 두 묘에서 출토된 『논어』는 동 시기 보급된 『논어』일 가능성이 매우 높다. 따라서 해혼후 묘에서 출토된 논어 죽간과 마찬가지로 '정주논어' 죽간 역시 宣帝 당시 최고 지배층 사회에 유통된 것으로서 당시 논어의 정형적 판본이었을 것이다.[18] 또한 상기한 두 종류의 『논어』 죽간과 그 사용 시기가 근접한 출토 『논어』 죽간의 사진이 최근 공개되었다.[19] 즉 北韓 平壤市 貞柏洞 364號墳에서 출토된 樂浪 論語 竹簡의 일부 내용이다.[20] 낙랑 논어 죽간의 사용 연대는 동일한 묘에서 「樂浪郡初元四年縣別戶口多

---

17) 이와 관련한 釋文 및 주요 내용에 대해서는 河北省文物研究所定州漢墓竹簡整理小組, 『定州漢墓竹簡 論語』, 文物出版社, 1987)을 참조. 아울러 발굴 정황등에 대해서는 河北省文物研究所,「河北定縣40號漢墓發掘簡報」『文物』1981-8; 國家文物局古文獻研究室·河北省博物館·河北省文物研究所,「定縣40號漢墓研究竹簡簡介」, 『文物』1981-8(이하 '定州論語'로 칭한다).

18) 尹在碩, 2011,「韓國·中國·日本 출토 論語木簡의 비교 연구」『東洋史學研究』 제114집, p.12.

19) 지금까지 공개된 사진은 2종의 흑백사진이다. 孫永鍾, 『조선단대사(고구려사5)』(과학백과사전출판사, 2008)와 金廷文,「사진 : 락랑유적에서 나온 목간」(『조선역사고고』 149(2008-4), 사회과학출판사)이다.

少□□」의 표제가 명기된 호구부의 출토에서 확인할 수 있다.[21] "初元4年(B.C.45)"
은 정주논어 죽간과 해혼후 묘에서 발견된 논어 죽간과 각각 10년과 17년의 차이
를 보이며, 선제와 원제시기에 해당한다. 따라서 해혼후 묘에서 『논어』 죽간이 발견
된 것은 종래 선제·원제시기 중산국과 낙랑군 등 河北과 邊境 지역에서 발견된 『논
어』 죽간이 전 지역에서 사용되었을 개연성이 매우 높았음을 의미한다.

　선제·원제 시기 『논어』 텍스트의 발견은 비단 하북이나 낙랑 변경지역에 국한
된 것은 아니다. 우선 주목되는 것은 〈그림 1〉에서 알 수 있듯이 서북 변경 지역인
敦煌 懸泉置에서 『論語』 권19 「子張」篇의 殘片 및 유교 관련 典籍의 내용으로 추정
되는 殘片[22]이 발견되어 전한 중·후기의 논어 텍스트의 내용을 이해하는데 많은
도움을 제공하고 있다.[23] 또한 1930~34년 羅布淖爾의 봉수 유적에서 宣帝·元帝시
기에 사용된 『論語』 「公冶章」 일부가 기재된 殘簡 1매가 발견되었다.[24] 이와 같이

---

20) 李成市·尹龍九·金慶浩, 2009.12, 「平壤 貞柏洞364號墳출토 竹簡《論語》에 대하여」, 『木
　　簡과 文字』 제4호(이하 '樂浪論語'로 칭한다).

21) 尹龍九, 「새로 발견된 樂浪木簡—樂浪郡 初元四年 縣別戶口簿」, 『韓國古代史硏究』 46,
　　2007; 尹龍九, 「平壤出土 「樂浪郡初元四年縣別戶口簿」 硏究」 『木簡과 文字』 제3호,
　　2009; 권오중·윤재석·김경호·윤용구·이성제·윤선태 지음, 『낙랑군 호구부 연구』, 동
　　북아역사재단, 2010; 손영종, 「락랑군 남부지역(후의 대방군지역)의 위치—'락랑군 초
　　원4년 현별 호구다소□□' 통계자료를 중심으로」 『역사과학』 198, 2006; 손영종, 「료동
　　지방 전한 군현들의 위치와 그 후의 변천(1)」 『역사과학』 199, 2006 등을 참조.

22) 胡平生·張德芳, 『敦煌懸泉漢簡釋粹』, 上海古籍出版社, 2001, p.174, "乎張也, 難與並而爲
　　仁矣. •曾子曰, 吾聞諸子, 人未有自致也者, 必也親喪乎. •曾子曰, 吾聞諸子, 孟莊子之孝, 其
　　它可能也, 其不改父之臣與父之……"; 張德芳·郝樹聲, 『懸泉漢簡硏究』, 甘肅文化出版社,
　　2009, "□□子張曰, 執德不弘, 通道不篤, 焉能爲有, 焉能爲亡. •子夏之門人問交於子張, 子
　　張曰"

23) 돈황현천치에서 발견된 논어 죽간의 상황에 대해서는 김경호, 2012, 「출토문헌 『논어』,
　　고대 동아시아사에서의 수용과 전개」 『지하의 논어, 지상의 논어』, 성균관대출판부,
　　pp.16-18 참조.

24) 黃文弼, 『羅布淖爾考古記(中國西北科學考察團叢刊之一)』, 國立北京大學出版部, 1948,
　　pp.209-210. 소개된 《論語》簡은 길이 7.8㎝, 너비 0.7㎝, 두께 0.2㎝로서 상단부가 殘缺

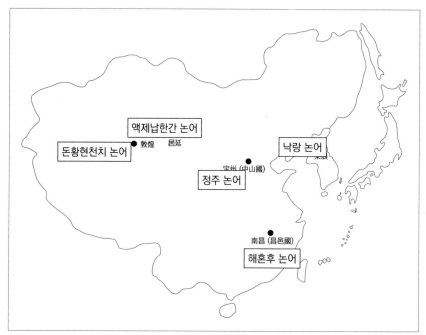

그림 1. 전한 선·원제 시기 출토 『논어』 죽간 목간 분포도

河西지역에서 전한 중·후기 이후로 추정되는 『論語』簡이 발견된 것은 원래 흉노가 장악하고 있던 지역에 한의 유교이념이 전파되었음을 알 수 있다.

특히 현천치한간에서는 상기한 『논어』 「자장」편 관련 내용외에도 유사한 성격의 간독 내용을 확인할 수 있다. 즉 "之祚責, 惡衣謂之不肖, 善衣謂之不適, 土居固有不憂貧者乎. 孔子曰: "本子來……"(II 0114(5):71) 및 "欲不可爲足輕財. 象曰: 家必不屬, 奢大過度, 後必窮辱, 責其身而食身, 又不足(A 十二(B) (II 0314(3):14)"²⁵⁾의 내용

된 상태이다. 그 내용은 "[殘缺]亦欲毋加諸人子曰賜非"이다. 그러나 주목해야 할 것은 정주와 낙랑 논어가 죽간본인데 비하여 서북지역에서 발견된 논어는 모두 목간이라는 사실이다. 이러한 사실은 일단 내지로부터 유입된 『論語』를 胡楊·松木 등의 서사재료에 抄寫하였기 때문일 것이다.

동아시아 논어의 전파와 계양산성

이다. 이와 같이 변경지역으로의 유교 이념이 전파된 사실을 보다 명확히 알 수 있는 자료는 최근 공개 정리된 『肩水金關漢簡』[26)]에서 확인할 수 있는 『논어』 木簡의 내용이다. 관련 목간 내용을 소개하면 다음과 같다.

표 1. 『肩水金關漢簡』(壹)-(伍)에 보이는 『論語』簡(1-5) 및 『論語』推定簡(6-13)

일련 번호	簡號	釋文	所屬 篇名	출전
1	73EJT31:75	遷怒不貳過不幸短命死矣今	雍也	參, p.221
2	73EJT31:77	☒於齊冉子爲其母請粟	雍也	參, p.221
3	73EJT15:20	子曰大伯其可	泰伯	貳, p.18
4	73EJT24:802	☒母遠慮必有近憂☒	衛靈公	參, p.27
5	73EJT24:833	☒曰天何言哉四時行焉萬物生焉☒ 年之喪其已久矣君子三	陽貨	參, p.29
6	73EJT22:6	•孔子知道之易也易=云省三曰子曰此道之美也☒		貳, p.94
7	73EJT31:139	•子曰自愛仁之至也自敬知之至也☒		參, p.227
8	73EJC:607	•子贛曰九變復貫知言之簒居而俟合憂心橾念國之虐子曰念國者橾呼衡門之下		伍, p.244
9	73EJT14:7	•子曰必富小人也貧小人也必貴小人也賤小人		貳, p.9
10	73EJC:180	☒敬其父則子說敬其兄則弟說敬其君則☒		伍, p.193
11	73EJT9:58	•子曰君子不假人君子樂□☒		壹, p.203
12	73EJT24:104	☒何以復見乎子贛爲之諸子曰是☒		貳, p.290
13	73EJH1:58	☒之方也思理自外可以知☒		肆, p.255

---

25) 胡平生·張德芳, 앞의 책(2001), p.176.

26) 甘肅簡牘保護研究中心·甘肅省文物考古研究所 등, 『肩水金關漢簡』(壹)-(伍), 中西書局, 2011-2015.

〈표 1〉의 『論語』簡은 현행본 『논어』의 내용에서 확인할 수 있는 일련번호 1)-5)까지의 簡과 현행본에서는 확인할 수 없는 6)-13)簡의 두 종류로 구분할 수 있다. 1)簡은 현행본 「雍也」의 "哀公問 弟子孰爲好學?, 孔子對曰 有顔回者好學, 不遷怒, 不貳過. 不幸短命死矣. 今也則亡, 未聞好學者也."에 해당하는 구절로서 현행본과 정주논어죽간과 그 내용이 동일하다. 2)의 간문 역시 「옹야」에 보이는 구절로서 현행본 "子華使於齊, 冉子爲其母請粟"의 구절로서 동일 내용이다. 3)의 간문은 『論語』 「泰伯」의 "子曰..太伯其可謂至德也已矣"에 해당하는 구절이다. 정주논어죽간에는 2)와 3)簡의 구절이 모두 缺落되어 있어 그 내용을 확인할 수 없다. 4)의 내용은 『論語』 「衛靈公」의 "子曰: 人無遠慮, 必有近憂"에 해당하는 구절이다. 현행본과 정주논어죽간과 관련 구절을 비교하여 보면 다음과 같은 차이를 알 수 있다. 현행본에는 "毋"는 "無"로, 정주논어죽간에는 "人而無遠慮"로서 "而"가 더 쓰여져 있다. 5)의 구절은 현행본 『論語』 「陽貨篇」의 "子曰..天何言哉? 四時行焉, 百物生焉, 天何言哉? 孺悲欲見孔子, 孔子辭以疾. 將命者出戶, 取瑟而歌,使之聞之. 宰我問 三年之喪, 期已久矣. 君子三年不爲禮…(하략)…"에 해당한다. 우선 "萬物"과 "百物"의 차이가 보이지만 모두 많다는 의미에서는 동일한 의미이다. 또한 "其"가 현행본에는 '期'로 서사되어 있다. 그런데 『漢書』 「王吉傳」에는 王吉이 창읍왕의 황제 등극을 비판하는 上書와 관련한 구절 가운데 "天下言, 四時行焉, 百物生焉" 이라 쓰여져 있어 『論語』 「陽貨」의 "百物生焉" 구절을 인용한 것으로[27] 동일한 문장구조로 작성되어 동일한 의미이지만 글자의 차이가 있는 것으로 보아 5)의 간은 魯論 계통의 현행본과는 달리 『齊論』을 비롯한 다른 계통의 판본일 가능성이 있다.[28]

6)-13)간에서 분명하게 확인할 수 있는 것은 앞뒤가 殘簡인 3개의 簡을 제외하

---

27) 『漢書』 권72 「王吉傳」, p.3061.
28) 5)의 간문에는 현행본 내용 가운데 『양화』 19장 "天何言哉? 孺悲欲見孔子, 孔子辭以疾. 將命者出戶, 取瑟而歌, 使之聞之. 宰我問 三年"의 내용이 보이지 않는다. 해당 簡 「73EJT24:833」의 형태를 보면 위와 아래 부분이 훼손되어 있기 때문일 것이다.

고는 文頭에 "•"의 부호가 있어 편장을 구분하고 있다는 점이다. 또한 이러한 簡에 서사된 字句의 내용은 현행본 『논어』에서는 확인할 수 없지만, 관련 문헌에서는 확인할 수 있다는 점에서 당시 유교 사상을 이해하는데 상당한 도움을 제공하고 있다. 먼저 6)간의 내용 가운데 시작 부분은 "孔子知道之易也" 및 "子曰此道之美也"와 관련한 문헌 기사의 내용을 검토하여 보자

① 공자가 말하기를 향음주례를 보고 왕도를 실천하는 것이 매우 쉽다는 것을 알았다(孔子曰..吾觀於鄕, 而知王道之易易也)[29]

② 나는 향음주례를 보고 왕도를 실천하는 것이 매우 쉽다는 것을 알았다(吾觀於鄕, 而知王道之易易也)[30]

③ 공자가 안회에게 말하였다. "사람들은 道가 아름답다는 것을 모르지 않는다. 그런데 이를 사용하지 않고 실천하지 않는 것은 무엇 때문인가? 듣기만 하고 어찌 자신은 날마다 생각하지 않는가?(孔子謂顏回曰..人莫不知此道之美, 而莫之御也, 莫之爲也, 何居? 爲聞者, 蓋曰思也夫)[31]

①과 ②의 기사는 "孔子曰"의 유무 차이만 있을 뿐이지 내용은 동일하다. 즉 鄕飮酒禮를 통해서 자신이 올바르게 되고 나라가 안정되면 천하가 안정된다는 의미이다.[32] 따라서 6)簡 "孔子知道之易也"의 관련한 ①과 ②의 기사 내용을 6)簡 "子曰此道之美也"와 관련한 ③의 기사 내용과 연관시켜 해석하면 공자가 향음주

---

29) 李學勤 主編, 『禮記正義』(十三經注疏), 卷61, 北京大學出版社, 1999, p.1633.

30) (淸) 王先謙 撰, 『荀子集解』 권14 「樂論」 中華書局, 1988, p.384.

31) 『孔子家語』(王肅 撰, 宇野精一 著, 新釋漢文大系53, 明治書院, 1996) 「顏回」, p.258.

32) 『荀子集解』 권14 「樂論」 中華書局, 1988, p.385, "貴賤明, 隆殺辨, 和樂而不流, 弟長而無遺, 安燕而不亂, 此五行者, 足以正身安國矣. 彼安國而天下安."

례를 본 이후에 안회에 대하여 이에 대한 감회를 언급한 내용이다. 즉 簡文의 "知道"란 바로 王道를 지칭하는 것이 것이고 "此道之美"란 왕도의 존귀함과 실행함이 평이하게 실천할 수 있음을 언급한 것이다.

또한 7)간을 검토하여 보자. 『法言』「君子」에는 "自愛, 仁之至也; 自敬, 禮之至也"라고 기록되어 있어 동일한 내용임을 알 수 있다. 또한 이와 관련한 기사는 『孔子家語』와 『荀子』에서도 확인할 수 있으니 아래와 같다.

> ④ 子路見於孔子, 孔子曰..'智者若何?' 子路對曰..'智者使人知己, 仁者使人愛己.' 子曰..'可謂士矣.' 子路出, 子貢入, 問亦如之. 子貢對曰.'知者智人, 仁者愛人.' 子曰..'可謂士矣.' 子貢出, 顔回入, 問亦如之. 對曰..'智者自知, 仁者自愛.' 子曰..'可謂士君子矣'[33]
>
> ⑤ 子路入, 子曰..'由, 智者若何? 仁者若何?' 子路對曰..'智者使人知己, 仁者使人愛己.'…(중략)…顔淵入, 子曰..'回, 智者若何? 仁者若何?' 顔淵對曰..'智者自知, 仁者自愛.' 子曰..'可謂名君子矣'[34]

즉 7)簡은 "•子曰自愛"로 쓰여진 것으로 보아 失傳된 『齊論』의 「自愛」篇의 章句일 것이다. 상기 인용한 문장에 근거하면 「自愛」는 바로 『論語』「顔淵」의 "克己復禮爲仁. 一日克己復禮, 天下歸仁焉. 爲仁由己, 而由人乎哉?"와 직접적으로 상통하는 의미이다. 8)簡의 "九變復貫, 知言之纂"의 의미는 『漢書』「武帝紀」에 "九變復貫, 知言之選"에서 확인할 수 있다. 이 기사의 의미는 정변으로 인하여 예를 회복하고자 하면 선왕의 옛 관습에 합치해야 한다는 應劭의 주석을 통해서 알 수 있다.[35]

---

33) 『孔子家語』 권2 「三恕」, 1996, p.122.
34) 『荀子集解』 권20 「子道」 中華書局, 1988, p.533.
35) 『漢書』 권6 「武帝紀」, p.169, 應劭曰…(전략)… 詩云 『九變復貫, 知言之選』. 應劭曰..「逸詩

상기 인용한 6)-13)簡의 내용은 현행본 『논어』에서는 확인할 수 없는 장구이다. 그러나 관련 문헌에는 매우 유사한 기술이 되어 있음을 확인할 수 있다. 이와 같이 편명이 「知道」인 6)簡을 비롯한 13)간에 이르기까지의 새로운 『논어』의 발굴은 失傳된 『論語』의 經文을 복원시키는데 매우 중요한 의미가 있다. 즉 '王道'와 관련한 禮樂 및 政治思想에 대한 이해의 제고는 물론이고 "自愛"와 "自敬"은 孔子의 仁의 개념에 대한 새로운 해석을 가능하게 하였다. 이와 같이 宣帝 年間에 작성된 『肩水金關漢簡』에 보이는 『論語』簡은 적어도 宣帝 이후의 하서 변경지역은 『齊論』을 비롯한 다양한 『논어』 판본의 유전으로 유교의 이념이 더욱 전파되었음을 알 수 있다.

더욱이 『논어』의 내용이 아니더라도 『견수금관한간』(壹)-(伍)의 내용을 조사하여 보면 儒家이념이 반영된 기사들이 확인된다. 주요 내용은 아래의 〈표 2〉와 같이 정리할 수 있다.

표 2. 『肩水金關漢簡』에 보이는 儒家 관련 簡文

簡號	주요 내용	출전
73EJT9:58	·子曰君子不假人君子樂□▨	『肩水金關漢簡』(壹)
73EJT10:23	□夫人喪來毋忘寄喪善也	
73EJT14:7	·子曰必富小人也貧小人也必貴小人也賤小人	『肩水金關漢簡』(貳)
73EJT21:454	論曰吾其子謀	
73EJT21:454	吳子曰未可今□	
73EJT21:485A	孝子曰自□　趙大伯……	
73EJT22:51	不可幸語之卽欲爲	

也. 陽數九, 人君當陽, 言變政復禮, 合於先王舊貫. 知言之選, 選, 善也.」 孟康曰..「貫, 道也. 選, 數也. 極天之變而不失道者, 知言之數也.」 臣瓚曰..「先王創制易敎, 以救流弊也, 是以三王之敎有文有質. 九, 數之多也.」 師古曰..「貫, 事也. 選, 擇也. 論語曰 『仍舊貫』, 此言文質不同, 寬猛殊用, 循環復舊, 擇善而從之. 瓚說近之也.」

簡號	주요 내용	출전
73EJT23:12B	□□□□□知之不言也而□也	
73EJT23:14	辭曰誠得錢地長即治論	
73EJT23:19A	謂何謂人未央也㝡可財乎且之	
73EJT23:40B	一誤取不乏財人也即	
73EJT23:451	□樂不如	
73EJT29:12	☑ 善毋恙良 ☑ (削衣)	『肩水金關漢簡』(參)
73EJT30:95	再拜言尤為人子者盡其孝　□□□ □□□　　　君不 ……姦……	
73EJT30:148A	若是而子文自寬君□☑	
73EJT31:44+ T30:55AB	上而不驕者高而不危制節謹度而能分施者滿而不溢易曰亢龍有悔言 驕溢也亢之為言 A　七十二 B	
73EJT31:102	詩曰題積令載〓載鳴我日斯邁而月斯延蚤=興=夜=未=毋=天=璽=所 =生=者唯=病=乎=其勉=之=	
73EJT31:139	·子曰自愛仁之至也自敬知之至也　☑	
73EJT31:141	行葦則兄弟具尼矣故曰先之以博愛而民莫遺其親·百廿七字☑	
73EJT33:1	願聞其曉	『肩水金關漢簡』(肆)
73EJT33:7A	□子夏鎌也今子夏欲意=叩頭幸甚	
73EJC:176	曾子曰敢問聖人之德無以加於孝乎子曰天地之間莫貴于人人之行莫 大于孝孝莫大于嚴父嚴父	『肩水金關漢簡』(伍)
73EJC:179	不及者未之有也曾子曰甚哉□☑	
73EJC:180	☑敬其父則子說敬其兄則弟說敬其君則☑	
73EJC:181	☑小人也富與貧	
73EJC:607	·子贛曰九變復貫知言之簒居而俟合憂心木杲=念國之虐子曰念國者 木杲=呼衡門之下	

　　서북 변경지역에서 출토된 『논어』는 국가의 통치이념을 변경의 민에게 숙지
시키거나 하급관리들이 숙지해야 하는 지침서의 역할을 담당했을 것이다. 따라
서 유교 이념의 숙지와 전파의 실제적 상황은 주로 변경지역의 하급관리나 민들

의 수용 양상을 통해 이해할 수 있다. 왜냐하면 출토자료를 통한 諸侯王이나 列侯 등과 같은 높은 지위와 신분에 있는 자들의 유교 학습에 대한 실상을 알 수 있는 자료는 매우 제한적이기 때문이다.

이러한 정황 하에서 해혼후 묘에서 출토된 "元康4年(B.C.62)"의 연호가 명기된 목독과 『논어』의 발굴은 종래 알려진 '정주논어'와 '낙랑논어' 두 종류의 논어 죽간과 더불어 전한 후기의 『논어』를 비롯한 유교 전적 및 유학 보급의 정황을 이해할 수 있는 중요한 자료를 제공하였다. 왜냐하면 해혼후 묘와 宣帝 五鳳3년 (B.C. 55)에 사망한 中山國 懷王 劉脩 묘의 시간적 차이는 최소 7년 밖에 차이가 나지 않음을 고려한다면 이 두 묘에서 출토된 『논어』는 동 시기의 황실에서 독서한 동일한 판본일 가능성이 매우 높다고 볼 수 있기 때문이다.

그렇다면 출토된 『논어』 죽간은 어떤 형태였을까? 먼저 『論語』의 형태와 관련하여 아래의 두 인용기사를 참고하여 보자.

⑥ 『역』, 『시』, 『서』, 『예』, 『악』, 『춘추』의 책(策)은 모두 1척 2촌 이다. 『효경』은 줄여서 (그 길이의) 반으로 하였고, 『논어』는 8촌 책인데, 셋으로 나누어 그 하나로 하였으니 그보다 더 줄인 것이다.[36]

⑦ "단지 周나라에서는 8寸을 1尺으로 하였다는 것만을 알 뿐이

---

36) 李學勤 主編, 『儀禮注疏 上』(十三經注疏), 卷24 「聘禮」, 北京大學出版社, 1999, p.450, "鄭作『論語序』云..『易』·『詩』·『書』·『禮』·『樂』·『春秋』策, 皆尺二寸, 『孝經』謙半之, 『論語』八寸策者, 三分居一又謙焉." 그러나 六經의 길이가 '尺二寸'이라 되어 있는 것은 '二尺四寸'의 오기이다. 왜냐하면 『논어』의 길이가 8寸이 되기 위해서는 2척4촌의 1/3이 되어야 하기 때문이다. 따라서 阮元은 일찍이 『周禮注疏』 「校勘記」에서 이 문장에 대해 다음과 같이 교감하였다("按…(중략)…然則此云尺二寸, 乃傳寫之誤, 當作二尺四寸, 下云孝經謙半之, 乃尺二寸也. 又云『論語』八寸策者, 三分居一, 又謙焉, 謂論語八寸居六經三分之一,比孝經更少四寸, 故云又謙焉").

고, 논어만 1尺(周尺)의 죽간에 기재하게 된 의미를 모른다.…(중략)… 죽간에 논어를 기록한 것은 기록을 簡要하게 하여 품에 넣고 다니기에 편리하도록 한 것이다. 논어는 경서로 전해지는 것이 아니고, 그 뜻을 잊어버리는 것을 염려하여 전문을 기록한 것이기 때문에 단지 8寸을 1尺으로 하는 기준에 따라 기록한 것으로 2尺4寸 길이의 죽간을 사용하지 않는다."[37]

⑥은 『儀禮』「聘禮」에 인용된 鄭玄의 『論語 序』의 기사이고 ⑦은 『論衡』의 관련 기사이다. 두 기사에 의하면 『논어』의 길이는 8촌으로 규정하여 진한시기 7촌(16㎝ 내외)의 간과 그 길이가 유사함을 알 수 있다.[38] 또한 『논어』의 서책 길이가 8촌인 까닭은 "품에 넣고 다니기에 편리함"이라 언급한 ⑦의 기사 내용은 何敞의 6世祖인 武帝 征和三年(B.C.90) 3月 3일에 80여 세의 노인[老嫗]이 比干에게 품 속에서 길이 9寸의 符策을 꺼내어 주었다는 고사에서도 확인할 수 있는 것처럼[39] 한대 1尺(23㎝) 이내의 簡은 용이하게 휴대하고 다녔으며 그 주요 목적은 평소에도 자주 학습하기에 편리함을 제공하기 위해서였다. 이와 같이 전래 문헌에서 확인할 수 있는 『논어』의 규격은 휴대할 수 있는 정도의 8촌 내외의 크기였다.

---

37) 『論衡』 正說, p.1598, "但[知]周以八寸爲尺, 不知論語所獨一尺之意. …(중략)… 紀之約省, 懷持之便也. 以其遣非經, 傳文紀識恐忘, 故但以八寸尺, 不二尺四寸也."

38) 胡平生, 「『簡牘檢署考』導言」(王國維 原著, 胡平生·馬月華 校注, 上海古籍出版社, 2004, p.31→김경호 譯, 『簡牘이란 무엇인가』, 성균관대출판부, 2017, p.71)에 의하면 진·한시대 서적의 간책 길이는 전국시대 서적의 책 길이와 일정한 계승관계가 있으며 여덟 종류로 나눌 수 있으며, 일곱 번째 冊은 길이가 16㎝ 내외로, 7촌에 대략 일치한다.

39) 『後漢書』 권43 「何敞傳」 p.1480, 注引, "征和三年三月辛亥, 天大陰雨, 比干在家, 日中夢貴客車騎滿門, 覺以語妻. 語末已, 而門有老嫗可八十餘, 頭白, 求寄避雨, 雨甚而衣履不霑漬. 雨止, 送至門, 乃謂比干曰. "公有陰德, 今天錫君策, 以廣公之子孫." 因出懷中符策, 狀如簡, 長九寸, 凡九百九十枚, 以授比干, 子孫佩印綬者當如此筭"

비록 해혼후 묘에서 출토된 『논어』의 형태에 대한 공식적인 보고는 최근 공개된 관련전시 도록[40]과 『考古』(2016-7기)의 내용에 불과하여 簡의 형태와 관련한 구체적 서술은 아직 보고된 바 없다.[41] 따라서 현재 확인된 세 종류의 『논어』 죽간의 형태와 내용을 동시에 비교·분석하기 위해서는 해혼후 묘에서 출토된 죽간 목간 자료의 정리가 완결된 이후에나 가능한 실정이다.[42] 그렇지만 '定州論語' 竹簡과 平壤 貞柏洞 364號墳에서 출토된 '樂浪論語' 竹簡의 형태 비교를 통해서 해혼후 출토 『논어』의 형태나 주요 특징 등을 추론할 수 있을 것이다. '정주논어 죽간'와 '낙랑논어죽간'을 비교·정리하면 대체로 다음과 같다.[43] 定州論語竹簡은 620여 매로서 殘簡이 대부분을 차지한다. 정주논어죽간이 비록 잔간이 대부분일지라도 中山王 劉脩는 前漢 宣帝 五鳳3년(B.C. 55)에 사망했기 때문에 정주논어 죽간이 쓰여진 연대는 五鳳3년(B.C. 55) 이전임을 알 수 있다. 죽간의 形制는 길이 16.2㎝(약 7寸), 너비 0.7㎝, 簡의 자수는 19~21자이며, 簡의 兩端과 중간 부분이 編綴되어 있어 그 흔적이 남아 있다. 더욱이 쓰여진 자수는 簡 중간의 편철 부분을 중심으로 상하 각각 10자 전후로 기술되어 있다.[44] 따라서 현재 8촌의 길이가 되지 않는 출토 『논어』 죽간의 실물은 ⑥의 기사에서 언급한 내용과 정확하다고 볼 수 있다.[45]

---

40) 江西省文物考古研究所·首都博物館 編, 『五色炫曜一南昌漢代海昏侯國考古成果』, 江西人民出版社, 2016, p.186.

41) 西省文物考古研究所·南昌市博物館·南昌市新建區博物館, 「南昌市西漢海昏侯墓」(『考古』2016-7), pp.60-61의 지면에서 竹簡 4매의 사진과 개괄적인 서술만 있을 뿐이다.

42) 최근 이와 관련한 專論이 발표되었다. 周鳳翰 主編, 앞의 책, 2000, 「海昏竹書《論語》初論」을 참조.

43) 이하의 일부 내용은 서술의 편의상 김경호, 앞의 논문(2012), pp.10-13에서 인용하였으며 일일이 전거를 밝히지 않는다.

44) 中國國家圖書館 中國國家古籍保護中心 編, 『第一批國家珍貴古籍名錄圖錄』(第1冊), 「一. 漢文珍貴古籍名錄·00077論語」, 國家圖書館出版社, 2008. p.77.

45) 胡平生, 앞의 논문(2004), p.32.

'낙랑논어' 죽간은 판독 결과[46] 현행본 『논어』 제11권 「先進」과 제12권 「顔淵」의 일부 내용임이 확인되었다. 또한 形制도 죽간 兩端과 중간 부분에는 편철한 흔적이 선명하게 남아 있고 더욱이 중간 부분의 편철한 흔적을 중심으로 상하각각 10자씩 균일하게 쓰여져 있는 사실로 보아 상기한 '정주논어' 죽간과 형제가 거의 동일함을 알 수 있다. 또한 편철된 방식이 先編後寫임이 확실한 형태임을 볼 때 두 『論語』간은 계통적으로 매우 유사함을 띠고 있기 때문에 '낙랑논어' 죽간은 한대 내지에서 낙랑군으로 유입되었을 가능성은 매우 높다. 게다가 '낙랑논어죽간'은 "初元4年(B.C.45)" 이전에 사용되었다는 점과 '정주논어죽간'이 선제五鳳 3年 이전에 작성되었음을 고려한다면 적어도 宣帝·元帝시기 하북과 낙랑변경지역에서는 동일한 형태의 『論語』 판본이 보급되었음을 추측할 수 있다. 왜냐하면 漢朝의 성립이래 『論語』는 『魯論語』20篇·『齊論語』22篇·『古論語』21篇의 세 유형으로 각각 전해져 오다가[47] 張禹가 夏侯建에게 『魯論語』를 수학하고 庸生과 王吉에게 『齊論語』를 수학하고 나서 이른바 '『張侯論』'을 엮어 내자 한대 사회에서 유행하였으며 成帝에게 전수하였다는 기록이 있기 때문이다.[48] 즉 두 지역에서 출토된 『논어』죽간이 어떤 계통에 속하였는가를 불분명하지만 형태의 유사성으로 볼 때는 동일한 계통이었을 개연성이 매우 높다.

따라서 해혼후 묘 출토 『논어』는 宣帝·元帝時期(元康4年, B.C.62~初元4年, B.C.45)에 상기한 정주논어와 낙랑논어 죽간과는 최소 17년 정도의 시간적 차이를 두고 유통된 『논어』이다. 현재 공개된 해혼후 묘 출토 『논어』의 내용은 다음

---

46) 李成市·尹龍九·金慶浩, 앞의 논문(2009) 참조.

47) 李學勤 主編, 『論語注疏』(十三經注疏), 「論語注疏解經序 序解」, 北京大學出版社, 1999, pp.2-5, 【疏】正義曰..漢興, 傳者則有三家, 『魯論語』者…『齊論』者…『古論語』者", "敍曰..漢中壘校尉劉向言『魯論語』二十篇…『齊論語』二十二篇, 其二十篇中, 章句頗多於『魯論』…魯共王時, 嘗欲以孔子爲宮, 壞, 得『古文論語』."

48) 李學勤 主編, 위의 책, 1999, p.2, 【疏】正義曰..(전략) 安昌侯張禹『魯論』于夏侯建, 又從庸生·王吉受『齊論』, 擇善而從, 號曰「張侯論」, 最後而行於漢世. 禹以『論』授成帝."

과 같다.

그림 3. M1: 564 죽간

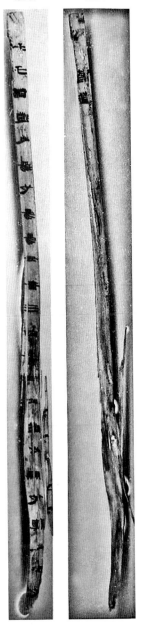

〈앞면〉 〈뒷면〉

⑧ 공자께서 말씀하셨다. "雍은 南面하게 할
만하다".(子曰 雍也可使南面)

⑨ 자유가 무성의 관리가 되었다. 공자께서 말
씀하셨다, '너는 인재를 얻었느냐?(子游爲武
城宰 子曰女得人焉耳乎)子游爲武城宰 子曰女得
人焉耳乎

⑩ 智者는 물을 좋아하고 仁者는 산을 좋아하
니 智者는 움직이고 仁(者는 고요하며 지자
는 즐기고 인자는 장수한다[智者樂水 仁者
樂山 智者動 仁(者靜 知者樂 仁者壽)] 智者樂
水 仁者樂山 智者動 仁(者靜 知者樂 仁者壽)[49]

⑧-⑩의 내용은 현행 통용되고 있는 『논어』「雍也」편의 내
용과 일치하며 ⑩간의 하단 부분은 잘라진 까닭에 괄호 부분은
보이지 않는다. 그렇지만 상기한 두 『논어』 죽간과 해혼후 묘
출토 『논어』 죽간은 동일 계통일 가능성이 높다. 특히 漢末 大司
農 鄭玄이 『魯論』의 篇章은 『齊論』과 『古論』를 참고하여 註釋을
하였다는 언급을 참고한다면[50] 본 고에서 언급한 세 지역에서
출토된 『논어』 죽간은 『魯論語』의 계통으로 추정할 수 있다. 그

49) 江西省文物考古研究所·首都博物館 編, 앞의 책(2016), p.186. 띄어
쓰기와 괄호 안의 내용은 필자에 의함.
50) 李學勤 主編, 위의 책, 1999), p.5, "漢末, 大司農鄭玄就『魯論』篇章考
之『齊』·『古』, 爲之註."

렇지만 당시 통용되고 있었던 魯論系 『論語』 역시 篇章과 異文의 차이가 있었을 뿐이지[51] 經文은 동일하다는 지적은[52] 원래 『논어』를 포함한 고대의 경서는 하나의 판본이었는데 抄寫되어 전래되는 과정에서 이문이 나타나고 또한 이에 대한 서로 다른 경문 해석이 출현했음을 의미한다.[53] 이와 같은 다른 판본의 형태로 전해진 것이 바로 상기한 『齊論』, 『魯論』, 『古論』이라 불린 것이며, 해혼후 묘에서 출토된 ⑧-⑩과는 또 다른 『논어』 죽간인 내용은 바로 이러한 사실을 증명하고 있는 것이다.

⑪ 공자께서는 王道를 실천하는 것이 쉽다는 것을 알았다. 쉽다는 것은 삼일동안 성찰하는 것이다. 공자께서 말씀하셨다. "이러한 왕도가 아름다운데 실천하지 않는 것은 무엇 때문인가? (孔子智道之易也 易易云者三日 子曰此道之美也 莫之御也)

孔子智道之易也 易易云者三日 子曰此道之美也 莫之御也)

⑫ 智道[54]

⑪·⑫는 主墓(M1)에서 출토된 죽간(〈그림 3〉,정리번호 M1: 564正/反)으로 동일한 1枚의 정면과 배면이다. 즉 ⑪이 정면이고 ⑫ "智道"는 배면으로 이 죽간의 篇題에 해당한다. ⑪의 "智道"는 "知道"와 통용됨은 ⑩의 인용 기사인 "智者樂水", "智者動"의 "智"자가 "知"로 사용됨에서도 확인할 수 있다. 따라서 ⑧의 "智

---

51) 『漢書』 권81 「張禹傳」, p.3352, "始 魯扶卿及夏候勝·王陽·蕭望之·韋玄成皆說論語 篇第或異."

52) 唐明貴, 『論語學史』(中國社會科學出版社, 2009), p.102.

53) 『申鑒』 「時事篇」, "仲尼作經, 本一而已, 古今文不同, 而皆自謂眞本經. 古今先師, 義一而已, 異家別說不同, 而皆自謂古今"

54) 江西省文物考古研究所·南昌市博物館·南昌市 新建區博物館, 「南昌市西漢海昏侯墓」(『考古』 2016-7), p.61. 띄어쓰기는 필자에 의함.

道"는 篇題이며 이와 관련한 아래의 두 기사에 먼저 주목하여 보자.

⑬ 『齊論』은 22편이다. 「문왕」과 「지도」편이 많다(齊 二十二篇. 多問王·知道)[55]

⑭ 『齊論』에는 「문왕」 「지도」 두 편명이 있는데 『魯論』보다 두 편이 많다(齊論有問王知道 多於魯論二篇[56]

상기한 ⑬·⑭에 의하면 "知道"는 『齊論』의 편명임을 알 수 있다. 특히 ⑭의 기사는 『齊論』에는 「問王」편과 「知道」편이 있어 『魯論』보다 2편이 더 많으니 『齊論』은 22편이라는 내용이다. 그런데 해혼후 출토 『논어』간(⑩, ⑪, ⑫) "智"와 ⑬, ⑭에 보이는 "知"는 다른 글자이지만 한대에는 "智"와 "知"는 통용되어 동일한 글자로 사용되고 있는데[57] 몇 가지의 사례에서 확인할 수 있다. 즉 『노론』 계통에 속하는 '정주죽간 논어에는 "智"와 "知"가 혼용되고 있다.[58] 또한 동일 계통인 『노론』에 속하는 후한 영제 연간(熹平4년 175~光和5년 182)에 새겨진 이른바 熹平石經의 『논어』에는 모두 "지(知)"로 쓰여져 있다.[59] 이러한 사실은 전한 중기 이후부터 "지(智)"와 "지(知)"에 대해 『노론』 계통에서는 점차로 "知"로 정합(整合)되어 가는 과정이라 볼 수 있으며 해혼후 『논어』와 동일한 묘에서 함께 출토된 목

---

55) 『漢書』 권30 「藝文志」, p.1716.

56) 李學勤 主編, 앞의 책, 1999, p.2.

57) 楊軍·王楚寧·徐長靑, 「西漢海昏侯劉賀墓出土『論語·知道』簡初探」 『文物』 2016-12, p.72.

58) 王素, 「河北定州出土西漢簡本論語新探」 『簡帛研究』第3集(主編 李學勤 謝桂華, 廣西教育出版社, 1998), p.467에서는 정주논어죽간이 성격을 "『張侯論』에 비하여 비교적 이른 시기의 융합본으로서 『張侯論』과 같으며 역시 『魯論』을 저본으로 하고 『齊論』을 비교본으로 하고 있다"라고 규정하고 있다.

59) 馬衡, 『漢石經集存』, 上海書店出版社, 2014, p.56, "石經之所刻, 確爲魯論"

독의 내용에서도 확인할 수 있다. 출토된 목독의 내용은 대부분 簽牌와 奏牘인데 그 가운데 1매의 목독에는 『논어』가 쓰여져 있는 이른바 「海昏侯劉賀墓出土『論語』書牘圖」(이하 '書牘圖'로 칭함)가 있다. 정리조의 해석에 의거하면 유하가 독서할 때에 임의적으로 쓴 것으로 해석하고 있다.[60] 그 주요 내용을 소개하면 다음과 같다.[61]

> 제1열 : 孔子曰 衛公子荊善居室 始曰苟合矣 少有曰苟完 富苟美
>   △子□□
> 제2열 : 孔子曰 吾有知乎 我毋知 有鄙夫問乎吾 空=如也 扣其兩端
>   而竭 △子罕篇
> 제3열 : 孔子曰 吾自衛反於魯然后 樂正 邪頌各得其所 ●孔子曰
>   中庸之爲德也 其至矣乎 民鮮 △子罕篇
> 제4열 : 孔子曰 善人爲國百年 亦可以勝殘去殺 誠哉是言也 ●知
>   … △子路篇

위의 '書牘圖' 내용의 이해를 위하여 현재 통용하고 있는 『논어』의 관련 문구를 대비하면 아래와 같다(비교를 위하여 원문을 먼저 서술하였으며 글자의 차이는 진하게 표시하였다).

> 제1열 : 子謂衛公子荊 善居室 始有曰苟合矣 少有曰苟完矣 富有曰

---

60) 王意樂·徐長靑·楊軍, 「海昏侯劉賀墓出土孔子衣鏡」, 『南方文物』 2016-3, p.70 「圖 24 : 海昏侯劉賀墓出土『論語』書牘圖」 참고.

61) 王剛, 「親見的若干海昏『論語』簡試釋」 『孔廟國子監論叢』 2017. 필자인 王剛이 직접 簡文을 보고 석문한 것 내용이다. 본고에서는 이를 轉載하였음을 밝혀둔다. 아울러 석문 가운데 부호 '□'는 簡文이 殘缺된 부분이도 '……'는 문자가 명확하지 않아 확정할 수 없는 것으로 필자인 왕강이 표기한 것이다. 아울러 ●와 △부호는 목독에 원래 있던 것이다.

苟美矣(공자께서 衛나라 공자 荊을 논평하셨다. "그는 家事의 처리를 잘 하였다. 처음에 가산을 소유하자 '그런데로 모여졌다'라고 하고 조금 더 소유하자 '그런데로 완전해졌다'라고 하고 풍부히 소유하자 '그런데로 아름다워졌다'라고 하였다.)

제2열 : 子曰 吾有知乎哉 無知也 有鄙夫問於我 空空如也 我叩其兩端而竭焉(공자께서 말씀하셨다. "내가 아는 것이 있는가? 나는 아는 것이 없노라. 비루한 사람이 나에게 묻되, (그가) 무식하다 하더라도 나는 그 양쪽을 들어서 다 말해주노라.")

제3열 : 子曰 吾自衛反於魯然后 樂正 邪頌各得其所(공자께서 말씀하셨다. "내가 衛나라에서 魯나라로 돌아온 뒤에 樂章이 바로잡혀 雅와 頌이 각각 제자리를 찾았노라.")

제4열 : 子曰 善人爲邦百年 亦可以勝殘去殺矣 誠哉. 是言也(공자께서 말씀하였다. "善人이 〈계속해〉 백년동안 나라를 다스리면 또한 잔폭한 자를 교화시켜 사형제도를 없앨 수 있다"라고 하니 진실로다. 이 말이여!)

먼저 '書牘圖' 제1열의 "△子□□"는 현행본과의 대비를 통해서 "△子路 篇"임을 알 수 있다. 아울러 '書牘圖'에 비해 현행 『논어』에서는 "矣", "焉" 등과 같은 조사가 사용되었음을 알 수 있다. 또한 제3열의 내용은 동일하지만 '書牘圖'에는 "●孔子曰……" 이하의 내용이 서술되어 있는 차이를 알 수 있다. 이러한 차이를 보이고 있는 '書牘圖'의 제2열("吾有知乎? 我毋知")과 제4열("●知")에는 모두 "知"로 쓰여 있어 상기한 ⑫의 편제인 "智道"와는 상이하게 쓰여 있다. 해혼후 『논어』간의 전모가 공개되지 않은 정황하에서는 아직 단정할 수 없지만 해혼후 『논어』간에는 ⑩의 "智者"와 ⑫의 "智道"에서 알 수 있듯이 "智"자 만이 사용되고 있다.

이와 관련하여 전국시기 중기에서 후기에 사용된 것으로 추정되는 『郭店楚墓竹簡』[62]에는 일관되게 "智"자만이 보이고 있다. 예를 들면 『老子·甲』의 "不智足(p.111)", "天下皆智(p.112)", "智天(p.113)", "智足不辱, 智止不怠(p.113)"과 『老子·乙』의 "莫智其瓦(p.118)"이나 「緇衣」의 "子曰..爲上可望而智也(p.129)" 등에서 알 수 있듯이 시종일관 "智"자만을 쓰고 있다. 그러나 馬王堆漢墓帛書 『老子』甲乙本에는 곽점초간과는 달리 "知"만이 보이기 때문에 전국시기에는 '知'자가 사용되지 않았다고 주장한 견해도 있음을 볼 때[63] 해혼후 『논어』간 ⑩·⑫간의 "智"자와, 「『논어』서독도」의 제2열과 제4열에 "知"가 동시에 보이는 것은 아마도 서한 중기 이후 『노론』 계통에서 혼용되어 사용된 "智"와 "知"가 점차로 "知"로 통일되어 가는 과정을 보여주는 것으로 해석할 수 있다. 따라서 상기한 海昏侯 論語簡은 1,800여년 전에 상실되었다고 전해지는 『論語』의 『齊論』 판본에 속할 가능성이 매우 높으며,[64] 경문은 하나이지만 통용된 판본은 다양함을 증명하는 것이다.[65]

한편 상기한 해혼후 출토 ⑪, ⑫간에 보이는 「智道」는 〈표 1〉 『肩水金關漢簡(全五冊)』에 기록된 『논어』 내용 중 「知道」의 표현으로도 확인할 수 있다. 서술의 편의상 이를 다시 인용하면 다음과 같다.

---

62) 荊門市博物館, 『郭店楚墓竹簡』(이하, 곽점초간), 文物出版社, 1998.

63) 徐富昌, 「從簡帛本「老子」觀察古籍用字問題—以「古今字與通假字爲中心」 『簡帛』 第2輯, 上海古籍出版社, 2007, p.103.

64) 江西省文物考古研究所·南昌市博物館·南昌市 新建區博物館, 「南昌市西漢海昏侯墓」(『考古』 2016-7), p.61.

65) 郭沂, 「『論語』源流再考察」 『孔子硏究』 1990-4, pp.34-42에서는 "첫째, 『古論』과 『魯論』의 내용은 기본적으로 일치하나 『齊論』과 『古論』의 내용에는 상당한 차이가 있다. 둘째, 『齊論』은 『古論』과 『魯論』에 비하여 편수가 2편 많다. 셋째, 齊와 魯지역에서 각각 사용되었다"라고 언급하면서 『論語』의 원류는 두 계통임을 주장하고 있다. 그러나 동의하기 어렵다.

ⓐ 孔子智道之易也 易易云者三日 子曰此道之美也 莫之御也/ 智道(해혼후 출토 논어간)

ⓑ •孔子知道之易也 易=云省三日 子曰此道之美也☑(『肩水金關漢簡)』 73EJT22:6)

이 두 기사의 비교를 통해서 〈표 1〉의 일련번호 6)간은 『제론』「지도」 편이 확실한 듯하여, 현행본과의 비교를 통해서 확인되지 않은 일련번호 7)~13)간의 내용 역시 『제론』일 가능성을 부정할 수는 없다. 따라서 〈표 1〉 『肩水金關漢簡(全五冊)』에 보이는 『논어』간 7)-13)간에 대한 재검토가 필요하다. 왜냐하면 상기한 편명이 「지도」인 두 간의 ⓐ·ⓑ 내용을 비교하여 보면 다음과 같은 특징이 보이기 때문이다. 첫째, "知"와 "智"이다. 이에 대해서는 이미 언급한 바와 같이 통용되는 글자이므로 동일한 내용이다. 둘째, "yang(易=)"과 "yang yang(易易)"이다. "yang(易)"은 "yi(易)"으로 읽을 수 있으며 용이하다는 의미이다.[66] 또한 "="는 중문부호로 동일 글자의 중복을 피하기 위한 것으로서 "양양"과 동일한 서사 내용이다. 셋째, "省"과 "者"의 차이다. 원래의 석문에는 "省"으로 판독하였지만, 사진의 근거하여 석독한 결과 "者"로 판독하여 동일한 내용임을 알 수 있다.[67] 넷째, ⓐ간은 배면에 "智道"라고 단독으로 편명이 표기되어 있지만 이에 비해 ⓑ간은 단독으로 쓰여진 편명이 보이지 않는다. 이상과 같이 비록 자구의 차이는 있지만 ⓐ와 ⓑ간은 동일한 내용과 판본의 『논어』간, 즉 『제론』임을 추론할 수 있다.

ⓐ와 ⓑ간의 형태적 특징만이 아니라 서사된 내용을 보면, 모두 "孔子知/智道……"로 시작하는데 "공자" 다음에 서사된 "知/智道"는 ⓐ간 배면에 단독으로 쓰

---

66) 蕭從禮·趙香蘭,「金關漢簡"孔子知道之易"爲《齊論·知道》佚文蠡測」『簡帛研究2013』, 廣西師範大學出版社, 2014, p.184.

67) 甘肅簡牘保護研究中心·甘肅省文物考古研究所 등, 2012 『肩水金關漢簡』 2 「EJT22:21A」(96족)와 「EJT23:200①」(p.137)의 간문을 보면 '者'와 '省'의 字形을 구분할 수 있다.

여진 편명과 동일한 것으로 보아 모두 편명임이 확실하다. 특히 ⓑ의 "•"와 같이 표기방식은 '낙랑논어' 죽간에 보이는 "•"와 같은 표기 방식으로 각 편장을 구분하는 기능을 하고 있는 것으로 판단할 수 있다. 따라서 전한 중기 이후의 분장방식은 "•"와 같은 부호의 사용이나 간의 앞면에 "孔子○○……"와 같은 서사 내용

표 3. 『肩水金關漢簡(1-5))』의 『논어』 관련 簡文과 관련 문헌

〈표 1〉『肩水金關漢簡(1-5))』의 『논어』 관련 簡文		관련 문헌 기사	
일련 번호	석문	관련기사	출전
6	•孔子知道之易也易=云省三日子曰此道之美也☒	孔子曰 吾觀於鄉 而知王道之易易也	『禮記正義』 권61
		吾觀於鄉 而知王道之易易也	『荀子集解』 권14, 「樂論」
		孔子謂顏回曰 人莫不知此道之美 而莫之御也 莫之爲也 何居 爲聞者 蓋曰思也夫	『孔子家語』 「顏回」
7	•子曰自愛仁之至也自敬知之至也☒	自愛, 仁之至也; 自敬, 禮之至也	『法言』 「君子」
		子路入 子曰 由 智者若何 仁者若何 子路對曰 智者使人知己 仁者使人愛己 … 顏淵入 子曰 回 智者若何 仁者若何 顏淵對曰 智者自知 仁者自愛 子曰 可謂名君子矣	『孔子家語』 권2, 「三恕」 / 『荀子集解』 권20, 「子道」
8	•子贛曰九變復貫知言之纂居而俟合憂心橾念國之虐子曰念國者橾呼衡門之下	九變復貫, 知言之選	『漢書』 「武帝紀」
9	•子曰必富小人也必貧小人也必貴小人也賤小人		
10	☒敬其父則子說敬其兄則弟說敬其君則☒		
11	•子曰君子不假人君子樂☒☒		
12	☒何以復見乎子贛爲之請子曰是☒		
13	☒之方也思理自外可以知☒		

의 "○○"의 서사 내용을 배면에 단독으로 표기하여 구분한 형식으로 추정할 수 있다. 비록 상기 인용한 〈표 1〉6)-13)간의 내용은 현행본 『논어』에서는 확인할 수 없는 장구이다. 그러나 유가와 관련한 문헌에는 매우 유사한 기술이 되어 있음을 확인할 수 있다. 이를 정리하면 〈표 3〉과 같다.

이와 같이 편명이 「지도」인 6)간을 비롯한 13)간에 이르기까지의 새로운 『논어』의 발굴은 실전된 『논어』 경문을 복원시키는데 매우 중요한 의미가 있다. 즉 '王道'와 관련한 예악 및 정치사상에 대한 이해의 제고는 물론이고 "自愛"와 "自敬"은 공자의 인의 개념에 대한 새로운 해석을 가능하게 하였다. 즉 선제 연간에 작성된 『견수금관한간』에 보이는 『논어』간은 적어도 선제 이후의 하서 변경지역은 『제론』을 비롯한 다양한 『논어』 판본의 보급으로 유가의 이념이 더욱 전파되었음을 알 수 있다.

그렇다면 선제·원제시기에 출토된 『論語』죽간이 유사한 形制를 갖춘 이유는 무엇인가? 이와 관련하여 『論衡』의 다른 기사 내용을 검토하여 보면 다음과 같다.

⑮ 漢나라가 흥기할 때에는 (논어가) 망실되었으나 武帝시기에 이르러 공자의 舊宅 壁中에서 古文을 찾아냈는데, 이때 (논어) 21편을 얻었고, 여기에 齊論·魯論과 河間論의 9편이 더해져서 논어가 30편이 되었다. 昭帝시기에 이르러 (사람들은 논어) 21편을 읽었다. 宣帝가 太常博士에게 논어를 하사함에 당시 만해도 아직 서적의 이름을 칭하는 것이 어렵고 분명치 않아서 이를 '傳'이라 하였다. 후에 隸書로 이를 다시 써서 전수하고 독송하였다. 당초 공자의 후손인 孔安國이 魯人 扶卿에게 논어를 가르쳤는데 그의 관직이 荊州刺史에 이르러 비로소 이 책을 '論語'라 불렀다.[68]

상기한 ⑮의 『논형』 기사 내용을 검토하여 보면 소제시기 이후, 『論語』는 사람들에게 널리 誦讀되기 시작하였으며, 2척4촌 길이의 經이 아닌 傳으로서 길이가 8寸인 텍스트임을 알 수 있다. 이 길이는 교화를 위주로 하는 초학용 텍스트인 『孝經』의 1尺2寸(약 27.6㎝)의 길이에도 미치지 못하는 짧은 길이이다. 그렇다면 『孝經』과 『論語』는 무엇 때문에 짧은 죽간에 서사했던 것일까? '經'은 유교의 성인이 서술한 것으로 2尺4寸의 간에 기록하였지만,[69] 『孝經』과 『論語』가 각각 1尺2寸과 八寸 길이의 죽간에 기록되었다는 것은 아직 '經'으로 인식되지 않았기 때문이다. 『孝經』의 경우 이러한 까닭을 설명하는 문헌의 기록이 보이지 않기 때문에 그 배경을 알기는 쉽지 않다. 그러나 『論語』에 대해서는 『論衡』「正說」에 관련 기사가 보인다.

> 주대에는 8촌을 1척으로 삼았다는 것만 알 뿐 왜 『논어』만 1척
> 인지 그 의미에 대해서는 모른다. 대개 『논어』는 제자들이 함께
> 공자의 언행을 기록한 것이다. 기록한 기간이 매우 길기 때문에
> 수십백 편에 달한다. 또한 8촌을 1척으로 삼은 것은 간략하고
> 휴대하기 편하게 하기 위해서이다. 그리고 현재 남아 있는 것은
> 경이 아니라 전이 기록된 것이라는 것을 잊어버리지 않을까 걱
> 정되어 2척4촌이 아닌 8촌을 1척으로 삼아 기록한 것이다.[70]

---

68) 『論衡』 正說, p.1598, "漢興失亡, 至武帝發取孔子壁中古文, 得二十一篇, 齊·魯二, 河間九篇, 三十篇. 至昭帝女讀二十一篇. 宣帝下太常博士, 時尙稱書難曉, 名之曰傳; 後更隸寫以傳誦. 初, 孔子孫孔安國以敎魯人扶卿, 官至荊州刺史, 始曰論語."
69) 『論衡』 권12 「謝短」, "二尺四寸, 聖人文語."
70) 『論衡』 권28 「正說」, "但知周以八寸爲尺, 不知論語所獨一尺之意. 夫論語者, 弟子共紀孔子之言行, 勒記之時甚多, 數十百篇. 以八寸爲尺, 紀之約省, 懷持之便也. 以其遺非經, 傳文紀識恐忘, 故但以八寸尺, 不二尺四寸也."

위의 기사에 의하면 『논어』의 길이가 8촌인 까닭은 기록의 간략함과 휴대의
편리성 때문이다. 즉 민에게 독서의 편리함이라는 실용성을 제공하고 있다. 또한
기록된 내용이 경이 아닌 전이라는 전적의 성격 때문인 것이다. 즉 『논어』는 일
상에서 휴대하고 있을 정도로 실용적인 서적으로서 민간사회에서 비교적 용이
하게 유교이념을 학습할 수 있게 하는 목적이었을 것이다. 왜냐하면 『孝經』은 물
론이고 『論語』 역시 忠과 孝를 강조하여 개인 및 사회질서의 유지 강화를 위한 근
본 원리를 제공하고 있기 때문이다.[71] 『孝經』과 『論語』의 통치이념이란 父子관계
의 君臣관계화, 事親의 형식을 유지한 天下萬民의 事君 강제 등이 주요 내용으로
'孝'와 '忠'을 각 家로 하여금 숙지케 하여 統治의 一元化를 도모하고자 한 것이다.

즉 '孝'와 '忠'을 매개로 황제와 민의 관계를 父子의 혈연적 관계와 동일시하는
擬制化된 국가의 통치 질서로 확대하여 황제를 정점으로 한 가부장적 성격의 일
원적 지배통치의 이론적 기반을 제공하고 있다.[72] 즉 『효경』과 『논어』는 국가의
통치 입장에서 본다면 孝道와 忠孝의 유교 윤리를 비교적 쉽게 민들에게 보급하
여 숙지케 할 수 있는 텍스트였기 때문일 것이다.[73]

---

71) 『孝經』 「廣揚名章」 "子曰君子之事親孝 故忠可移於君. 事兄悌 故順可移於長. 居家理 故治
可移於官. 是以行成於內而名立後世矣"; 李成珪, 「漢代 『孝經』의 普及과 그 理念」 『韓國思
想史學』 第10輯(韓國思想史學會編, 1998), p.215.

72) 『孝經』의 구성과 사상적 특징에 대해서는 池澤 優, 「『孝經』の構成とその思想」(『「孝」思
想の宗教學的研究-古代中國における祖先崇拜の思想的發展』, 東京大學出版會, 2002)를
참조. 아울러 板野長八, 「孝經の成立(一)・(二)」 『史學雜誌』(第64編-3・4號, 1955→『儒教
成立史の研究』, 岩波書店, 1995에 재수록)에서는 『孝經』의 이용이 구체화 된 시기는 宣
帝期이며, 특히 郡國墓의 폐지와 관련하여 중앙정치에서의 『孝經』의 역할을 고찰하여
孝道에 의한 君主의 一元的支配를 가능케 하였다고 설명하고 있다. 한편 爲政者의 孝 이
용에 관해서는 越智重明, 「秦漢時代の孝の一考察」 『西嶋定生博士還曆記念・東アジア史
における國家と農民』(東京大學出版會, 1984) 참고.

73) 이러한 양상은 고대 중국에서만 보이는 것이 아니라 한반도의 고대 삼국시대 유학을
수용한 이후 그 교육 양상에서도 동일한 성격을 확인할 수 있다(李玲昊, 「儒教經典教育
論에 대한 序說的 考察(Ⅰ)—儒教經典教育의 過去와 現在, 그리고 未來」 『東方漢文學』 제

한의 선제와 원제시기는 이러한 유교의 통치이념이 커다란 영향력을 발휘하던 시기였다. 즉 선제시기에는 "詩·書·春秋·禮·易의 각 經에 예외 없이 博士官이 배치되고 五經博士 전원이 존재하였다"[74]라는 사실이나 어릴 적부터『논어』를 학습한 宣帝[75]나 "好儒"[76]한 元帝가 儒家理念을 강조한 것은 자명한 사실이기 때문이다. 따라서 당시 민간사회에서『論語』는 五經으로 인정되지 않았을지라도 실질적으로는 經書로 인식했을 것이며,[77] 황태자로부터 민간사회에 이르기까지 필독서임과 동시에 六經을 학습하기 위한 입문서로 인식되었을 것이다.[78] 이러한 사회적 분위기 속에서 유교이념의 보급을 통한 효율적 국가 통치를 위한 텍스트로 사용된 것이 '정주논어'와 '낙랑논어'이며, 최근 공개된 해혼후 묘 출토『논어』역시 이러한 사실을 입증해주는 선제·원제시기에 유통된 또 다른『논어』판본의 하나였음을 알려주고 있다.

張禹가『魯論』과『齊論』의 장점을 선택해서 편찬한 이른바 '張侯論'을 成帝에게 전하기 이전 시기인 宣帝·元帝시기에는 아직 통일된『論語』판본이 유통되지 못했을 것이다. 그러나 국가의 통치이념을 "王·覇道의 混用"이라 주장한 宣帝도 18세 이전『詩』·『論語』·『孝經』을 배웠다는 사실과 각 지역에서 이 시기 이후의『논어』죽간의 출토는 한대사회에서 제후에서 하급관리 그리고 중앙에서 변경지역에 이르기까지『論語』등의 유교 텍스트 보급이 점차 보편화되어 가는 것

22집, 2002).

74) 福井重雅,『漢代儒敎の史的硏究─儒敎の官學化をめぐる定說の再檢討─』제1편「五經博士の硏究」, 汲古書院, 2005, p.233.

75)『漢書』卷8「宣帝紀」p.238, "至今年十八 師受詩 論語 孝經 操行節儉 慈仁愛人 可以嗣孝昭皇帝後 奉承祖宗 子萬姓".

76)『漢書』卷9「元帝紀」p.298, "贊曰..元帝多才藝, 善史書…(중략)…少而好儒, 及卽位, 徵用儒生, 委之以政."

77) 徐復觀,「中國經學史的基礎」(『徐復觀論經學史二種』, 上海書店出版社, 2002), p.149.

78) 姜維公,『漢代學制硏究』, 中國文史出版社, 2005, p.275.

을 반영하는 것이고 그 실질적인 증거가 '정주논어'와 '낙랑논어', 그리고 해혼후 묘에서 출토된 『논어』죽간이 바로 해당 시기 전국에 보급된 『論語』의 일부라고 할 수 있다. 따라서 宣帝·元帝시기 각 지역에서 출토된 『論語』簡은 황실과 제후 왕 등의 상층계층에서 하급관리에 이르기까지 그리고 중앙에서 사방의 변경지 역까지 널리 유교 이념의 보급된 사실을 반영한 것이다.

V. 맺음말 : 유가의 보급과 관련하여

江西省 南昌市 海昏侯 劉賀 墓에서 출토된 『論語』는 전한시기 『論語』 텍스트의 보급 상황은 물론이고 선제·원제시기에 유가 이념이 확산되었음을 보여주는 좋은 실례이기도 하다. 필자는 2015년 11월 4일 정식으로 유하묘의 발굴 관련 소식이 발표되었다는 소식을 접하게 되었고 이와 관련하여 2016년 3월 북경 수도박물관에서 전시된 관련 문물을 통하여 더욱 상세한 관련 내용을 알 수 있게 되었다. 특히 현재 아직 정리되지 않은 상태에서 공개된 몇몇의 죽간과 孔子屛風 등이 쓰여진 유학과 관련한 자료들이었다.

본고에서는 해혼후 묘에서 출토된 자료를 통해 다음의 내용을 고찰하고자 했다. 첫째, 아직 죽간의 내용이 전부 공개되지 않은 상황일지라도 『論語』를 비롯한 출토문헌을 통한 전한 중기 사회의 유가의 보급에 대한 이해였다. 해혼후 묘에서 출토된 문서류의 죽간은 당시 황실에서 독서한 텍스트의 하나였을 것이다. 변경 지역에서 출토된 『논어』 죽간 및 목간과 관련하여 생각한다면 적어도 한 무제 이후 시기 『논어』는 국가권력의 중심인 황실에서 변경지역에 이르기까지 매우 보편적 텍스트였음을 알 수 있다. 왜냐하면 해혼후 『논어』의 발굴 이전에 소개된 『논어』의 출토지와 사용 주체는 대체로 제후왕 또는 변경지역의 하급 관리였음을 고려한다면 『논어』의 전국적인 보급은 물론이고 국가권력의 가장 정점에 위치한 황실부터 변경지역의 하급관리에 이르기까지 그 보급 정황을 실질적으로 보여주는 증거이기 때문이다. 즉 中山國(현 하북성)과 昌邑國(현 강서성) 및 漢四郡(樂浪, 동북지역)과 河西四郡(敦煌과 居延)의 '四方'지역에서 출토된 『논어』는 전한 중기 이후, 제국의 전역에서 보급되기 시작하였음을 실질적으로 알려주고 있다. 선제·원제 시기에 보급된 『논어』간의 발굴은 바로 전한의 이 시기가 『논어』를 비롯한 유가 경전이 본격적으로 보급되었음을 시사하는 것이다. 사실 이러한 유학의 각 지역으로의 전파는 무제가 백가를 파출(罷黜)하고 육경을 표장하고 태학을 일으켜[79] 박사관에서 유가 이외의 경전은 배제하였으며 이후 유교일존의 사회적 기풍을 제도로서 확립한 것을 의미한다. 따라서 무제시기 이후 유교의 관학화에 따른 교의는 점차로 정치의 다양한 분야에 적용되기 시작하여 성제시기에 이르러 "오경의 내용에 부합하지 않는 것은 시행할 수 없다"는 유흠과 이에 동조한 이심의 태도는[80] 전한 중기 이후 유학은 사회 전반에 걸쳐서 지배적 위치를 차지하고 있었음을 잘 반영한 것이다.

무제가 설치한 오경에 실질적으로 각 경마다 박사관이 임명된 것은 선제시기에 이르러서이다.[81] 따라서 선제시기 이후에는 국가가 실질적으로 경에 대한 해석 등을 주도적으로 전개하였다. 이러한 시기적 배경하에서 '정주논어' 죽간은 물론이고 '낙랑논어' 죽간 및 최근 발굴된 해혼후 『논어』 죽간 등이 보급된 것이다. 이러한 『논어』 죽간들의 발견은 당시 수도인 장안을 중심으로 각 지역으로 전파되었음을 실질적으로 보여주는 귀중한 자료이다. 더욱이 서북 변경에서 발견된 『견수금관한간』의 『논어』외에, 돈황현천치에서 발견된 『논어』「자장」 잔간 등은 선제 및 원제 시기에 중산국과 창읍국 그리고 낙랑군 등 하북 및 동북 변경 지역 외에 서북변경에서도 『논어』를 비롯한 유가 경전이 유전되었음을 시사한다. 둘째, 종래 상실되어 전해지지 않는다고 알려진 『齊論』 내용의 복원 가능성에 대

---

79) 『漢書』 권6, 「武帝紀」 贊, p.212, "孝武帝初立 卓然罷黜百家 表章六經 … 興太學"
80) 『漢書』 「李尋傳」 p.3192, "歆以爲不合五經 不可施行 而李尋亦好之"
81) 福井重雅, 「五經博士の研究」 『漢代儒教の史的研究』, 汲古書院, 2005, pp.222-223.

한 검토이다. 해혼후 『논어』의 발굴 과정에서 『제론』의 발굴은 『한서』「예문지」에 전하는 『제론』의 판본 및 내용을 이해하는 결정적인 자료를 제공하였다. 더욱이 종래 『견수금관한간』에서 발견된 「73EJT22:6」간의 『제론』「지도」라는 사실이 해혼후 『논어』간의 발굴로 확인됨에 따라서 『논어』의 전국적 전파 양상은 물론이고 『논어』 판본 및 서사 내용에 대한 새로운 사실을 규명할 수 있는 좋은 계기를 제공하였다. 종래 『한서』 예문지에서 확인된 『제론』「문왕」「지도」편 가운데 「지도」편이 확인됨에 따라서 『제론』이 망실된 것이 아님을 확증하게 되었다. 뿐만 아니라 『제론』의 발굴과 정리에 따른 서사 내용은 분석은 『논어』판본 연구의 새로운 연구 내용을 제기하였으며, 각 간에서 확인할 수 있었던 '知道', '自愛' 등의 개념에 대한 이해는 『논어』 학술사 연구의 신선한 자극이 될 것이다.

* 附記 : 본 고는 「전한시기 『논어(論語)』의 전파와 그 내용 ─ 새로운 출토문헌 『논어』의 『제론(齊論)』설과 관련하여」(『역사와현실』 107, 2018)의 내용을 수정 및 보완하여 작성하였음을 밝혀둔다.

참고문헌

권오중·윤재석·김경호·윤용구·이성제·윤선태 지음, 2010, 『낙랑군 호구부 연구』, 동북아역사재단

김경호 외, 2012, 『지하의 논어, 지상의 논어』, 성균관대출판부

손영종, 2006, 「락랑군 남부지역(후의 대방군지역)의 위치―'락랑군 초원4년 현별 호구다소□□' 통계자료를 중심으로」 『역사과학』 198

손영종, 2006, 「료동지방 전한 군현들의 위치와 그 후의 변천(1)」 『역사과학』 199

尹龍九, 2009, 「平壤出土 「樂浪郡初元四年縣別戶口簿」 研究」 『木簡과 文字』 제3호

尹龍九, 2007, 「새로 발견된 樂浪木簡―樂浪郡 初元四年 縣別戶口簿」 『韓國古代史研究』 46

尹在碩, 2011, 「韓國·中國·日本 출토 論語木簡의 비교 연구」 『東洋史學研究』 제114집

李成市·尹龍九·金慶浩, 2009, 「平壤 貞柏洞364號墳출토 竹簡《論語》에 대하여」 『木簡과 文字』 제4호

甘肅簡牘保護研究中心·甘肅省文物考古研究所 等, 2011-2015, 『肩水金關漢簡』(壹)- (伍), 中西書局

江西省文物考古研究所·首都博物館 編, 2016, 『五色炫曜―南昌漢代海昏侯國考古成果』, 江西人民出版社

郭沂, 1990, 「『論語』源流再考察」 『孔子研究』 1990-4

國家文物局古文獻研究室·河北省博物館·河北省文物研究所, 1981, 「定縣40號漢墓研究竹簡簡介」 『文物』 1981-8

唐明貴, 2009, 『論語學史』, 中國社會科學出版社

馬衡, 2014, 『漢石經集存』, 上海書店出版社

蕭從禮·趙香蘭, 2014, 「金關漢簡"孔子知道之易"爲《齊論·知道》佚文蠡測」 『簡帛研究 2013』, 廣西師範大學出版社

楊軍·王楚寧·徐長靑, 2016, 「西漢海昏侯劉賀墓出土『論語·知道』簡初探」『文物』 2016-12

王剛, 2017, 「親見的若干海昏『論語』簡試釋」『孔廟國子監論叢

王國維 原著, 胡平生·馬月華 校注, 2004, 『簡牘檢署考』, 上海古籍出版社(김경호 譯, 『簡牘이란 무엇인가』, 성균관대출판부, 2017)

王意樂·徐長靑·楊軍, 2016, 「海昏侯劉賀墓出土孔子衣鏡」『南方文物』 2016-3

周鳳翰 主編, 2020, 『海昏簡牘初論』, 北京大學出版社

河北省文物研究所, 1981, 「河北定縣40號漢墓發掘簡報」『文物』 1981-8

河北省文物研究所定州漢墓竹簡整理小組, 1987, 『定州漢墓竹簡 論語』, 文物出版社

胡平生·張德芳, 2001, 『敦煌懸泉漢簡釋粹』, 上海古籍出版社

渡邊義浩, 2009, 『後漢における「儒敎國家」の成立』, 汲古書院

福井重雅, 2005, 『漢代儒敎の史的硏究』, 汲古書院

齋木哲郎, 2004, 『秦漢儒敎の硏究』, 汲古書院

제3장

海昏漢簡『論語』初讀
-전한 중기 論語學의 고찰을 겸하여-

陳侃理

I. 머리말

해혼후 유하묘 출토 간독은 대량의 전한대 유가 경전 필사본을 포함하고 있다. 『詩』, 『禮』, 『春秋』, 『논어』, 『孝經』류 문헌 등 종류가 풍부하고 수량도 매우 많다. 이처럼 풍성하고 알찬 고고 성과는 예상치 못한 것이었지만 또 이치에 맞는 일이기도 하다.

한 무제 말에서 소제 시기 한 황실의 근친들은 이미 유학 교육을 받기 시작했다. 劉賀의 아버지는 1대 昌邑王 劉髆이며, 그는 무제의 寵妃 李夫人 소생이다. 무제는 이부인과 유박, 특히 유박을 정말 사랑하였다. 天漢 4년(기원전 97년)에는 그를 창읍왕으로 봉한 후에 "五經에 통달하여 『齊詩』와 『尙書』를 가르칠 선생"인 大儒 夏候始昌을 昌邑太傅로 삼고,[1] 유박의 지도를 맡겼다. 유박과 무제가 기원전 87년 같은 해에 세상을 떠나고 劉賀가 왕위를 계승했다. 당시 劉賀는 5~6세에 불과했지만, 신변의 大臣 중에는 王式·龔遂·王吉 등 세상의 주목을 받는 儒生들이 여럿 있었다. 劉賀의 스승이었던 왕식은 『詩經』과 『春秋』 곡량학의 대가인 魯 申公의 재전제자였는데, 그는 스스로 일찍이 "『詩』 305篇을 조석으로 왕에게 가르쳤다"고 했으며, 훗날 그의 여러 제자들은 五經博士가 되었다.[2] 劉賀가 입조하여 왕위를 계승할 때의 郎中令 龔遂는 경학에 밝은 것으로 관리가 되었다. 그는 劉賀를 여러 차례 권계하면서, 왕국의 郎署 중 품행이 단정하고 경의를 익혀 능통한 자를 신변의 시종으로 선발할 것을 건의하기도 했다. 때때로 『詩』와 『書』로 왕에게 예의를 훈도하고 교화하였다.[3] 창읍국의 中尉 王吉도 "五經에 두루 능통하였고 騶氏의 『春秋』에도 능하여 『詩』와 『논어』를 가르쳤"을 뿐만 아니라, 『詩』, 『書』, 『春秋』를 인용하여 훈계하였다.[4] 劉賀가 18세의 청년으로서 입조하여 대통을 이었을 때의 언행이 극히 가벼웠던 주요한 이유는 나이가 어리고 세상 경험이 부족했기 때문이지, 절대 儒家 교육을 받지 못했기 때문은 아니다.

유하는 제위에서 쫓겨난 후에 곧바로 昌邑國으로 돌아갔으며, 자신이 머물던 궁전 안에 연금당한 지 10년 만에 海昏侯로 봉해졌다. 그가 海昏侯로 봉해졌을 때에는 주위에 大儒가 없었지만, 그가 휴대하였던 창읍국의 옛 물건 중에는 어렸을 때 읽었던 유가 전적들도 있었다. 이 서적들이 유하 사후에 地下에 수장되었음은 매우 자연스러운 일이다.

유하 묘에 유가 서적이 수장된 원인을 해석하면, 해당 서적들의 구조와 내용을 더욱 깊이 이해할 수 있다. 현재 학자들의 전한 경학에 대한 이해는 주로 전한말 내지 후한 사람의 개괄적인 서술에 기반하고 있다. 확실히 錢穆이 이미 지적하였듯이, 전한시대 경학은 정말 수준이 높고 의견도 분분하였다가 宣帝 시기의 石

---

1) 『漢書』 卷75 「夏侯始昌傳」, 中華書局, 1962, p.3154.
2) 『漢書』 卷88 「王式傳」, p.3610.
3) 『漢書』 卷89 「龔遂傳」, pp.3637-3638.
4) 『漢書』 卷72 「王吉傳」, pp.3058-3066.

渠閣 회의 이후에야 수많은 의견들이 정리되어 몇몇 학파로 통합되었다.[5] 선제 이후의 유생들은 각 학파들의 경전 해석상의 특징과 전국시대부터 전한시대까지의 학문 전수 계보를 서술한 바 있다. 각 학파들의 경전 해석 상의 특징과 전국에서 전한까지 경전 전수 계보는 선제 이후의 유생들이 소급하여 서술한 것이다. 이는 가법의 종파 관념의 영향 하에서 새로이 생산되었기에, 왜곡될 가능성이 높다. 따라서, 전한 경학의 실제 상황을 이해하기 위해서는 새로이 출토된 漢代 儒家 서적, 특히 선제 시대 및 그 이전에 초사된 경학 문헌을 깊이 연구해야 한다.

출토된 漢代 儒家 서적 중 『논어』는 고유한 특징이 있어서 경학사 연구에 유용하다. 『論語』는 경전이 아니지만, 경전을 공부하는 기초이기 때문에 매우 광범위하게 전수되었다. 이미 출토된 竹簡 『논어』는 3종류가 있는데, 시대는 昭帝·宣帝 시대에 집중된다. 그 외에는 西北 邊塞에서 출토된 漢簡의 잔편도 존재한다. 출토 『논어』의 여러 서적들은 각각 『漢書』 藝文志에서 이른 바 제『논어』 혹은 노『논어』의 일부 특징들을 가지고 있기는 하지만, 또 이러한 계통과는 구별되는 점도 있어서 전한 말 이후 사람들이 서술한 家法이라 개괄할 수는 없다. 이러한 점은 확실히 전한 중기 經學의 실제 모습이다.

해혼후 劉賀墓에서 출토된 죽간본 『논어』는 현행본 『논어』에 없는 「知道」篇을 포함하는데, 이는 『漢書』 藝文志의 이른 바 제『논어』의 특징과 부합한다. 다만 海昏侯墓 출토 『논어』가 『漢書』 藝文志의 제『논어』와 같다는 것은 아니며, 더더욱 유향이 교록한 황실 祕藏本도 아니다. 마땅히 왕길 혹은 창읍왕의 스승 왕식과 관련 있는 특수한 텍스트로 간주해야 할 것이다. 이러한 관점에서 그 특징을 살펴보아야만 비로소 나중의 각 家『논어』와의 관계를 정확하게 인식해서 『논어』學에서의 위치를 이해할 수 있으며, 나아가 漢代 『논어』學에 대한 인식을 새롭게 할 수 있을 것이다.

---

5) 錢穆, 2001, 『兩漢博士家法考』 10, 「宣元以下博士之增設與傢法興起」, 「兩漢經學今古文平議」, 商務印書館, pp.205-220.

竹簡의 보존 상태가 좋지 못해서 보강 작업을 한 후에야 竹簡을 떼어내고 탈색을 해서 정식으로 사진 촬영을 할 수 있었다. 다만 海昏侯墓 출토 『논어』의 정리 작업은 이제 시작에 불과하다. 본고에서는 먼저 초보적인 釋文에 의거하여 海昏侯墓 출토 『논어』의 인상을 피력한 뒤, 여러 『논어』 텍스트의 사례를 열거하고 비교하여 海昏侯墓 출토 『논어』가 가진 특징을 설명하겠다. 그리고 이 시기 『논어』學의 발전 상황을 개관해 보고자 한다.

II. 해혼한간 『논어』의 특징과 성격

초보적인 통계상, 劉賀墓에서 출토된 『논어』 竹簡은 현재 500여 매가 남아 있으며, 그 대부분은 殘缺이 있다. 소수의 완전한 簡을 통해, 각 簡마다 평균 24字가 서사되었고 3개 줄로 편철되었으며, 簡의 背面에는 획선이 그어져 있었음을 알 수 있다. 각 篇의 첫 번째 簡은 비교적 완전히 남아 있고, 그 背面에는 전부 篇題가 적혀 있다. 예를 들어 "雍也", "子路", "堯"(현행본의 「堯曰」에 대응) "智道" 등은 모두 背面의 상단부에 가까운 위치에 竹靑을 깎아내고 제목을 썼다. 이로써 추측해보면 이 책은 본래 매 편이 독립해서 권을 이루었을 가능성이 매우 크다. 각 편은 장으로 나눠서 초사했고 매 장은 하나의 간으로 새로 시작하지만 분장 부호는 보이지 않는다. 문자들은 매우 정연하게 서사되었다. 중문부호와 합문부호는 사용되지 않았으며, 句讀 표식도 보이지 않는다. 書風은 전반적으로 장중하면서도 우아하지만, 서로 다른 篇章 간에는 글씨체가 서로 다른 경우도 있어서 아마도 한 사람이 쓴 것은 아닐 것이다.

해혼후묘 『논어』간의 보존 상태는 좋지 못하다. 완정간은 적고 잔결은 매우 심해서 석독할 수 있는 문자가 현행본의 1/3 정도이다. 현재 남아 있는 문자가 비교적 많은 편으로는 「公冶長」, 「雍也」, 「先進」, 「子路」, 「憲問」 등이 있으며, 현행본 「鄕黨」, 「微子」, 「子張」편의 내용에 대응하는 것은 아직 발견되지 않았다.

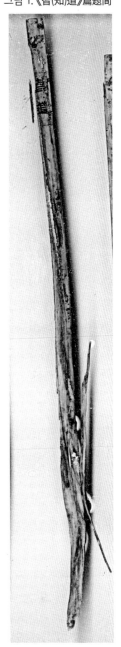

「顏淵」篇은 존재하는지 여부도 확실치 않다. 이 외에 책 전체에서 아직 큰 제목이 발견되지 않았다. "論語"란 서명은 죽간 정리 시 내용에 근거하여 추정하여 정한 것이다.

이 『논어』 텍스트와 송대 이후의 통행본(이하로 "현행본"으로 칭한다)은 상당한 차이가 있다. 글자 사용 습관도 서로 다르다. 예를 들어 현행본의 "知"자는 이 책에서는 모두 "智"로 썼고, "政"은 모두 "正"으로, "能"은 모두 "耐"로, "室"은 모두 "窒"로, "氏"는 전부 "是"로, "舊"는 모두 "臼"로, "爾"는 모두 "壐" 혹은 "璽"로 썼다. 현행본에서 반문을 표시하는 "焉"은 이 책에서 전부 "安"으로 썼다. 현행본에서 "歟"로 읽는 "與"는 이 책에서는 모두 "耶"로 썼다. 이외에 현행본의 "如"는 簡本에서는 대부분 "若"으로 썼다. 현행본의 "佞"은 簡本에서는 혹 "年"으로 썼다. 簡文에서는 또 "邦"자를 엄격하게 피휘하여 일률적으로 "國"으로 고쳐 쓰고 있는데, 예를 들어 "壹言喪國"이라는 부분은 현행본과 다르다. 이 책 전체 각 편의 글자 사용 습관이 일치한다는 점은 의식적으로 글자를 가지런하게 정돈해서 사용했음을 설명해 주는데, 정돈한 후의 결과도 현행본과 차이가 비교적 크다.

가장 주목할 점은 책에 "智(知)道"편의 제목(그림 1)과 현행본에는 보이지 않는 簡文이 보존되어 있다는 사실이다. 이는 『漢書』藝文志의 이른 바 "제『논어』"의 일부 특징과도 부합한다. 이전에 연구자들은 해혼후묘 출토 『논어』 竹簡本을 제『논어』라고 했었다.[6] 필자도 일찍이 해혼후묘 출토 『논어』가 아마도 전한대 가장 중요한 "제『논어』" 학자인 王吉에게서 유래하는 제『논어』 계통의 대표적인 판본으

---

6) 楊軍·王楚寧·徐長青, 2016, 「西漢海昏侯劉賀墓出土〈論語·知道〉簡初探」 『文物』 2016-12, pp.72-92.

로 추측한 적이 있다.[7] 이러한 설명은 근거가 없었던 것은 아니지만, 독자들이 이 책을 한 성제 시기 유향이 교열한 서적에서 보이는 "제『논어』"와 같다는 오해를 불러일으켜서 이 책의 특수성을 간과하게끔 할 수 있다. 이 간책의 특수성은 바로 소제~선제 시기부터 원제~성제 시기까지 한대 경학 발전의 관건이 되는 시기에 『논어』 텍스트의 변화가 매우 복잡했으며, 『漢書』 藝文志에서 개괄하는 세 계통이 충분히 포함할 수 없음을 설명해준다.

『漢書』 藝文志는 齊·魯·古 세 계통의 『논어』 텍스트와 해설을 수록하고 있다. 첫 번째 "古"『논어』는 모두 21篇이다. 『漢書』 藝文志의 自注에는 "공자 고택의 벽에서 나왔으며, 2개의 「子張」편이 있다"고 했는데, 顔師古의 주에서 인용하는 如淳은 "「堯曰」편을 나눈 뒤 子張이 '何如可以從政'이라고 묻는 내용 이하를 하나의 편으로 만들어 '從政'이라고 했다"고 하였다. 曹魏 말 何晏 등이 찬술한 『論語集解叙』에서는 "「堯曰」을 나누어 마지막 '子張問' 이하의 장을 한 편으로 만들었으니 2개의 「子張」편이 있게 되었다. 총 21편으로 각 편의 차례는 제『논어』·노『논어』와 다르다"고 하였다. 이에 근거하면, 고『논어』가 漢·魏 시대에 통행한 『논어』와의 가장 분명한 차이는 제20편 「堯曰」의 마지막 한 장을 떼어내어 독립적인 한 편으로 만들었다는 점이다. 어떤 텍스트에는 "子張"이라고 제목을 붙였고, 어떤 텍스트에서는 "從政"이라고 제목을 붙였다. 편수가 한 편 증가한 외에 20편의 순서도 독특한 점이 있다. 지금으로서는 南朝 梁의 皇侃이 말한 "각 편의 순서는 「鄕黨」이 두 번째 편이고, 「雍也」가 세 번째이다"라는 점만 알 수 있지만, 다른 차이도 있었는지는 확실하지 않지만 상세하게 고찰할 수 없다. 황간은 또 "편 내부의 순서가 뒤바뀐 것은 구체적으로 설명할 수 없다"고 했는데, 고『논어』에서 장의 순서와 장을 나눈 것이 노『논어』·제『논어』와 많이 달랐음을 알 수 있다. 공안국이 고『논어』를 전했다고는 하지만, 널리 유통되지는 않았다.

---

7) 江西省文物攷古研究院·北京大學出土文獻研究所·荊州文物保護中心, 2018, 「江西南昌西漢海昏侯墓出土簡牘」『文物』 2018-11, p.92.

두 번째 "齊"『논어』는 22편이다. 『漢書』藝文志의 自注에 "「問王」, 「知道」 2편이 더 많다"고 했다. 이 自注는 당연히 전한 성제 때 유향이 서적을 교열할 때 지은 "別錄"에 기반하는 것으로, 유향이 교정한 "제『논어』" 판본이 "노『논어』"에 비해 2편이 더 많았고 그 내용은 20편 내의 것이 아니라는 점을 반영한다. 그중 "問王"은 이미 연구자들이 "問玉"의 오기임을 증명하였다.[8] 이하 본고에서도 이 편을 직접 「問玉」편으로 칭한다.

세 번째 "魯"『논어』는 20편으로, 張禹가 전한 것이 대표적이다. 『漢書』藝文志 "論語類"에도 「魯安昌侯說」이 수록되어 있는데, 바로 장우가 노『논어』에 대해 해설한 것이다. 張禹는 황제의 사부로 漢 成帝를 가르쳤으며 승상이 되고 후에 봉해져 유생 중에서 가장 존귀하였다. 그래서 그가 전한 『논어』는 나중에 張侯『논어』라 불리게 되었다. 노『논어』가 세상에 널리 통행하면서 다른 『논어』의 학파들은 차츰 쇠락하였다.[9] 비록 노『논어』가 대종이 되었다고는 하지만, 장우의 학문은 사실 연원이 단순하지 않다. 『漢書』張禹傳은 그가 "琅琊 王陽(즉 王吉)과 膠東의 庸生에게 『논어』를 물었다"는 말로 시작해서, 마지막도 그가 "먼저 王陽을 섬기고 나중에 庸生을 따랐다"고 한다. 『漢書』는 확실히 왕양과 용생 모두 제『논어』의 대가였다고 하지만, 전세문헌에 장우가 노『논어』 방면에서는 어떤 사승 관계였는지 언급하지 않고 있다. 하안의 『論語集解敘』는 장우가 "원래 노『논어』를 전수받았고, 아울러 제『논어』도 논하였다"고 하지만 『漢書』 장우전의 내용과 부합하지 않는다. 황간은 『論語義疏』 서언에서 장우의 노『논어』는 夏候建에게서 유래했다고 분명히 지적했고,[10] 하안의 『論語集解敘』를 설명하면서 "장우는 하후건에

---

8) 王應麟, 「漢製攷 漢書藝文誌攷証(證)」 『漢藝文誌攷証(證) 卷4』, 中華書局, p.188. 최근에도 몇몇 학자들이 漢代 邊塞에서 『論語』 「問玉」篇으로 추정되는 殘簡들을 발견한 바 있다. 王楚寧・張予正, 2017, 「肩水金關漢簡〈齊論語〉整理」 『中國文物報』 2017-08-11 제 6版을 참조.

9) 『漢書』 卷81 「張禹傳」, pp.3347-3352.

10) 皇侃, 『論語義疏』, 中華書局, pp.4-5.

게 노『논어』를 배웠고, 제『논어』를 함께 이야기하였다. 또한 용생과 왕길 등에게 물어서 그들의 좋은 점을 택하여 따랐다"고 했다. 宋人 邢昺의 『論語疏』도 대체로 이 설을 따르고 있다. 이 설은 확실히 이른 시기의 사료적 근거는 없으며, 단지 하안이 『漢書』의 내용을 견강부회하여 『논어집해서』에서 말한 것에 불과하여 실제로 신뢰하기엔 부족하다.[11] 종합하면, 지금까지도 여전히 후한 이후에 형성된 노『논어』를 대표하는 "장후『논어』"의 연원이 어디에 있는지는 분명치 않지만, "張侯『논어』"에는 소위 제『논어』의 요소가 포함되어 있다는 점은 긍정할 수 있다. "장후『논어』"는 「問玉」 「知道」 두 편을 흡수하였지만, 『漢書』 藝文志에서 말하는 제『논어』의 주요한 특징은 갖추지 않았다. 따라서 노『논어』계통으로 귀납할 수 있다.

"張侯『논어』"은 나중에 노『논어』의 주류가 되었으며, 현행본 『논어』의 주요한 연원이기도 하다. 후한 말 정현은 "장후『논어』"를 저본으로 『논어』에 주석했는데, 이를 노『논어』로 보았다. 그는 때때로 古文本『논어』에 의거하여 글자를 개정하였기 때문에, 그의 주석 중에는 "魯讀某爲某, 今從古"란 설명이 많다.[12] 曹魏

---

11) 이전의 한 학자도 이와 비슷한 관점을 취하였다. 張蓓蓓, 1987, 「關于"張侯論"的一些問題」『孔孟月刊』 26卷 3期, p.39.

12) 정현의 주석은 현재 실전되었으며, "改魯從古"한 주석문은 陸德明의 『論語音義』가 인용한 내용과 近代에 발견된 唐書本 『論語』 鄭注에서 보인다. 王國維의 「書〈論語鄭氏註〉殘卷後」 논문 및 王素가 이후에 정리·연구한 바를 참조(王素 編著, 1991, 『唐寫本論語鄭氏註及其研究』, 文物出版社). 何晏의 『論語集解叙』에서 "鄭玄就魯『論語』篇章, 考之齊·古, 以爲之注"라 한다. 陸德明의 『論語音義』도 "鄭校周之本, 以齊古讀正, 凡五十事"고 한다(陸德明, 1985, 『經典釋文』, 上海古籍出版社, p.1350). 그러나, 앞서 인용한 학자들은 고『논어』로써 노『논어』를 교정하였지, 제『논어』의 異文을 주기하지는 않았다. 吳承仕는 "아마 제『논어』는 애초에 異本이 존재하지 않았지만, 노『논어』가 古『논어』와 똑같지는 않았을 것"이라 추측하였는데(吳承仕, 2008, 『經典釋文序錄疏証(證)』, 中華書局, p.125), 여러 주장들 중 하나로 고려해볼만 하다. 필자는 何晏의 『論語集解叙』가 말한 "考之齊·古"는 제『논어』와 고『논어』의 해설을 참고한 것을 의미한다고 생각한다. 현재로서는 文字의 교정에 사용된 자료는 오직 고『논어』만이 확실하다.

말 하안 등이 여러 설들을 모아서 『논어집해』를 편찬했는데 "장후『논어』"를 기반으로 하였기 때문에, "장후『논어』"는 현행본의 바탕을 이루었다고도 할 수 있다. 『논어집해』본은 편장과 문구의 주체란 측면에서는 노『논어』를 계승하고 또 정현 등 여러 학자들의 주석을 총망라하면서 피치 못하게 제『논어』와 고『논어』의 몇몇 요소를 흡수했지만, 정현의 "改魯從古(古本에 따라 魯本을 고친 것)"를 따르지 않은 경우도 정말 많다. 제『논어』와 고『논어』는 수당 이후로 실전되었는데, 투르판에서 출토된 鄭玄注 『논어』가 통행본과 차이가 있어서 당시 이를 "孔氏本"으로 명기하고 고『논어』에 해당하는 것으로 보았다.[13]

이상 『漢書』 藝文志 및 그 후의 기록에 근거하여 『논어』 텍스트와 해설의 계통 및 그 변천을 소개하였다. 이로써 전한 말 이후의 상황을 대체로 설명할 수 있었다. 그러나 거슬러 올라가 보면, 『漢書』 藝文志는 古·魯·齊『논어』 3개 학파를 뚜렷하게 구분함으로써, 그 이전 『논어』의 서로 다른 텍스트와 해설이 오랫동안 병존하면서 서로 영향을 주고받아 온 역사를 감추었다. 『漢書』 藝文志의 귀납에 따르면, 『논어』의 3개 학파 간에 편장의 수가 다를 뿐만 아니라, 제『논어』와 노『논어』의 해석도 각자 나누어졌다.

漢興, 有齊·魯之說. 傳齊『論』者, 昌邑中尉王吉·少府宋畸·御史大夫貢禹·尙書令五鹿充宗·膠東庸生, 唯王暘(陽)名傢. 傳魯『論語』者, 常山都尉龔奮·長信少府夏侯勝·丞相韋賢·魯扶卿·前將軍蕭望之·安昌侯張禹, 皆名家. 張氏最後而行於世.

---

13) 金毅治, 「鄭玄與〈論語〉」 및 王素 編著, 『唐寫本論語鄭氏註及其硏究』, pp.237~238를 참조.

譯文

한나라가 일어나자 齊와 魯의 說이 있었다. 제나라『論語』을 전한 사람은 창읍의 중위 왕길, 소부 송기, 어사대부 공우, 상서령 오록충종, 교동의 용생 등인데, 오직 왕양만이 명가였다. 노나라 『論語』를 전한 사람은 상산의 도위 공분, 장신소부 하후승, 승상 위현, 노의 부경, 전장군 소망지, 안창후 장우 등인데, 모두 명가였다. 장씨가 가장 늦었으나 그의 책이 세상에 널리 유행했다.

이에 근거하면, 제『논어』의 해설은 오로지 왕길 한 사람만이 학파를 이루었다. 왕길의 자는 子陽으로 『漢書』도 그를 "王陽"이라고 칭했다. 하지만 노『논어』에는 龔氏·夏侯氏·韋氏·扶氏蕭氏·張氏와 같은 학파가 여럿 있었다. 황간의 『논어의소』서는 유향의 『별록』을 인용하여 "노나라 사람들이 배우는 것을 노『논어』라 한다. 제나라 사람들이 배우는 것을 제『논어』라 한다"고 해서, 전수받아 익히는 사람의 출신에 따라 학파가 나뉜다고 하였다. 사실 『漢書』藝文志에서 언급하는 제『논어』의 대가 중 五鹿充宗은 晉人이다. 노『논어』의 대가 중 소망지는 齊人이었고, 張禹는 晉人(河內 지역)이었으며, 龔奮의 출신은 분명치 않지만 魯人은 아닐 가능성이 높다. 무제가 유학을 존숭한 이후로 경전을 가르칠 선생들을 초빙하여 장안

그림 2. "起智道廿一"簡背局部

에 모았고 각지의 유생들도 지속적으로 장안으로 가서 가르침을 구하였으니, 스승과 제자 관계의 형성도 이미 지역적 한계를 넘어서기 시작했다. 『漢書』 왕길전은 그가 "어릴 때부터 학문을 익혔으며, 장안에 거주하였다"고 한다. 왕길은 제『논어』의 명가로 추천되었지만, 그의 아들인 왕준은 도리어 노『논어』를 전수받아서, 『漢書』藝文志에는 『魯王駿說』 20편을 저록했다고 되어 있다. 장우도 마찬

가지로 장안에서 학문을 전수받았다. 이를 통해 학파를 출신 지역으로 구분하는 것은 대략적일 뿐이며, 실제 사정과 반드시 부합하지 않음을 알 수 있다. 뿐만 아니라, 각 학파 간에 넘을 수 없는 문호의 경계도 없어서 학자들은 두루 선택하여 반드시 자기 학파의 설만을 고수하지 않아도 되었다. 『漢書』 장우전을 읽어보면 노『논어』의 각 학파들 중 후대에 가장 큰 영향을 준 "장후『논어』"는 그 텍스트와 해설이 응당 장우가 "편한 대로 취사선택"하여 자신이 분석하고 선택한 결과임을 알 수 있다. 상술한 내용이 『漢書』 藝文志 및 유향 『별록』의 사실과 다른 것에 대해, 일찍이 王素가 정확하게 논술한 바가 있다. 다만 그는 『漢書』 藝文志에서 제『논어』와 노『논어』의 구분이 전한 중기에 이미 존재했던 사실로 간주했기 때문에 노 지역 이외의 사람들이 노『논어』를 전수받아 익힌 것은 모두 학풍이 "제에서 노로 옮겨간" 결과라고 보았다.[14] 이는 정확한 해석이 아닐 가능성이 높다. 상술한 현상은 사실 늦어도 원제 시기까지도 『논어』의 편장과 텍스트가 제와 노두 계통으로 아직 최종적으로 고정되지 않았으며, 학자들이 장구를 나누거나 텍스트와 해석을 선택할 때에도 여전히 상당한 정도로 자유로웠음을 보여 준다.

『논어』의 편수는 한대에 이미 대체로 고정되어서, 제·노·고 3개 학파 모두 단지 20편을 기반으로 약간의 증감만이 있을 뿐이었고, 어떠한 증감이 있는지는 여전히 변동 중이었다. 이 점은 유하 묘 출토 『논어』에서 단서를 찾아볼 수 있다. 『漢書』 藝文志는 제『논어』가 "「問玉」과 「知道」 2편이 더 많았다"고 했다. 이에 근거하면, 당연히 「問玉」이 앞쪽의 제21편이 되고 「知道」가 그 뒤의 제22편이 된다. 하지만 유하 묘 출토 『논어』에서 발견된 1매의 죽간 背面에는 간의 머리 쪽에 "起智道廿一"이란 다섯 글자(그림 2)가 기재되어 있다. 이 다섯 글자는 묵색이 비교적 흐리고 書風도 엉성하여 正面의 글자와 다르기 때문에, 당연히 죽간의 사용자가 나중에 덧붙인 것이다. 이 다섯 글자는 유하 묘 출토 『논어』 텍스트에서 「지

14) 王素, 1998, 「河北定州出土西漢簡本論語性質新探」 『簡帛研究』 第3輯, 廣西教育出版社, p.463.

도」편의 순서는 응당 제21편으로 제20편에 바로 연결되며 「문옥」편 뒤에 배치된 것은 아니라는 것을 보여준다. 유하 묘 죽간 『논어』의 기초적 석문을 검토해 보았지만, 「문옥」편에 속하는 것으로 확정할 수 있는 문구는 발견되지 않았다. 이 두 가지 사실에 근거해서 추측해 보면, 유하 묘 출토 『논어』는 「문옥」편을 포함하지 않는 21개의 편으로 구성된 판본일 가능성이 매우 크다.

이상의 추측이 성립한다면, 유하 묘 출토 『논어』는 『漢書』 藝文志에서 말하는 제『논어』가 아니다. 유하 묘 출토 『논어』는 「지도」편이 있고 「문옥」편은 없어서, 아마도 제『논어』 형성과정에서 하나의 중간 형태를 보여주는 것이다. 이는 제『논어』가 『논어』 20편을 기반으로 다른 내원의 공자 학파의 언행을 계속 더하면서 단계적으로 형성된 것임을 설명해 준다. 따라서 전한 후기 이전의 『논어』 텍스트와 해설을 고찰할 때 먼저 제『논어』·노『논어』·고『논어』를 구분할 필요는 없다. 후대에 비로소 분명해지는 개념을 그 이전의 텍스트에 적용하는 것은 발을 잘라서 신발에 맞추는 격으로, 우리의 『논어』학 발전에 대한 인식을 저해할 수 있다. 반대로, 전한 중기 초본에 대한 분석에서 출발하여 『논어』 텍스트의 변화를 고찰하는 것이 올바른 방식일 것이다.

III. 전한 중기 다른 죽간본과의 비교

유하 묘 출토 『논어』는 제『논어』의 편차가 전한 중기에도 아직 확정되지 않았음을 반영한다. 이러한 상황은 다른 출토 『논어』에서도 볼 수 있다. 해혼간본과 함께 이러한 전한 중기 『논어』 죽간본들의 특수한 형태와 명확한 異文들을 고찰해 본다면, 『논어』 텍스트의 발전과정에서 흥미로운 변화를 밝혀낼 수 있을 것이다.

1. 定州漢墓竹簡『논어』(20편 殘本)

유하 묘『논어』이전의 가장 중요한 출토『논어』는 定州 中山懷王 劉脩 墓 출토 죽간본『논어』이다. 유수는 선제 五鳳 3년(기원전 55년)에 사망했기 때문에, 이 해가 죽간 서사 연대의 하한이 된다. 정주 죽간은 출토 전 이미 도굴범이 묘에 불을 질러서 보존 상태가 상당히 좋지 않았다. 또 나중에 당산 대지진으로 훼손되어 화질이 좋은 사진을 공개하지 못했다. 공포된 일부 모본을 보면, 자체는 성숙한 漢隸로 篆書와 古隸의 형체와 필법을 완전히 탈피하였다. 그래서 이 죽간의 초사연대는 무제 이전보다 빠를 수 없고, 소제~선제 시기의 초사본일 것이다. 대략 유하 묘 출토『논어』와 동시기 혹은 약간 늦은 시기의 텍스트에 해당한다.[15] 간문은 모두 7,576자의 석문을 수록하고 있어서,『논어』전체의 2분의 1 정도인데 古字가 많이 남아 있다. 장을 나눈 것이 노『논어』의 편장에 기반한 현행본과는 많이 다르며, 글자도 통행본 속 정현이『논어』를 주석할 때 언급한 "魯讀"과 일치하는 글자와 다른 경우가 있다.

간문에서 드러나는 모습이 모호하기 때문에, 이『논어』가 어떤 계통에 속하는지도 여러 관점이 있다. 죽간의 정리에 참여했던 李學勤은 가장 먼저 定州本은 현행본과는 차이점이 비교적 많기 때문에 노『논어』는 아니며, 고『논어』는 당시 널리 전파되지 않았기 때문에 定州本은 제『논어』계통에 속할 가능성이 높다고 지적하였다.[16] 정리보고의 집필자인 劉來成은 간문에 古字가 많이 포함되어 있는 것은 노『논어』도 古文을 隸定해서 만들어서 고문의 흔적이 남아있었기 때문

---

15) 河北省文物研究所·定州漢墓竹簡整理小組, 1997, 「定州西漢中山懷王墓竹簡〈論語〉釋文選」 및 「定州西漢中山懷王墓竹簡〈論語〉簡介」『文物』1997-5, pp.60-61을 참고. 定州本『論語』의 整理本도 河北省文物考古研究所定州漢墓竹簡整理小組, 1997, 『定州漢墓竹簡〈論語〉』, 文物出版社; 胡平生·徐剛 主編, 2005, 『中國簡牘集成 第18冊 河北卷』, 敦煌文藝出版社, pp.1409-1560에서 볼 수 있다.

16) 李學勤, 1993, 「定縣八角廊漢簡儒書小議」『簡帛研究』第1輯, 法律出版社, p.260.

이라고 했다. 그는 또 지적하기를 정주간 『논어』와 노『논어』의 대가 소망지의 奏議가 함께 나온 것은 절대 우연이 아니라고 했다. 이로써 유래성은 정주간 『논어』를 노『논어』로 인식하는 경향에 있음을 알 수 있다.[17] 王素는 定州本이 노『논어』를 저본으로 하고 제『논어』로써 교정하는 "融合本" 중 하나로, 이는 "제에서 노로 옮겨가는" 경학 학풍 조류의 산물이라고 분명히 주장했다.[18]

상술한 세 관점 모두 당시 『논어』가 이미 제·노·고 세 계통이 존재했던 것을 전제로 하지만, 그에 따른 결론이 모두 완전히 이치에 맞다고 보기는 어렵다. 이 학근과 유래성의 의견에 대해서는 왕소가 이미 다음과 같이 설득력 있는 비판을 했었다. "제『논어』설은 간문에 왜 「문옥」「지도」 두 편이 없는지 해석하기 어려우며, 노『논어』설은 간문과 정현이 말한 "魯讀"이 큰 차이가 있는 동일한 문제가 있다." 그는 또 정주본 『논어』가 고『논어』일 가능성도 부정했는데 설득력이 있다.[19] 하지만 그의 노·제 "융합본"설도 문제가 있다. 왕소가 제기한 제『논어』로 노『논어』를 교정한다는 명확한 증거는 정주본 「요왈」편 말에 두 줄의 작은 글자로 "孔子曰不知命"장을 補注했다는 것이다.[20] 이 장은 "장후『논어』"에는 없으며, 후한대 고『논어』에 보인다. 육덕명의 『논어음의』의 "孔子曰不知命無以爲君子也" 아래에 정현 주를 인용한 "魯讀無此章, 今從古"[21]가 명확한 증거이다. 하안의 『논어집해』도 이 장에 공안국과 마융의 고『논어』를 전수받은 사람의 해설을 수록하였지만, 제『논어』가 이 장을 포함한다는 증거는 보이지 않는다. 왕소는 단지 고『논어』가 당시까지 전해지지 않았다는 것을 이유로 정주간 『논어』의 이 장이 고『논어』가 아니라 제『논어』에서 유래했다고 단정했다. 또 그는 이 장이 원문의 두 장 이외의

---

17) 河北省文物研究所·定州漢墓竹簡整理小組, 1981, 「定州西漢中山懷王墓竹簡〈論語〉簡介」 『文物』 1981-8, p.60.
18) 王素, 1998, 앞의 논문, pp.459-470.
19) 王素, 1998, 앞의 논문, pp.460-463.
20) 王素, 1998, 앞의 논문, p.465.
21) 陸德明, 『經典釋文』, p.1391.

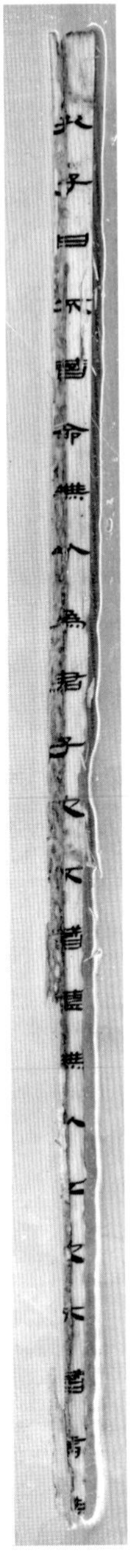

그림 3. 《智(知)道》篇 "不知命"章

부록이기 때문에 두 줄의 작은 글자로 죽간의 가장 아랫 부분에 썼다고 보았다. 왕소가 고『논어』를 배제한 이유는 충분하지 않다. 설령 이 장이 확실히 제『논어』에서 초사했다고 하더라도, 책 전체에서 그러한 서식이 사용된 부분은 이 장이 유일하기 때문에 오히려 이 간의 다른 부분은 제『논어』의 영향을 받지 않았다고 할 수 있다. 특수한 서식을 취할 뿐만 아니라, 본 편의 장 수 통계에 넣지 않았다는 것도 정주본 「요왈」편의 "孔子曰不知命"장이 서책을 모두 초사한 후 별도로 보충해 넣은 부분일 가능성이 높음을 설명한다.[22] 따라서 나중에 부기된 단락을 근거로 서책의 다른 부분의 집필정황과 성격을 단정할 수는 없다.

상술한 기존 관점들을 배제해보면 정주본 『논어』의 성격이 이미 분명해진다. 정주본 『논어』는 제·노·고『논어』 중 하나이거나 그 변형이 아니라, 세 『논어』의 특징과 구분이 확립되기 이전의 고본 『논어』이다.[23] 같은 시기에 초사된 다른 『논어』도 유사한 성질이 존재한다.

참고로 설명하자면, 해혼한간『논어』에 "不知命"장이 있는데, 하단이 잔결인 1매의 간만이 남아있다. 그 문장은 다음과 같다.

---

22) 아쉽게도 현재로서는 양행의 小字로 초사된 이 章의 필적 스타일이 다른 부분과 일치하는지는 아직 확인할 수 없다.

23) 정리소조는 가장 처음으로 제시한 이 일부의 "古本『論語』"를 제시하였지만, 그것은 "제『논어』·노『논어』·古『論語』란 3개 『論語』가 병존할 시기의 한 텍스트"라고도 하였다(定縣漢墓整理小組, 1981, 「定縣40號漢墓出土竹簡簡介」『文物』 1981-8, p.11). 이를 통해, 당시에 정리소조가 말한 "古本"은 현행본과 상대되는 표현임을 알 수 있다. 필자가 본고에서 사용하는 "古本"이란 표현은 해당 텍스트가 전래되어 초사된 시기가 제『논어』·노『논어』·고『논어』란 3개 『論語』 개념의 형성보다 빠르다는 뜻이다. 필자의 개념과 정리소조의 개념은 다르다.

孔子曰: "不智(知)命, 無以爲君子也. 不智(知)禮, 無以立也. 不智(知)言, 無……"(그림 3)

위의 간문과 현행본 및 정주본의 보충된 부분에는 큰 차이가 없다. 해당 간의 출토 편호와 인접한 간은 모두 「요왈」편에 속하고 필적도 비슷하다. 따라서 이 장은 해혼본 『논어』에서 이미 정식으로 「요왈」편에 들어간다고 추측할 수 있다. 이러한 특징은 정현 주와 하안 『논어집해』에 비추어 볼 때 고『논어』에 속하는 것이다. 하지만 당연히 이 점에만 근거해서 해혼본 『논어』를 바로 고『논어』라고 단정할 수는 없다.

2. 平壤 貞柏洞漢簡 『논어』(「先進」·「顔淵」 2편)

1990년대 초, 북한 평양시 낙랑지구 統一街 건설 공사 중 발견된 貞柏洞 364호 묘에서 약 120枚의 『논어』 죽간이 출토되었다. 「樂浪郡初元四年縣別戶口多少簿」도 같은 묘에서 출토되었다. 이로써 이 묘의 묘주는 한 원제 初元 4년(기원전 45년) 혹은 약간의 시간이 지난 뒤 매장된 낙랑군 속리로 추정된다. 평양 『논어』 죽간의 필사 연대도 응당 선제에서 원제 연간으로, 정주한묘죽간 『논어』의 연대와 비슷하거나 약간 늦은 편이다. 북한에서는 아직 『논어』 죽간을 공개하지 않았는데, 학계에는 한국과 일본 학자들이 공개한 39매의 간만이 알려져 있다. 그중 「先進」편에 속하는 31매는 17장 557자이며, 「顔淵」편에 속하는 8매는 7장 144자이다. 소개와 추측에 따르면, 아직 발표되지 않은 간들도 전부 「선진」편과 「안연」편에 속한다.[24]

연구자들이 이미 발표한 간문의 교독에 따르면, 평양본 『논어』와 현행본은

---

24) 李成市·尹龍九·金慶浩, 2011, 「平壤貞柏洞364號墓出土竹簡〈論語〉」 『出土文獻研究』 第10輯, 中華書局, pp.174-206를 참조.

문장의 의미는 큰 차이가 없지만, 평양본은 글자 사용에서 현행본과 적잖은 차이가 있다.[25] 예를 들어, 평양본에만 존재하는 몇몇 특징들은 '沂'자를 '濿'로 적은 것, '哂'를 '訊'으로 적은 것, 접속사로 사용되는 "而"자를 "如"자로 표시한 것 등이 있다.[26] 또한 같은 시기 정주본과 해혼본 두 초사본 또는 그 중 하나와 비슷한 점도 존재한다. 예를 들면 「선진」편 "顏淵死子哭之慟"의 "慟"은 세 한간본 모두 "動"으로 쓰고 있으며, 2인칭 대명사로 사용되는 "爾"는 세 한간본 모두 "壐"로 적었다. 「선진」편 "子貢侃侃如"의 "侃"은 해혼본에서는 아직 보이지 않지만 평양본과 정주본 모두 "衍"으로 적었으며, 형제자매 간 장유의 순서를 보여주는 '仲'은 평양본·정주본 모두 '中'으로 적었다. 이러한 현상들은 전한 중기에 유행한 『논어』 텍스트에 이미 초기 텍스트의 공통된 특징이 있었고 또 각각의 고유한 특질도 존재했음을 설명해 준다. 그리고 제·노·고 『논어』 삼분법으로 『논어』 텍스트의 성질과 내원을 확정하는 것은 불가능하단 점도 보여준다.

평양본 『논어』에는 또 주목할 만한 異文이 하나 존재한다. 「선진」편 "子路使子羔爲費宰"장의 첫 구절인 "子路"는 평양본에 "季路"라고 적혀 있다.[27] 『白虎通·社稷』에서 『논어』의 이 장을 인용할 때에도 "季路"라고 하였으니,[28] 이 異文은 후한 초에도 여전히 존재했을 뿐만 아니라 당시 주류 학자들도 채용했음을 알 수 있다. 따라서 평양본에서 우연히 바꾼 異文이라 보기는 어렵다. 정주본은 이 부분에 손상이 있는데, 정리자가 "子路"라고 석문한 것은 현행본을 참조한 것으로 보인다. 구설은 자로가 이때 季氏의 宰가 되어서, 子羔을 季氏의 采邑인 費의 邑宰

---

25) 單承彬, 2014, 「平壤出土西漢〈論語〉竹簡校勘記」『文獻』 2014-4, pp.33-45.

26) 魏宜輝, 2014, 「漢簡〈論語〉校讀札記 － 以定州簡與朝鮮平壤簡〈論語〉爲中心」『域外漢籍研究集刊』 第10輯, 中華書局, pp.312-313.

27) 현행본의 첫 구절의 "后"는 平壤本에서 '費'라고 썼다. 학자들이 이미 설명한 바가 있으니, 본문에서 번잡스럽게 설명하지는 않겠다. 單承彬, 2014, 앞의 논문, pp.41-42.

28) 陳立, 『白虎通疏證』 卷3 「社稷」, 中華書局, 1994, p.88. 이 인용문은 北京大學 歷史系 박사과정에 재학 중인 厲承祥이 제시해 주셨다. 정말 감사드린다.

로 추천한 것으로 생각했다. 하지만 만약 여기서 자로의 추천을 이야기하려면, "使"자를 쓰는 것은 옳지 않다. 「雍也」편의 "季氏使閔子騫爲費宰"장과 비교하면, 季氏가 노나라의 경대부와 봉군의 신분으로서 "使"자를 쓰는 방식은 합리적이다. 따라서 이 장의 "季路"도 본래 "季氏"였지만, 후대에 아마도 아래 문장에 자로의 변명이 있어서 당연히 "季路"의 오기라고 간주하고 "子路"로 고쳤을 것이다. 아쉽게도 해혼본에서는 아직 이 구절이 발견되지 않았지만, 해혼본 『논어』 간문에서 "季氏"는 전부 "季是"로 적혀 있다.[29] "是"자는 "足"자와 형태가 비슷해서, 아마 "路"자의 殘文을 잘못 읽은 것으로 추측된다.

평양 출토 한간 『논어』의 또 다른 특징은 「선진」과 「안연」편만 있다는 사실이다. 만약 이것이 묘에 수장된 『논어』의 전부라면, 『논어』20편은 이 당시까지도 절대 분할할 수 없는 전체로 여겨지지는 않았으며, 다른 고서와 마찬가지로 각 편 별로 초사될 수 있었다고 할 수 있다. 해혼후 한간도 각 편이 독립적인 한 권으로서 각각 제목이 적혀 있으며, 편의 순서를 적시하지는 않고 있다.[30] 이 역시 학습자가 편의 순서를 바꾸거나 새로운 편장을 더할 수 있었던 것이다.

이상의 간단한 분석에 따르면, 전한 중기의 『논어』 텍스트는 각각 서로 달랐고 또 현행본의 글자 사용 습관과도 달랐다. 텍스트는 상대적으로 확립되어 있었지만 아직 완전히 고정되지는 않았다. 편장의 조합에도 여전히 비교적 강한 변동성이 남아 있었으며, 각 편 별로 초사되는 정황도 존재했다. 당시 『논어』의 유통 상황은 절대로 제·노·고 세 『논어』만으로 개괄할 수 있는 것이 아니었다.

---

29) 海昏漢簡 「卜姓」의 "氏"도 전부 '是'로 읽는다. 賴祖龍, 2020, 「海昏竹書〈卜姓〉〈去邑〉初釋」『海昏簡牘初論』, 北京大學出版社, pp.268-269.

30) 앞서 언급하였듯이, 한 簡의 배면에는 "起智道廿一" 다섯 글자가 적혀 있다. 그 字体는 다소 엉성하기 때문에 당연히 사용자가 나중에 부기한 것이다. 『智(知)道』篇의 정식 편제인 "智道" 2글자 아래에는 어떠한 서수도 없다.

Ⅳ. 독특한 異文: "曾晳言志"간을 예로

지금까지의 인상으로는 해혼한간 『논어』는 현행본과 문구는 거의 비슷하지만, 허사와 글자 사용 습관에서는 차이가 크게 나타난다. 다만 일부 실질적인 異文들은 전달하는 의미에서 현행본과 중요한 차이가 있기 때문에, 먼저 소개하여 학계에 토론거리를 제공하고자 한다.

여기서 소개하려는 간문은 현행본 「선진」편의 가장 마지막 장에 속한다. 이 장의 내용은 공자가 曾点(字는 晳)·仲由·冉求·公西赤 등 4명의 제자에게 각각 그들이 뜻한 바를 말하게 한 것이다. 만일 사람들에게 널리 알려져서 임용이 되면 어떤 일을 하고 싶은지 질문한 것이다. 앞의 3명은 모두 나라를 어떻게 다스릴지 이야기했지만, 曾点만 다음과 같이 말했다.

> 莫春者, 春服既成, 冠者五六人 童子六七人, 浴乎沂, 風乎舞雩, 詠
> 而歸.

공자는 네 사람의 말이 끝나자 유독 증점의 뜻을 칭찬하여 "나와 증점의 뜻이 같도다."라 감탄하였다. 이 말은 송대 유학자들이 공자의 뜻을 추론하는 데 사용하여, 정말 큰 영향을 끼쳤다. 하지만 현행본 『논어』에서 이 단락은 원래 의미가 이해하기 어려운 점이 있었고, 그에 반영된 공자의 뜻은 『논어』 전체에서도 매우 특이하다. 해혼후한간 『논어』에서 이 단락은 현행본과 정말 다른 문장이 많은데, 종래의 해석과는 달리 현행본의 난제를 풀어낼 수 있다.

아래에 먼저 간문을 제시한 뒤 그중 異文을 검토한다. 해혼한간 『논어』의 이 간은 모두 24자로 처음과 끝이 완정하다. 석문은 다음과 같다.

童子六七人容乎近風乎巫翠而逞子喟然曰吾與箴也三 (그림 4)

그림 4. "曾晳言志"簡

지금 구독을 하면 다음과 같다.

……童子六七人, 容(頌)乎近(沂), 風(諷)乎巫翠(雩), 汭(滂)而還
(饋)." 子喟然曰: "吾與箴也." 三……

"童子六七人"이 간 첫머리에 있는데, 당연히 "冠者五六
人"에서 이어진 것이다. "容乎近"은 "頌乎沂"으로 읽어서, 沂
水 강변에서 서책을 낭독했음을 의미한다. "風乎巫翠"의 '風'
은 '諷(암송)'과 통한다. "巫翠"는 현행본의 "舞雩", 즉 노나라
가 求雨 제사를 거행한 장소이다. "汭而還"의 '汭'은 '滂'으로

그림 5. 철합 후
의 "箴"字

읽으며, 큰 비가 내리는 상황을 의미한다. '還'는 '饋'로 읽으며, 신령에게 음식
을 대접하는 제사를 의미한다. 현행본의 "喟然" 아래에 '嘆'자가 있지만, 의미는
큰 차이가 없다. '箴'자는 原簡에는 쪼개져 있었지만 綴合 후 글자 모양이 분명
한데(그림 5), 『사기』 중니제자열전에 曾晳의 이름인 '蒧'과 동일한 異體字라 하
였다. 단옥재는 이를 모두 '驖'의 생략형으로, 현행본 『논어』가 '点'자를 사용한
것은 같은 음의 가차라고 했다.[31] '三' 아래의 구문은 "三子者出, 曾晳後"인데 다
른 간에 보인다. 이상의 해석에 근거하면, 증석이 말한 뜻은 자신이 기우의 雩
祭禮를 주재하여, 기우제가 끝나면 때에 맞추어 비가 내리길 원한다는 것이다.
이러한 내용과 현행본 및 한대 이후의 일반적인 해석은 상당히 차이가 있는데
더욱 세밀한 분석이 필요하다.

해혼본은 "容乎近"이라고 했는데, 현행본·정주본 및 『사기』 중니제자열전

---

31) 段玉裁, 『說文解字注』 10篇上 「黑部」, 上海古籍出版社, p.488.

등은 모두 "浴乎沂"이라 했다. 평양 정백동 한묘 출토 『논어』는 "浴乎濮"라고 했다.[32] '濮'는 '沂'과 통하는데, 노나라 도성 교외의 沂水를 가리킨다.[33] '浴'자는 이전에 '목욕하다', '강을 건너다', '손발을 씻다' 등 3가지 해석이 존재했다. 후한~당대의 경학자들은 일반적으로 '浴'은 '목욕'의 의미, 뒤의 문장인 "風乎舞雩"의 '風'은 본뜻으로 읽어서 '바람에 몸을 말리다'란 의미로 보았다. 하안의 『논어집해』는 후한 초 包咸의 설을 다음과 같이 인용하고 있다.

> 莫春者, 季春三月也. 春服既成, 衣單袷之時. 我欲得冠者五六人,
> 童子六七人, 浴乎沂水之上, 風涼於舞雩之下, 歌詠先王之道, 而歸
> 夫子之門.[34]

황간의 『논어의소』도 이에 의거하여 경문을 해석하고 있다. 이는 후한 이후의 주류적인 의견을 반영하지만, 모든 사람들의 공통된 관점은 아니다. 후한 王充은 『논형』 明雩에서 당시 『논어』 학자들의 통설을 다음과 같이 "浴은 沂水에서 목욕하는 것을 말한다. 風은 몸을 말리는 것이다"라고 인용한 뒤 이에 대해 비평하여 "주의 4월은 夏曆의 2月로 여전히 추운 때인데 어찌 강물에 목욕하고 바람에 몸을 말리겠는가?"라고 했다. 왕충이 고의로 '莫春三月'(建辰)을 周正의 4월이자 夏正의 2월(建卯)이라고 한 것은 고서에 기록된 雩祭 시간에 맞추기 위해서이다.[35] 포함의 설과 같이 3月이라고 해도, 화북 지역의 강변에서 목욕을 하고 바람

---

32) 定州漢簡本은 河北省文物考古研究所·定州汉墓竹简整理小组, 1997, 앞의 논문, p.53에 근거하였다. 현행본 『論語』는 阮元 校刻, 「論語註疏」 『十三经注疏(清嘉慶刊本)』, 中華書局, 2009, p.5430下에 의거하였다.

33) 魏宜輝, 「漢簡〈論語〉校讀札記 - 以定州簡與朝鮮平壤簡〈論語〉爲中心」 『域外汉籍研究集刊』 第10辑, pp.312-313.

34) 阮元 校刻 「論語註疏」, p.5430下.

35) 선학들이 이 說을 비판한 바 있다. 黃暉, 1990, 『論衡校釋(附劉盼遂集解)』 卷15 「明雩

에 신체를 말리는 행위는 여전히 사리에 맞지 않는다. 왕충은 曾占이 말한 일을 '기우제'로 해석하면서, "浴乎沂"을 "沂水를 건너는 것이며, 용이 물속에서 나오는 모양이다"라고 했다. 다만 '涉'과 '浴'의 의미는 차이가 매우 커서 왕충의 설은 신뢰하기가 어렵다. 또한 어떤 학자는 '浴'이 물가에서 부정을 없애는 행위를 가리킨다고 해석하였다. 蔡邕의 『月令章句』는 『논어』의 해당 문장을 인용한 후 "매년 3월에 물가에서 몸을 깨끗이 씻는 작금의 풍습은 이 故事에서 유래한 것이다"라고 했다.[36] 채옹의 의견은 "浴乎沂"가 부정을 없애는 의식으로 손발을 씻는 행위일 뿐이라 한 것이다. 주희의 『논어집주』는 이 설을 채용하여 "浴은 씻는 것을 말한다. 지금의 부정을 없애는 행위를 가리킨다"고 했다. 주희는 또 보충해서 沂水는 "地志以爲有溫泉焉, 理或然也"라고 했는데, 분명히 날씨가 추워서 목욕하기에 마땅하지 않다는 의문에 대답하기 위함이었던 것으로 보인다.[37] 韓愈는 '浴'은 '沿'의 오기로 간주하고 글자를 고쳐 해석하는 다소 독단적인 의견을 제시하였다.[38] 청대 이후 학자들은 대부분 주희의 설을 따랐다. 하지만 '浴'을 '손발을 씻어 부정을 제거하는 것'으로 해석하는 것도 매우 억지스럽다. 『설문해자』에서 "浴, 洒身也"라고 했다. 여기서 '洒'는 '洗'의 古字이며, 『설문해자』의 '滌'와 서로 뜻이 통한다. 허신이 '浴'의 본뜻은 신체의 더러움을 물로 씻어내는 것이며, 손과 발을 흐르는 물에 갖다대는 것으로 해석할 수는 없다고 판단했음을 알 수 있다. 따라서 簡

篇」, 中華書局, pp.673-678; 赵翼, 1963, 『陔餘叢考 卷4』 "浴乎沂風乎舞雩"條, 中華書局, pp.76-77.

36) 『續漢書』 「禮儀志上」, 劉昭 注引, 『後漢書』, 中華書局, 1965, p.3111.

37) 朱熹, 『論語集註』 卷6 「先進」 『四書章句集注』, 中華書局, 1983, p.130.

38) 『論語笔解』가 韓愈의 說을 채록한 것은 程樹德, 1990, 『論語輯釋』 卷23 「先进下」, 中華書局, p.808에 보인다. 韓愈는 暮春三月을 周正의 3월이자 夏曆의 正月로 이해하고, 그러면 당연히 물 속에 들어가서 목욕할 이유는 절대로 없으니, 몸을 씻어서 불제한다는 의미도 성립될 수 없다고 하였다. 그러나, 正月의 날씨는 한랭하기에, 원문에서 말한 "春服既成"과는 모순된다. "周三月"이란 說은 당연히 오해이다.

本의 '容'자를 직접적으로 현행본에 근거하여 '浴'으로 읽은 것은 마땅하지 않으며, 다른 더 합리적인 해석을 찾을 필요가 있다.

'容'을 '頌'으로 읽어서, 엄숙하게 낭송하는 행위를 가리킨다고 보는 것이 비교적 자연스럽다. '頌'과 '容' 두 글자는 고서에서 보통 통용되는데, 이미 단옥재가 상세히 논했었다.[39] '公'은 見母 東部의 글자이고 '容'은 見母 屋部의 글자인데, 성모와 주요 원음이 서로 같아 聲符로서 전국~진한시기 종종 혼용되었다. '頌'의 籒文(大篆體)는 '額'로 쓰고 '容'에 따르는데, '容'자는 『설문해자』에 古文 '㝐'으로 쓰고 '公'에 따라 발음하였다. '頌'과 서로 통하는 글자로는 '訟'자도 있는데, 『설문해자』에 古文 '䛦'으로 쓰고 "從言谷声"이라 하였다. '谷'을 따라 쓰는 '容'자와 '浴'자는 모두 余母字이고 聲符도 똑같기 때문에 한대 사람들은 '浴'으로 읽었으니, 종래의 주장은 참작될 여지가 있다. 다만 만약 '頌'으로 읽는다면, 이른 봄의 서늘한 날씨에 강가에서 목욕을 한다는 의문이 생길 리가 없으니, 이러한 해석이 더욱 합리적이다. 해혼한간 『詩』의 목록에 "頌卅扁(篇)", "商頌"이 있지만, "魯容", "周容"은 모두 '容'자로 '頌'을 표시한 것이다.[40] 이러한 점도 『논어』의 해당 간의 '容'자를 '頌'으로 읽을 수 있는 유력한 방증이다.

"容(頌)乎近"의 '近'자는 왼쪽 부분이 잔결되어 있으며, 오른쪽 부분은 '斤' 아래에 필획이 하나 있는데, 이에 근거하면 좌변은 '辶'旁일 것이다. '近'은 통행본을 참고하면 '沂'로 읽을 수 있다.

"風乎巫翌"의 '風'은 옛 사람들이 이미 '諷誦'의 '諷'으로 읽어야 한다는 의견을 제출했다. 왕충은 "風乎巫翌"을 해석하여 "風은 歌이다"[41]라고 했다. 이와 똑같이 후한대 仲長統도 "諷於舞雩之下, 詠歸高堂之上"[42]이라고 했다. 모두 '風'을 '諷'으

39) 段玉裁, 『說文解字註』 7篇下 「宀部」, p.340; 8篇上 「頁部」, p.416.

40) 朱鳳瀚, 「海昏竹書〈詩〉初讀」 『海昏簡牘初論』, p.87.

41) 黃暉, 『論衡校釋』 卷15 「明雩篇」, p.675.

42) 範曄, 『後漢書』 卷49 「仲長統傳」, 中華書局, 1965, p.1644.

로 읽고 있다. '巫羿'는 지금까지 전해지는 판본 모두 '舞雩'로 읽고 있다. '羿'는 '雩'의 이체자이다. '巫'는 '舞'와 통하며, 本字로 읽을 수 있다. 『논어』 안연편에서 "樊遲從遊於舞雩之下"한 일을 기록하였으니, "舞雩"는 地名임을 알 수 있다. "舞雩"는 기우제를 거행한 장소이며, 옛 사람들은 노나라 성문 바깥의 沂水 남안이라고 여겼다.[43] 증석의 말은 기수 강변에서 제문을 낭송하고 기우제를 지내는 곳에서 노래하여 기우제의 의식을 거행하는 것을 가리킨다.

그림 6. "沔"字右半部分 흑백 사진

"沔而還"의 '沔'자는 적외선 사진에 의거하면 좌변이 '水'旁임을 알 수 있지만, 오른쪽 부분은 오물이 묻어 있어 알 수 없었다. 강서문물고고연구소가 다시 죽간을 세척하고 사진을 찍어서 '丙'자임을 확인할 수 있었다(그림 6). '沔'자는 字書에 보이지 않아서 해석하기 어렵다. 만약 현행본을 따라 '咏'자로 해석한다면 문자학상으로는 '講通'이 되지만 앞뒤 문맥 간의 맥락과 '水'旁을 붙이는 쪽이 의미가 더 잘 통한다는 점을 고려하면, 나는 '滂'으로 읽는 쪽을 지지한다.[44] '滂'은 비가 많이 내리는 모습을 가리킨다. 앞 문장에서 기우제를 지내는 의식을 설명한 후 여기 비가 많이 내리는 결과가 나왔으니, 앞뒤 문맥이 자연스럽게 연결된다. '還'자는 '歸'의 이체자이다. 『논형』 明雩篇은 이 문장을 인용하여 "詠而饋"라고 했다. 『논어』 정현 주도 '饋'로 읽어서, 정현의 주석은 "술과 음식을 바치는 것이다. 노『논어』는 饋을 歸로 읽었는데, 今文은 古文을 따르고 있다"고 했다.[45] 정현이 본 고문 『논어』는 '饋'로 썼지만, 현행본의 '歸'는 정현이 말한 노『논어』에 의거했

43) 『水經註』는 "沂水北對稷門, ……門南隔水有雩壇, 壇高三丈, 曾點所欲風舞處也."이라 하였다. 陳橋驛 校證, 2007, 『水經註校證 卷25』, 中華書局, p.593.
44) '丙'에 따라 발음하는 글자는 '方'에 따라 발음하는 글자와 通假 관계가 있다. 簡帛 古書 중에는 그 사례가 정말 많다. 白於藍, 2017, 『簡帛古書通假字大係』, 福建人民出版社, pp.1012-1017을 참고하라. 여기서는 번잡하게 인용하지 않겠다.
45) 陸德明, 「經典釋文」, p.1374를 보라.

다는 것을 알 수 있다. 간문의 '逗'는 '歸'로 읽어야 하며, 비가 내리기를 염원한 후에 제사를 거행함에 술과 음식을 신령에게 바치는 것을 가리킨다.

물가의 제단에서 비를 구하는 말을 읊고, 비가 올 때까지 기도를 드리며, 술과 음식을 바치며 제사를 하는 행위는 완전히 기우제를 지내는 과정이다. 이는 증석 자신이 명성을 얻어서 임용되면 하고 싶은 일이라고 말한 것이다. 공자가 여러 제자들의 뜻을 물었는데, 자로 등의 3명은 모두 治國의 術을 말한 반년 증석의 대답은 목욕과 바람 쐬는 행위와 노래 등 유희와 관련된 일로 공자의 질문과는 동떨어진 대답으로 매우 특이하다고 과거 인식되었다. 程顥는 이 때문에 증점에 대한 평가가 높은 것은 그가 특이할 정도로 자신의 지조만을 따라 행동하면서도 잘못을 저지르지 않았기 때문이며, "真所謂狂矣"라 하고 "與聖人之誌同, 便是堯, 舜氣象也"라고도 했다.[46] 주희는 더 명확하게 "曾点之學, 蓋有以見夫人欲儘(盡)處, 天理流行, 隨處充滿, 無少欠闕, 故其動靜之際, 從容如此"[47]라 했으며, 주희는 증점의 자유분방한 대답은 천리가 인간의 욕망을 이기고 난 뒤의 여유로운 태도를 명확히 보여주며, 이러한 소탈하고 활달한 기상이 성인의 도에 맞다고 생각했었다. 정호와 주희의 판단은 송명대 유학자들에게 큰 영향을 끼쳤지만, 청대 이후로는 학자들에게 '허황되다'는 비판을 받게 되었다.[48] 전목도 "이러한 생각은 『논어』의 본뜻을 훼손한 것"으로 생각했고, 이는 禪學의 영향력 때문이라 하였다.[49] 현재 우리는 정호와 주희가 증점을 칭송한 것은 한대 학자들의 『論語』에 대한 한 독법에 근거했을 뿐이란 사실을 알게 되었다. 해혼후 한간 『논어』는 한대의 또 다른 독법을 보여주는데, 증석이 하고자 한 것은 기우제를 지내 봄 가뭄

---

46) 程顥·程頤,『二程遺書』卷12「明道先生語二」"戊鞿見伯淳先生洛中所聞"條,『二程集』, 中華書局, 2004, p.136.

47) 朱熹,『論語集註』卷6「先進」『四書章句集註』, p.130.

48) 程树德,『論語輯釋』卷23「先进下」, p.816을 참조.

49) 錢穆, 2014,「從朱子論語註論程朱孔孟思想歧点」『勸讀論語和論語讀法』, 商務印書館, pp.150-158; 錢穆, 2011,『論語新解』, 九州出版社, p.340.

이 들었을 때 풍족한 비를 구해서 백성들에게 복을 내리는 것이었다. 이러한 대답은 평이하면서도 이야기의 주제에 잘 들어맞으며, 이장의 뒷내용에서 공자가 주장한 '爲國以禮'에도 부합한다.

위의 짧은 간문과 비교해서 설명할 수 있는 것은 제·노·고 세 계통의 구분은 출토본 전한 『논어』의 각 판본과 현행본 간 異文의 해석을 어렵게 한다는 것이다. 이 간의 "容乎近" 구절은 현행본과 정주본이 "浴乎沂"이라 썼고, 평양본은 "浴乎濊"라 써서 서로 간에 차이가 있다. 현행본의 "詠而歸"은 3개 漢簡本도 전부 '歸' 혹은 '遑'라 썼으며 '饋'라고 쓰지 않아서, 정현이 말한 古文本과도 다르다. 이 장에서 한대에 글자와 단어 사용이 서로 다른 적어도 4개의 판본이 있었다는 것을 알 수 있다. 제·노·고 판본의 구분과 定型은 전한 중기에도 아직 완성되지 않았다. 만약 더 많은 異文들을 분석해 보면, 『논어』 판본과 편장 구조의 발전·변화 및 한대 유학자들이 가진 공자 문하의 사상에 대한 서로 다른 이해가 더욱 분명하게 드러나게 될 것이다.

『논어』 판본은 하안의 『논어집해』 이후 점점 하나로 통일되었다. 송대 이후 학자들이 연구하고 읽은 『논어』의 정본은 모두 『논어집해』를 원류로 한다. 만약 『논어집해』의 異文에 대한 선택이 부당하다면, 후세 사람들의 『논어』 의리에 대한 해석도 바로 오독에 기초해서 만들어졌을 것이다. 문헌에 대한 오독으로부터 사상적인 창견이 나오는 경우가 종종 있지만, 근본적인 오해를 불식시키는 작업도 여전히 사상사 연구의 임무 중 하나이다. 후대에 만들어진 독창적인 의견의 학문적 의미를 폄하하는 것은 아니며, 오히려 어떤 시대의 사상을 그 자신이 속한 시대로 되돌리는 일에 도움이 되기도 한다. 이는 전한 중기 『논어』 텍스트 연구가 가진 학술적 의의 중 하나이다.

V. 「知道」篇의 가치

유하 묘 출토 『논어』에서 특유의 「知道」편은 학계의 특별한 관심을 받았다. 하지만 이 편의 구조와 내용을 규명하는 것은 상당히 어렵다. 출토 당시 『논어』간은 성질이 불분명하면서도 자적도 비슷한 죽간들과 한 데 섞인 채 출토되었기 때문이다. 해당 죽간에는 현행본 『예기』의 중용편과 제의편 등과 같은 문장도 있고, 현행본 『논어』와 『예기』에는 보이지 않는 내용들도 있다. 후자의 일부분은 당연히 「지도」편에 속하는 내용도 있지만, 이 부분의 시작과 끝은 현재 출토 위치로만 추정할 수 있을 뿐이라 정확하게 구분하기는 어렵다.

현재 「지도」편의 내용으로 확실한 것은 우선 이미 발표된 "智道"篇題를 포함한 죽간으로 이 편의 제1장에 해당한다(그림 7). 간문은 다음과 같다.

> 孔子智(知)道之易也, "易易"云者三日. 子曰: "此道之美也, 莫
> 之御也."

이미 연구자들은 이 단락의 글자가 肩水金關 유지 출토 『논어』 잔간에도 보인다고 지적하였다. 『孔子家語』 顏回 중에도 이 장의 후반부 내용이 있다.[50] 『韓詩外傳』에도 "孔子知道之易行"이란 말이 있어, 이 말은 전한대 광범위하게 유행했음을 알 수 있다.

또한, 앞에서 이미 한 簡의 背面에 "起智道廿一"이란 다섯 글자가 초사

그림 7. 《智(知)道》篇首章

---

50) 楊軍·王楚寧·徐長青, 2016, 「西漢海昏侯劉賀墓出土〈論語·知道〉簡初探」 『文物』 2016年
第12期, p.73.

그림 8. "后军问于巫马期"章

a. 正面   b. 背面

되어 있다고 언급하였는데, 이 간에 있는 한 장은 「知道」편에 속한다(그림 8a, 8b). 그 문장은 다음과 같다.

> 后軍問於巫馬子期
> 曰: "見其生, 不食
> 其死.' 謂君子耶?"
> 曰: "非也, 人心
> 也." 后軍曰: "也不
> 與焉." 巫馬子寬
> 曰: "弗思也." 后軍
> 退而思之三月, 曰:
> " 亦弗食也."

이 내용은 두 사람과 관련이 있다. 后軍의 이름은 '腏'인데, 그의 행적은 분명하지 않다. 『사기』 중니제자열전은 공자의 제자 중 后處란 사람이 있고 자는 子里라고 했는데 아마도 그와 관련이 있을 것이다. 다른 한 사람은 巫馬子期, 즉 巫馬施이다. 그는 공자보다 30살이 어렸다. 중니제자열전은 그의 자를

子旗라고 했으며, 『공자가어』 弟子解는 그의 자를 子期라고 했다. 이 장의 뒷 부분에 있는 巫馬子寬도 응당 巫馬子期일 것인데, '寬'과 '施'는 서로 뜻이 통할 수 있기 때문이다. 巫馬子期는 공자 문하의 제자 중에서 그다지 두드러지게 언급되지는 않으며, 『논어』 제20편 중에서 「述而」편의 "陳司敗問於孔子"장에서만 보인다. 이 외에는 『여씨춘추』 찰현에 그와 宓子賤을 비교하는 내용이 있으며, 『한시외전』 권2는 그와 자로의 대화를 기록하고 있으며, 『공자가어』 제자해도 그와 공자의 문답을 기록하고 있다. 「知道」편의 첫 번째 장에서는 后軍이 비교적 중요한 역할을 맡고 있는데, 공자는 후군의 질문에 답하면서 결국 그를 설복시켰다. 무마자기는 동물의 살아 있는 모습을 보니 차마 그것을 먹을 수 없겠다고 후군에게 말하였는데, 이러한 심리는 군자만의 것이 아니라 누구나 가지고 있는 심리일 것이다. 후군이 처음에는 믿지 않자, 무마자기는 돌아가서 생각해 보라고 했다. 석 달이 지난 후, 후군은 결국 무마자기의 생각에 동의하였으며, 자신도 몰인정한 사람은 아니라고 했다.

이 장의 요지는 사람들이 전부 측은지심을 가지고 있다는 것이다. 이야기 자체는 다소 특이하지만, 말하고자 하는 명제는 유가 학설에서 흔히 볼 수 있는 성질의 것이다. 『맹자』 양혜왕상은 다음과 같이 말한다.

> 君子之於禽獸也, 見其生, 不忍見其死 ; 聞其聲, 不忍食其肉. 是以
> 君子遠庖廚也.

『大戴禮記』 保傅은 삼대의 예를 서술하여 다음과 같이 말한다.

> 于禽獸, 見其生不食其死, 聞其聲不嘗其肉, 故遠庖廚, 所以長恩, 且
> 明有仁也.

『賈誼新書』의 「禮」편에도 다음과 같은 비슷한 내용이 있다.

聖王之於禽獸也, 見其生不忍見其死, 聞其聲不嘗其肉, 隱弗忍
也.故遠庖廚, 仁之至也.

馬王堆帛書『五行』제15章 "說" 부분에도 "見亓(其)生也, 不食亓(其)死也"란 말
이 있는데, 池田知久는 『孟子』에 근거한 말이라고 지적했었다.[51] 맹자의 말뜻은
제 선왕이 희생 제의에 쓰일 소를 보고 불인지심이 생겨난 것이 '仁'의 표현이며,
이는 결국 『禮記』玉藻의 "君子远庖廚"로 귀결된다는 것이다. 맹자는 이러한 맥
락 하에서 처음으로 "見其生, 不忍見其死"이라 말한 것이다. 「지도」편의 이 장에
서 후군은 "見其生, 不忍見其死"란 말에 대하여 '君子'만이 그러한 마음을 가지
게 되는 것이냐고 질문하였다. 이로써 이 장은 "君子之於禽獸也, 見其生, 不食其
死"라는 기존의 구절에 기초하여 만들어진 내용임을 알 수 있다. 아마도 전국 중
기 이후 '思孟學派' 유가들이 『맹자』에 기초해서 공자 제자에 가탁하여 만들어 낸
대화일 가능성이 높다.

전국~진한시대 당시에는 공자와 그의 제자들의 언행과 관련된 기록이 정말
많이 전해지고 있었으며, 지금까지도 『예기』, 『한시외전』, 『설원』, 『신서』, 『공자
가어』 등 각종 전세문헌에 남아 있다. 정주 한묘 출토 『유가자언』과 北大 漢簡의
『유가논총』 등에도 관련 기록이 남아 있다. 그들의 체재와 내용은 『논어』와 비슷
한 면이 많지만, 현행본 『논어』의 범주에는 속하지 않는다. 만약 『논어』의 편장이
전한 중기에도 결국 고정되지 않았다면, 이러한 孔門의 言行들도 『논어』에 포함
될 가능성도 있다. 현행본 「요왈」의 "不知命"장 및 『漢書』藝文志가 언급한 제『논
어』의 「문옥」편 「지도」편의 각 장은 전한 중기에 『논어』의 몇몇 판본에 편입되었
을 가능성이 높다.

『論衡』正說에는 『논어』학의 발전과 관련된 내용이 있는데, 『漢書』藝文志의

---

51) 池田知久, 2005, 『馬王堆帛書五行研究』, 線裝書局·中國社會科學出版社, p.286.

기술과는 사뭇 달라서 매우 중요하다. 그 내용은 다음과 같다.

夫『論語』者, 弟子共紀孔子之言行, 初(原作"敕")記之時甚多, 數十百篇, 以八吋為呎, 紀之約省, 懷持之便也. 以其遺非經, 傳文紀識恐忘, 故以但八吋呎, 不二呎四吋也. 漢興失亡, 至武帝發(髮)取孔子壁中古文, 得二十一篇, 齊·魯(此下原有"二"字)·河間九篇: 三十篇. 至昭帝, 始(原作"女")讀二十一篇. 宣帝下太常博士, 時尚稱書難曉, 名之曰"傳", 後更隸寫以傳誦. 初, 孔子孫孔安國以教魯人扶卿, 官至荊州刺史, 始曰『論語』. 今時稱『論語』二十篇, 又失齊·魯·河間九篇. 本三十篇, 分佈亡失, 或二十一篇.目或多或少, 文讀(贊)或是或誤.

譯文

『論語』는 공자의 제자들이 공동으로 공자의 언행을 기록한 서적이다. 그들이 받은 가르침을 기록하는 시기가 매우 길어, 모두 수백 편이 되었다. 그래서 이를 간략하게 기록고자 휴대하기 간편한 8寸 죽간을 1尺으로 삼았다. 『論語』는 경서로 전해진 것이 아니다. 잊어버릴까 걱정해서 전문으로 기록해 남긴 것이다. 이 때문에 경서를 기록하는 데 주로 사용한 2척 4촌 길이 죽간이 아니라 8촌 길이 죽간을 사용했다. 한왕조가 흥기한 뒤 망실되었다가, 무제 때 공자의 벽장 속에서 고문을 발견해 古『論語』를 얻었다. 거기다 제『論語』, 노『論語』, 하간헌왕이 간직한 『論語』가 9편이어서, 합치면 모두 30편이었다. 소제 때에 이르러서도 古『論語』를 태상박사에게 건네주었다. 당시는 아직 문자를 이해하기 어려워 '傳'이라 하였다. 후에 다시 예서로 써서 전수해 읽고 외우게 했다. 처음에는 공자의 자손 공안국이 노나라 사람 부경에게 전수했다. 부경이 형주자사로 승진한 뒤 비로소 『論語』라고 불렀다. 지금 말하는 『論語』는 20편이다. 본래 30편 이던 『論語』는 나뉘어 망실되었고, 단지 21편이 남았다. 목차에 가감이 생기기도 하고, 자구에 착오가 생기기도 했다.

이 문단에는 오자가 꽤 많다. 여기서는 武內義雄의 의견에 따라 '敕'을 '初'로 고치고 '女'를 '始'로 고쳤으며, 孫人和의 의견에 따라 '魯' 아래의 '二'자를 삭제하여 문맥을 통하게 하였다.[52] 위 문단의 대략적인 의미는 공자 문하의 제자들이 사문의 언행을 기록한 원본의 숫자가 정말 많아서 수십~수백 편에 이른다는 것이다. 한대 이후로 그러한 서적들이 망실되었고, 공자 고택 벽에서 출토된 21편과 제·노·하간에서 찾아낸 다른 9편을 더하면 30편이 된다. 그러나 소제 시기 漢隸를 사용하여 석독, 초사한 것은 21편뿐이며, 그 나머지 편들은 망실된 끝에 겨우 20편 혹은 21편이 전해졌다.

왕충의 말은 응당 당시 널리 유전되지는 않았던 고『논어』학의 입장을 취하는 것으로, 서술된 『논어』학의 발전사는 본디 유향의 『별록』과 유흠의 『칠략』에 바탕한 『漢書』 藝文志와는 판이하다. 왕충은 『논어』가 완전히 한 건국 후 다시 발견된 古文本이라고 여겼지만, 출토 한간 『논어』는 왕충이 말하는 『논어』의 定型이 늦어도 선제 이후에 갖추어졌음을 증명한다.

왕충은 또 원래의 제·노·하간의 9편이 흩어지고 망실된 것은 『논어』 20편이 고정된 이래로 편장이 점점 줄어들면서 간추려지는 과정을 경험한 것을 반영한다고 했다. 이 점도 유의할 필요가 있다. 앞서 해혼후 한간 『논어』간은 오늘날

---

52) 武內義雄, 1978, 「論語的新研究」 『武內義雄全集』 第1卷 「論語」篇, 角川書店, p.75; 孫人和, 1990, 『논형擧正』, 上海古籍出版社, pp.134-135을 참고하라. 黃暉, 『論衡校釋』 卷28 「正說篇」所引, pp.1137-1138도 참고할 수 있다.

『예기』의 일부 편장 및 귀속처를 알기 어려운 간들과 뒤섞인 채로 출토되어 구분하기 어렵다고 한 바 있다. 『논어』는 일찍이 "傳"으로 불린 적도 있으며, 상술한 내용과 확실히 구분되지도 않는다. 그렇다면, 『논어』간이 출토될 때에 서로 뒤섞여 구분하기 어려운 상태였단 사실은 확실히 전한 중기 유가 전기류 문헌의 실제 상황을 보여준다.

자료의 정리와 관련 업무의 진행에 따라, 금후에도 지속적으로 유하 묘 출토 『논어』 텍스트만의 특징을 찾아내어 분석하는 작업이 필요하며, 해혼후 한간 『논어』와 함께 출토된 유가 전기류 문헌과의 관계도 생각해 볼 필요가 있다. 그들 간의 내용·형태·출토 위치 등의 관계를 분석하면, 더욱 깊이 있고 신빙성 있는 새로운 인식을 얻게 될 것이다.

VI. 맺음말

새로운 자료의 독특한 가치는 그 내용에서 보이는 새로운 현상이 낡은 틀을 벗어나 있다는 점에 있다. 학자들은 이러한 "넘쳐흐르는" 현상들을 파악하여 새로운 문제의식과 해석을 제출하고, 새로운 학문을 창조해야 한다. 본고는 제·노·고 세 『논어』의 구분이 전한 중기의 상황과 맞지 않으며, 출토문헌이 포함하는 초기 텍스트에서 출발하여 학술사의 변천을 토론하고 학파를 구분하는 관념의 형성을 이해하고자 했다. 독자 여러분들의 비판과 질정을 구한다.

(번역 : 유창연 | 경북대학교 사학과 석사과정)

* 본 논문은 본래 『海昏簡牘初論』(朱鳳瀚 主編, 北京大學出版社, 2020년)에 게재한 글이다. 이를 다시 한국목간학회·계양산성박물관·경북대학교 인문학원 공동 주최의 「東아시아 '論語'의 전파와 桂陽山城 국제학술회의」(2020.11.27., 인천 계양산성박물관)에서 발표와 토론을 거친 후, 최신 자료에 근거하여 수정·보완한 것이다.

참고문헌

錢穆, 2001, 『兩漢博士家法考』10, 「宣元以下博士之增設與傢法興起」, 「兩漢經學今古文平議」, 商務印書館

楊軍·王楚寧·徐長青, 2016, 「西漢海昏侯劉賀墓出土〈論語·知道〉簡初探」 『文物』 2016-12

江西省文物攷古研究院·北京大學出土文獻研究所·荊州文物保護中心, 2018, 「江西南昌西漢海昏侯墓出土簡牘」 『文物』 2018-11

王楚寧·張予正, 2017, 「肩水金關漢簡〈齊論語〉整理」 『中國文物報』 2017-08-11 제 6版

張蓓蓓, 1987, 「關于"張侯論"的一些問題」 『孔孟月刊』 26卷 3期

王素, 1998, 「河北定州出土西漢簡本論語性質新探」 『簡帛研究』 第3輯, 廣西敎育出版社

河北省文物研究所·定州漢墓竹簡整理小組, 1997, 「定州西漢中山懷王墓竹簡〈論語〉釋文選」 『文物』 1997-5

河北省文物研究所·定州漢墓竹簡整理小組, 1997, 「定州西漢中山懷王墓竹簡〈論語〉簡介」 『文物』 1997-5

河北省文物考古研究所定州漢墓竹簡整理小組, 1997, 『定州漢墓竹簡〈論語〉』, 文物出版社

河北省文物研究所·定州漢墓竹簡整理小組, 1981, 「定州西漢中山懷王墓竹簡〈論語〉簡介」 『文物』 1981-8

胡平生·徐剛 主編, 2005, 『中國簡牘集成 第18冊 河北卷』, 敦煌文藝出版社

李學勤, 1993, 「定縣八角廊漢簡儒書小議」 『簡帛研究』 第1輯, 法律出版社

李成市·尹龍九·金慶浩, 2011, 「平壤貞柏洞364號墓出土竹簡〈論語〉」 『出土文獻研究』 第10輯, 中華書局

單承彬, 2014, 「平壤出土西漢〈論語〉竹簡校勘記」 『文獻』 2014-4

魏宜輝, 2014,「漢簡〈論語〉校讀札記 ‐ 以定州簡與朝鮮平壤簡〈論語〉爲中心」『域外
漢籍研究集刊』第10輯, 中華書局

賴祖龍, 2020,「海昏竹書〈卜姓〉〈去邑〉初釋」『海昏簡牘初論』, 北京大学出版社

黃暉, 1990,『論衡校釋(附劉盼遂集解)』, 中華書局

程樹德, 1990,『論語輯釋』, 中華書局

錢穆, 2014,「從朱子論語註論程朱孔孟思想歧点」『勸讀論語和論語讀法』, 商務印書館.

錢穆, 2011,『論語新解』, 九州出版社

楊軍·王楚寧·徐長青, 2016,「西漢海昏侯劉賀墓出土〈論語·知道〉簡初探」『文物』
2016年 第12期

池田知久, 2005,『馬王堆帛書五行研究』, 線裝書局·中國社會科學出版社

武內義雄, 1978,「論語的新研究」『武內義雄全集』第1卷「論語」篇, 角川書店

孫人和, 1990,『論衡舉正』, 上海古籍出版社

제4장

평양 출토 竹簡 『論語』의 계통과 성격

윤용구

I. 머리말

1990년 7월 발굴 조사된 平壤市 樂浪區域 貞柏洞 364號墳에서 『論語』 竹簡 (이하 平壤簡 『論語』로 略)이 출토된 사실은 근 20년이 지난 2009년에야 확인되었다.[1] 조사된 평양간 『논어』는 傳世本(今本)의 卷11~12(先進·顔淵)에 해당하는 내용(全文)이 적힌[2] 120枚 내외의 죽간이 편철된 형태(冊書)로 출토되었다. 현재 내용을 알 수 있는 것은 完簡 39枚와 殘簡 5枚를 합친 44枚(756字, 先進 33枚, 589字; 顔淵 11枚, 167字)로 출토된 죽간의 1/3이 조금 넘는 정도이다.

평양간 『논어』는 전한 武帝代 儒家의 官學化와 五經博士가 설치된 이래, 宣

---

1) 李成市·尹龍九·金慶浩, 2009, 「平壤 貞柏洞364號墳출토 竹簡《論語》에 대하여」 『木簡과 文字』 4, 韓國木簡學會, pp.130-133.

2) 류병흥, 1992, 「고고학 분야에서 이룩한 성과」 『조선고고연구』 1992-2, p.2.

帝·元帝시기 儒家의 서적과 사상이 樂浪郡과 같은 변경지역으로도 예상보다 일찍부터 전파되었음을 입증하는 한편, 東아시아 사회에서의 漢字文化와 그에 수반된 思想의 전파과정을 이해할 수 있는 중요한 단서로 평가되고 있다.[3]

평양간(120매 내외) 외에 전한대 출토 『논어』로는 1973년 河北省 定州市 中山懷王 劉修의 무덤에서 출토된 定州簡 『논어』(620여 매, 7,576자)와 2011년 江西省 南昌市 海昏侯 劉賀의 무덤에서 나온 海昏簡 『논어』(500여 매)가 있다. 정주간은 무덤의 조성 시기(宣帝 五鳳 3년, BC.55)와 해혼간 묘주의 사망 연도(宣帝 神爵 3년, BC.59)로 미루어 抄寫된 것은 각각의 시기보다 앞서는 것으로 보고 있다.[4] 기원전 45년 元帝 初元 4年이 적힌 標題가 달린 戶口簿 木牘이 나온 평양간 『논어』의 경우도 거의 동시기에 제작된 것이라 하겠다. 이 때문에 정주간·해혼간과 평양간 『논어』에 있어 주목할 점은, 이른 바 『논어』 三論(「古論」, 「魯論」, 「齊論」)이 融合되어 傳世의 祖本(張禹 『張侯論』 등)이 結集되던 전한 成·元帝期 『논어』의 실제 사례일 가능성이다.

정주간의 『논어』 판본상의 계통에 대해서는 齊論·魯論 혹은 諸本의 融合本으로 보는 등 논란이 있었지 만[5] 분장과 내용의 측면에서 鄭玄 『論語注』, 何晏 『論語集解』에 근접한 魯論系로 볼 수 있다고 이해되고 있다.[6] 평양간 『논어』의 텍

---

3) 李成市·尹龍九·金慶浩, 2009, 앞의 논문, pp.155-161; 尹在碩, 2011, 「한국·중국·일본 출토 論語木簡의 비교연구」 『東洋史學研究』 114, 東洋史學會; 湯淺邦弘, 2012, 「漢代における論語の伝播」 『国語教育論叢』 21, 鳥根大学教育学部国文学会, pp.137-143; 李成市, 2015, 「平壤樂浪地區出土 《論語》 竹簡の歷史的性格」 『國立歷史民俗博物館研究報告』 194, pp.201-218.

4) 陳東, 2003a, 「關于定州漢墓竹簡論語的幾个問題」 『孔子研究』 2003-2; 陳侃理, 2020, 「海昏竹書 《論語》 初論」 『海昏簡牘初論』, 北京大學出版社.

5) 高橋均, 2001, 「定州漢墓竹簡 《論語》 試探(三)」 『中国文化: 研究と教育』 59, 中国文化学会; 葉峻榮, 2004, 「定州漢墓簡本 《論語》 與傳世 《論語》 異文研究」 『中國出土資料研究』 8, 中國出土資料學會.

6) 渡邊義浩, 2014, 「定州 《論語》 と 《齊論》」 『東方學』 128, 東方學會, pp.57-70.

156 동아시아 논어의 전파와 계양산성

스트 상의 위치에 대해서는 아직 충분하게 논의된 바는 없었다. 그러나 尹在碩은 죽간의 형태와 기재방식, 三道編聯(繩), 서체 등에 있어서 정주간과의 유사성을 제기하며, 한대 內地에서 생산되어 낙랑으로 유통된 것으로 보았다.[7] 이후 필자는 평양간의 형태와 기재방식의 속성(體積, 재질, 계구와 編繩, 字數와 分章, 符號), 그리고 簡文의 異文을 추출하여 定州簡 및 宋代이래의 傳世本(今本)과 비교하였다. 그 결과 평양간은 정주간과 大同小異한 것으로 보이지만, 자료의 계통을 동일한 것으로 보기 어려운 차이도 드러냈으며, 그 이유로 전한 말 宣帝~元帝期는 諸家의 『논어』가 공존하던 시기였음을 지적하였다.[8]

최근 海昏侯 劉賀(기원전 92~59)의 묘로부터는 『論語』를 비롯하여 『詩』·『禮』·『春秋』·『孝經』에 이르기까지 유교 경전이 대량으로 발견되었다.[9] 그 동안 문헌상으로 전해지는 『齊論』知道篇이 확인되어 학계의 비상한 관심을 끌기도 하였다.[10] 해혼후 유하의 사망이 기원전 59년이기 때문에 이에서 나온 『논어』 죽간은 정주간·평양간과 거의 같은 시기에 생산된 유통된 자료가 된다. 특히 해혼간 『논어』에서도 先進篇의 죽간이 발견되었는데,[11] 이미 해당 章句가 알려진 정

---

7) 尹在碩, 2011, 앞의 논문, pp.41-51.

8) 윤용구, 2012, 「평양 출토《논어》죽간의 기재방식과 異文表記」『地下의 논어, 紙上의 논어』, 성균관대학교출판부, pp.169-203.

9) 江西省文物考古研究院·北京大学出土文献研究所·荆州文物保护中心, 2018, 「江西南昌西汉海昏侯刘贺墓出土简牍」『文物』2018-11.

10) 杨军·王楚宁·徐长青, 「西汉海昏侯刘贺墓出土《论语·知道》简初探」『文物』2016-12; 王楚宁·张予正·张楚蒙, 2017, 「肩水金关汉简《齐论语》研究」『文化遗产与公众考古』4, 北京联合大学应用文理学院; 김경호, 2017 「전한 海昏侯 劉賀의 묘와《論語》竹簡」『史林』60, 수선사학회; 김경호, 2018, 「전한시기 논어의 전파와 그 내용」『역사와 현실』107, 한국역사연구회.

11) 江西省文物考古研究院·北京大学出土文献研究所·荆州文物保护中心, 2018, 「江西南昌西汉海昏侯刘贺墓出土简牍」『文物』2018-11, p.92. 평양간에서 나온 顔淵篇의 경우 定州簡은 간문을 알 수 있는 내용이 거의 없으며, 海昏簡에서는 그 존재 여부가 아직 불분명한 실정이다.

주간·평양간과의 비교를 통해 이 시기 논어의 제작과 텍스트에 대한 진전된 이해가 가능할 전망이다.

해혼간 등 출토 자료의 이해에 있어서 『漢書』 藝文志 등을 시작으로 後漢代와 그 이후에 정리된 이른바 『논어』 三論(「古論」, 「魯論」, 「齊論」) 系統論을 일률적으로 적용하기 어렵다는 견해가 나왔다.[12] 요컨대 후대의 문헌 기록이 아닌 동 시기 출토자료에 대한 분석에 의거하여 해명할 수 있다는 설명이다. 평양간과 뒤이은 해혼간의 발견에 따라 前漢 중·후기 『논어』의 결집과정에 대한 연구는 새로운 단계에 들어섰다고 하겠다. 본고에서 平壤簡 『論語』 죽간의 형상과 書寫樣態, 異文表記 등의 기초적 사항을 定州簡·海昏簡과 비교·검토하는 이유이기도 하다.

II. 平壤簡 『論語』의 형태와 記載方式

1. 竹簡의 현상

平壤簡 『論語』의 무덤 내 부장위치나 출토상태는 알려진 것이 없다. 다만 발굴 현장에서 간단한 수습(아마도 完簡과 殘簡의 구분) 후에 촬영한[13] 黑白寫眞 2枚가 공개된 것의 전부이다. 곧 〈사진 1〉은 完簡 39枚(사진 右側부터 簡1~簡39)를 모아 배열한 것이며, 〈사진 2〉는 貞柏洞 364號墳에서 출토된 『論語』 竹簡 전체

---

12) 陳侃理, 2020, 앞의 논문, p.155; 2021, 「海昏漢簡 《論語》 初讀-전한 중기 論語學의 고찰을 겸하여」 『木簡과 文字』 26, 한국목간학회, p.57.

13) 2枚의 竹簡寫眞은 발굴 직후 현장에서 간단한 수습 후에 촬영한 것이라는 사실이 최근 확인되었다(李成市, 2011, 「卷頭言: 平壤出土 《論語》 竹簡の消息」 『史滴』 33, 早稻田大學 文學部, p.1).

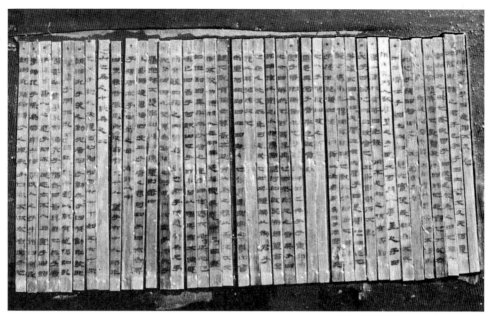

사진 1. 平壤簡『論語』39枚(鶴間和幸 보관 '樂浪遺物 寫眞帖', 右側부터 簡1~簡39)

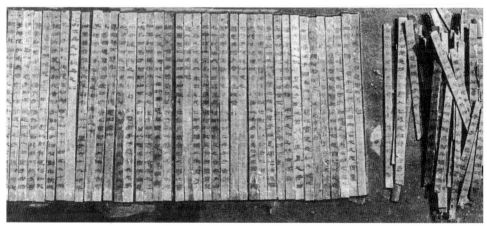

사진 2. 平壤簡『論語』竹簡 일괄(『高句麗會會報』63호 4면, 東京, 2001.11.10)

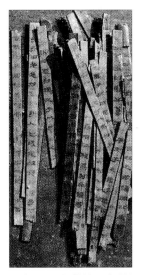

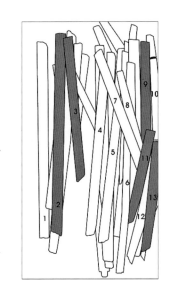

그림 1. 平壤簡 『論語』의 殘簡 더미

이며, 傳世本 『論語』의 先
進·顔淵 兩篇이 기재된
竹簡 120枚를 촬영한 사
진이다.[14]

〈사진 2〉의 좌측에 가
지런히 늘어놓은 竹簡 39
매는 〈사진 1〉과 동일한
것이며, 사진 우측에 무
질서하게 쌓여있는 竹簡
은 殘簡이다. 殘簡 더미
는 상부에 簡文이 드러난
13枚(左側부터 殘簡1~殘

簡13, 그림 1 참조)와 그 밑에 깔린 것이 보이는 28枚 정도를 포함하여 80枚 정
도의 竹簡이 重疊된 것으로 추정된다.[15] 그런데 殘簡 더미에는 길이가 짧은 簡片
이 보이지 않는다. 이는 殘簡이라도 어느 정도의 길이를 갖춘 것만 촬영한 것으
로 보인다.

이처럼 〈사진 1〉의 完簡 39매는 평양간 『논어』의 形制와 서체와 字數, 편장구
성과 用字 등 簡文의 기재방식을 살펴보는데 있어서 중요한 가치를 가지고 있다.
이를 토대로 평양 출토 『논어』 죽간의 형태적 특징에 대하여 좀 더 검토해 본다.

1) 「크기와 契口」

평양간 『論語』와 같은 編綴(册書)簡은 형태가 다양한 單獨簡과 달리 길이와

---

14) 출토된 論語 竹簡이 '先進·顔淵의 全文'이라는 근거는 발굴조사 당시 長老의 古典研究者
    에 의해 확인되었다고 한다(위의 논문).
15) 李成市·尹龍九·金慶浩, 2009, 앞의 논문, pp.134-135.

폭이 일정하고, 특히 儒敎經典의 규격은 서적마다 정해져 있었다.[16] 王充의 『論衡』과 『儀禮注疏』에 인용된 鄭玄의 기록에 따르면, 『논어』는 漢代 8寸(周尺으로는 1尺)으로 만들었다 한다. 실제 정주간 『논어』의 길이 16.2㎝는 대략 漢代 7寸으로, 8寸에 미치지 못하나, 문헌의 기록과 합치되는 것으로 여겨지고 있다.

평양간의 크기(體積 길이·폭·두께)는 〈사진 1·2〉만으로는 알기 어렵지만, 형태와 서체는 물론이고, 滿簡 기준으로 20자 내외의 기본 字數, 三道編綴한 製冊 방법에서 정주간과 거의 차이가 없어 크기도 동일한 것으로 추정되고 있다.[17] 〈사진 1〉의 죽간을 漢代 8寸(18.4㎝)의 크기로 맞추어 보면 그 폭은 0.8㎝가 나오기 때문이다. 죽간의 폭이 0.8㎝라면 居延漢簡의 사례로 보면[18] 두께는 대략 0.2~0.3㎝ 로 산정된다.

한편 〈사진 1〉의 竹簡을 篇章別로 분리하여 簡尾를 기준으로 세운 〈사진 3〉을 통하여 平壤簡이 같은 규격의 죽간으로 만들어졌음을 볼 수 있다.[19] 특히 하나의 章句(『論語集注』의 先進 第25章)로 簡文을 연결한 先進-Ⓐ의 경우가 이를 잘 보여준다.

그런데 先進-Ⓐ와 顔淵의 竹簡은 최대 簡文 1字 내외의 길이만큼 出入이 있다. 規格이 다른 죽간이 섞였다고 보기는 어렵지만, 〈사진 4〉에서 보는 대로 선진편과 안연편은 중간(中腰) 계구를 중심으로 각기 새겨 넣은 글자 수가 다르다. 이에 따라 죽간의 아래와 위, 그리고 중간의 編聯을 위한 여백에도 차이가 보인다.

---

16) 伊藤瞳, 2009, 「長さから見た簡牘の規格の基礎的考察」 『千里山文學論集』 82, 關西大學 大學院文學研究科, pp.2-6.

17) 尹在碩, 2011, 앞의 논문, pp.42-43.

18) 邢義田, 2007, 「漢代簡牘的體積,重量和使用」 『古今論衡』 17, 附表2.

19) 〈사진 3〉은 윤용구, 2012, 앞의 논문, p.180 〈사진 4〉를 전재한 것이다. 이 사진은 본문의 〈사진 1〉에 보이는 完簡 39매를 프린트하고 간별로 절취해서 簡文의 내용에 따라 선진·안연편을 구분하여 필자가 촬영한 것이다. 〈사진 4〉는 절취된 간문의 안연편과 선진편 제25장의 연속 장구를 모아 촬영한 사진이다.

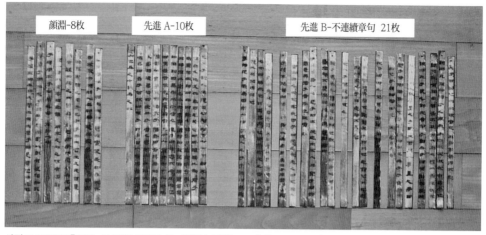

顔淵-8枚　　　先進 A-10枚　　　先進 B-不連續章句 21枚

사진 3. 平壤簡『論語』竹簡의 크기(先進·顔淵篇 전체 120매 중 完簡 39枚)

<頔淵篇>

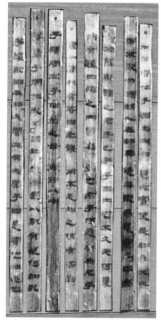

〈先進篇〉

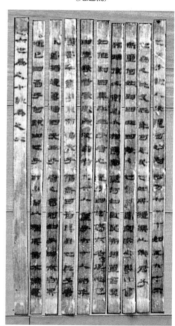

▶竹簡의 형태와 표기

•簡長: 8寸(추정)
•字數: 先進篇 상하 각10字
　　　　顔淵篇 상하 각9字

•編綴: 三道編聯, 先寫後編
•契口: 天頭·中腰·地脚

•章號: 天頭 중 黑圓點(●)
•書體: 漢隷
•重文: 符號 없음

사진 4. 平壤簡『論語』의 형태와 표기(안연편 8매, 선진편 10매)

이러한 차이는 선진편과 안연편을 각기 편철하였음을 추정케 한다. 최근 발견된 해혼간 『논어』의 경우도 每篇을 별도로 편철(成卷)하였음이 확인된 바 있다.[20]

契口는 평양간 『論語』의 형태 가운데 가장 주목되는 부분이다. 곧 잘 다듬은 죽간의 兩端에 일정한 여백(天頭·地脚)을 두고, 죽간의 오른쪽 모서리(簡側)에는 天頭와 地脚 그리고 그 중간 空格(中腰) 등 3곳에 編綴의 끈(紐,絲)을 걸기 쉽도록 契口를 따냈다. 契口의 수로 보아 이른바 '三道編聯'하였음을 알 수 있다.

〈사진 1〉을 통하여 竹簡 契口의 위치를 좀 더 자세히 살펴보자. 예외 없이 우측 모서리 세 곳에 ◁ 형태의 契口가 만들어져 있음을 볼 수 있다. 契口는 위쪽, 그리고 안쪽으로 가면서 조금 더 깊게 파여 있다. 簡10과 簡37의 契口가 본래 모습을 잘 갖추고 있지만, 簡5·簡7과 같이 契口의 잔존 형태는 제 각각이다. 이는 編聯 끈이 張力에 의하여 契口部가 닳아 홈이 넓어지거나, 댓 쪽이 부서져 나가면서 변형된 것이라 하겠다.[21]

이와 같은 契口의 다양한 모습은 墓主가 『논어』를 실제 사용하였고, 그 기간이 짧지 않았음을 의미한다고 생각된다. 요컨대 평양간 『논어』는 묘주가 생시에 사용하던 것이다. 그렇다면 「初元4年 戶口簿」 등 樂浪郡府의 각종 공문서를 생산하며, 郡府의 행정업무에 종사하던 묘주가 生時에 상당기간 『논어』를 愛讀한 것을 의미한다. 이는 평양간 『논어』의 抄寫時期를 묘주의 주된 활동 기간이었던 初元 4년(BC.45)을 전후한 시기로 추정케 하는 중요한 근거가 된다.[22]

定州簡과 海昏簡 『논어』에도 三道編聯의 흔적이 남아있다고 하는데,[23] 그 흔적이 '契口'를 가리키는지는 분명치 않다. 모사한 정주간을 보면 편철 '끈이 묶였

---

20) 江西省文物考古硏究院·北京大学出土文献研究所·荆州文物保护中心, 2018, 앞의 보고, p.92.

21) 李成市·尹龍九·金慶浩, 2009, 앞의 논문, p.142.

22) 위의 논문.

23) 劉來成, 1997, 「定州漢墓簡本〈論語〉介紹」, 河北省文物研究所定州竹簡整理小組, 『定州漢墓竹簡論語』, 文物出版社, p.92.

던 흔적'을 두 줄의 點線으로 나타내었을 뿐이다.[24] 海昏簡의 경우 三道編綴한 『논어』를 비롯하여 『儀禮』·『孝經』 등 공반한 여러 典籍에는 2~4道의 편철 흔이 背面에 남아 있으나, 어느 경우에도 끈을 고정하기 위한 契口에 대한 설명은 없다.[25]

이처럼 평양간 『논어』는 抄寫에 사용한 죽간이 규격화되어 있고, 정연한 契口를 이용하여 제책이 이루어진 점, 아울러 8寸 길이의 竹簡은 『논어』의 抄寫를 목적으로 제작되었다고 할 때, 단지 독서나 習書를 위해 민간에서 제작했다고 보기 어렵다. 뒤에 보는 대로 誤字 투성인 정주간과 달리 정교하게 작성되었고, 携帶와 可讀性을 높이기 위한 여러 기재방식으로 미루어 중앙 정부가 생산과 유통에 관여한 것으로 추정해 볼 수 있기 때문이다.

2. 簡文의 記載方式

1)「分章과 篇題」

〈사진 1·2〉에 보는 대로 平壤簡 『論語』는 이미 編綴끈이 삭아서 攪亂된 상태의 사진이다. 단지 完簡과 殘簡을 구분한데 불과하다. 정주간의 경우도 書題와 篇題가 있었는지 또한 본래 편철된 상태의 分章 순서도 알기 어렵다. 簡文의 내용을 傳世本 『論語』와 비교하고, 그 篇章順序에 따라 배열해 볼 수밖에 없다.

하지만 최근 발견된 海昏簡의 경우는 每篇(雍也·子路·堯曰·智道 등) 首簡의 背面에 篇名을 기재하였다. 평양간의 선진편 首章의 첫머리 부분이 확인되었지만(殘簡2) 그 背面의 상태는 확인하기 어렵다. 〈사진 5〉에서 보는 묘주 劉賀가 필사한 것으로 추정되는 『論語』 木牘에는 '△' 부호를 통해 簡文 아래 篇名을 적기도

---

24) 河北省文物研究所定州竹簡整理小組, 1997, 『定州漢墓竹簡論語』, 文物出版社, p.50.
25) 江西省文物考古研究院·北京大学出土文献研究所·荊州文物保护中心, 2018, 앞의 보고, pp.87-93.

표 1. 平壤簡 『論語』의 章數와 字數 對比

구분	『論語集注』		平壤簡 『論語』		定州簡 『論語』		《集注》對比字數
	章數	字數	章數	字數	章數	字數	
先進	25	1,052	19	589	22	787	平壤簡 55.9% 定州簡 74.7%
顏淵	24	990	9	167	9	83	平壤簡 16.9% 定州簡 8.3%

※ 平壤簡 『論語』의 章數와 字數는 출토된 先進,顏淵篇 가운데 簡文이 확인된 數量임.

하였는데, 평양간에 적용하기는 어렵다.

현재 평양간은 完簡 39枚와 죽간 더미에서 先進篇 제1장과 제5장에 해당하는 죽간 2枚, 顏淵篇 제9·11·13장에 해당하는 죽간 3枚가 확인되었다. 이를 토대로 송대 이후의 傳世된 今本(『論語集注』)과 정주간 『논어』의 章數와 字數를 비교하면 〈표 1〉과 같다.

平壤簡이 定州簡에 비하여 顏淵篇은 많지만, 先進篇은 적은 분량의 簡文이 확인되었다. 그러나 확인된 簡文의 내용을 보면 平壤簡은 完簡이 40枚에 달하지만, 定州簡은 4枚(簡262·266·284·285) 지나지 않는다. 평양간이 정주간보다 남아있는 분량이 적어도, 자료적 가치는 뒤지지 않음을 볼 수 있다. 또한 傳世本에 16.9%만이 확인된 顏淵篇의 分章內容은 정확하지 않으나, 先進篇은 거의 확인이 가능하다.

뒤에서 보는 대로 平壤簡과 定州簡 모두 篇章을 구분하여 簡文을 기재하였다. 그러나 平壤簡 『論語』는 黑圓點(•)과 空白에 의하여 分章의 首尾가 명확하여 드러나 있지만, 定州簡은 章句의 首簡임을 알려주는 黑圓點(•)이 없다. 최근 공개된 海昏墓 출토 『論語』 木牘에서도 흑원점은 앞의 내용과 다른 追記의 표시로 사용되고 있음을 보여준다(사진 5).

그러므로 定州簡 『論語』의 경우 傳世本에 따라 임의적으로 分章이 이루어진 측면이 지적되고 있다.[26] 이 때문에 定州簡 『論語』가 傳世本과 기본구성은 같고,

표 2. 平壤簡 『論語』(先進)의 分章과 章數 대비

『論語集注』	平壤簡 『論語』	定州簡 『論語』	正平版 『論語集解』	義疏本 『論語集解』	注疏本 『論語集解』
1	1	1	1	1	1
2	(2)?	(2)?	2	2	2
			3	3	3
3	3	3	4	4	4
4	(4)*	4	5	5	5
5	5	(5)	6	6	6
6	(6)	6	7	7	7
7	7	7	8	8	8
8	(8)	(8)	9	9	9
9	9	9	10	10	10
10	10	10	11	11	11
11	(11)	11	12	12	12
12	12	12	13	13	13
13	(13)	13	14	14	14
14	14	14	15	15	15
15	15	15	16	16	16
16	16	16	17	17	17
17	17	17	18	18	18
18					
19	18	18	19	19	19
20					
21	19	19	20	20	20
22	20	20	21	21	21
23	21	21		22	22
24	22	22	22	23	23
25	23	23	23	24	24

*( ) 平壤簡의 未確認 章句·定州簡의 缺簡 章句

流傳過程에서 文字異同만이 있는 것처럼 인식하게 되었다는 지적도 있다.[27] 편철이 풀어져 교란된 평양간의 경우도 이 점에서 예외가 아니다. 다만 평양간은 정주간과 달리 原簡에 찍힌 黑圓點으로 章句 首簡를 알 수 있다는 점에서 分章의 신뢰성이 높다고 하겠다. 〈표 2〉는 평양간 『논어』 선진편의 分章을 정주간 및 전세본과 대비한 것이다.

선진편을 25개 章으로 구분한 朱熹, 『論語集注』를 기준으로 살펴보면, 평양간은 皇侃 義疏本과 邢昺 注疏本의 底本으로 삼은 何晏 『論語集解』와 가장 유사하다. 分章의 결과만으로는 정주간도 동일한 내용이다. 그러나 章句 首簡에 대한 명료한 근거가 제시되지 않았고, 缺文·缺簡에 대한 설명 없이 전세본(何晏 『論語集解 등)에 따라 배열한 점에서 정주간은 차이가 있다.

평양간 『논어』(先進篇)의 分章 수는 명확치 않다. 문제는 『論語集注』의 第2章에 해당하는 簡文이 확인되지 않았고, 정주간도 이 부분이 缺簡이기 때문이다. 何晏 『論語集解』의 諸本은 모두 兩章으로 나뉘어져 있다. 阮元이 '德行章'이라 이름붙인 『論語集解』의 先進篇 第3章은 正平版에는 '德行' 위에 '子曰' 2字가 있어[28] 별개의 章句임을 보여주고 있다. 이 부분을 제외하고는 平壤簡이 義疏本과 注疏本 『論語集解』의 分章과 같기 때문에, 실제 兩章으로 나뉘어 있을 가능성이 있다.

2) 「字數」

平壤簡 『論語』는 竹簡 1枚에 滿簡의 경우, 18字~20字를 記載하였다. 물론 章句가 종결되는 簡文은 章尾 아래의 남은 공간을 餘白으로 남겨 두었다(簡

---

26) 何永欽, 2007, 「定州漢墓竹簡 《論語》研究」, 臺灣大學 中國文學系 碩士學位論文, pp.95-98.

27) 李慶, 2005, 「關於定州漢墓竹簡 《論語》的幾個問題―《論語》的文獻學探討」 『中國典籍與文化論叢』 第8輯, 中華書局, p.1.

28) 北京大學儒藏編纂中心, 2004, 『定州漢墓竹簡論語·正平版論語集解』, p.79.

사진 5. 海昏墓 출토 『論語』 木牘
사진 5. 海昏墓 출토 『論語』 木牘
篇名 앞에 '△' 표기, 黑圓點 '●'은 追記를 위해 찍었다(戶內俊介, 2020, 圖1).

1·10·14·15·20·28·30·32). 이는 定州簡 『論語』의 경우도 차이가 없다. 곧 滿簡은 19字~21字를 기재하였고, 상부에서 簡文이 完結된 때는 그 하부를 空白으로 두었다.[29] 海昏簡의 경우는 상하 24字로 차이가 있다.[30]

또한 章句가 시작되는 簡文은 章句의 首字 위여백, 곧 天頭에 黑圓點(·)을 찍어 표시하였다.(簡 4·7~11·13·16· 27·30·34·35·37~39, 殘簡2·3) 자연 黑圓點과 餘白은 平壤簡 『論語』의 分章構造를 알려주는 標式이다. 定州簡의 경우, 章句의 首字임을 알 수 있는 표식이 없는 것과 대조되는 현상이다.

그런데 平壤簡 『論語』의 簡文 字數는 篇章에 따라 차이도 나타난다. 우선 傳世本 『論語』 先進篇에 보이는 簡文은 滿簡인 경우 중간 契口를 空格 삼아 상부 10字, 하부 10字씩 20字를 기본으로 기재하였다(簡5·12·1 6·17·18·21·22·25·27·29·31·34·36·37·38·39, 殘簡2). 顔淵篇의 해당 簡文은 위로 9字, 아래로 9字씩 18字를 써 넣었다(簡2·7·9·30·殘簡13). 定州簡 『論語』의 簡文 字數가 篇章에 따라 차등이 있는지는 검토된 바가 없지만 적계는 17자에서 최대 23자까지 확인

---

29) 河北省文物研究所定州竹簡整理小組, 1997, 앞의 책, p.7.
30) 陳侃理, 2020, 앞의 논문, p.156.

된다는[31] 점에서 유사한 사례가 있을 가능성은 남아있다.

이처럼 규격화되어 있는 空冊에 中腰의 契口部의 空格을 기준으로 篇章에 따라 滿簡의 字數가 다르다면, 이는 무엇을 의미하는 것인가? 篇別로 製冊과 抄寫가 이루어지면서 抄寫者가 다른데서 오는 書寫習慣의 차이는 아닌지 검토할 문제이다.

예외가 없는 것은 아니다. 선진편의 경우 상하 한편에 11~12字를 기재한 것이 있으나, 이는 缺字를 字間에 細字로 追記한 것이거나(簡3·4·24), 1~2字句를 새로운 簡으로 기재하지 않기 위하여, 字間을 좁혀 쓴 것이다(簡13). 이는 안연편에 해당하는 簡文도 마찬가지다. 곧 상하 1字씩을 더 적어 넣거나(簡11), 하단에 1字를 추가하여(簡26) 하나의 簡에 章句가 종결되도록 하였다. 심지어 簡39의 경우는 4~5字를 생략하면서까지 하나의 簡에서 文句가 종결되도록 기재하였음을 본다. 곧,

•子畏於[匡],顏淵後.□曰:"吾❶以女爲死矣."曰:"子在, 回□□死?"」(簡13)
•顏淵死, 顏路請子之車.❶ 孔❷子曰:"材不材,❸ 亦各❹ 其子也."(簡39)鯉也死, 有棺毋槨. 吾不徒 行以爲之槨. 以吾從大夫(簡22)...."

簡13의 경우 간문 중간 契口가 있는❶의 상부에 10字를 적고, 아래는 글자의 크기와 간격을 좁혀 12字를 써 넣었다. 句尾의 2字를 새로운 簡으로 넘기지 않고, 簡 하나에 가능한 章句가 終結되도록 기재한 때문이다. 定州簡 『論語』에도 마지막 「死」字가 결락되었지만 1枚의 簡에 기재되어 있다.[32]

---

31) 王剛, 2018, 「南昌海昏侯墓《論語》文本及相關問題初探」『中國經學』第二十五輯, p.13.
32) 河北省文物研究所定州竹簡整理小組, 1997, 앞의 책, p.51, 簡290.

簡39의 簡文을 정주간과 전세본의 해당 자구와 비교할 때, ❶에 「以爲之樟」 4字가 빠져 있고, ❹에는 「言」자가 누락되었다. ❷ 앞에 「孔」字는 정주간과 전세본에 없다. 이 가운데 「言」字는 抄寫者의 실수로 누락되었다고 볼 수 있다. 평양간에는 「言」字가 들어가야 할 부분과 비슷한 문장(簡24, 簡 29)에 모두 「言」字가 빠져 있고, 그중 하나인 簡24는 「言」字가 들어가야 할 부분에 細字로 추기되어 있음을 본다. 그러나 簡13은 「言」字가 없어도 의미전달에는 큰 문제가 없다. 반면 「以爲之樟」 4字는 실수로 누락된 것으로 보기 어렵다는 점이다. 물론 평양간 『논어』를 抄寫할 때 사용한 底本에 빠져 있을 수도 있지만, 그보다는 1枚의 竹簡에 가능한 완결된 簡文을 기재하려는 의도에서, 의미전달에 지장이 없는 글자를 省略하였다고 생각된다.[33]

이 밖에 기재방식에 있어서 平壤簡 『論語』는 定州簡과 다소 차이가 보인다. 먼저 같은 글자를 연이어 쓸 경우 楚簡과 漢簡에 자주 보이는 重文號(=)가 定州簡에는 보이지만, 平壤簡에는 같은 글자를 반복하여 기재하였다.[34] 최근 발견된 海昏簡에도 重文號가 사용되지 않았다고 한다.[35] 또한 定州簡은 잘못 쓴 글자를 깎아 내고 다시 쓰거나, 空格으로 남겨둔 사례가 있지만, 平壤簡은 誤字가 없어서인지 같은 사례를 찾아보기 어렵다. 다만 簡6에 1字 간격의 空格이 보일 뿐이다. 脫漏된 簡文의 경우 平壤簡은 들어가야 할 글자 사이에 細字로 追記를 하고 있는데(簡3·4·24), 定州簡에서는 그런 사례가 없다.

아무튼 章句의 시작을 알리는 黑圓點(•), 종결을 알려주는 餘白, 上下 10字를 기본으로 하는(顔淵篇은 上下 9字) 기재 방식, 1~2字의 字句는 字間을 좁혀 써 넣

---

33) 전세본인 『論語注疏』 高麗本·正平本에는 「以爲之樟」 4字가 빠져 있다(黃懷信, 2008, 『論語彙編集釋(下册)』, 上海古籍出版社, p.971). 평양간 『논어』와 같은 「以爲之樟」이 없는 傳本에 따른 것으로 생각된다.

34) 李成市·尹龍九·金慶浩, 2009, 앞의 논문, p.152, p.159.

35) 陳侃理, 2020, 「海昏竹書《論語》初論」 『海昏簡牘初論』, 北京大學出版社, p.156.

거나, 의미 전달에 지장이 없는 범위에서 4~5字라도 생략하여 하나의 竹簡에 문장이 종결되도록 한 用例가 확인된다. 이러한 기재방식을 통하여 정백동 364호분에서 출토된 『논어』 죽간의 전체 簡數를 추정할 수 있다. 뒤의 附表 2에서 보는대로 平壤簡 『論語』 先進篇 竹簡을 60枚, 顔淵篇은 61枚 정도로 산정하였다.[36]

3) 「字形」

平壤簡을 비롯한 定州簡·海昏簡은 좌우가 길어 납작해 보이는 전형적인 漢隸로 작성되었다. 竹簡의 크기는 海昏簡이 9寸(20㎝)으로 가장 길고,[37] 定州簡과 平壤簡은 동일하게 8寸으로 추정되고 있다.[38] 定州簡과 平壤簡이 휴대가 가능한 手册本이라고도 할 수 있다.

定州簡 『論語』는 盜掘·火災, 그리고 발굴조사 후에도 地震에 따라 대부분 탄화되고 부서졌으며, 500여 매에 달하는 海昏簡의 경우도 아직 조사가 진행 중이지만 完簡이 많지 않은 것으로 알려져 있다. 그러나 현재까지 확인된 사진만으로도 거의 같은 자형을 보여주기에는 충분하다. 〈사진 6〉에서 보는 해혼묘 출토 『論語』 목독의 경우 漢隸지만 章草와 波磔을 자유롭게 구사하고 있음을 본다. 독서용의 書寫와 書牘 후 기록·습서 등의 자형은 차이가 있음을 알 수 있다.

따라서 이 시기 『論語』는 대부분 일정 지역에서 생산되어 여러 계통으로 유통되었을 것으로 생각된다. 平壤簡의 경우 기원전 1세기 木槨墓의 묘제와 수장된 한식문물(漆器·白陶·絹織物·靑銅容器 등)의 대부분이 중국 山東을 거점으로 한 지역에서 공급되고 있었다.[39]

---

36) 李成市·尹龍九·金慶浩, 2009, 앞의 논문, pp.139-140.
37) 王剛, 2018,「南昌海昏侯墓《論語》文本及相關問題初探」『中國經學』第二十五輯, p.11.
38) 尹在碩, 2011, 앞의 논문, pp.40-43.
39) 기원전 1세기~기원 1세기대 낙랑군의 묘제인 목곽묘는 중국의 동북지방이나 중원지역이 아닌, 山東과 江蘇지역 묘제와 연결되어 있으며(樋口隆康, 1979,「樂浪文化の源流」『展望アヅアの考古學』, 新潮社, pp.258-265), 낙랑의 저장용 생활용기인 이른바

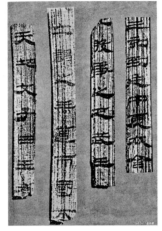

海昏簡(9寸, 字數 24)　　　　定州簡(7寸, 字數 20)　　　　平壤簡(8寸, 字數 20)

사진 6. 海昏簡·定州簡·平壤簡『논어』의 字形

　　낙랑군에 거주하던 漢人系 주민들은 이주 경로와 시기에 있어서 일률적이지
는 않지만, 현재까지의 문헌과 출토 문자자료로 본다면 산동지역이 압도적이다.
『後漢書』에 기록된 군현 설치 전 山東 琅邪郡에서 이동해 온 王景一家, 산동 黃縣
을 貫籍으로 하는 王卿의 塼室墓塼 등이 대표적이다.[40]

　　이들 낭야군·황현을 포괄하는 山東은 齊와 魯의 문화적 본거지이다. 이곳은
先秦이래 秦漢時代까지 儒家文化의 흥성의 중심지였다. 유생의 수에 있어서나 儒
家經典의 텍스트의 제작에서도 압도적이다. 특히 王景一家의 본거지였던 琅邪는

　　'백색토기' 또한 산동지역에서 생산 유통된 것으로 밝혀진 바 있다(정인성, 2018, 「원사
　　시대 동아시아 교역시스템의 구축과 상호작용-貿易陶器 '白色土器'의 생산과 유통을 중
　　심으로」『원사시대의 사회문화변동』, 진인진, pp.307-312).
40)　낙랑군 설치 전 산동 「琅邪不其」에서 낙랑으로 이주한 王景 일가에 대해서는 『후한서』
　　76, 왕경전 참조. 그리고 曹魏 正始 9년(245)의 기년을 새긴 산동 「東萊黃人」을 관적으
　　로 한 王卿墓塼에 대해서는 오영찬, 2003, 「대방군의 군현지배」『강좌 한국고대사 10-
　　고대사 연구의 변경』, (재)가락국사적개발연구원, pp.216-218.

전한 유학을 국가 이념으로 한 유학관료의 대표이자 수많은 후학을 길러낸 王吉을 배출한 곳이다. 王景一家를 포함한 이들 琅邪王氏 출신인 王吉은 전한 宣帝와 元帝시기에 활약하였다.[41]

王吉은 齊論에 정통했다고 알려져 있으나, 張禹와도 학문적 교류를 이어 갔으며 그의 학통은 貢禹를 통해 전수되었다. 平壤簡『論語』는 그 텍스트의 계통과 관련없이 산동의 齊魯地域과의 문화적 교류와 교역이 빈번하던 속에서 유입되었을 것으로 추정해 볼 수 있다.

III. 平壤簡『論語』의 異文과 텍스트

平壤簡의 簡文과 字句가 다른 것을 '異文'이라 부르고자 한다. 그런데 異文 研究에 있어서 가장 먼저 고려할 사항은 무엇을 異文이라 할 것인가 하는 문제이다. 곧 이문의 분류기준에 있어 일관된 이해가 마련되어 있지 못하기 때문이다. 異體字를 연구자에 따라 古今字, 分化本字, 正俗字, 通假字 등의 표현이 혼용되고 있다. 漢字의 시대별, 지역별 訓讀과 聲音의 차이에 따른 用字를 일률적으로 '通假字'로 처리하는데 대한 우려만이 아니라,[42] 특히 簡文의 경우 書法·書體 상의 차이를 異文의 범주에 넣기도 어렵다.[43] 따라서 異文 研究는 古漢語, 古文字學의 전문적인 연구를 기다려야 할 것이지만,[44] 異文 현상을 텍스트의 정립과정의 산물

41) 金秉駿, 2006, 「秦漢時代 儒學의 흥성과 齊魯文化의 성립」 『아시아문화』 23, 한림대학교 아시아문화연구소.
남영주, 2010, 「漢代 琅邪郡의 儒學 전통과 王吉의 역할」 『인문과학연구』 29, 성신여자대학교 인문과학연구소.
42) 谷中信一, 2008, 「中國出土資料硏究の現在と展望」 『中國-社會と文化』 23, p.203.
43) 葉峻榮, 2004, 「定州漢墓簡本《論語》與傳世《論語》異文硏究」 『中國出土資料硏究』 8, 中國出土資料學會, p.23.

로 보는 시각도 있다.[45] 여기서는 우선 平壤簡 『論語』의 簡文에서 나타나는 字句
상의 異同만을 현상적으로 살펴볼 것이다.

1. 平壤本과 定州本, 傳世本(今本)의 對校[46]

표 3-1. 平壤簡 『論語』 釋文對校: 先進篇

章次	論語 釋文	異文 注釋
先-1	•[孔]❶子曰: "先進於□□[野]人也. 後進於□□君子[也.]"(殘簡2)....	❶「孔」今本 無
先-3	•孔❶子曰: " 回也非助我者也！於吾言無所不說."(簡10)	❶「孔」定州本·今本 無
先-5	•□□三[復]白[圭]孔子以其[兄]之子....(殘簡3)	今本 相同
先-7	•顏淵死, 顏路請子之車.❶ 孔❷子曰 :"材不材,❸ 亦各❹其子也.(簡39) 鯉也死, 有棺母椁.❺ 吾不徒 行以爲之椁.❻ 以吾從大夫(簡22)...."	❶「車」定州本「車」下有「□□□□」, 今本「車」下有「以爲之椁」 ❷「孔」定州本 同, 今本 無 ❸「材不材」定州本 同, 今本「才不才」 ❹「各」定州本·今本「各」下有「言」 ❺「毋椁」定州本「無郭」, 今本「而無椁」 ❻「椁」定州本「郭」, 今本 同

---

44) 중국학계의 최근 연구로는 다음의 자료를 들 수 있다. 卢烈红, 2007, 「古今字与同源字、假借字、通假字、异体字的关系」 『语文知识』 2007-1; 申慧萍. 2018, 「从汉字流变规律分析 "假借字" "通假字" 和 "古今字" 的异同」 『阜阳师范学院学报(社会科学版)』 2018年2期.

45) 王刚, 2017, 「定州简本《论语》 "一字多形" 与文本生成问题探论」 『地方文化研究』 26, pp.17-28.

46) 〈표 3-1〉·〈표 3-2〉의 표는 필자의 앞선 정리를 전재하되(윤용구, 2012, 앞의 논문, pp.190-192), 2014년 발표된 單承彬과 魏宜輝의 교감 및 2020년 12월 27일 학술회의에 제출된 권인한 선생님의 토론문을 참고하였다(魏宜輝, 2014, 「漢簡 《論語》 校讀札記: 以定州簡與朝鮮平壤簡 《論語》 爲中心」 『域外漢籍硏究集刊』 10, 中華書局; 單承彬, 2014, 「平壤出土西漢竹簡論語校勘記」 『文獻』 2014年 4期; 권인한, 2020, 「평양출토 죽간《논어》의 文本' 토론문」 『東아시아 論語의 전파와 桂陽山城』 발표자료집, pp.143-144).

章次	論語 釋文	異文 注釋
先-9	•顏淵死, 子哭之慟❶ 從者曰:"子慟❷矣."子❸曰:"有慟❹乎哉❺?"非 (簡34)......	❶「慟」定州本 同, 今本「慟」 ❷ 上同 ❸「子」定州本·今本 無 ❹「慟」今本「慟」 ❺「哉」今本 無
先-10	•〔顏□死〕門人欲〔厚〕葬之, 子曰: "不可." 門人厚葬之. 子曰: (簡8)......	定州本·今本 相同
先-12	•閔❶子侍則,❷ 訢訢❸如也 ;子□,〔行行〕如也; 冉子❹·子貢❺,〔衍衍〕❻(簡16)如也. 子樂曰❼: "若由也.○不〔得〕其〔死然〕."(簡6)	❶「閔」定州本「㟨」,今本 同 ❷「則」定州本 同, 今本「誾」 ❸「訢訢」定州本「言言」, 今本「誾誾」 ❹「子」定州本 同, 今本「有」 ❺「貢」定州本「贛」, 今本 同 ❻「衍衍」定州本 同, 今本「侃侃」 ❼「曰」定州本·今本 無
先-14	•孔❶〔子〕曰:"由之瑟奚爲於〔丘〕之門?" 門人, 不〔敬〕子路, 孔❷子:(簡27)......	❶「孔」今本 無 ❷ 上同
先-15	•子〔貢問〕:"師也❶與商也孰賢?"孔❷〔子〕曰:"〔師〕也迪❸ 商也不及." 然❹(簡4)〔則師愈也〕❺ ?"子曰:"過猶不及也.❻"(簡1)	❶「也」今本 無 ❷「孔」今本 無 ❸「迪」今本「過」 ❹「然」今本「曰然」 ❺「師愈也」定州本「師也隃與」,今本「師愈與」 ❻「也」定州本 同, 今本 無
先-16	....也. 小子〔鳴鼓〕如❶攻之,〔可也〕."(簡14)	❶「如」定州本·今本「而」
先-17·18 合	•柴❶也愚, 〔參〕也魯, 師也〔辟〕, 由也獻.❷ 孔❸子曰: "回也其□□, (簡12) 屢❹空. 賜 不受命,如❺□□焉,〔億〕❻則〔居〕❼中."(簡28)	❶「柴」定州本「桼」, 今本 同 ❷「獻」定州本 同, 今本「喭」 ❸「孔」定州本 同, 今本 無 ❹「屢」定州本「居」, 今本 同 ❺「如」定州本 無(公格)·今本「而」 ❻「億」定州本「意」, 今本 同 ❼「居」定州本 同, 今本「屢」

章次	論語 釋文	異文 注釋
先-19·20 合	•子□□善人之道. 子曰 :"不淺❶迹, 亦不入於室."子曰 :"論 (簡37)篤❷是與, 君子者乎? 色狀❸者乎?」(簡15)	❶「淺」定州本 同, 今本「踐」 ❷「篤」定州本「祝」, 今本 同 ❸「色狀」定州本「亡 狀」, 今本「色莊」
先-21	....聞斯行之. 赤也惑, 敢問." 子曰: "求也退, 故進之; 由也兼人...."(簡3)	定州本·今本 相同
先-22	•子畏於[匡], 顏淵後. □曰:"吾以女爲死矣." 曰:"子在, 回□□死?"(簡13)	定州本·今本 相同
先-23	....□□, □□[與求]□□.❶ [所謂]大□者❷: 以[道]事君, 不[可則](簡5)止. 今由與❸求也, 可謂具臣也.曰❹:"然則從之者與?" 子曰:(簡17)"殺❺父與君, [弗]❻從也."(簡20)	❶「與求□□」定州本「與求○之問」, 今本「與求之問」 ❷「者」定州本 無(空格), 今本 同 ❸「今由與」定州本「曰與」, 今本 同 ❹「也曰」定州本 無(空格), 今本「矣曰」 ❺「殺」定州本 同, 今本「弒」 ❻「弗」定州本 同, 今本「亦不」
先-24	•[季]❶路使子羔爲后❷宰.[子]曰:"[賊]夫人之子." 子路曰 :"[有]民 (簡38)....	❶「季」定州本·今本「子」 ❷「后」今本「費」
先-25	....也."[孔]❶子訊之.❷ "求! 璽❸何如?" 對曰:"方六七十, 如五六十, 求(簡33)也爲之, 比及三年, 可足民也.❹ 如其禮樂, 以俟君子."(簡19) 赤! 璽❺何如? 對曰:"非曰能之也,❻ □□焉. 宗[廟]之事, 如會(簡21)同, 端章父,❼ 願爲小相焉."點! 璽❽何如? 鼓瑟希, 捨璽❾舍瑟(簡18)如❿作. 對曰 :"異乎三子者之[撰]." 子曰: 何傷?⓫ 亦各言其志也."(簡24)曰:"莫春者,春服[既]⓬成. 冠者[五]六人,[童]子六七人,浴乎(簡31)[淺]⓭, 「風乎[舞雩,咏 ⓮而[歸]."孔子⓯喟然曰⓰:"吾與[點]也!"三子者(簡36)[出,曾]晢後.[曾]晢曰: "夫三子者之言何如?"子曰:"亦各⓱其(簡29)志已.⓲" 曰:"吾子⓳何訊 ⓴ 由也?" 子㉑曰:"[爲國]以禮,其言不[讓],是(簡25)....赤也爲之小, 孰㉒爲之大?"(簡32)	❶「孔」定州本·今本「夫」 ❷「訊」定州本·今本「哂」 ❸「璽」定州本 同, 今本 爾 ❹「可足民也」今本「可使足民」 ❺「璽」定州本 同, 今本 爾 ❻「也」定州本 同, 今本 無 ❼「父」定州本·今本「甫」 ❽「璽」定州本 同, 今本 爾 ❾「捨璽」定州本「□璽」, 今本「鏗爾」 ❿「如」定州本·今本「而」 ⓫「傷」定州本 同, 今本「傷」下有「乎」 ⓬「既」定州本「溼」, 今本 同 ⓭「淺」定州本·今本「沂」 ⓮「咏」定州本 同, 今本「詠」 ⓯「孔」定州本·今本「夫」

章次	論語 釋文	異文 注釋
		⓰「喟然曰」定州本「喟然□曰」, 今本「喟然嘆曰」 ⓱「各」今本「各」下有「言」 ⓲「志已」今本「志也已矣」 ⓳「吾」定州本 同, 今本「夫」 ⓴「訊」定州本·今本「哂」 ㉑「子」定州本 同, 今本 無 ㉒「孰」定州本·今本「孰」下有「能」

표 3-2. 平壤簡『論語』釋文對校: 顔淵篇

章次	論語 釋文	異文 注釋
顔-2	•〔中〕❶弓問仁. 子曰: "出門如見大賓, 使民如〔承〕大祭.(簡7)〔所〕❷不欲, 勿施於人.❸ 在邦無怨, 在家無怨."中❹弓曰:"〔雍〕(簡23)….	❶「中」今本「仲」 ❷「所」今本「所」上有「己」 ❸「人」定州本「人」下有「也」, 今本 同 ❹「中」今本「仲」
顔-4	…..憂不懼 曰□□(殘簡9)不〔懼〕, 斯謂之君子已乎❶?" 子曰: "内省不久,❷ 夫何憂 (簡2)….	❶「已」今本「矣」 ❷「久」今本「疚」
顔-5	….〔而〕有〔禮〕, 四海之内, 皆〔兄弟〕也. 君子何患乎無兄弟.❶」(簡26)	❶「弟」今本「弟」下有「也」
顔-8	….乎! 夫子之❶君子也,"〔駟…. (殘簡11)	❶「之」今本「之」下有「說」
顔-9	•哀公問於有若曰: "年饑, 用不足, 如之何?" 有若對(簡9)….	定州本·今本 相同
顔-10	….□□之□欲其死□□…. (殘簡13)	–
顔-14	•子張問正.❶ 子曰: "〔居〕之毋〔券〕,❷ 行❸以中❹」(簡30)	❶「正」今本「政」 ❷「毋券」定州本「勿卷」, 今本「無倦」 ❸「行」定州本·今本「行」下有「之」 ❹「中」定州本·今本「忠」
顔-19	•□□子問❶於孔子曰:"如〔殺無〕道,以就有道, 何如? 孔(簡35)….	❶「問」今本「問」下有「政」
顔-20	….子張對曰:"在邦必聞,在家必聞."子曰:是聞也,〔非達〕也 (簡11)….	今本 相同

※ 凡例

1. 平壤簡『論語』가운데 사진 1의 完簡 39枚, 사진 2의 殘簡 5枚의 釋文

2. 異文 注釋은 平壤簡『論語』와 定州簡『論語』및 傳世本(今本)의 대표라 할 何晏,『論語集解』와 朱熹『論語集注』를 對校하였다. 사용한 텍스트는 다음과 같다.

河北省文物研究所定州漢墓竹簡整理小組, 1997,『定州漢墓竹簡論語』, 文物出版社.

何晏 集解·邢昺 疏, 1980,『論語注疏』(阮元 校刻,『十三經注疏』下冊, 中華書局).

朱熹 集注·成百曉 譯, 1990,『懸吐完譯 論語集註』(서울, 傳統文化研究會).

3. 釋文 章次는『論語集注』의 篇章에 의거하였다.

4. 釋文에 사용한 略號 :

　　□　자획은 있으나 판독이 불가능한 글자.　　　[ ]　명확치 않으나 추정이 가능한 글자.

　　」　章句가 종결된 경우 末字 뒤에 표기.　　　●　章句首字 위 餘白(天頭)에 찍힌 黑圓點

　　○　簡文 사이 墨痕이 없는 空格　　　　　....　簡文殘缺, 字數가 不確定한 경우 표시

2. 異文表記와 平壤簡의 텍스트

1)「異文의 현상」

위의 〈표 3〉은 평양간『論語』와 이에 상응하는 정주간 및 전세본『논어』사이의 異文(字句異同)을 정리한 것이다. 정주간과 전세본 사이의 異文 연구에서도 지적된 것이지만,[47] 평양간 또한 전세본『논어』의 내용과 근본적인 차이가 있는 것은 아니다. 표면상으로는 大同小異하다. 하지만 서로 간에는 字句에서 적지 않은 차이가 나타나는 것을 볼 수 있다. 평양간 簡文 756字 가운데 11.37%에 달하는 86字가 전세본의 字句와 다르다. 異文의 내용별로 정리한 것이 〈표 4-1〉이다.

〈표 4-1〉에서 보는 대로 평양간과 전세본 사이에서는 同音通假字의 비율이 가장 높고, 異體字, 異稱謂, 語助辭, 缺字, 同義通假字 순으로 異文이 발생하고 있음을 볼 수 있다. 정주간과 전세본의 異文에서도 대부분 나타나는 사례라 하겠

---

47) 何永欽, 2007, 앞의 논문; 葉峻榮, 2004, 앞의 논문; 羅琦, 2003,「《論語》異文研究」, 復旦大學 漢語言文字學 碩士學位論文.

표 4-1. 平壤本과 傳世本 『論語』의 異文 內容

異文區分		該當條項
同音通假字	18 (24.0%)	先-7-❸, 先9-❶❷❹, 先12-❶❷, 先17·18合-❷,先19·20合-❶❷, 先23-❻, 先25-❷⓮⓴, 顔2-❶⓮, 顔4-❷, 顔14-⓮
同義通假字	8 (10.66%)	先7-❺, 先15-❸, 先16-❶, 先17·18合-❺, 先23-❺, 先25-❼⓾, 顔14-❷
異體字	10 (13.33%)	先12-❸❻, 先17·18合-❼, 先19·20合-❸, 先25-❸❺❽❾⓬⓭
語助辭	14 (18.66%)	先12-❼, 先9-❺, 先15-❶❺❻, 先23-❷❹, 先25-❻⓫⓰⓲, 顔2-❸, 顔-5❶, 顔-4❶
異稱謂	16 (21.33%)	先-1❶, 先3-❶,先7-❷,先9-❸,先12-❹, 先-14❶❷, 先15-❷ 先17·18合-❸, 先24-❶❷, 先25-⓮⓯⓳㉑
缺字	9 (12.0%)	先7-❶❹, 先15-❹, 先25-⓱㉒, 顔2-❷, 顔-8❶, 顔14-❸, 顔-19❶
計	75條	

다. 특히 同音通假字를 비롯하여 異稱謂, 語助辭의 비중이 64%에 이를 정도로 높게 나타나고 있다. 이는 『논어』의 전승이 口誦에 의하여 傳承, 教育된다는 점, 그리고 抄寫者의 거주지에 따른 漢字 聲調의 차이(方言)에서 나타나는 현상으로 이해되고 있다.[48] 定州簡의 사례에서 지적된 것이지만, 簡本은 借字 비율이 높고, 傳世本은 借字보다는 正字가 월등히 높은 비중을 점한다고 하는데[49] 同音(혹은 近音)通假字의 비중이 높은 平壤簡도 큰 차이가 없다고 생각된다. 이제 〈표 4-1〉의 異文을 좀 더 내용적으로 살펴보기로 한다.

同音通假字는 18곳의 사례가 나타난다. 순서대로 平壤簡-傳世本의 사례를 보면, 材-才, 動-慟, 獻-嗛, 淺-踐, 弗-不, 訊-哂, 咏-詠, 中-仲, 久-疚, 正-政, 中-忠이

---

48) 陳東, 2003a, 앞의 논문, p.11; 何永欽, 2007, 앞의 논문, pp.174-175.

49) 葉峻榮, 2004, 앞의 논문, pp.25-26.

다. 久-疚, 中-忠은 定州簡에서 보이지 않는 通假字이지만, 中-忠은 이미 楚簡의 사례가 산견된 바 있다.[50] 언급하였지만 同音(혹은 近音)通假字는 口誦 『論語』의 특징이자, 抄寫者의 居住地와 時代에 따라 변화되는 것이라 하겠다. 앞서 통가자에 대한 谷中信一의 우려를 소개하였지만, 材-才, 動-働, 久-疚, 正-政, 中-忠 등은 어느 한 편의 簡省字로 볼 수도 있다. 이는 漢代簡帛에 보이는 통가자는 繁體보다 省體의 비중이 높다는 이해와[51] 부합된다.

同義通假字는 8곳의 사례가 보인다. 역시 순서대로 毋-無, 迪-過, 如-而, 殺-弒, 父-甫, 卷-倦 등이다. 이 가운데 毋-無, 父-甫, 卷-倦는 同音(혹은 近音)通假字로 분류할 수도 있고, 卷-倦은 평양간이 簡省字로 보아 잘못이 없다. 3차례 나오는 如-而는 정주간 『논어』와도 차이가 나는 점이 주목되는데, 정주간 『儒家者言』에 이미 산견되는 통가자이다.[52] 동의통가자의 발생 또한 同音通假字와 크게 다르지 않으나, 用字의 차이를 口誦 『論語』나 抄寫過程의 문제로만 이해하기는 어려운 측면이 있다.

異體字로 10곳을 추출하였다. 異體字의 개념은 명확치 않다. 訢-誾, 衍-侃, 居-屢, 璺-爾, 旣-溉, 瀫-沂를 분류자에 따라서는 다른 해석이 가능하다. 旣-溉은 正字-俗字, 衍-侃은 모두 衎의 俗字로 이해하기도 하기 때문이다.[53] 語助辭와 異稱謂는 대부분의 사례는 口誦『논어』의 현상으로 이해해도 좋을 것이다. 다 아는 대로 '子曰'-'孔子曰'의 稱謂는 崔述이래 오랫동안 『논어』의 '上十篇'成書의 早晩論議의 대상이었다. 그러나 定州簡이 출토된 이후 梁濤의 연구[54]에 의해 孔子의 稱謂는 『논어』의 流傳과정에서 생긴 것이지, 『논어』成書의 早晩대상이 될 수 없음

---

50) 白於藍, 2008, 『簡牘帛書通假字字典』, 福州, 福建人民出版社, p.247.

51) 趙平安, 2009, 「秦漢簡帛通假字的文字學研究」『新出簡帛與古文字古文獻研究』, 北京, 商務印書館, p.173.

52) 何永欽, 2007, 앞의 논문, pp.174-175.

53) 葉峻榮, 2004, 앞의 논문, p.30.

54) 梁濤, 2005, 「定縣竹簡《論語》與《論語》的成書問題」『管子學刊』2005-1.

을 분명히 하였다. 이는 '下十篇'의 시작이라 할 先進篇의 내용을 보여주는 평양간의 출토로 더욱 분명해졌다고 보인다.

缺字는 9곳에서 보인다. 그런데 결자는 顏-8의 경우 단순 漏落으로 여겨지지만, 先進-25 「孰㉒爲之大」의 「能」字 탈락은 그 자체 생략되어도 의미전달에 큰 문제가 없다는 점에서 口誦習慣 혹은 簡文의 記載方式에 따른 것으로 여겨진다. 顏-2와 顏-14의 경우도 마찬가지로 해석하고 싶다. 이처럼 평양간의 결자는 단순한 누락으로 보기 어려운 측면이 있다.

앞서 先7-❶❹를 통하여 평양간 『논어』는 한 개의 竹簡에 가능한 章句가 종결되도록 하기 위해서 의미전달에 큰 문제가 없는 경우 字句의 「增奪」 현상이 보인다고 지적하였다. 나아가 같은 형태의 傳本이 후대 전세본에서도 확인된다는 사실도 지적하였다. 先15-❹, 先25-⓱, 顏14-❸, 顏-19❶도 마찬가지 이유로 缺字가 발생했다고 생각된다. 讀者의 편의를 돕기 위해 인위적으로 만들어진 경우가 있다고 생각된다. 이는 8寸의 竹簡에 抄寫한 내용을 册書로 편철한 것은, 이미 본 『論衡』의 「懷持之便」이라는 표현처럼 携帶와 讀書의 편의를 도모한 것이다. 異文 가운데는 流傳過程의 문제가 아니라, 簡册의 讀書 편의에 따라 簡文의 增奪이 적지 않았다고 생각된다.

한편 평양간의 缺字에 대한 追記 문제도 검토 대상이다. 簡3, 4, 24에 字間의 여백 우측에 細字로 결자을 補入하였다. 대부분 簡文의 字數를 맞추기 위해 생략되었을 개연성이 높다. 문제는 다시 추기된 이유라 하겠다. 같은 이유로 생긴 결자에 추기가 없는 경우와 차이를 설명해야 하기 때문이다. 한편 결자는 적지 않은데 반해 현재로서는 誤字가 없다는 것이 이례적으로 여겨진다. 곧 缺字를 포함하여 訛誤字가 유난히 많은 것으로 지적되는[55] 定州簡과는 크게 차이나는 현상이다.

---

55) 何永欽, 2007, 앞의 논문, pp.138-151.

2) 「平壤簡의 계통」

平壤簡 『論語』와 傳世本과의 단순 자구 비교로도 異文의 전체적인 윤곽은 드러나지만, 그 의미를 명확히 하기는 한계가 있다. 異文이라 하여도 비율로 보아 90% 가까이는 동일한 字句이기 때문이다. 그래서 평양간과 정주간 그리고 전세본 사이 모두 해당 문구가 있는 59條의 簡文을 비교해 보고자 한다. 이를 통하여 서로간의 공통점과 차이를 이해할 수 있을 것이다. 〈표 4-2〉는 이를 정리한 것이고, 이 가운데 다시 平壤簡과 定州簡 사이의 異文 37條를 비교한 것이 〈표 4-3〉이다.

〈표 4-2〉를 통해 볼 때, 平壤簡은 定州簡과 동일한 비율이 37.28%인 반면, 傳世本과는 18.64%에 불과하다. 전세본이 평양간보다 앞서 流傳되었을 정주간과 유사한 비율이 높게 나타난다.[56] 한편 평양간과 정주간 그리고 전세본이 어느 한 경우와도 같지 않은 다시 말하여 독자적인 字句의 비중도 11.86%로 나타난다. 전세본 또한 평양간과 정주간과 다른 독자적인 자구의 비중이 37.28%에 달한다.

이로 본다면 평양간과 정주간 모두 외형상 전세본과 大同小異하지만, 전세본의 경우도 다양한 傳本이 복합되었다는 점을 추정케 하는 것이다. 〈표 4-3〉은 平壤簡이 定州簡과 동시기 流傳되었던 텍스트라고 믿기 어려울 정도의 차이를 보여주고 있다. 아래에서 보듯이 異文은 여러 이유로 발생하지만, 평양간과 정주간 사이에는 用字(先16-❶, 先17·18合-❺, 先25-❿), 人名(先24-❶) 및 地名(先25-⓭) 표기에까지 차이가 보여 자료의 계통을 동일하게 보기는 쉽지 않다.

그러나 異文 表記 만으로 평양간과 정주간 『논어』의 텍스트의 系統을 구별하거나, 전세본과의 관계를 단정하기보다는 이문 자체에 대한 검토가 좀 더 진행될 필요가 있다. 이와 관련하여 다음의 사료가 주목된다.

---

56) 이 문제는 훼손된 定州簡의 정리와 석독 과정에서 傳世本을 참고한 것이 영향을 준 것은 아닌지 고려할 부분이다.

「①初元中 立皇太子而博士鄭寬中以尚書 授太子 薦言禹善論語. 詔令禹授太子論語...成帝即位 徵禹·寬中 皆以師...初 禹爲師 以上 難數對已問經 爲論語章句獻之. ②始魯扶卿及夏侯勝·王陽·蕭望之·韋玄成 皆説論語, 篇第或異. 禹先事王陽 後從庸生 采獲所安 最後出而尊貴. 諸儒爲之語曰:"欲爲論, 念張文"由是學者 多從張氏 餘家寖微」(『漢書』卷81, 張禹傳)

위의 사료는 평양간이 流傳되던 전한 원·성제 시기에 篇第가 다른 『논어』가 諸儒에 의해 講說되고 있었고, 成帝 즉위 후 師傅 張禹의 「論語章句」 곧 「張侯論」이 만들어지자, 各異한 諸儒의 『논어』는 점차 소멸(浸微)하였음을 보여주고 있다. 따라서 선제·원제대 유전되던 평양간과 정주간 『논어』 簡文에 보이는 異文은 諸儒의 各異한 『논어』가 공유되던 시대적 상황에서 이해할 수 있다는 것이다.[57]

그러나 異文을 통해 「傳世之異」를 논할 수 있을지언정, 텍스트의 계통을 밝히기는 쉽지 않다. 정주간의 오랜 텍스트 계통 논쟁은[58] 뒤로 하고라도 현재 공개된 釋文에는 두 가지 한계가 있기 때문이다.

하나는 제시된 釋文 가운데 〔 〕 내의 簡文은 1976년 7월 唐山大地震으로 原簡이 훼손되거나,[59] 1980년 이후 재정리과정에서 傳世本에 따라 추정한 부분도 있다는 점이다.[60] 둘째는 정주간의 전체 글자 수 7,576자 가운데의 10%에 해당

---

57) 윤용구, 2012, 앞의 논문, pp.200-201.

58) 王澤强, 2011, 「中山王墓出土的漢簡《論語》新論」『孔子研究』 2011年 第4期; 趙瑩瑩, 2011, 「定州漢墓竹簡〈論語〉研究綜述」『華北水利水電學院學報』(社科版) 第27卷 第1期; 孔德琴, 2009, 「定州漢墓竹簡《論語)的用字问题」『湖北第二師範學院學報』 第26卷 第5期.

59) 河北省文物研究所定州竹簡整理小組, 1997, 앞의 책, p.8; 何永欽, 2007, 앞의 논문, pp.30-31, pp.95-98.

60) 何永欽, 2007, 앞의 논문, p.115.

하는 700여 곳에서 通假字를 비롯한 여러 異文과 특히 상당수의 誤字도 확인된다는 사실이다.[61]

후자의 문제와 관련하여 최근 王剛의 조사와 같이 정주간의 '一字多用' 현상도 주목 거리다. 같은 발음의 형태가 다른 여러 자가 2~3자에서 심지어는 5字까지 확인된다는 점이다.[62] 定州簡을 對校 자료로 사용하여 異文의 빈도를 추출하고 이를 해석의 토대로 삼는 것은 연구의 신뢰도를 담보하기 어렵다는 점을 보여주고 있다.

2009년 평양간 『논어』 죽간이 공개와 2016년 海昏侯墓에서도 다량의 죽간 『논어』가 출토되고, 중국 서북에서도 한대의 『논어』 자료가 늘어나고 있다.[63] 이에 따라 정주간 『논어』 발견 이후 『논어』 三論(「古論」, 「魯論」, 「齊論」)이라는 정형화된 텍스트 계통론을 벗어나, 출토된 자료에 대한 치밀한 분석을 중시하려는 것이 최근 『논어』 텍스트 연구의 흐름이다.[64]

특히 定州簡을 소장하고 있는 河北省文物考古研究院이 2021년 7월부터 향후 5년간 15,000매에 달하는 定州漢簡에 대한 정리·복원 작업을 시작하였고,[65] 여기에 「선진편」을 포함한 500여 매에 달하는 海昏簡 『논어』의 정리와 공개가 이루어진다면, 평양간을 비롯한 전한 중·후기 『논어』의 생산과 결집 과정에 새로

---

61) 河北省文物研究所定州竹簡整理小組, 1997, 앞의 책, pp.1-2.

62) 王剛, 2017, 앞의 논문, pp.18-19, '一字多用'統計表.

63) 尹在碩, 2011 앞의 논문, pp.7-11, 〈표 1〉한중일 출토 논어자료 현황; 김경호, 2018, 「전한시기 논어의 전파와 그 내용」『역사와 현실』 107, 한국역사연구회, pp.495-516.

64) 陳侃理, 2021, 「海昏漢簡《论语》初讀」『木簡과 文字』 26, 한국목간학회; 戸內俊介, 2020, 「海昏侯墓出土木牘《論語》初探」『出土文獻研究』 24, 中國出土資料學會; 王剛, 2018, 「南昌海昏侯墓《論語》文本及相關問題初探」『中國經學』 第二十五輯.

65) 「出土近半个世紀, 海內外翹首以待: 1.5万枚"定县汉简"修复保护启动」(2021.7.25. 게시, 2021.12.26. 열람)
https://www.sohu.com/a/477665660_562249

운 이해가 이루어질 것으로 기대된다.

IV. 맺음말

최근 평양간에 이어 해혼간이 출토된 이후 전한 후기 『논어』의 결집과정과 이후 傳世되어 今本의 祖本으로 이어지는 과정에 대한 논의가 다양하게 전개되고 있다. 종전과 같이 避諱 여부나 今本과의 字句 對校를 통해 抄寫時期에 대한 구명이나, 『論語』三論(「古論」, 「魯論」, 「齊論」) 어느 하나에 연결시키는 시도는 이루어지지 않고 있다.

이미 漢代에 避諱-非避諱 문헌이 竝存하고 있고, 후대로 갈수록 避諱는 엄격하게 지켜지지 않았기 때문이다. 또한 『論語』三論의 규정 또한 후한대 이후의 인식이어서 전한 중·후기 결집 과정의 텍스트(文本)를 선입견 없이 이해하는데 장애가 되고 있다는 것이 새로운 추세라 하겠다.

본고에서 확인한 대로 平壤簡은 傳世本이나 定州簡 『論語』와 한 마디로는 '大同小異'라고 할 수 있다. 하지만 그 내용을 보면 간단치 않다. 전세본이 전한대 古本과 다른 독자적인 자구의 비중도 적지 않다. 최근 발견된 海昏簡은 공개된 자료만으로도 정주본이나 평양본과 차이가 확인되고 있다. 定州簡과 平壤簡은 텍스트의 계통을 같이 볼 수 없는 인명이나 지명의 차이, 用字에 있어서 명백한 異文이 존재한다.

요컨대 전한 중·후기 존재하던 평양간·정주간·해혼간 사이에도 일률적인 계통을 찾기 어렵다는 점이다. 출토된 죽간 자료를 문헌상의 『論語』三論이나 이의 祖本으로 여겨지는 『張侯論』과 연결시키는 것도 어려운 실정이다. 따라서 후대의 문헌 기록이 아닌 늘어나는동 시기 출토자료에 대한 분석에 의거하여 해명할 수 있다는 설명이다.

平壤簡은 先進篇·顏淵篇에 한정되고 확인할 수 있는 내용도 제한적이지만,

首尾가 完整한 完簡이 定州本보다 많고, 파손이 심한 海昏簡과의 비교에서도 여전히 높은 자료적 가치를 지니고 있다. 定州本의 복원과 再釋讀이 최근 진행되고 있고, 500여 매에 달하는 海昏簡『논어』가 공개된다면, 전한 중·후기 『論語』의 작성과 텍스트에 대한 보다 진전된 이해가 가능할 전망이다.

참고문헌

1. 자료

江西省文物考古研究院·北京大学出土文献研究所·荆州文物保护中心, 2018, 「江西南昌西汉海昏侯刘贺墓出土简牍」 『文物』 2018-11

北京大學儒藏編纂中心, 2004, 『定州漢墓竹簡論語·正平版論語集解』, 北京大學儒藏編纂中心

河北省文物研究所定州竹簡整理小組, 1997, 『定州漢墓竹簡論語』, 文物出版社

河北省文物研究所定州竹簡整理小組, 1997, 「定州西漢懷王墓竹簡 《論語》 釋文選」 『文物』 1997-5

何晏 集解·邢昺 疏, 1980, 『論語注疏』(阮元 校刻, 『十三經注疏』 下冊, 北京, 中華書局)

2. 논저

陳侃理, 2021, 「海昏漢簡 《论语》 初讀」 『木簡과 文字』 26, 한국목간학회

陳侃理, 2020, 「海昏竹書 《論語》 初論」 『海昏簡牘初論』, 北京大學出版社

戶內俊介, 2020, 「海昏侯墓出土木牘 《論語》 初探」 『出土文獻研究』 24, 中國出土資料學會

陳炫瑋, 2019, 「平壤貞柏洞漢簡 《論語·先進》 訊之探究 – 兼論貞柏洞漢簡 《論語》 的性質」 『輔仁國文學報』 49, 輔仁大學中國文學系

김경호, 2018, 「전한시기 논어의 전파와 그 내용」 『역사와 현실』 107, 한국역사연구회

田旭东, 2018, 「浅议 《论语》 在西汉的流传及其地位」 『秦汉研究』 12

王剛, 2018, 「南昌海昏侯墓 《論語》 文本及相關問題初探」 『中國經學』 第二十五輯

Paul van Els, 2018, "Confucius's Sayings Entombed: On Two Han Dynasty Bamboo Lunyu Manuscripts" *Confucius and the Analects Revisited*,

Princeton University

김경호, 2017, 「전한 海昏侯 劉賀의 묘와 《論語》竹簡」 『史林』 60, 수선사학회

王剛, 2017, 「新见海昏《论语》简试释」 江右史學網站 https://www.sohu.com/a/152761611_617755

王剛, 2017, 「定州简本《论语》"一字多形"与文本生成问题探论」 『地方文化研究』 26

王剛, 2017, 「从定州简本避讳问题看汉代《论语》的文本状况:兼谈海昏侯墓《论语》简的价值」 『许昌学院学报』 36-3

李成市, 2015, 「平壤樂浪地區出土《論語》竹簡の歷史的性格」 『國立歷史民俗博物館研究報告』 194

張光裕, 2014, 「從簡牘材料談《論語・先進》篇"哂"字之釋讀」 『历史语言学研究』 2014年1期, 中国社会科学院语言研究所

魏宜輝, 2014, 「漢簡《論語》校讀札記 :以定州簡與朝鮮平壤簡《論語》爲中心」 『域外汉籍研究集刊』 10, 中华书局

單承彬, 2014, 「平壤出土西漢竹簡論語校勘記」 『文獻』 2014年 4期

渡邊義浩, 2014, 「定州《論語》と《齊論》」 『東方學』 128, 東方學會

夏德靠, 2014, 「《论语》文本的生成及其早期流布形态」 『四川师范大学学报(社会科学版)』 41-1

胡鸣, 2014, 「《张侯论》源流考辨」 『哈尔滨师范大学社会科学学报』 21

윤용구, 2012, 「평양 출토《논어》죽간의 기재방식과 異文表記」 『地下의 논어, 紙上의 논어』, 성균관대학교출판부

胡平生, 2012, 「平壤貞柏洞《論語》簡"孔子讯之"释」 『胡平生简牍文物论稿』, 中西书局

郝树声, 2012, 「从西北汉简和朝鲜半岛出土《论语》简看汉代儒家文化的流布」 『燉煌研究』 133

胡平生, 2012, 「平壤貞柏洞《論語》簡"孔子訊之"釋」 『胡平生簡牘文物論稿』, 中西書局

湯淺邦弘, 2012, 「漢代における論語の伝播」 『国語教育論叢』 21, 鳥根大学教育

学部国文学会

李成市, 2011, 「권두언: 平壤出土《論語》竹簡の消息」『史滴』 33, 早稻田大學文學部

王澤强, 2011, 「中山王墓出土的漢簡《論語》新論」『孔子研究』 2011年 第4期

尹在碩, 2011, 「한국·중국·일본 출토 論語木簡의 비교연구」『東洋史學研究』 114, 東洋史學會

李成市·尹龍九·金慶浩, 2011, 「平壤貞柏洞364號墓出土竹簡《論語》」『出土文獻研究』 10, 中華書局

남영주, 2010, 「漢代 琅邪郡의 儒學 전통과 王吉의 역할」『인문과학연구』 29, 성신여자대학교 인문과학연구소

李成市·尹龍九·金慶浩, 2009, 「平壤 貞柏洞364號墳출토 竹簡《論語》에 대하여」『木簡과 文字』 4, 韓國木簡學會

趙平安, 2009, 「秦漢簡帛通假字的文字學研究」『新出簡帛與古文字古文獻研究』, 北京, 商務印書館

曹銀晶, 2009, 「談《論語》句末語氣詞"也已矣"早期的面貌」簡帛網 http://www.bsm.org.cn(2009.6.9)

唐明貴, 2007, 「定州漢墓竹簡《論語》研究概述」『古籍整理研究學刊』 2007年2期

金秉駿, 2006, 「秦漢時代 儒學의 흥성과 齊魯文化의 성립」『아시아문화』 23, 한림대학교 아시아문화연구소

唐明貴, 2006, 「《古論》,《齊論》與《魯論》考述」『陰山學刊』 19卷1期

李若暉, 2006, 「定州《論語》分章考」, 『齊魯學刊』 2006年 第2期

李 慶, 2005, 「關於定州漢墓竹簡《論語》的幾個問題—《論語》的文獻學探討」『中國典籍與文化論叢』 第8輯, 中華書局

趙 晶, 2005, 「淺析定州漢簡本《論語》的文獻價值」『浙江社會科學』 2005-3

梁 濤, 2005, 「定縣竹簡《論語》與《論語》的成書問題」『管子學刊』 2005-1

葉峻榮, 2004, 「定州漢墓簡本《論語》與傳世《論語》異文研究」『中國出土資料研究』 8, 中國出土資料學會

陳　東, 2003a, 「關于定州漢墓竹簡論語的幾个問題」『孔子研究』2003-2

陳　東, 2003b, 「歷代學者關於《齊論語》的探討」『齊魯學刊』2003年 第2期

單承彬, 2002, 「定州漢墓竹簡《論語》考述」『論語源流考述』, 吉林人民出版社; 豆丁
　　　網 http://www.docin.com/p-5505032.html

張光裕, 2002, 「讀定州漢墓竹簡《論語》通假字札記」『龍宇純先生七秩晉五壽慶論文
　　　集』, 台北, 學生書局

高橋均, 2001, 「定州漢墓竹簡《論語》試探(三)」『中国文化:研究と教育』59, 中国文
　　　化学会

孫欽善, 1999, 「《論語》的成書流傳和整理」『北京大學古文獻研究所集刊』1, 北京燕
　　　山出版社

王　素, 1998, 「河北定州出土西漢簡本〈論語〉性質新探」『簡帛研究』3, 廣州教育出
　　　版社

劉來成, 1997, 「定州漢墓簡本〈論語〉介紹」(河北省文物研究所定州竹簡整理小組, 『定
　　　州漢墓竹簡論語』, 文物出版社)

郭　沂, 1990, 「論語源流再考察」『孔子研究』1990年 4期

定縣漢墓竹簡整理組, 1981, 「定縣40號漢墓出土竹簡簡介」『文物』1981年 8期

제5장

투루판문서 중 『論語』 白文本
-漢末魏晉南北朝 시기 『論語』의 연구 및 그 전파-

戴衛紅

I. 서론

淸末 이래로 돈황과 투루판 지역에서는 唐代 사본인 『論語鄭氏注』, 『論語集解』, 『論語義疏』, 『論語音義』 등의 『論語』 注本이 출토되었다.[1] 1990년대 이후 투

---

[1] 돈황 지역에서 출토된 『論語』의 관련 사본 자료는 다음의 것들을 포괄한다. 1) 唐 『論語鄭氏注』, 스타인문서 S.3339호, S.6121호와 S.7003B호의 3건, 펠리오문서 P.2510호 1건, 書道博物館藏 돈황 사본 1건. 2009년 杏雨書屋이 공포한 敦煌祕笈 중 편호가 "羽014の一"으로 되어 있는 것은 15행이 남아 있는데 하단 및 좌측에 잔결이 있는 『論語·雍也』의 잔권이다. 문서의 우상단에는 "敦煌石室祕笈", "木齋眞賞"이라는 두 印이 찍혀 있다. 經文은 큰 글자로 되어 있고, 兩行의 협주가 있는데 해서·행서의 두 서체로 서사되었다. 經文의 첫 글자는 "子"이며 그 위에는 붉은색 점이 찍혀 있다. 影片冊 저록에 쓰인 종이는 黃麻紙로서, 12.5~13.5×25㎝이며, 撰者는 분명하지 않다. 注文은 包咸, 孔安國注와 비슷한

루판에서는 또다시 『論語』鄭玄注本 및 白文本 잔권이 발견되었는데, 李盛鐸이 보관하다가 후에 日本 杏雨書屋으로 옮겨져 敦煌祕笈 중 세 편의 『論語』注 사본이 출간되면서 세상에 알려졌다.[2] 더욱 놀라운 소식은 2020년 9월 일본에서 皇

데, 『論語集解』, 『論語集注』와 완전히 일치하지는 않는다. 王天然은 문자의 특징에 따라 "羽014の一" 사본, S.6121호, S.11910호, BD09954호, 上博24(24579)호 사본에 대해 綴合을 진행하여, 상술한 다섯 편의 잔권은 사실 한 권에서 분할된 것이고, 그 내용은 『論語鄭氏注』雍也篇라는 결론을 얻었다(王天然, 2012, 「讀杏雨書屋所藏八件經部敦煌寫本小識」, 경북대학교 아시아연구소 『아시아연구』 제16집, 2012년 2月 참고). 2) 돈황 지역에서 출토된 唐 『論語集解』는 모두 60件으로, 스타인문서 15건, 펠리오문서 40건, 羅振玉 소장 돈황 사본 2件, 구소련 레닌그라드 아시아인민연구소 소장본 2건, 영국도서관 소장 돈황 刻本 1건이다. 그중 P.3271호 사본의 의미가 큰데, 해당 사본은 모두 35행이 있으며, 앞 12행 상반부는 모두 잔결이 있고, 제13행의 상반부 역시 불완전하다. 『論語·鄉黨』 "足躎躎如有循"부터 篇末까지 기록되어 있다. "사본 經文은 單行의 큰 글자로 쓰이고, 注文은 兩行의 작은 글자로 쓰이는 격식은 『集解』기타 사본 및 傳本과 같다. 다른 것은 注文의 내용이 『集解』보다 훨씬 많아서 대략 9군데의 注文이 많다." 이 9조 注文 중에서, 6조는 皇侃 『論語義疏』에 인용된 江熙, 範寧, 欒肇, 繆協注와 같은 것이고, 나머지 3조는 출처를 알 수 없다(李方, 1998, 『敦煌〈論語集解〉校證』, 江蘇古籍出版社, 참조). 2009년 杏雨書屋이 공포한 敦煌祕笈 중 편호가 "羽014の二"로 되어 있는 것은 10행이 남아 있으며, 네 변에 모두 잔결이 있다. 중간 부분에는 "敦煌石室祕笈", "木齋真賞"의 두 印이 찍혀 있다. 經文은 큰 글자로 되어 있고, 兩行의 夾注가 있으며, 행서체로 초록되었다. 卷子의 첫 행 문자는 모두 우측 부분이 빠져 있고 종이를 꿰매어 병합한 흔적이 있다. 影片冊 저록에 사용된 종이는 갈색의 거친 종이로 11~18.6×22.6㎝이다. 寫本은 『論語集解』子罕篇의 관련 내용과 대체로 일치한다. 3) 唐寫本 皇侃 『論語義疏』(講經本) 寫本 잔권 1건, 즉 펠리오 3573호에 學而·為政·八佾·裏仁 4편이 있는데, 學而의 "學而時習之"장은 약간 잔결이 있고, 裏仁은 단지 "事父母幾諫"장만 남아 있다. 모두 649행으로 16,000여 자이다. 寫本 권말에 비록 後梁 貞明九年(923)의 공문서가 싸여져 있지만, 後梁 龍德의 연호도 있다. 그러나 卷內 문자는 唐을 피휘하고 있어 唐나라 사람의 사본임을 알 수 있다. 4) 돈황 지역에서 출토된 白本 論語 사본은 俄藏Ⅱx.2144, 스타인 문서 3건, S.966, S.5756, S.6023; 펠리오 문서 2건, P.2548, P.3783을 포괄한다.

2) 榮新江·李肖·孟憲實, 2008, 『新獲吐魯番出土文獻』, 中華書局; 杏雨書屋藏, 2009, 『敦煌祕笈影片冊一』, 武田科學振興財團. 관련 연구로는 다음의 것들을 참고할 수 있다. 朱玉麟, 2007, 「吐魯番新出論語古注與孝經義寫本研究」 『敦煌吐魯番研究 第10卷』; 王素, 2007,

侃의『論語義疏』古本이 발견된 것으로, 이 古本은 南北朝時期 梁朝의 학자 皇侃
이 저술한『論語義疏』의 제5권으로 20장의 古종이가 높이 27.3㎝의 卷子에 함께
붙어 있었다. 이 古本은 慶應藝塾大學이 2017년 고서점에서 구입한 후 文獻學과
中國文學 영역의 전문가들로 팀을 구성하여 2018년부터 그에 대한 고증을 진행
하여 그 문자 서사 形制가 南北朝末期부터 隋朝에 속할 가능성이 극히 높음을 확
인하였다. 연구팀은 출토문물을 제외하고 이것이 지금까지 나온『論語』관련 필
사본 중 가장 오래된 것으로 보고 있다. 2020년 10월 7일부터 13일까지 東京 丸
善書店 丸之內總店에서 거행된 慶應藝塾圖書館 古籍善本 전시회 상에서 이 王(皇)
侃의『論語疏』古本이 전시되었다.[3]

구미, 일본 및 중국의 학자들은 돈황, 투루판에서 출토된『論語』종이 注本에
대해 깊이 있는 전면적 검토를 진행하였다.[4]『論語』종이 白文本 은 출토된 자료

「吐魯番新出闞氏高昌王國〈論語鄭氏注〉寫本補説」『文物』2007年第11期; 王天然, 2012,
「讀杏雨書屋所藏八件經部敦煌寫本小識」『아시아연구』16, 경북대 아시아연구소; 許建平,
2013,「杏雨書屋藏〈論語〉殘片三種校錄及研究」『從鈔本到刻本:中日〈論語〉文獻研究』, 北京
大學出版社; 許建平, 2016,『敦煌經學文獻論稿』, 浙江大學出版社, pp.348-369; 夏國強,
2016,「日本杏雨書屋刊佈李盛鐸舊藏敦煌寫本〈論語〉殘卷敍論」『孔子研究』2016年 第2期,
pp.46-51.

3) 慶應義塾大學圖書館, 2020,「慶應義塾大學三田미디어센터(慶應義塾図書館)이『論語』의
傳世 最古 寫本을 공개」; 朝日新聞「最古級의「論語」사본을 발견, 중국에서도 소실된 것
이 고서점에서」(2020.9.26.) https://www.asahi.com/articles/photo/
AS20200926001456.html.

4) 연구 概述은 唐明貴, 2006,「敦煌及吐魯番唐寫本〈論語〉注本研究概述」『古籍整理研究學
刊』2006年第1期를 참고할 수 있다. 연구 성과는 다음을 참고할 수 있다. 羅振玉, 1917,
「〈論語〉鄭注〈述而〉至〈鄕黨〉殘卷跋」『雪堂校勘群書敍錄』, 上虞羅氏貽安堂凝淸室刊本(이후
羅振玉, 2004,『浙江與敦煌學: 常書鴻先生誕辰一百周年紀念文集』, 浙江古籍出版社,
pp.170~172 수록); 王國維,「書〈論語鄭氏注〉殘卷跋」『觀堂集林』卷四; 王重民,「『〈論語〉
鄭注〈八佾篇〉敍錄』『敦煌古籍敍錄』; 陳鐵凡, 1960,「敦煌〈論語〉鄭注三本疏證」『大陸雜誌』
20卷10期; 陳鐵凡, 1961,「敦煌本〈論語〉異文匯考」『孔孟學報』1961第1期; 王素, 1984,
「敦煌文書中的第四件〈論語鄭氏注〉」『文物』1984年 第9期; 王素, 1972,「唐寫本論語鄭氏

가 상대적으로 적고, 연구 성과도 비교적 분산되어 있다.[5] 본 논문은 선학들의 연구 기초 위에서 투루판 출토 『論語』 白文本, 특히 학자들의 관심이 비교적 적은 신출토 투루판 2006TSYIM4:5-1背面, 2006TSYIM4:5-2背面 古사본 『論語』 公冶長·雍也篇의 내용, 서사의 특징을 총결하고 漢末부터 魏晉南北朝, 隋唐學者의 『論語』 注, 疏 및 연구의 맥락을 정리하는 한편, 漢末~魏晉南北朝 『論語』 注疏의 西北지역, 백제, 倭國으로의 流傳을 함께 검토하고자 한다.

II. 투루판 출토 『論語』 白文本

1. 투루판 아스타나 169호묘 출토 『論語』 白文 사본

투루판에서 출토된 『論語』의 유형으로는 唐 寫本 『論語鄭氏注』, 『論語集解』[6]

注說明」 『文物』 1972年第2期; 中國科學院考古研究所資料室, 1972, 「唐景龍四年寫本論語鄭氏注校勘記」 『考古』 1972年 第2期; 王素, 1991, 『唐寫本論語鄭氏注及其研究』, 文物出版社; 華喆, 2012, 「鄭玄禮學的延伸―敦煌吐魯番出土寫本〈論語鄭氏註〉研究」 『西域研究』 2012年 第3期, pp.96-106; 林驄宇, 2019, 「敦煌, 吐魯番〈論語〉鄭注殘卷版本考―文化特殊性視角下的考察」 『歷史文獻研究』 2019年第1期, pp.121-138. 일본학자들의 관련 연구 성과로는 다음과 같은 것들이 있다. 宮崎市定, 1976, 『論語の新研究』, 岩波書店; 金穀治, 1978, 『唐抄本鄭氏注論語集成』, 平凡社; 尾崎雄二郎, 1959, 「關於敦煌寫本〈論語鄭氏注〉和何晏〈論語集解〉所保存諸注與所謂孔安國注的關係」 『人文』 第6期, 京都大學教養部; 熊穀尚夫, 1970, 「敦煌出土孔氏本鄭注論語的研究」 『橫濱國立大學人文紀要』 16期; 熊穀尚夫, 1979, 「蔔寫本論語鄭注考」 『加賀博士退官紀念中國文史哲學論集』; 月洞讓, 1973, 「關於〈論語鄭氏注〉」 『漢文教室』 106; 藤塚鄰 著, 童嶺 譯, 2013, 「皇侃〈論語義疏〉及其日本刻本對清朝經學的影響」 『從鈔本到刻本―中日〈論語〉文獻研究』, 北京大學出版社.

5) 돈황 지역에서 출토된 白文 『論語』의 관련 사본 연구 성과는 다음을 참고할 수 있다. 韓鋒, 2006, 「幾件敦煌寫本〈論語〉白文殘卷綴合研究」 『敦煌學輯刊』 2006.

6) (1) 1990년대 이전 발견 출토, 간행된 『論語』 사본 자료: 1. 唐 寫本 『論語集解』 3건, 즉 일

및 白文本이 있다.

　白文本『論語』는[7), 아스타나 169호묘 출토 1건이 있다. 아스타나 169호묘 출토 유물에 관해, "본 묘는 남녀 합장묘로서 고창국 建昌4年(558)의 張遁 墓表, 建昌4年 張孝章 隨葬衣物疏, 延昌16年 信女 某甲의 隨葬衣物疏가 나왔다. 남자 시신

본 靜嘉堂文庫 소장 투루판 사본 1건, 투루판 아스타나 67호묘 사본 2건. 아스타나 67호묘의 편호는 67TAM67:14/1(a), 14/2(a). 14/3(a), 14/4(a)이며, 잔편은 2점이 있는데, 한 편은 雍也이고 한 편은 先進이다. 衣物疏와 紀年文書는 없으며, 문서 중에는 武周時期의 新字가 있다.2. 唐 寫本『論語鄭氏注』, 일본 龍穀大學 소장 투루판 사본 1건, 아스타나 19호묘, 27호묘, 85호묘, 363호묘, 184호묘 출토 唐 寫本 鄭玄『論語注』殘卷, 투루판 唐 寫本『論語鄭氏注』를 분별하면 다음과 같다; 1) 아스타나 19호묘에서 출토된 편호 64TAM19:32a, 54a, 55a, 33, 56, 57, 34, 58, 59호사본,『論語鄭氏注』公冶長 대략 永徽 2年(651年)부터 上元2年(675年)까지; 2) 아스타나 184호묘에서 출토된 편호 72TAM184:12/1(b)-6(b)의 唐 사본『論語』鄭氏注』雍也·述而 잔권; 3) 아스타나 27호묘에서 출토된 편호 64TAM27:28(a),29(a),30(a),31/1(a),31/2(a),32(a) 18/7(a),18/8(a),33(a),34,35의 唐 景龍2年(708) 사본『論語鄭氏注』雍也·述而·泰伯·子罕·鄉黨 잔권; 4) 아스타나 27호묘에서 출토된 편호 64TAM27:18/1, 18/2, 18/3, 18/4, 18/5, 18/6, 18/9(a)/18/10(a)의 唐 開元4年(716)『論語鄭氏注』雍也·述而·泰伯·子罕·鄉黨 잔권; 5) 아스타나27호묘에서 출토된 편64TAM27:36(b), 37(b);38(b), 39(b)의 唐 寫本『論語鄭氏注』雍也·述而 잔권; 6) 아스타나 27호묘에서 출토된 편호 64TAM27:21,22의 唐 사본『論語鄭氏注』雍也 잔권; 7) 아스타나 27호묘에서 출토된 唐 사본『論語鄭氏注』對策 잔권; 8) 아스타나 85호묘에서 출토된 唐 사본『論語鄭氏注』; 9) 아스타나 363호묘에서 출토된 TAM27:363/1의 唐 사본『論語鄭氏注』, 景龍4年(710年) 蔔天壽가 초사한 孔氏本 鄭氏注, 為政·八佾·裏仁·公冶長 일부만 있음. (2) 1990년대 이후 출토된『論語』사본 자료: 1997년 투루판지구 文物局이 鄯善縣 경내 洋海1號張祖墓 (97TSYM1)에서 긴급 구제 발굴 및 정리를 진행하여 출토한 투루판 闞氏王國(460-488) 『論語』사본.

7) 樓蘭지역에서 출토된 白文 論語 사본 1件. 그중 누란문서 편호는 L.A.IV.v.029—馬紙192, 내용은 "子曰學而(正面)醜醜荀子曰梭□□□(背面)"이다. 侯燦의 주석: "이 문서 正面은 古籍 抄本『論語』學而 제1장 첫 구의 전반부이며, 뒷면은 구절이 아니라 습자 서사로 보인다."라고 하였다. 侯燦·楊代欣 編著, 1999,『樓蘭漢文簡紙文書集成』, 天地出版社, p.351.

이 먼저 매장되었는데, 그 종이 모자가 뜯어지며 82호 문서가 나왔다. 본 묘의 기년 문서는 建昌4年부터 延昌16年(576)까지 있다."라고 하였다. 이 문서는 편호 72TAM169:83의 高昌『論語』습서로서, 墨書의 紙質문서로 모두 2행의 문자가 있으며, 행마다 9~10자가 쓰여 있다. "원래의 『孝經』잔권 뒷면 잘린 곳에 들어가는 작은 조각이 있으며, 그 시대는 본 묘 五『孝經』의 연대와 대체로 같은데, 그 하한은 아무리 늦어도 고창국 建昌4年(558)보다 늦지 않다."[8] 王素 선생은 이 『論語』잔본을 소개하며, "원래 建昌4年 2月9日 전 『孝經』잔권의 뒷면이 끊어진 곳에 있던 것으로 그 시간은 『孝經』잔권에 상당한다"고 하였다.

같은 묘에서는 또한 『論語』, 『孝經』의 書名이 출토되었는데, 紙質문서로 모두 1행의 4字가 쓰여 있고, 편호는 72TAM169:84이다. 王素 선생은 "같은 묘에서 출토된 建昌4年 2월9일 前의 『孝經』잔권과 『論語』습서"로, 본 건은 두 책의 書名으로 시간은 마땅히 이들에 상당한다고 인식하였다. 72TAM169:83의 高昌 『論語』습서의 내용은 다음과 같이 석독할 수 있다.

子曰學而時習之, 不亦悅乎,
友用(有朋)自遠方來不亦.[9]

이 중의 "悅"자는 扶餘 雙北裏 56번지 출토 百濟『論語』四面觚 중에서도 "悅"로 쓰여진 것이 보이며, 兵庫縣 朝來郡 山東町 柴字方穀柴 유적에서 출토된 『論語』목간 중에도 "悅"로 쓰인 것이 보인다.[10] 일본 宮內廳書陵部圖書寮文庫 소장

---

8) 도판 내원은 『吐魯番出土文書 圖版本(壹)』, 文物出版社, 1992年, p.236 참조.
9) 『吐魯番出土文書 第2冊』, 文物出版社, 1985, p.279. 도판은 『(圖文版) 吐魯番出土文書 (壹)』, 文物出版社, 1992, p.136 참조.
10) 자료 정보는 奈良文化財研究所 木簡庫: https://mokkanko.nabunken.go.jp/ja/ MK023060000003 참조. 이 『論語』목간은 길이 10, 폭 2.4, 두께 0.7㎝의 크기로 습서 간이며, "悅乎 有朋自 子乎 有子"라고 쓰여 있다.

南宋刊 『論語注疏』에는 "[說]"로 되어 있고,[11] 今本 十三經注疏本에도 "說"로 되어 있다.

"友"字의 경우, 돈황, 투루판 출토의 『論語鄭氏註』 중에는 學而篇이 발견되지 않았지만, 돈황에서 출토된 『論語集解』 중에는 모두 9개 사본의 學而篇이 발견되었는데, 그중 P.3193호에서는 "學而時習之, 不亦悅乎? 有朋自遠方來, 不亦樂乎?"라고 되어 있고, 十三經注疏本에도 "有"로 되어 있다. 부여 雙北裏 56번지 출토 百濟 『論語』 四面觚와 日本 石神遺跡 『論語』 습서목간, 柴遺跡 『論語』 습서목간에 모두 "有"로 되어 있어 이곳 습서 중에서의 "友"자는 아마도 서사자의 形音 오류로 보인다.[12]

이른바 "用"字에 대해, 張艷奎는 위에 인용한 글 중에서 "朋"字로 인식하였는데, 단지 학생들이 본문을 모사할 때 대충 모양만 모방한 것으로, 지식능력의 제한으로 인해 서사한 글자가 규범적이지 못해 알아보기 힘든 것이라고 하였다.[13] 우리는 현재의 자료에 근거할 때 이런 습서가 학생들의 작품인지 추정하기는 어렵다. 게다가 "𦝣"字는 아마도 "朋"의 俗寫體 중 일종으로 보인다. 돈황문헌 중에서, "朋" 또한 "𦝣"로 쓰인 용례가 있는데, 예를 들면 『敦煌俗字典』에 인용된

---

11) 日本宮內廳書陵部圖書寮文庫藏: http://db.sido.keio.ac.jp/kanseki/T_bib_frame.php?id=006663 참조.

12) 朱玉麟은 일찍이 12세의 西州 學生 葛天壽가 孔氏本 鄭氏注 『論語』의 초사를 완성한 후 남은 공백부분에 '寫書今日了'라는 五言詩를 썼는데, 그중의 "嫌遲"을 "醶池"로 잘못 썼고, "단지 당연한 개조라고 생각해 자신의 학식에 근거하여 문자의 形音 오류를 조성하였다"고 지적하였다(朱玉麟, 2010, 「中古時期吐魯番地區漢文文學的傳播與接受─以吐魯番出土文書為中心」 『中國社會科學』 2010年 第6期 참조); 張艷奎는 서사자가 이곳에 "友"자를 쓴 것은 別字가 아니라, 어법의 요구나 문장의 의미에 부합하는 것이라고 주장하였다(張艷奎, 2014, 「吐魯番出土72TAM169:83號〈論語〉習書初探」 『吐魯番學研究』 2014年 第2期 참조).

13) 張艷奎, 2014, 「吐魯番出土72TAM169:83號〈論語〉習書初探」 『吐魯番學研究』 2014年 第2期.

P.3873 중 "韓**用**已死, 何更再言! 唯願大王有恩, 以禮葬之, 可不得利後[人]?", "韓**用**賦一首", S.527 顯德六年正月三日女人社再立條件: "父母生其身, **用**友長其值" 등을 들 수 있다.[14] 이런 것들은 응당 서사자가 서사 과정 중 "朋" 중간 부분 두 획을 중첩시키거나 생략함으로서 만들어진 俗體字일 것이다.

아스타나 169호묘 출토 『論語』 白文本는 비록 19개 문자로 되어 있지만, 글자의 작성 방법에서 시대의 특징과 당시 사회의 글 쓰는 풍습을 찾아낼 수 있다, 예를 들면 "悅"자의 사용, "朋"자의 俗寫 등이다.

2. 2006TSYIM4:5-1背面, 2006TSYIM4:5-2背面 古寫本 『論語』 公冶長, 雍也篇

2006년 10월, 투루판 文物局은 투루판 鄯善縣 洋海 1호臺地에 위치하고 있는 洋海 4호묘지에 대해 긴급 구제 발굴을 진행하였다. 이 묘의 문서는 墓道, 北偏室 封門 근처와 南偏室 여성 시신 왼팔 밑에서 출토되었다. 내용은 남성, 여성 衣物疏 각 1건으로 기년은 없고 뒷면의 글자도 없다. 이 묘에서 나온 北涼 緣禾2年 (433) 高昌郡 高寧縣 趙貨母子冥訟文書에 근거하면 이 묘의 주인은 趙貨이며 하장 연대는 緣禾2年임을 알 수 있다. 冥訟文書와 衣物疏를 제외한 나머지 문서는 여성 시신의 종이 신발 및 趙貨 시신에 수장된 종이모자였다. 여성 시신의 종이 신발에서는 前秦 建元20年(384)의 戶籍, 『論語』와 『毛詩』의 白文 잔본이 나왔다.

이 2건의 문서는 前秦 建元20年(384) 3월 高昌郡 高寧縣 都鄉 安邑裏籍 뒷면으로 25행이 남아 있다. 내용은 論語 白文本이다. 2006TSYIM4:5-1背面에는 論

---

14) 黃征, 2005, 『敦煌俗字典』, 上海教育出版社, p.302. "朋"의 용례 참조. 돈황문헌 중 "朋"자의 용법과 관련된 정보는 경북대학교 인문학술원 方國花 교수로부터 제공받았다. 이 자리를 빌어 감사를 표한다.

語 公冶長 '天道不可得聞'부터 '吾大夫崔子違之之一邦則'까지 반대로 쓰여져 있고,
2006TSYIM4:5-2背面에는 論語 雍也 '子曰回也其心三月不違'부터 '中人以下不可
以語上也'까지 반대로 쓰여 있다. 2006TSYIM4:52의 공백 부분에는 뒤에 쓰인
큰 글자가 몇 개 있는데 학생 습자류로 추측되며, 『新獲吐魯番出土文獻』에는 수
록되지 않았다. 그 석문은 다음과 같다.[15]

1、天道, 不可得文〔聞〕尒已矣。"、子路有聞, 未之能行, 唯恐有聞。
2、子貢問□□□□□□、子曰"敏而好學, 不恥下
3、□□□□□□□□□道四: 其行己也弓〔恭〕
4、□□□□□□
5、子□: 晏□□□□□□□臧文仲居蔡, 山節
6、藻梲, 何如其知也?"、子張問: "令尹子文三事〔仕〕爲令尹, 無喜色; 三
7、己之, 無慍色。舊令尹之正〔政〕, 必以告新令尹。何如?"子曰: "忠矣。"曰: "仁
8、□□□□□焉得仁?"曰: "崔子試〔弑〕齊君, 陳子文有馬十乘,
9、□□□□□□□吾大夫崔子。'違之。々一邦, 則□□
(中缺)
10、子曰: "回也, 其心三月不違仁, 其餘則日月至焉而已□□
11、康子問: "□□□□□□從正〔政〕□由也□□何有?"曰: "賜也可使從"
12、□□□□正〔政〕乎何有?"曰: "求□可使從正〔政〕也與?"曰: "求也"
13、□□□季氏使文子騫爲費宰。閔子騫曰: "善
14、□□□□在文〔汶〕上矣。"
15、伯牛有疾, 子問之, 自牖執其手, 曰: "亡□, □□□! 斯也人有斯疾也! 斯也人有
斯疾也!"
16、、子曰: "見〔賢〕哉, 回也! 一簞食, 一瓢飲, 在陋巷, 人不堪其憂, 回也□□□"
17、樂。見〔賢〕哉, □□! 冉有曰: "非不說子之道, 力不足也。"子曰: "□□足者, 中□
18、而廢。今女畫。"、子謂子夏曰: "爲君子□! 無
19、□□□□□□得人焉爾□?"曰: "有澹台滅明者, 行不
20、□□□□□於偃之室也。"、子曰: "□之反不伐, 本〔奔〕而殿21、
□□門, 策其□, □: '□敢後, 馬不進。'"子曰: "□有祝駝之佞, 而
22、□宋朝之美, 難乎免於今之世矣!"、子曰: "誰能出不由戶? 何莫由
23、斯道?"、子曰: "質勝文則□, 文勝質則使〔史〕。文與質彬々, 然後君子也。"
24、子曰: "人之生□□□□□□而勉〔免〕。"、子曰: "知之者不如好之者, 好之□□
25、、□□□□□以語上; 中人以下, 不□以語上矣。"

---

15) 榮新江·李肯·孟憲實, 2008, 『新獲吐魯番出土文獻』, 中華書局, 2008, pp.180-183.

이 문서는 墓中 여자의 신발을 뜯은 것으로 정리자에 의하면 이 여성은 남성 묘주(北涼 緣禾2年, 433年卒)보다 먼저 매장되었으므로, 이 문서의 하한은 433년보다 빠르다. 그 正面에는 前秦 建元20年(384) 3월 高昌郡 高寧縣 都鄉 安邑裏籍이 서사되었고, 뒷면에는 『論語』외에 찜書의 필적이 있어 먼저 名籍을 쓴 후에 찜書에 사용한 것으로 추정할 수 있다. 따라서 그 상한은 384년보다 늦다. 前秦 建元20年(376) 8월 前涼을 멸한 후에 다시 高昌郡을 설치하였고, 그 후 高昌郡은 계속해서 後秦, 後涼, 西涼, 北涼의 관할하에 있었다. 北魏 太延元年(435), 高昌 闞爽이 太守가 되었고 442년에 이르러 闞爽은 北涼의 잔여세력인 沮渠에 격패당하여 柔然으로 달아났다. 따라서 이 문서는 前秦부터 北涼 사이의 것이다.

이 2건의 문서에는 모두 25행이 남아 있는데 각 장은 서로 이어져 서사되었고 새로운 장은 따로 단락을 나누어 서사되지 않았다. 그중 어떤 장 앞에는 "," 부호를 제시하여 새로운 장의 시작을 표시하였다. 예를 들어 2006TSYIM4:5/1(背) 문서 중 한 군데에 명백한 "," 부호가 "子張問"의 앞에 있다. 2006TSYIM4:5/2(背) 문서 중에는 한 곳에 명백한 "," 부호가 "子謂子夏曰" 앞에 있고, 네 곳의 ","가 "子曰" 앞에 있다. 平壤 貞柏洞 364號墓에서 출토된 『論語』 죽간 중에는 굵은 원점인 "・"이 장의 시작 부분에 있다.[16] 비록 이 양자에서 사용된 부호는 다르지만, 그 기능은 서로 같아 모두 새로운 장을 제시하는 역할을 했다.

문서의 앞 9행은 『論語』 公冶長篇의 白文本으로 투루판 아스타나 363호묘 8/1호 唐 사본, 27호묘, 19호묘 출토 『論語 鄭氏注』 公冶長 잔편과 대조해 볼 수 있다.

2006TSYIM4:5-1背面 제1행, "不可得文(聞)介已矣", 64TAM27:21,22를 참조하면 "文"字는 "聞"字와 다를 뿐만 아니라 "介已矣"가 더해져 있다. "文介已矣"는 十三經注疏本에는 "而聞也"로 되어 있다. 아스타나 363호묘 8/1호 唐 사본 鄭氏

---

16) 李成市·尹龍九·金慶浩, 2009, 「平壤貞柏洞364號墳 출토 죽간 〈論語〉」 『목간과 문자』, 4.

注에는 "不可得文"으로 되어 있어 "文"字는 서로 같지만 뒤에 "介已矣"는 없다. "末之"는 363호묘 8/1호 사본에는 "朱之"로 되어 있다.

第2行 "不恥下", "下"는 363호묘 8/1호 사본에는 "夏"字로 쓰여져 있다.

第3行 "道四", 363호묘 8/1호 사본에는 "道肆焉"으로 되어 있다. 十三經注疏本 '四' 아래에 '焉'字가 있다. "其行己也弓"의 "弓"字는 19호묘 64TAM19:32a, 54a, 55a, 33, 56, 57, 34, 58, 59호 사본에는 "恭"으로 쓰여져 있다. 363호묘 8/1호 사본에도 "恭"으로 되어 있다.

第6行, "藻"字, 19호묘 公冶長 잔권에는 ""으로 되어 있다. "知"는 19호묘 公冶長 잔권, 363호묘 8/1호 사본에 모두 "智"로 되어 있다. "子張問" 363호묘 8/1호 사본에는 "子張敏"으로 잘못 쓰여져 있다. "子張問"아래에 十三經注疏本에는 '曰'字가 있어 행간을 보충하고 있다. "三事"는 363호묘 8/1호 사본에는 "三士"로 되어 있고, 19호묘 公冶長 잔권에는 "三仕"로 쓰여져 있다.

第7行, "正", 19호묘 公冶長 잔권, 363호묘 8/1호 사본에는 "政"으로 되어 있다. ; "必已告"의 "已", 19호묘 公冶長 잔권, 363호묘 8/1호 사본에는 "以"로 되어 있다. ; "忠矣", 19호묘 公冶長 잔권은 이와 같고, 363호묘 8/1호 사본에는 "中矣"로 오기되어 있다. ; "曰仁" 앞에 작은 "子"字가 하나 있는데, 19호묘 公冶長 잔권은 이와 같고, 363호묘 8/1호 사본에는 "子曰仁"으로 되어 있다.

第8行, 仁 아래의 "曰", 十三經注疏本에는 '曰'字가 없다. "試齊君", 363호묘 8/1호 사본에는 "弑"로 되어 있다. ; "有馬十乘", 363호묘 8/1호 사본에는 "拾"으로 되어 있다.

第9行, "崔子" 十三經注疏本에는 '子' 아래에 '也'자가 있다. "夕一邦", 19호묘 公冶長 잔권에는 "至一邦"으로 되어 있다. 363호묘 8/1호 사본에는 "至一邦"으로 되어 있다.

第10-25行은 雍也 殘片으로, 아래에서 아스타나 184호묘 12/1(b)-12(b), 27호묘 64TAM27.21,22 唐 사본 『論語』鄭氏注와 대조해 분석한다. :

第10行, "日月至焉"의 "至"字는 아스타나 184호묘 12/1(b)-12(b)에는 "止"로

되어 있다.

第11行, "正", 아스타나 184호묘 12/1(b)-12(b), 27호묘 64TAM27.21,22 사본에는 "政"으로 되어 있다.

第12行, "可使從正也與", 아스타나 184호묘 12/1(b)-12(b) 사본, 27호묘 64TAM27.21,22 사본에는 "可使從政與"로 되어 있어 "也"자가 없다. 또한 皇本, 邢本에는 "也"자가 있다.

第13行, "文子騫", 27호묘 64TAM27.21,22 사본에는 "閔子騫"으로 되어 있다.

第14行, "文", 27호묘 64TAM27.21,22 사본에는 "汝"으로 되어 있다.

第15行, "子 問 之, 自 牖 執其手", 27호묘 64TAM27.21,22 사본에는 "問之" 아래에 "曰"자가 있으나 테두리가 빠져 있고 ; "執其手"는 "執其首" 뒤 "首"자에 테두리가 빠져 있고, 그 뒤에 "手"자가 쓰여져 있다. ; "亡", 27호묘 64TAM27.21,22 사본에는 "末"로 되어 있다. ; "斯也人有斯疾也", 원래는 중문부호가 있다. 아스타나 184호묘 12/1(b)-12(b) 사본에는 "斯人也而有斯疾"로 되어 있고, 皇本, 邢本, 十三經注疏本에는 "夫斯人也而有斯疾也"로 되어 있다.

第16行, "見", 아스타나 184호묘 12/1(b)-12(b) 사본, 27호묘 64TAM27.21,22 사본에는 "賢"으로 되어 있다.

第17行, "冉有", 27호 64TAM27.21,22 사본, 아스타나 184호묘 12/1(b)-12(b) 사본, 十三經注疏本에 모두 "冉求"로 되어 있다. ; "非不說子道", 27호묘 사본에 "非不悅子道"로 되어 있다. ; "力不足也", 아스타나 184호묘 12/1(b)-12(b) 사본, 27호묘 64TAM27.21,22 사본에는 "也"자가 없다.

第18行, "為女畫"의 "女", 十三經注疏本에는 "女"로 되어 있고, 아스타나 184호묘 12/1(b)-12(b) 사본, 皇本에는 "汝"로 되어 있다. ; "爲君子" 앞, 아스타나 184호묘 12/1(b)-12(b) 사본, 27호묘 64TAM27.21,22 사본, 皇本에 "汝"字가 더 있고, 十三經注疏本 앞에는 "女"자가 더 있으며, 唐本, 津藩本, 足利本에는 "汝"자가 없다.

第19行, "爾", 64TAM27:21/22, 184호묘 12/1(b)-12(b) 사본에는 "耳"字로

되어 있다.

第20行, "偃", 27호묘 사본(P331)에는 雙人旁으로 되어 있고, "反不伐"의 "反"은 十三經注疏本에는 "反"으로 되어 있지만, 184호묘 12/1(b)-12(b) 사본에는 "返不伐"로 되어 있다. ; "本而壁", 184호묘 12/1(b)-12(b) 사본, 十三經注疏本에는 "奔而殿"으로 되어 있다.

第21行, "祝駝之佞", 27호묘 64TAM27.21,22 사본에는 "鮀"로 되어 있고, 184호묘 12/1(b)-12(b) 사본, 十三經注疏本에는 모두 "鮀"로 되어 있다. "佞"字는 "𢓜" 우변 위부터 세로로 한 획을 그어 그 형태가 寶의 蓋頭와 비슷한데, 그 서법은 敦煌文獻 중 "佞", "佞", "佞"의 서법과 약간의 차이가 있어, S.5584『開蒙要訓』:"諂佞[潛藏], 奸邪憩惡"[17], 顔元孫『幹祿字書』"佞佞: 上俗, 下正."과 같다.

第22行, "誰能出不由戶", 27호묘 64TAM27.21,22 사본에는 구절 끝에 "者"字가 추가되어 있다.

第23行, "文勝質則使"의 "使"字, 184호묘 12/1(b)-12(b) 사본에는 "史"자로 되어 있다. ; "文與質彬々", 皇本,邢本, 十三經注疏本에는 "文質彬彬"로 되어 있다. 184호묘 12/1(b)-12(b) 사본에는 "文質斌斌"으로 되어 있다. ; "然後君子也", 184호묘 12/1(b)-12(b) 사본, 十三經注疏本 구절 끝에 "也"字가 빠져 있다.

第24行, "而勉", 184호묘 12/1(b)-12(b) 사본은 같고, 27호묘 64TAM27.21, 22사본, 十三經注疏本에는 "而免"으로 되어 있다. ; "知之", 十三經注疏本에는 "知"로 되어 있고, 184호묘 12/1(b)-12(b) 사본에는 "智"로 되어 있다.

이상의 비교에서 알 수 있다시피, 매 장의 앞에는 ","부호로써 새로운 장의 시작을 표시하며, 행을 구분하지 않고 다른 문단을 쓴다. 예를 들어 2006TSYIM4:5/1(背) 문서 중에는 분명한 "," 부호가 "子張問" 앞에 있다.

---

17) 黃征, 2005, 『敦煌俗字典』, 上海教育出版社, p.293 참조.

2006TSYIM4:5/2(背) 문서 중에는 한 곳에 분명한 ","가 "子謂子夏曰" 앞에 있고, 네 곳의 "," 부호가 "子曰" 앞에 있다. 그러나 ","부호가 없는 장도 있다.

편호 2006TSYIM4:5-1(背), 2006TSYIM4:5-2(背)의 두 문서는 前秦부터 北涼時期까지의 『論語·公冶長』, 『雍也』편 잔권으로, 투루판 출토 唐 사본 論語 鄭氏注『公冶長』, 『雍也』와 문자 상 차이가 있는데, 이런 차이는 결미 어조사 "也", "介已矣"의 유무 외에도, 正文 문자의 차이가 많다. 예를 들어, "文"-"聞", "弓"-"恭", "知"-"智", "事"-"仕", "反"-"返", "本"-"奔", "使"-"史", "女"-"汝"와 같은 것들인데, 독음은 서로 같은데 形體에 오류가 있었을 가능성도 있다. ; 또한 "女", "知"의 용법은 何晏『論語集解』와 서로 같다. 그 외에, 2006TSYIM4:5-2(背) 문서 중 "冉有"의 "有"字, "祝駝之佞"의 "駝"字는 초사자의 오필로 보이지 않으며, 다른 판본인 것처럼 보인다. 王素 선생은 闕氏王國 이전, 沮渠氏의 北涼 망명정권 시기 (443~460), 南朝의 劉宋 정권과 최소한 4차례의 교류가 있어, 1997년 투루판 출토 闕氏王國(460~488)『論語』鄭氏註 사본은 南朝로부터 전래되었을 가능성이 있다고 하는데,[18] 그렇다면 이 2매의 前秦~北涼시기의 『論語』白文 사본의 내원은 어떻게 될까?

---

18) 朱玉麒 선생은 이 古籍 사본 殘葉에 대한 종합적 연구를 진행하여, 일단 이 古籍의 正面이 『論語鄭氏注』"堯曰" 제2장 후반부이며, 뒷면은 佚名 『孝經義』序言의 전반부라고 인식하였고, 그 사본 殘葉은 "중국의 남방왕조로부터 왔을 가능성이 비교적 크다"고 하였다(朱玉麟, 2007, 「吐魯番新出論語古注與孝經義寫本研究」 『敦煌吐魯番研究』 2007(10) 참조). 王素 선생은 이러한 견해에 동의하며 朱玉麒 글의 기초 위에서, 『論語』 편장 분장, 鄭注의 격식과 체례에 근거하여 해당 『論語』 사본이 鄭氏注임을 주장하였고, 돈황, 투루판 출토 『論語鄭氏注』 사본의 내원에 관하여 王素 선생은 闕氏王國 이전 沮渠氏의 北涼 망명 정권(443~460)이 적어도 南朝 劉宋정권과 4차례 이상의 왕래가 있었다고 주장하였다. 돈황, 투루판 출토 『鄭注』 사본은 劉宋정권에서 처음 도입된 것인가? 그는 이 가능성을 배제할 수 없다고 생각하였다(王素, 2007, 「吐魯番新出闕氏高昌王國〈論語鄭氏注〉寫本補説」 『文物』 2007(11) 참조).

III. 漢末魏晉南北朝隋唐『論語』注·疏의 맥락

『論語』 원류 및 漢末부터 隋代까지 『論語』에 대한 연구는 『漢書』 藝文志, 『隋書』 經籍志 중에 비교적 상세한 소개가 있다. 그중에서 『漢書』 卷30 藝文志 기록은 다음과 같다.

> ① 『論語』者, 孔子應答弟子時人及弟子相與言而接聞於夫子之語也. 當時弟子各有所記. 夫子既卒, 門人相與輯而論篹, 故謂之『論語』. 漢興, 有齊, 魯之說. 傳齊論者, 昌邑中尉王吉, 少府宋畸, 禦史大夫貢禹, 尚書令五鹿充宗, 膠東庸生, 唯王陽名家. 傳魯論語者, 常山都尉龔奮, 長信少府夏侯勝, 丞相韋賢, 魯扶卿, 前將軍蕭望之, 安昌侯張禹, 皆名家. ② 張氏最後而行於世.
> 『論語』古二十一篇出孔子壁中, 兩『子張』. 如淳曰: "分堯曰篇後子張問'何如可以從政'已下為篇, 名曰從政." 『齊』二十二篇多『問王』, 『知道』. 如淳曰: "問王, 知道, 皆篇名也." 『魯』二十篇, 『傳』十九篇師古曰: "解釋論語意者." 『齊說』二十九篇. 『魯夏侯說』二十一篇. 『魯安昌侯說』二十一篇師古曰: "張禹也." 『魯王駿說』二十篇師古曰: "王吉子." 『燕傳說』三卷. 『議奏』十八篇石渠論. 『孔子家語』二十七卷. 師古曰: "非今所有家語." 『孔子三朝』七篇. 師古曰: "今大戴禮有其一篇, 蓋孔子對〔魯〕哀公語也. 三朝見公, 故曰三朝." 『孔子徒人圖法』二卷. 凡『論語』十二家, 二百二十九篇.

『隋書』 經籍志기록은 다음과 같다:

> ① 論語者, 孔子弟子所錄. 孔子既敘六經, 講於洙, 泗之上, 門徒三千, 達者七十. 其與夫子應答, 及私相講肄, 言合於道, 或書之於

紳, 或事之無厭. 仲尼既沒, 遂緝而論之, 謂之論語. 漢初, 有齊, 魯
之說. 其齊人傳者, 二十二篇;魯人傳者, 二十篇. 齊則昌邑中尉王吉,
少府宗畸, 禦史大夫貢禹, 尚書令五鹿充宗, 膠東庸生. 魯則常山都
尉龔奮, 長信少府夏侯勝, 韋丞相節侯父子, 魯扶卿, 前將軍蕭望之,
安昌侯張禹, 並名其學. ②張禹本授魯論, 晚講齊論, 後遂合而考之,
刪其煩惑. 除去齊論問王, 知道二篇, 從魯論二十篇為定, 號張侯論,
當世重之. 周氏, 包氏, 為之章句, 馬融又為之訓. ③又有古論語, 與
古文尚書同出, 章句煩省, 與魯論不異, 唯分子張為二篇, 故有
二十一篇. 孔安國為之傳. 漢末, 鄭玄以張侯論為本, 參考齊論, 古
論而為之注. 魏司空陳群, 太常王肅, 博士周生烈, 皆為義說. 吏部
尚書何晏, 又為集解, 是後諸儒多為之注, 齊論遂亡. 古論先無師說,
梁, 陳之時, 唯鄭玄, 何晏立於國學, 而鄭氏甚微. 周, 齊, 鄭學獨立.
至隋, 何, 鄭並行, 鄭氏盛於人間."

『論語』 원류를 고찰한 기록을 보면, 隋書가 漢書보다 상세하다. 이는 주로 아
래의 세 측면에서 나타난다. ①『論語』의 내용 및 편찬자에 대해 『隋書』는 『論語』
편찬의 원칙을 설명한다. 『論語』 편찬의 자료 내원은: 첫째, 筆錄되어 내려온 것,
즉 "書之於紳"이며 ; 둘째, 귀에 익어 상세한 것, 즉 "事之無厭"으로, 반복해서 듣
는 것을 통해 마음에 默記하는 것이다. ② 張侯論에 대해 『隋志』의 기재는 더욱
사실적이다. ③ '古論'의 문제에 관해 『隋書』는 古論의 출처 및 流傳을 지적할 뿐
아니라 『魯論』과의 비교를 통해 양자의 같고 다름을 설명한다.

『論語』 연구문헌의 저록 수량으로 보면, 『隋書』에 기록된 것이 『漢書』에 비
해 크게 증가하였다. 『漢書』 중 저록된 『論語』 연구문헌은 단지 12개에 불과하다.
『隋書』 중에는 唐初의 『論語』류 문헌 26種이 남아 있다. 그 외에 『隋書』는 漢末부
터 隋代까지 『論語』에 대해 注疏, 集解를 한 학자들의 정황을 대략적으로 기재하
고 있고, 아울러 鄭玄 論注, 何晏의 集解가 南北朝 각 왕조에서 받아들여진 정황을

기재하고 있다.

1. 東漢시기의 論語學

東漢 이래, 包鹹, 何休, 馬融, 鄭玄 등이 서로 연달아 『論語』에 대한 注訓을 진행하였다. 包鹹(BC.7~ AD.65), "博士右師 細君에게 師事하여, 魯詩, 論語를 학습하였다. ……建武 연간, 皇太子에게 논어를 가르치고, 또한 그 章句를 지었다. 諫議大夫, 侍中, 右中郎將에 제수되었고, 永平5年, 大鴻臚로 옮겼다." 그 아들 福은 "郎中에 제수되어 역시 和帝에게 論語를 가르쳤다."[19] 이른바 "章句"는 章과 句를 나누는 것으로, 漢代 經學家들이 經義를 해설하는 한 방식이었다. 包鹹을 계승하여, 何休 等의 사람들이 『論語』를 注訓하였다. 『後漢書·儒林傳』에 실린 何休(129~182)는 "또한 孝經, 論語, 風角七分을 注訓함에, 經緯 모두를 典謨로 삼아 文에 얽매여 같은 것을 말하지 않았다." 이후 馬融(79~166)은 今古의 학문을 모두 갖추어 『論語訓說』을 지었고, "孝經, 論語, 詩, 易, 三禮, 尚書, 列女傳, 老子, 淮南子, 離騷를 注하고, 저술한 것은 賦, 頌, 碑, 誄, 書, 記, 表, 奏, 七言, 琴歌, 對策, 遺令으로 모두 21篇이다."[20] 馬融은 今古文 경전에 정통하여 『論語』를 注訓할 때, 今古의 학문을 모두 취하여 그 문장을 이루었는데, 그의 注는 본래 古文經學의 특색을 체현한 것이며, 禮 및 史實을 중히 여김은 또한 今文經學의 특색을 체현한 것이다. 讖緯說 및 陰陽五行說을 引證하여 그 門生인 鄭玄의 『論語注』에 영향을 끼쳤다. 안타까운 것은 隋,唐의 『志』 모두에 이 論語의 注本을 주록하지 않아, 兩晉南北朝 시기에 산일된 것으로 보인다.

東漢 말년의 『論語』 注本으로 후세에 전해 내려오는 것은 經學大師 鄭玄의 『論語注』이다. 『後漢書』 卷35 鄭玄傳 기록은 다음과 같다. 鄭玄(127~200), "門人

---

19) 『後漢書』 卷79上 儒林·包鹹傳.
20) 『後漢書』 卷60上 馬融傳.

들이 鄭玄과 여러 제자들이 五經에 대해 문답한 것을 편찬하여, 論語에 의거해 鄭志 8편을 지었다. 무릇 鄭玄이 주석한 것은 『周易』, 『尙書』, 『毛詩』, 『儀禮』, 『禮記』, 『論語』, 『孝經』, 『尙書大傳』『中候』, 『乾象歷』이며, 또한 『天文七政論』, 『魯禮禘祫義』, 『六藝論』, 『毛詩譜』, 『駁許愼五經異義』, 『荅臨孝存周禮難』을 저술하였는데, 모두 100여만 言에 달한다. 鄭玄의 주석은 "古學을 대종으로 삼았다", 그는 『論語』 주석에 글자의 釋義와 注音에 중점을 두었고 ; 동시에 "今學을 겸하여 그 뜻을 덧붙이고자 하였다.", 그의 주석은 經文의 微言大義를 밝히는데 중점을 두어 일가를 이루었다.

鄭玄이 『論語』를 연구한 저작 중 목록에 수록된 것은 세 종류가 있다: 첫째는 『論語注』이다. 『隋書』 經籍志에서는 『論語』 10卷을 저록하고 있는데, 주석에서는 이를 "鄭玄注"라고 하였다. 『舊唐書』 經籍志 및 『新唐書』 藝文志 역시 10卷을 언급하고 있다. 『隋書』는 또한 『論語』 9卷을 언급하고 있는데, 注에서 이르기를 "鄭玄의 注, 晉 散騎常侍 虞喜의 讚"이라고 하였다. 이 책을 『舊唐書』에서는 10卷으로 저록하고 있는데, 『新唐書』에는 저록이 보이지 않는다. 둘째는, 『論語孔子弟子目錄』(일명 『論語篇目弟子』)이다. 『隋書』에는 1卷이 저록되어 있는데, 注에서 이르기를 "鄭玄撰"이라고 하였다. 『舊唐書』 및 『新唐書』 또한 1卷을 저록하고 있다. 셋째는 『論語釋義』로, 이 책은 『隋書』의 著錄에는 보이지 않지만, 『舊唐書』에 10卷으로 저록되어 있고, 『新唐書』에는 1卷으로 저록되어 있다.

『論語鄭氏注』는 今古學을 통달해 '論'을 해석한 대표작으로 『論語』學史에 있어 중요한 지위를 점한다. 鄭玄 『論語注』의 成書 이후 漢부터 唐까지 끊이지 않고 전해졌다. 南朝 梁.陳시기에는 비록 "鄭氏가 매우 미약"했지만, 北朝의 "周,齊에서는 鄭學이 홀로 서있었고, 隋代에는 何, 鄭이 병립하여, 鄭氏는 세상에서 성행했다."

2. 魏晉南北朝 및 隋代의 論語學

魏晉南北朝 시기 사회혼란으로 인해, 經學을 고수하는 것은 이미 진부한 것이

되었고, 實用通變이 당시의 풍조가 되어, 그때의 유가들은 "經文을 짜서 모으고, 孔穴에 억지로 끌어다 붙여, 그것이 새로운 견해라고 속이고, 전대의 유가와는 달리, 위험하지 않지만 더욱 위험하고, 義가 없는데 더욱 義가 생겨난다."[21], 따라서 經 위에 注함에 차별을 두는 것을 중히 여겼다. 書寫材料를 보면 종이의 보급이 문체의 변화에 편리함을 제공하였다. 宮崎市定은 『論語』의 간결한 注가 冗長한 疏로 발전하게 된 중요한 원인은 서사재료의 진보, 즉 불편한 木竹簡牘으로부터 편리한 종이가 보급된 것이라고 인식하였다.[22]

1) 南北朝 文風 및 『論語』의 연구

『隋書』儒林傳은 南北朝시기 南北 학풍의 차이를 이야기한다. "南北의 다스리는 바나 章句의 좋아하고 숭상하는 것은 서로 다르다. 江左의 『周易』은 王輔嗣(弼)이고, 『尙書』는 孔安國(僞孔), 『左傳』은 杜元凱이다. 河洛의 『左傳』은 服子愼(虔), 『尙書』, 『周易』은 鄭康成(玄)이고, 『詩』는 모두 毛公에 주안을 두고, 『禮』는 모두 鄭氏의 것을 따른다. 대저 南人은 간략하여 그 英華를 얻고, 北學은 深蕪하여, 그 지엽을 궁구한다."

南朝에서 經學은 魏晉 학풍과 佛學의 영향을 받아 그 義理의 천명을 중시하며, 그 말과 뜻은 간략하게 하고, 經을 해석함에 여러 학파의 설을 겸하여 그 玄理를 잘 이야기하는 것이다. 학자들이 經을 해석함에 종종 이전에 있었던 각 파의 방법 및 학설을 종합하여, 鄭玄, 王肅, 王弼의 經學이 모두 중시받고 학풍은 비교적 개방적이고, 오로지 文采를 중시한다. 南朝는 王弼, 孔安國, 杜預의 注本을 중시한다. 北人의 풍속은 순박하여 淸言의 풍조 혹은 浮華의 습속에 물들지 않고 經學이 크게 흥성하였다. 『魏書』儒林傳에 이르기를 "漢代 鄭玄이 여러 經의 注解를

---

21) 『北史』儒林傳
22) 宮崎市定, 1976, 『論語の新研究』, 岩波書店. 中文版은 宮崎市定 著, 童嶺 譯, 2013, 「〈論語〉研究史」『從鈔本到刻本―中日〈論語〉文獻研究』, 北京大學出版社 참조.

아울러 하고, 服虔, 何休는 각각의 說이 있다. (鄭)玄은 易, 書, 詩, 禮, 論語, 孝經을, (服)虔은 左氏春秋, (何)休는 公羊傳을 注하여 河北에서 크게 성행하였다." 北學 중에서, 『易』, 『書』, 『詩』, 『禮』, 『論語』, 『孝經』은 모두 鄭玄을 대종으로 하고, 『左傳』은 服虔을, 『公羊傳』은 何休를 대종으로 삼았다.[23] 馬宗霍은 南朝의 經學을 총괄하여 "淸談의 풍조를 겸하여, 그 학문은 多華하고"; 北朝의 經學은 事功을 중시하여 功에 급하고 利에 가까우니, "그 학문은 多樸하다.", "華는 侈함으로 新意를 만들어 내고, 樸은 率로서 舊章에서 비롯된다."[24]

『隋書』 經籍志는 이 시기 보이는 『論語』연구의 專著를 다음과 같이 포괄하고 있다. :

論語 10卷 鄭玄注. 梁有 古文論語10卷, 鄭玄注 ; 또한 王肅, 虞翻, 譙周 등이 注한 論語 각10卷. 망실

論語9卷 鄭玄注, 晉 散騎常侍 虞喜 讚.

集解論語10卷 何晏集.

集注論語6卷 晉八卷, 晉 太保 衛瓘注. 梁有 論語補闕2卷, 宋明帝 補衛瓘闕, 망실.

論語集義8卷 晉 尙書左中兵郎 崔豹集. 梁10卷.

論語10卷 晉 著作郎 李充注.

集解論語10卷 晉 廷尉 孫綽解. 梁 盈氏 및 孟整注論語 각10卷, 망실.

集解論語10卷 晉 兗州別駕 江熙解.

---

23) 南北朝 학풍의 차이에 관해서는 唐長孺, 1992, 『魏晉南北朝隋唐史三論』, 武漢大學出版社, pp.212~237; 曹道衡, 2004, 「略論南北朝學風的異同及其原因」『河南大學學報(社會科學版)』 2004年第4期 참조.

24) 馬宗霍, 1984, 『中國經學史』, 上海書店, p.78.

論語7卷 盧氏注. 梁有 晉 國子博士 梁覬, 益州刺史 袁喬, 尹毅, 司徒左長史 張憑 및 陽惠明, 宋 新安太守 孔澄之, 齊 員外郎 虞遐 및 許容, 曹思文注, 釋僧智略解, 梁太史叔明 集解, 陶弘景 集注論語 각10卷；또한 論語音2卷, 徐邈 등 撰. 망실.

論語難鄭1卷 梁有 古論語義注譜1卷, 徐氏撰；論語隱義注3卷, 論語義注3卷. 망실.

論語難鄭1卷

論語標指1卷 司馬氏撰.

論語雜問1卷

論語孔子弟子目錄1卷 鄭玄撰.

論語體略2卷 晉 太傅主簿 郭象撰.

論語旨序3卷 晉 衛尉 繆播撰.

論語釋疑3卷 王弼撰.

論語釋1卷 張憑撰.

論語釋疑10卷 晉 尚書郎 欒肇撰. 梁有 論語釋駁3卷, 王肅撰；論語駁序2卷, 欒肇撰；論語隱1卷, 郭象撰；論語藏集解1卷, 應琛撰；論語釋1卷, 曹毗撰；論語君子無所爭1卷, 庾亮撰；論語釋1卷, 李充撰；論語釋1卷, 庾翼撰；論語義1卷, 王濛撰；또한 蔡系 論語釋1卷, 張隱 論語釋1卷, 原通鄭1卷, 王氏修鄭錯1卷, 薑處道論釋1卷. 망실.

論語別義10卷 範廙撰. 梁有論語疏8卷, 宋 司空法曹 張略 등 撰；新書對張論10卷, 虞喜撰.

論語義疏10卷 褚仲都撰.

論語義疏10卷 皇侃撰.

論語述義10卷 劉炫撰.

論語義疏8卷

論語講疏文句義5卷 徐孝克撰, 殘缺.

論語義疏2卷 張沖撰. 梁有論語義注圖12卷. 망실.

魏晉南北朝시대 思想文化는 격렬한 충돌과 융합의 시기였다. 이때『論語』注, 疏 專著 수량이 크게 증가하였다. 위에서 상술한『隋書』經籍志에 기재한 26種을 제외하고,『三國志』,『晉書』,『宋書』,『南齊書』,『梁書』,『陳書』,『魏書』,『北齊書』, 『北周書』,『隋書』,『南史』,『北史』와 朱彝尊『經義考』에 근거하면 이때의『論語』注釋 專著는 모두 84部에 이른다.『漢書』藝文志에 수록된 "『論語』十二家"에 비해 수량상으로 크게 증가하였다. 이 84부의 專著는 아래와 같이 분별할 수 있다.: 譙周·王肅·周生烈, 張昭·虞翻·虞騫·範甯·沈雲禎·孔翁歸·孟陋·張憑·宋纖·蔡謨·孔澄之·虞遲·許容·曹思文·陳奇·盈氏·盧氏·盧景裕『論語注』, 沈驎士『論語訓注』, 陳群·崔浩·釋智略『論語解』, 何晏·孫綽·江熙·太史叔明『論語集解』, 王弼·樂肇『論語釋疑』, 程秉『論語弼』, 衛瓘·李充·陶弘景『論語集注』, 崔豹『論語集義』, 範廙『論語別義』, 繆播『論語旨序』, 郭象『論語體略』, 徐邈『論語音』, 虞喜『論語贊鄭氏注』, 曹毗, 庾翼, 無名氏·無名氏·蔡系·張隱『論語釋』, 應琛『論語藏集解』, 梁覬, 袁喬, 尹毅『論語注釋』, 王氏·伏曼容, 張譏『論語義』, 陽惠明·無名氏『論語義注』, 邵原『論語通鄭』, 薑處道『論語論釋』, 宋明帝『論語補闕』, 張略·周弘正『論語疏』, 戴詵·劉炫『論語述義』, 梁武帝『論語訓釋』, 褚仲都·皇侃·顧越·李鉉·張沖『論語義疏』, 徐孝克『論語講疏文句義』, 史辟原『續注論語』, 司馬氏『論語標指』, 王氏『論語修鄭錯』, 徐氏『古論語義注譜』, 亡名氏『論語隱義』. 이외에 또한『論語隱義注』,『論語難鄭』,『論語雜問』,『論語義注圖』,『論語釋駁』,『論語隱』,『論語駁序』,『新書對張論』,『論語君子無所爭』 등이 있다.[25]

---

25) 魏晉南北朝시기『論語』학의 발전 및 그 원인에 관해서는 唐明貴, 2006, 「魏晉南北朝時期〈論語〉學的發展及其原因」『齊魯學刊』2006年第5期; 唐明貴, 2009,『論語學史』, 中國社會科學院出版社 참조.

이들 저작 중에서 『論語鄭氏注』가 첫 번째로 배열되어 있고, 何晏의 『論語集解』가 세 번째로 배열되어 있는 것은 "隋에 이르기까지, 何, 鄭이 함께 병행되었고, 鄭氏가 사회에서 크게 성행했다"는 말이 거짓이 아님을 설명한다. 이 시기에는 『論語』注音을 단 『論語音』, 『論語』文句에 대한 전문적인 疏解인 『論語君子無所爭』 뿐만 아니라, 鄭氏注에 기초한 贊 및 鄭玄注에 대해 전문적으로 힐문한 『論語難鄭』, 『王氏修鄭錯』 등의 저작도 출현했다. 이외에 이 시기는 학술사상에 있어 유불도 삼교가 상호 영향을 주었고, 玄學은 魏晉南朝에 매우 깊은 영향을 미쳤다. 經을 해석해 注釋을 할 때에도 玄學思想은 자연스럽게 儒學 經典 중에 스며들었다. 三國時期의 儒家學者, 經學家, 魏晉玄學의 중요한 대표인물 중 하나인 王弼의 『論語釋疑』는 『論語』學史에 있어 『論語』注釋이 玄學化되는 새로운 기풍을 열었다. 王曉毅는 王弼의 『論語釋疑』가 세상에 나온 것이, 『論語』연구가 玄學화 되는 시대가 시작되었음을 알린 것으로 평가한다.[26]

注解의 체례에 있어 兩漢시기에는 『論語』에 대해 주로 "說", "注"를 하는 것이 위주였지만, 魏晉시기에 이르게 되면 주로 "集解"를 하게 된다. 그중에서 何晏의 『論語集解』, 衛瓘의 『論語集注』, 崔豹의 『論語集義』, 孫綽의 『論語集解』, 江熙의 『論語集解』 등이 대표적인데, 이들 저작 체례의 특징은: 舊說을 인증함에 부적합한 곳이 있으면 중간에 자기의 뜻을 적어놓은 것이다. 南北朝시기, 사람들의 『論語』疏解 體例에서도 한 걸음 더 나아가, 주로 "義疏"를 위주로 하게 되는데, 褚仲都의 『論語義疏』, 皇侃의 『論語義疏』, 劉炫의 『論語述義』, 徐孝克의 『論語講疏文句義』, 張沖의 『論語義疏』 등이 대표적이다. 이들 저작의 體例 특징은: 經典의 義理에 통달해 상세한 해석을 가하고, 여러 책을 광범위하게 수집해 舊注를 보충해 그 본말을 밝히 규명하고, 字句에 따른 經文을 강해하되 一家의 注를 위주로 "疏不破注"의 원칙에 근거해 經의 注文에 대해 보충 및 해석을 진행한 것이다.[27]

---

26) 王曉毅, 1993, 「王弼〈論語釋疑〉研究」 『齊魯學刊』 1993年第5期.

27) 魏晉南北朝시기 『論語』學의 발전 및 그 원인에 대해서는 唐明貴, 2006, 「魏晉南北朝時期

魏晉南北朝시기, 『論語』注, 疏의 저작 수량은 크게 증가하였고, 題材 또한 분명히 다양해졌으며, 『論語』주석에 玄學化 기풍이 일어나고, 注解의 體例에서도 集解와 義疏의 두 가지 體例가 발전하였다. 따라서 唐明貴는 이 시기를 『論語』學 創新과 발전의 시기로 평가한다.[28] 후대에 비교적 큰 영향을 미친 것은 曹魏시대 何晏, 曹羲, 孫邕, 荀顗, 鄭沖 5인의 『論語集解』와 梁朝 皇侃의 『論語義疏』였다.

2) 何晏 『論語集解』

何晏(?~249) 등의 사람은 이전 20여 家의 注訓 중에서 孔安國·包鹹·馬融·鄭玄·魏陳群·王肅·周生烈의 諸說을 추리고 자기의 뜻을 넣어 책으로 만들었다. 이런 사례가 나오자 학계가 모두 이를 따르며 한순간에 대성황을 이루었다. 『論語』를 연구하는 자들만 이 體例를 모방하여 衛瓘의 『集注論語』, 崔豹의 『論語集義』, 孫綽의 『集解論語』, 江熙의 『集解論語』 등의 저작이 나왔을 뿐 아니라 ; 기타 經典을 연구하는 자들 역시 이 체례를 모방하여 範寧의 『春秋穀梁傳集解』, 『周易集注繫辭』, 『集注毛詩』, 『集釋尚書』 등의 저작이 나왔다. 다른 한편으로는 老莊思想으로 儒家經典을 해석하는 역작이 나왔는데, 王弼의 『論語釋疑』, 郭象의 『論語體略』, 向秀의 『易義』, 樂肇의 『易論』, 鄒湛의 『易統略』 등이 있다.[29]

〈論語〉學的發展及其原因」『齊魯學刊』2006年 第5期; 唐明貴, 2009, 『論語學史』, 中國社會科學院出版社 참조.

28) 唐明貴, 2009, 『論語學史』, 中國社會科學出版社. 그러나 후대 학자들 중 이 시기 학풍에 대해 비평을 한 학자도 있다. 예를 들어 淸代 學者 錢福林은 일찍이 이 시기의 學人들에 대해 "昧於古訓, 師夫己胸, 新說遞增, 盛為誇飾, 吐辭雖藻, 尋理實詭. 更乃妄立體裁, 托於彝訓, 自寫性情, 上晦墳典, 文采既曜, 耳目用惑. 是以舍真傳偽, 流弊不還也."라고 비평하였다(錢福林, 1985, 「六朝經術流派論」『詁經精舍文集』卷一, 中華書局 참조).

29) 唐明貴, 2009, 『論語學史』, 中國社會科學院出版社.

3) 皇侃『論語義疏』

梁朝시기, 經學은 진일보 발전하였다.『梁書·儒林傳』에 따르면 伏曼容이『周易』,『毛詩』,『喪服集解』,『老』,『莊』,『論語義』를 ; 嚴植之가『喪服』,『孝經』,『論語』를 精解하고 ; 賀革이『孝經』,『論語』,『毛詩』,『左傳』을 ; 孔僉이『三禮』,『孝經』,『論語』등을 수십 차례에 걸쳐 講說하였으며, 生徒 또한 수백이었다고 한다.

『梁書』儒林傳과『南史』儒林傳에 의하면 皇侃(488~545)이 "『論語義』10卷을 편찬하여『禮記義』와 함께 세상에서 중시되었고 학자들이 이를 전하였다"고 하였다. 皇侃은 賀瑒을 스승으로 삼아, 힘을 다해 공부하여 그 業에 통달했다고 한다. 그중『三禮』,『孝經』,『論語』에 가장 밝아 후에 國子助教가 되었다. 皇侃이 講說할 때 청중은 수백 인에 달했고,『禮記講疏』50卷을 편찬해 상주하여 祕閣에 소장하라는 황제의 詔가 내려졌다. 또한『論語義』10卷을 편찬하여『禮記義』와 함께 세상에서 중시되었고 학자들이 널리 이를 전하고 익히게 되었다.

皇侃의『論語義疏』는 南朝 梁武帝 연간에 成書되었는데, 이는 魏 何晏 等의『論語集解』를 저본으로 江熙의『論語集解』및 漢魏 이래 儒家들의 遺說을 집대성한 것이다. "먼저 何集에 통달하고 江集 중 취할만한 여러 사람의 설로서 부회하였다. 또한 따로 여러 通儒의 解釋을 취하여 何集에서 좋지 않은 부분에 인용해 그 說로 삼았고 그 견문의 넓음을 보였다."[30] 13家를 제외하고 또한 江熙 本人의 설을 취하였다. 其他의 通儒로 인용한 바는 沈居士, 熊埋, 王弼, 王朗, 張憑, 袁喬, 王雍, 顧歡, 梁冀, 顔延之, 沈峭, 釋惠琳, 殷仲堪, 張封溪, 太史叔明, 繆協, 庾翼, 顔特進, 陸特進, 本師(賀現)을 포괄한다. 義疏의 문체상 특징에 대해 牟潤孫이 두 가지 점을 다음과 같이 지적하였다.: "첫째, 책의 章 단락을 나누는 것이고, 둘째, 그 책 안에 問答이 있다는 점이다."[31] 章의 단락을 나눈다는 것은 義疏에서 經을 해석할 때 經의 注文에 대해 구조 해체를 진행하여 章과 段을 나누어 講解를 한다는 것이

---

30) 皇侃, 1985,「論語義疏敘」, 何晏, 皇侃,『論語集解義疏』,『叢書集成初編』, 中華書局 참조.
31) 牟潤孫, 1987,「論儒釋兩家之講經與義疏」『注史齋叢稿』, 中華書局, p.294.

다. 講解할 때에 종종 먼저 章의 大義를 논하며, 후에 다시 段을 나누어 講論하는 것이다. 이는 義疏와 기타 注解의 體例가 다른 점이다. 이른바 問答이 있다는 것은 義疏에서 解經을 할 때 "스스로 질문을 설정하고, 스스로 답을 풀이한다"는 釋注의 방식이다. 皇侃은 『論語』의 經注文을 해석하는 과정 중, 답하기 어려운 의문을 해결하기 위해 "自設問, 自解答"의 新 注經방식을 설정하였다. 다음으로 經注文은 疏를 겸한다. 皇侃은 注文의 유무에 관계없이, 經文은 기본적으로 매 구절마다 해석하였다.

皇侃의 『論語義疏』는 儒佛에 정통하여, 玄을 원용하여 『論』을 해석하며, 새로운 注釋 체례를 인용하여, 梁啟超는 이 책을 "各家 舊注의 本眞을 모아 이를 보존하고, 산일된 舊注의 잔존 문장을 보존하여 經學을 하는 사람들에게 미친 공헌이 진실로 적지 않다. ; 게다가 皇氏는 여러 책들을 모두 모아 各家의 미비한 점을 보충한 공 역시 크다"라고 평가하였다.[32] 孫述圻은 皇侃의 『論語義疏』가 儒玄에 정통하며, 儒佛이 함께 들어가 있어 六朝시대의 기풍을 대표하는, 六朝시대 사조의 축소판이라고 인식하였다.[33] 따라서 皇侃의 『論語義疏』는 『論語』學術史는 물론 經學史에서도 중요한 지위를 점하고 있다.

3. 唐代의 『論語』연구

唐代의 현존 『論語』 연구 專著로는 後晉 開運2年(945년)에 成書된 『舊唐書』 卷47 『經籍志上』에 다음과 기록하고 있다. :

論語十卷何晏集解. 又十卷鄭玄注, 虞喜贊. 又十卷王肅注. 又十卷
鄭玄注. 又十卷宋明帝補衛瓘注. 又十卷李充注. 又十卷孫綽集解.

---

32) 梁啟超, 1948, 「論語注釋匯考」 『燕京學報』 第34期.
33) 孫述圻, 1986, 「論皇侃的〈論語義疏〉」 『南京大學學報』 1986年第3期.

又十卷梁顗注. 論語集義十卷盈氏撰. 論語九卷孟釐注. 論語十卷袁喬注. 又十卷尹毅注. 又十卷江熙集解. 又十卷孫氏注. 次論語五卷王勃撰. 論語音二卷徐邈撰. 古論語義注譜一卷徐氏撰. 論語釋義十卷鄭玄注. 論語義注十卷暢惠明撰. 論語義注隱三卷. 論語篇目弟子一卷鄭玄注. 論語釋疑二卷王弼撰. 論語釋十卷欒肇撰. 論語駮二卷欒肇撰. 論語大義解十卷崔豹撰. 論語旨序二卷繆播撰. 論語體略二卷郭象撰. 論語雜義十三卷. 論語剔義十卷. 論語疏十卷皇侃撰. 論語述義二十卷戴詵撰. 論語章句二十卷劉炫撰. 論語疏十五卷賈公彥撰. 論語講疏十卷褚仲都撰. 孔子家語十卷王肅注. 孔叢子七卷孔鮒撰. 右六論語三十六家, 凡三百八十七卷.

北宋 仁宗 嘉祐5年(1060年) 成書된 『新唐書』 卷57 藝文志에 다음과 같이 기록한다. :

論語鄭玄注十卷 ; 又注論語釋義一卷 ; 論語篇目弟子一卷 ; 王弼釋疑二卷 ; 王肅注論語十卷 ; 又注孔子家語十卷 ; 李充注論語十卷 ; 梁顗注十卷 ; 孟釐注九卷 ; 袁喬注十卷 ; 尹毅注十卷 ; 張氏注十卷 ; 何晏集解十卷 ; 孫綽集解十卷 ; 盈氏集義十卷 ; 江熙集解十卷 ; 徐氏古論語義注譜一卷 ; 虞喜贊鄭玄論語注十卷 ; 暢惠明義注十卷 ; 宋明帝補衛瓘論語注十卷 ; 欒肇論語釋十卷 ; 又駁二卷 ; 崔豹大義解十卷 ; 繆播旨序二卷 ; 郭象體略二卷 ; 戴詵述議二十卷 ; 劉炫章句二十卷 ; 皇侃疏十卷 ; 褚仲都講疏十卷 ; 義注隱三卷 ; 雜義十三卷 ; 剔義十卷 ; 徐邈音二卷 ; 孔叢七卷 ; 王勃次論語十卷 ; 賈公彥論語疏十五卷 ; 韓愈注論語十卷 ; 張籍論語注辨二卷. 右論語類三十家, 三十七部, 三百二十七卷. 失姓名三家, 韓愈以下不著錄二家, 十二卷.

이상은 唐代 남아 있던 『論語』注, 疏의 목록 및 隋唐시대 『論語』 研究의 일부 저록이다. 隋唐史志의 目錄 및 朱彝尊의 『經義考』와 陳夢雷의 『古今圖書集成』에 의하면 隋唐시대에 편찬된 『論語』 연구 저작은 모두 13부라고 하여, 魏晉南北朝 시대의 연구 저작에 비하면 수량은 훨씬 적다. 이들은 賈公彦 『論語疏』 15卷, 陸德明 『論語音義』 1卷, 王勃 『次論語』 10卷, 韓愈 『論語注』 10卷, 侯喜 『論語問』, 張籍 『論語注辨』 2卷, 韓愈·李翶 『論語筆解』 2卷, 馬總 『論語樞要』 10卷, 李涪 『論語刊誤』 2卷, 李篠 『論語注』, 無名氏 『論語雜義』 13卷, 『論語剔義』 10卷, 陳蛻 『論語品類』 7卷으로 구분할 수 있다.

이외에 皇侃의 論語義疏는 "『隋唐』'志'에 저록되었고, 陸氏의 『釋文』에 引證되었으며, 五代 邱光庭의 『兼明書』에 인용되어, 宋 晁公武의 『郡齋讀書志』, 尤袤의 『遂初堂書目』에 실렸다. 南宋 초기 中國에 마땅히 그것이 남아 있었지만 陳氏의 『書錄解題』에는 빠졌다." 그러나 宋代 邢昺의 『論語正義』가 令甲에 따라 天下의 學徒들이 필수적으로 尊奉해야 할 유일한 표준 서적이 된 후에, 『論語義疏』는 점차 잊혀져 갔고, 사람들이 다시 찾지 않게 되었다. 後晉시기 成書된 『舊唐書』 經籍志는 何晏의 『論語集解』를 수위에 두고 鄭玄注를 그 다음에 두었다. 이는 唐代 『論語鄭玄注』가 비록 매우 유행하였지만, 그 지위는 隋代에 미치지 못했음을 일정부분 설명한다. 何晏의 『論語集解』는 衆家의 説을 집록하고 있어 당시 사람들의 환영을 받았다. 그러나 北宋시기에 이르러 宋祁와 歐陽修가 편찬한 『新唐書』 藝文志 중 鄭玄의 『論語』 연구 여러 종 저작이 다시 수위에 올랐고, 何晏의 『集解』는 두드러지지 않은 위치에 배치되었다. 林翮宇는 그 원인을 분석하기를 宋祁와 歐陽修 등의 사람들은 古文運動의 선도자로서 兩漢文風의 학술 전통을 제창하였으므로 六朝이래의 문체 학풍에 반감을 가졌기 때문이라고 하였다.[34] 五代 이후, 論語鄭氏注는 점차 亡佚되었고, 宋代에 이미 완전한 판본이 전해지는 것을 찾기

---

34) 林翮宇, 2019, 「敦煌, 吐魯番〈論語〉鄭注殘卷版本考―文化特殊性視角下的考察」 『歷史文獻研究』 2019年第1期, pp.121-138.

어렵게 되었다. 비록 후대의 학자들이 그 輯佚을 진행한 적이 있지만 자료의 부족으로 인해 合輯은 원본 내용에 비해 크게 부족해지게 되었다. 그러나 20세기 이래 돈황, 투루판지역에서 차례대로 여러 건의 唐本『論語鄭氏注』잔권이 출토되며, 鄭玄『論語注』연구가 극히 중요해지게 되었다.

Ⅳ. 漢末魏晉南北朝『論語』注, 疏의 流傳

1. 前秦北涼, 高昌時期『論語』鄭氏注의 源流

일찍이 兩漢시기, 高昌지역에 戊己校尉가 설치되었고, 魏晉은 그 제도를 계승했다. 儒家文化가 점차 西域지방으로 유입되었고, 新疆 羅布淖爾유지에서 公冶長篇의 일부 漢代 斷簡이 발견되었는데,[35] 이는 儒家文化가 이미 이 지역에 유입된 것을 말해준다.

漢魏 이래로 西北지역의 儒家文化는 계속 발전하였다. 『隋書』經籍志에는 "魏 司空 陳群, 太常 王肅, 博士 周生烈이 모두 (論語)의 뜻을 말하였다"고 한다. 그중 周生烈은 "字가 文逸이며, 本姓은 唐이고," 敦煌사람으로 『三國志』는 그가 "歷注經傳, 頗傳於世"했다고 기록하였다. 裴松之注에서 이르기를: "이 사람의 姓은 周生이며, 이름은 烈이다. 何晏『論語集解』에는 烈이 지은 『義例』가 있고, 나머지 그의 저술은 晉 武帝『中經簿』에 보인다"[36]라고 하였다. 林勰宇는 앞서의 引文 중 何晏『論語集解』중 남아 있는 周生烈의 注文 14조를 집록하고,[37] 周生烈의 義例는 아

---

35) 黃文弼, 1948, 「羅布淖爾考古記」『中國西北科學考察團叢刊 之一』, 國立北京大學出版部, pp.209-210.

36) 『三國志』卷13 魏書 王肅傳, 中華書局, 1982, p.420.

37) 林勰宇, 2019, 「敦煌, 吐魯番〈論語〉鄭注殘卷版本考―文化特殊性視角下的考察」『歷史文

마도 西北지역에 계속 남아 있어, 北涼 沮渠茂鍵 義和5년(437年), 沮渠茂虔이 劉宋에게 "奉表獻方物"할 때, "『周生子』13卷"이 그중에 포함되었다고 보았다. 張軌가 涼州에 들어가 刺史가 된 후 高昌郡을 설치(327年)하였다. 前涼은 學校를 세워 河西九郡의 冑子를 가르치며 崇文祭酒를 두고 봄,가을에 鄕射의 禮를 행하였다. 前涼 후기 民間의 私人들 사이에서 전수의 풍조가 성행하였는데, 유명한 隱士로는 索襲, 宋纖이 있어 "經緯를 밝히 구하고, 제자로서 수업받는 자가 3천여 인"이었고,[38] 儒學 名士들은 각각 전문하는 바가 있어 宋纖과 같은 자는 "『論語』를 注하고 詩頌 數萬言을 지었다."

前秦 建元12年(376) 8월 前涼을 멸한 후 다시 高昌郡을 설치하였다. 그후 高昌郡은 계속 後秦, 後涼, 西涼, 北涼의 관할하에 있었다. 北涼 玄始6年(417年), 沮渠蒙遜은 姑臧에서 "內苑에 遊林堂을 짓고, 古聖賢의 초상을 그렸다.", 그는 堂에서 여러 신하들과 연회를 베풀며 자주 堂 내에서 여러 신하들과 儒家經傳에 대해 논하였다.

만약 漢晉 이래 高昌郡 儒家文化의 발전 및 前涼, 北涼의 儒家文化에 대한 중시를 고려하면, 투루판 鄯善縣 洋海1號臺地 洋海4號墓地에서 새롭게 획득된 2006TSYIM4:5-1背面, 2006TSYIM4:5-2背面의 『論語』公冶長·雍也 사본 잔편은 아마도 高昌지역에서 계속 流傳된 漢晉 論語 본래의 모습일 것이다.

前涼과 北涼은 儒家文化의 발전을 중요시했을 뿐 아니라 東晉, 劉宋과 계속해 밀접한 관계를 유지하였다. 특히 北涼 承玄2年(429年) 겨울 11월, "다시 사신을 파견해 宋에 入貢했고", "아울러 周易子集 諸書를 구하여, 詔를 내려 도합 75卷을 주도록 하였다. 또한 司徒 王弘이 『搜神集』을 구하여, 弘이 이를 필사해 주었다." 劉宋 元嘉14年(즉 沮渠茂虔 義和5年,437年) " 沮渠茂虔이 奉表獻方物할 때, 『周生子』13卷, 『時務論』12卷, 『三國總略』20卷, 『俗問』11卷, 『十三州志』10卷, 『文檢』

獻研究』2019年第1期, pp.121-138.

38) 『魏書』卷52 宋纖傳.

6卷, 『四科傳』 4卷, 『敦煌實錄』 10卷, 『涼書』 10卷, 『漢皇德傳』 25卷, 『亡典』 7卷, 『魏駁』 9卷, 『謝艾集』 8卷, 『古今字』 2卷, 『乘丘先生』 3卷, 『周髀』 1卷, 『皇帝王曆三合紀』 1卷, 『趙畋傳』 並 『甲寅元曆』 1卷, 『孔子贊』 1卷, 도합 154卷을 헌납하였다. 沮渠茂虔이 또한 晉·趙의 起居注 및 諸雜書 수십 건을 구하니, (宋)太祖가 이를 주었다."[39]

만약 前涼과 東晉 간의 왕래, 北涼과 南朝 劉宋 간의 교통과 왕래, 특히 그 문화상의 교류를 고려하고, 위 2건의 『論語』 公冶長·雍也편의 잔편이 보여주는 것과 何晏 『論語集解』 중 "女", "知" 등 글자의 용법 습관이 비슷하다는 점을 고려하면, 이 2건의 『論語』 公冶長·雍也 사본 잔편은 아마도 東晉, 劉宋에서 전래된 것으로 생각할 수 있다.

시간이 좀 더 지난 高昌國 시기에도 『論語鄭氏注』가 유행하였는데, 그 원류는 어디에서 온 것일까? 펠리오문서 P.2510호 문서 『鄭注』 長卷이 세상에 나오며, 그 篇題가 큰 글자로 "孔氏本"이라고 쓰여 있어 학자들의 관심을 받았다. 中國 서북 변경에서 유행한 鄭氏注 중 "孔氏本"이 쓰여진 것과 없는 것 두 종류가 있는데, 王素 선생은 이 두 종류 사본의 篇題에 대해 분류와 총결을 진행해 펠리오 문서 P.2510호 長卷의 篇題는 "某某篇第幾孔氏本鄭氏注"라고 했고 ; 蔔天壽 사본, 아스타나 184號墓 12/1(b)-126(b)호 사본, 日本書道博物館 소장본, 日本 龍骨大學 소장본의 篇題는 모두 "論語某某第幾孔氏本鄭氏注"라고 했다. "孔氏本鄭氏注"의 가장 완정한 篇題인 "論語某某篇第幾"는 아직 발견되지 않았는데, 어떤 것은 "論語"와 "篇" 세 글자가 없고, "某某第幾"만 있는데, 아스타나 27호묘 18/5(a)와 같은 것이다. ; 어떤 것은 "篇"자가 없고, "論語某某第幾"로 쓰여진 것이 있는데, 아스타나 27호묘 29(a), 30(a) 같은 것이다. 王素 선생은 "孔氏本"이 붙어 있지 않은 사본은 원래 北朝에서 유행하던 판본으로 즉 『隋書』 經籍志에 저록된 "論語』

---

39) 『宋書』 卷98 氏胡·胡大且渠蒙遜, 中華書局, 1974年, p.2416.

十卷鄭玄注"이며, "孔氏本"이 붙은 사본은 원래 南朝에서 유행하던 판본으로, 즉 隋志 중 "梁有『古文論語』十卷鄭玄注"이며, 高昌時期 유입된 梁朝의 古文『論語』注 라고 보았다.[40]

2. 百濟로 流傳된 『論語』

한편 이 시기에는 百濟에서 『論語』가 유행하였다. 百濟와 中國 각 왕조 간의 사신 교류는 밀접하여,[41] 百濟는 東晉 정권에 여섯 차례에 걸쳐 使節을 파견하였 다. 東晉 왕조와의 通使 과정 중 百濟는 漢文化의 영향을 받았다. 近肖古王 30년, 즉 東晉 寧康2年(374年) "開國이래 문자 記事가 없던" 역사를 끝내고 高興을 博士 로 세워 漢字로 관찬 百濟 國史 『書記』를 편찬하였다.[42] 劉宋시기에 이르러 양국 의 교류는 더욱 빈번해졌다. 劉宋 건국 當年, 즉 永元初年(420年) 7월 戊戌日, 征 東將軍 高句驪王 高璉號를 征東大將軍으로, 鎭東將軍 百濟王 扶餘映을 鎭東大將軍 으로 칭하였다. 『宋書』 卷97 百濟傳에 따르면 백제는 景平2年(424年), 元嘉7年 (430年), 元嘉27年(450年), 大明元年(457年), 大明2年(458年), 泰始7年(471年) 모 두 사신을 建康에 보내어 進貢하였고, 특별히 元嘉2年(425年) 劉宋은 사신을 百 濟에 보내어 "宣旨慰勞"한 후에, 백제는 "매년 사신을 보내어 奉表하고 方物을 바

---

40) 王素, 「唐寫本〈論語鄭氏注〉校讀劄記」는 王素, 1991, 『唐寫本論語鄭氏注及其研究』, 文物 出版社, pp.244-248에 보인다.

41) 百濟와 六朝의 우호적 교류에 대해서는 다음 연구를 참고할 수 있다. 範毓周, 1994, 「六 朝時期中國與百濟的友好往來與文化交流」『江蘇社會科學』 1994年 第5期, pp.84-90; 韓 昇, 2002, 「蕭梁與東亞史事三考」『上海社會科學院學術季刊』 2002年 第3期, pp.174- 182; 成正鏞·李昌柱·周裕興, 2005, 「中國六朝與韓國百濟的交流」『東南文化』 2005年 第 1期, pp.24-30; 周裕興, 2010, 「從海上交通看中國與百濟的關係」『東南文化』 2010年 第 1期, pp.70-78; 韓昇, 2015, 『東亞世界形成史論(增訂版)』, 中國方正出版社, pp.113-127.

42) 『三國史記』 卷24 百濟本紀 近肖古王; 『三國史 第5冊』, 奎章閣圖書, p.9.

쳤다." 그중 문화교류의 내용은 더욱 풍부한데, 元嘉27年(450年) 百濟王은 方物을 바치는 것 외에 또한 上表하여 "『易林』, 『式占』, 腰弩를 구하니 太祖가 이를 주었다."[43] 또한 『周書』 卷49 異域傳上 百濟에서 이르기를 백제는 "宋의 『元嘉曆』을 사용해, 建寅月을 歲首로 하였다."고 한다. 『元嘉曆』은 劉宋의 天文學家 何承天이 창제하여, 元嘉22年(445年) 정식으로 사용하였고, 梁 天監8年(509年) 이를 폐지하고, 祖冲의 『大明曆』을 사용하였다. 百濟가 宋의 『元嘉曆』을 사용한 것은 그 문화적인 성취가 南朝와 긴밀하였음을 설명한다.

蕭齊시기, 비록 百濟는 高句麗의 끊임없는 남침을 받아 남쪽으로 천도하였지만, 백제는 중국과의 우호적 왕래를 중단하지 않았다. 建元元年, 永明2年, 永明8年 모두 사신을 齊로 파견하였다. 建武2年 東城王 牟大가 表를 올려 高達, 楊茂, 會邁를 太守로 봉할 것을 구하였을 때, 齊 明帝의 비준을 얻었고, 蕭齊 정권은 또한 사신 겸 謁者僕射 孫副로 하여금 策命하여 죽은 조부 牟都를 大襲하여 百濟王으로 즉위하게 하고, 章綬 등과 玉銅虎竹符를 하사[四=賜?]하였다.[44]

梁 普通2年(521年) 11月, 餘隆이 사신을 파견해 奉表하자, 다음달 梁 武帝는 詔를 내려 使持節·都督百濟諸軍事·甯東大將軍·百濟王으로 제수하였는데, 이가 백제 역사상 유명한 武寧王이다. 이때 中國 文化의 百濟에 대한 영향은 매우 깊어 1971年 7月 韓國 충청남도 공주읍 宋山里에서 발굴된 武甯王陵의 墓制와 구조, 건축방식, 隨葬器物 등을 보면 百濟와 南朝 사이의 긴밀한 문화적 관계를 엿볼 수 있게 한다.[45] 기본적으로 百濟는 매년 사신을 파견하였기 때문에 중원의 문화, 典籍은 매우 빠르게 百濟로 유입되었다. 『梁書』 卷54 百濟傳 기록에 따르면 "中大通6年, 大同7年, 누차 사신을 파견해 方物을 바치고 ; 아울러 涅盤 등의 經義, 毛詩博

---

43) 『宋書』 卷97 百濟傳, p.2394.

44) 『南齊書』 卷58 百濟傳, pp.1010-1011.

45) 韓國文化財管理局 編, 1974, 『武寧王陵(日語)』. 이 점에 관해서는 많은 학자들의 논문이 있다. 韓昇, 『東亞世界形成史論(增訂版)』, pp.116-124. 참조.

士, 工匠, 畫師 등을 청하니 敕을 내려 이를 주었다."[46]고 한다. 이를 통해 百濟와 南朝 사이의 儒學, 曆法, 宗敎, 社會生活 각 방면에서의 우호적 교류 및 중국 문화의 百濟에 대한 영향을 알 수 있다.

현존하는 문헌 통계에 따르면, 南北朝시기, 百濟는 南朝 4개 정권에 대해 27차례에 걸쳐 사신을 파견하였고, 동시에 北朝에 대해서는 5차례에 걸쳐 사신을 파견하였다. 이와 함께 南朝는 百濟에게 4차례 사신을 파견하였고, 北朝의 北魏는 百濟에게 한차례 사신을 파견하였다. 六朝時期 중국과 백제 사이의 여러 차례에 걸친 우호적 왕래와 문화교류를 통해 중국의 儒家經典 및 醫藥, 卜筮, 占卜術이 백제 사회에 널리 流傳되었다. 隋 文帝 開皇元年(581年), 隋朝가 막 건립되었을 때 百濟 威德王은 사신을 파견해 隋와 通貢하였다. 隋朝가 비록 단기간내에 멸망하였지만, 이 기간 동안 百濟는 15차례에 걸쳐 사절을 파견하였다. 唐代(618年 건국)에 들어와 百濟는 거의 매년 使者를 파견하다가 양국 간의 관계가 악화되어 이것이 중지될 때까지 모두 35차에 걸쳐 사절을 파견하였다. 『舊唐書』 卷199 百濟傳 기록에 따르면 "百濟國은 …… 그 歲時, 伏臘이 中國과 같았다. 그 書籍으로는 五經, 子, 史 등이 있었고 또한 表, 疏 모두 中華의 法을 따랐다."고 한다. 중국의 儒家 典籍, 諸子, 史書 등이 백제문화의 중요한 구성 부분이 되었을 뿐만 아니라 그 文書制度(表疏之法) 또한 중화왕조를 모델로 한 것이다.

高名士 선생은 『三國史記』의 기록과 결합해 백제의 학교 설립은 4세기 중후반, 즉 百濟 근초고왕 시대(346~375)에 이루어졌을 것으로 보았다.[47] 최근 출토된 「大周故明威將軍守右衛龍亭府折衝都尉陳府君墓誌銘並序」[48]의 기재에 따르면 墓誌의 主人인 陳法子의 曾祖父가 太學正, 恩率이었던 시기는 아마도 熊津에 도읍

46) 『梁書』 卷54 百濟傳 中華書局, 1973, p.805.
47) 高明士, 2008, 『天下秩序與文化圈的探索:以東亞古代的政治與教育為中心』, 上海古籍出版社, pp.230-231.
48) 胡戟·榮新江 主編, 2012, 『大唐西市博物館藏墓誌』, 北京大學出版社.

했던 시기로 보인다. 「黑齒常之墓誌」의 "小學에 다닐 나이가 되면 『春秋左氏傳』 및 班固, 司馬遷의 두 史書를 읽는다."는 기록에서 그 일면을 엿볼 수 있다. 이것은 儒家文化의 한반도 전파와 밀접한 관계가 있다.[49] 백제와 남조, 북조는 밀접한 문화교류 관계를 유지하였는데, 그렇다면 남,북조의 『論語』 연구와 注疏가 자연스럽게 백제에 영향을 미쳤을 것이다. 武寧王(501~523年 재위)의 묘장에 南朝의 風格이 강하게 나타남을 볼 때, 이 시기 百濟가 선택한 문화적 風格이 南朝에 기울어져 있었음은 분명하다.

2017年 부여 쌍북리 56번지에서 출토된 『論語』 四面觚의 사용 연대는 백제 泗沘시대인 657年 전후로 추정된다. 출토된 殘觚의 길이는 28㎝, 폭이 가장 넓은 곳은 2.5㎝, 가장 좁은 곳은 1.8㎝이다. 觚의 의 하단에는 한 글자 정도의 길이가 남겨져 있다. 觚의 내용은 『論語』 學而의 제1장과 제2장의 일부이다. 四面觚 제1면에는 "子曰" 앞에 확실히 두 글자가 있는데, 이 두 글자에 대해 현재 학계에서는 세 가지로 해석하고 있다.: 한국학자인 김성식·한지아는 이를 人面의 모양으로 보았고,[50] 權仁瀚은 이를 "習+ヽ"의 合字로 보았다.[51] 중국학자인 賈麗英은 「韓國木簡〈論語〉觚考論」에서 부여 쌍북리 출토 백제 『論語』목간 앞의 두 글자를 "卷一"로 석독하였다.[52] 비록 두 글자의 필적은 확인되지만 판단하기는 쉽지 않은데, 필자는 다음과 같은 견해를 제시하고자 한다.: 첫째, 이를 古書의 篇題로 본다면, 그 기본은 "論語某某篇第幾", "論語某某第幾"가 되며, 慶應義塾大學이 구입 소장한 『論語疏』에서도 "論語疏卷第六(五)子罕鄕黨"으로 기록하고 있어 "卷一", "卷二"를 바로 기록한 것은 보이지 않는다. 둘째, 木簡의 文字 본연의 모습에 따르면

---

49) 중국문화의 한반도 전파에 관해서는 戴衛紅, 2017, 「東亞簡牘文化的傳播:以韓國出土 "椋"字木簡為中心」 『文史哲』 2017年第2期 참조.

50) 김성식·한지아, 2018, 「부여 쌍북리 56번지 사비한옥마을 조성부지 유적 출토 목간」 『목간과 문자』 21.

51) 權仁瀚, 2019, 「對扶餘雙北裏論語木簡的幾個想法」 『목간과 문자』 23, pp.197-214.

52) 賈麗英, 2020, 「韓國木簡〈論語〉觚考論」 『鄭州大學學報(哲學社會科學版)』 2020年第4期.

"子曰" 앞에 확실히 두 글자의 문자가 보이는데, 이 두 글자의 자형을 보면 첫 번째 글자는 좌우 구조가 분명한데 우변이 좌변에 비해 조금 길다. 그러나 글자의 필획은 좌우가 비슷하다. 두 번째 글자의 마지막 획이 走之旁인 것은 분명하며, 走之旁 중간의 글자는 "白" 혹은 "自"의 字跡으로 보여, 필자는 이 두 글자를 "明道"라고 조심스럽게 생각한다. 다만 『論語』 卷1 〈學而〉편의 첫 머리에 왜 이 두 글자를 써야 하는지는 잘 알 수 없다.

3. 倭國으로 전파된 『論語』

古代 일본 『古事記』 應神天皇(270~310 재위)조 중에는 百濟 照古王이 和邇吉師 王仁을 통해 『論語』 10권과 『千字文』 1권을 일본에 전송했다는 기록이 실려 있는데, 이것이 일본 儒學의 발단이다. 비록 이 기재 시간은 사실과 부합하지는 않는데, 실제 應神天皇이 존재했다면 그 시기는 대략 3세기 후반에서 4세기 전반이 된다. 하지만 남조 梁 武帝시기에 이르러서야 員外散騎侍郎 周興嗣(469~521年)가 皇命을 받들어 王羲之 書法 중에서 1,000개 글자를 골라 책을 편찬했는데, 이것이 중국 역사상 최초의 『千字文』이다. 이것은 위에서 말한 『千字文』이 고대 일본에 보급된 시기와 불일치한다. 만약 이 사건이 일어난 시기에만 의문을 두고 이 사건의 내용 기재를 신뢰한다면 우리들은 『論語』의 전파가 확실히 中國-百濟-倭國의 과정으로 이루어졌고, 그 『論語』의 판본이 아마도 南朝의 風格을 가진 『論語』 注本, 즉 『隋書』 經籍志의 "梁有 『古文論語』 10卷 鄭玄注"이거나 혹은 何晏의 『論語集解』일 것을 알 수 있다. 이때 倭國에 유입된 『論語』에 대해 일본학자 島田重禮는 鄭玄注 『論語』일 것으로 본다.[53]

고고자료를 통해 보면 何晏의 『論語集解』도 일본에 전해졌다. 平城京 左京二

---

53) 島田重禮는 이를 鄭玄注 『論語』로 보았다. 그 설은 그의 글 「百濟所獻論語考」에 보인다. 그 글은 『史學雜誌』 第6編 第1號, 1985에 실려 있다.

條二坊五坪二條大路 濠狀유지에서는 "何晏集解 子曰"이라는 글자가 쓰여진 習書 木簡이 출토되었는데, 그 연대는 대략 天平7, 8年(735, 736年)으로 나라시대 전반기에 해당한다.[54] 兵庫縣 出石郡 出石町 袴狹유적에서도 8세기 "論語序 何晏集 解" 習書木簡이 출토되었다.[55]

일본학자의 관점에 따르면 皇侃 『論語義疏』는 아마도 遣隋使를 따라 隋代에 이미 선박에 실려 일본으로 전해졌는데, 藤原佐世는 寬平연간(889~898年)에 쓰여진 『日本國見在書目錄』 중에 분명한 기록이 있다고 하였다. 1,200여년간 이 책은 약간의 古鈔本의 형식으로 전해졌다. 康熙9年(1670年), 일본 儒家學者 山井鼎이 지은 『七經孟子考文』의 凡例에는 그 나라에 皇疏가 있었음을 자칭하고 있다. 후에 浙江 餘姚 사람 汪鵬이 일본 足利學所에서 皇疏를 얻어 국내로 돌아왔고, 乾隆53年(1788) 鮑廷博刻 『知不足齋叢書』에 포함되었다. 楊守敬은 『留真譜』 跋文 중에서 지적하기를: "『論語皇侃義疏』는 海內 逸書의 眞本임이 분명하다. 다만 괴이한 것은 根本遜志가 간행한 『義疏』의 體式이 閩, 監, 毛의 邢『疏』本과 완전히 같은 것이다. …… 어찌 皇『疏』舊本이 明刊의 式과 같은가, 해결하지 못한 이 의문은 이제 와서 皇『疏』古抄本 여러 통을 얻고 나서야 그 體式이 다르다는 것을 알 수 있었다."라고 하였다.

(번역 : 오준석 | 경북대학교 인문학술원 HK연구교수)

* 이 논문은 2019년 대한민국 교육부와 한국연구재단의 지원을 받아 수행된 연구임 (NRF-2019S1A6A3A01055801).

---

54) 圖版은 奈良文化財研究所 木簡庫(https://mokkanko.nabunken.go.jp/ ja/6AFFJF09000181)에 보인다. 그 연대 추정과 연구에 대해서는 東野治之, 1996, 「論語と爾雅」 『長屋王家木簡の研究』, 塙書房, pp.181-184 참조.

55) 圖版은 兵庫縣教育委員會, 2000, 『出石郡出石町袴狹遺跡(圖版寫真篇)』, 圖版83에 보인다.

樓蘭, 敦煌, 吐魯番出土紙本『論語』一覽表

출토 지역	편호	編目	版本 정보	備注
樓蘭 敦煌	L.A.Ⅳ.v.029一馬紙192	學而	子曰學而(正面)醜醜荀子曰子曰梭口口口(背面)	習書
	P . 2510號寫本	述而, 太伯, 子罕,鄕黨	龍紀二年(890年)寫本,四卷本,孔氏本鄭氏注	『論語』卷第2. 維龍紀二年燉煌縣
	P . 3573殘卷	學而, 爲政, 八佾, 裏仁篇	唐寫本『論語皇疏』	전체 649行, 16,000餘字. 사본 卷 첫머리에 後梁 貞明九年(923)公文紙로 포장, 또한 後梁 龍德年號 사용.
	S . 6121號		佚名論語注(王素: 論語鄭氏注)	영국 소장 敦煌文獻(漢文佛經以外部分) 第10卷
	S . 11910		論語鄭氏注	영국 소장 敦煌文獻(漢文佛經以外部分) 第14卷
	S . 3339號寫本	八佾		殘存21行, 前20行은 八佾 殘本, 마지막 1행은 "里仁"篇題
	日本杏雨書屋藏敦煌祕笈 羽014-1號寫本	雍也殘卷	論語鄭氏注	存15行, 下端 및 左側 殘缺.經文은 大字로 雙行의 夾注가 있음. 楷書, 行書 두 서체로 서사. 經文 첫 글자는 "子", 위에 붉은 점이 있음. 黃麻紙, 12.5~13.5×25㎝
	日本杏雨書屋藏敦煌祕笈 羽014-2號寫本	子罕篇	論語集解	存10行, 사변에 잔결 있음. 經文은 大字로 雙行의 夾注가 있음. 行書로 抄錄. 卷의 첫 행 문자는 모두 우측편에 잔결 있음. 종이를 꿰매어 병합

출토 지역	편호	編目	版本 정보	備注
				한 흔적 있음. 褐色의 粗紙, 11~18.6×22.6㎝
	日本杏雨書屋藏敦煌祕笈 羽014-3號寫本	衛靈公篇	論語鄭氏注	存7行, 좌측 및 하단 잔결. 經 文은 大字로 雙行의 夾注가 있음. 行書로 抄錄. 黃橡粗紙, 7~20×10.1~14㎝
	日本書道博物館藏敦煌寫 本	顔淵, 子路		共33行, 月洞讓『輯佚論語鄭 氏注』臨摹圖版 수록
	上博24(24579)號寫本	雍也		論語鄭氏注
	BD09954號(中國國家圖 書館館藏)	雍也		論語鄭氏注
	唐寫本『論語音義』, 北京 圖書館 소장, 編號 殷42, 許國霖『敦煌雜錄』수록			
	俄藏Дx.2144	子罕, 鄉黨	白文本	殘存27行
	S.6023	泰伯, 子罕	白文本	殘存38行
	S.5756	鄉黨	白文本	殘存19行
	S.966	鄉黨	白文本	殘存7行
吐魯番	日本龍穀大學藏吐魯番寫 本(原出吐峪溝)	子路 中部二斷 行		
	日本龍穀大學藏吐魯番寫 本(原出吐峪溝)	子路, 憲問		共11行
	鄯善洋海1號張祖墓 (97TSYM1) 출토 闞氏王 國(460~488)『論語鄭氏 注』寫本	論語堯曰古注	錄論語堯曰古注, 殘存9行,行17, 18 字같지 않음. 小 字雙行夾注	闞氏王國(460~488)時期

출토 지역	편호	編目	版本 정보	備注
吐魯番	鄯善洋海 2006TSYIM4: 5-1背面, 2006TSYIM4: 5-2背面	『論語』公冶長, 雍也篇	白文本	年代는 前秦~北涼 사이 (〈384〈433〉
	아스타나19號墓 編號 64TAM19:32a, 54a, 55a, 33, 56, 57, 34, 58, 59號 寫本	公冶長	『論語鄭氏注』	대략 永徽2年(651年)부터 上 元2年(675年) 사이, 1964년 출토
	아스타나363號墓 編號 67TAM363:8-1(a)	為政,八,裏仁,公 冶長	唐寫本『論語鄭氏 注』	景龍4年(710年)三月一日私學 生葡天壽□(孔氏本鄭氏注)
	아스타나67號墓 編號 67TAM67:14/1(a), 14/2(a),14/3(a),14/4(a), 殘剩 2片	殘片1은 雍也, 殘片2는 先進	論語集解	
	아스타나184號墓 編號 72TAM184:12/1(b)-6(b) 72TAM184:12/7(b)-8(b) 72TAM184:18/7(b)-8(b)	雍也 述而 述而	唐寫本『論語鄭氏 注』殘卷	
	아스타나85號墓의 1/1, 1/2	公冶長	唐寫本『論語鄭氏 注』	殘存 5行
	아스타나27號墓 출토 編 號 64TAM27:25(a)	雍也	唐景龍2年(708) 『論語鄭氏注』	
	아스타나27號墓 출토 編 號 64TAM27:18/1, 2, 3, 64TAM27:21, 64TAM27 :22, 64TAM27:23(a), 64TAM27:24(a)	雍也	唐開元4年(716) 『論語鄭氏注』	
	아스타나27號墓 출토 編 號 64TAM27:36(b),37(b)	雍也	唐寫本『論語鄭氏 注』	
	64TAM27:18/7(a) 64TAM27:18/8(a) 64TAM27:31/1(a)	子罕	唐開元4年(716) 『論語鄭氏注』寫本	

출토 지역	편호	編目	版本 정보	備注
	64TAM27:31/2(a) 64TAM27:32(a) 64TAM27:33(a)			
	64TAM27:34 64TAM27:18/9(a)	鄉黨	唐開元4年(716) 『論語鄭氏注』寫本	
	64TAM27:35 64TAM27:18/10(a)			"論語卷第二""十三日高昌縣 學生賈忠禮寫"
	64TAM27:26(a) 64TAM27:27(a) 64TAM27:18/11(a) 64TAM27:18/4(a) 64TAM27:18/5(a) 64TAM27:38(b) 64TAM27:39(b)	述而		
	64TAM27:28(a) 64TAM27:18/6 64TAM27:29(a) 64TAM27:30(a)	泰伯		
	64TAM27:41 64TAM27:42 64TAM27:50/3 64TAM27:50/2 64TAM27:49, 48/6 64TAM27:48/2 64TAM27:48/3, 48/1 64TAM27:50/2 64TAM27:40, 50/5, 43, 50/6		唐寫『論語鄭氏注』 對策殘卷	

참고문헌

『後漢書』『三國志』『宋書』『南齊書』『梁書』『魏書』『北史』『舊唐書』『新唐書』『三國史記』『三國史』

韓國文化財管理局編, 1974, 『武寧王陵』

김성식·한지아, 2018, 「부여 쌍북리 56번지 사비한옥마을 조성부지 유적 출토 목간」『목간과 문자』 21

權仁瀚, 2019, 「對扶餘雙北裏論語木簡的幾個想法」『목간과 문자』 23

李成市·尹龍九·金慶浩, 2009, 「平壤貞柏洞364號墳 출토 죽간 〈論語〉」『목간과 문자』 4

『吐魯番出土文書 圖版本(壹)』, 文物出版社, 1992

杏雨書屋藏, 2009, 『敦煌祕笈影片冊一』, 武田科學振興財團

高明士, 2008, 『天下秩序與文化圈的探索: 以東亞古代的政治與教育為中心』, 上海古籍出版社

唐長孺, 1992, 『魏晉南北朝隋唐史三論』, 武漢大學出版社

馬宗霍, 1984, 『中國經學史』, 上海書店

榮新江·李肖·孟憲實, 2008, 『新獲吐魯番出土文獻』, 中華書局

錢福林, 1985, 『六朝經術流派論』, 『詁經精舍文集』卷一, 『叢書集成初編』本, 中華書局

何晏·皇侃, 1985, 『論語集解義疏』, 『叢書集成初編』本, 中華書局

許建平, 2016, 『敦煌經學文獻論稿』, 浙江大學出版社

胡戟·榮新江 主編, 2012, 『大唐西市博物館藏墓誌』, 北京大學出版社

黃文弼, 1948, 「羅布淖爾考古記」『中國西北科學考察團叢刊』, 國立北京大學出版部

黃征, 2005, 『敦煌俗字典』, 上海教育出版社

侯燦·楊代欣 編著, 1999, 『樓蘭漢文簡紙文書集成』, 天地出版社

唐明貴, 2009, 『論語學史』, 中國社會科學院出版社

王素, 1991, 『唐寫本論語鄭氏注及其研究』, 文物出版社

牟潤孫, 1987, 「論儒釋兩家之講經與義疏」『注史齋叢稿』, 中華書局

戴衛紅, 2017, 「東亞簡牘文化的傳播: 以韓國出土"椋"字木簡為中心」『文史哲』
　　2017(2)

島田重禮, 1985, 「百濟所獻論語考」『史學雜誌』1985(6)

韓鋒, 2006, 「幾件敦煌寫本〈論語〉白文殘卷綴合研究」『敦煌學輯刊』2006(1)

林鵠宇, 2019, 「敦煌, 吐魯番〈論語〉鄭注殘卷版本考——文化特殊性視角下的考察」
　　『歷史文獻研究』2019(1)

梁啟超, 1948, 「論語注釋匯考」『燕京學報』1948(34)

賈麗英, 2020, 「韓國木簡〈論語〉觚考論」『鄭州大學學報 (哲學社會科學版)』2020(4)

許建平, 2013, 「杏雨書屋藏〈論語〉殘片三種校錄及研究」『從鈔本到刻本: 中日〈論
　　語〉文獻研究』, 北京大學出版社

夏國強, 2016, 「日本杏雨書屋刊佈李盛鐸舊藏敦煌寫本〈論語〉殘卷敘論」『孔子研
　　究』2016(2)

孫述圻, 1986, 「論皇侃的〈論語義疏〉」『南京大學學報』1986(3)

唐明貴, 2006, 「敦煌及吐魯番唐寫本〈論語〉注本研究概述」『古籍整理研究學刊』
　　2006(1)

唐明貴, 2006, 「魏晉南北朝時期〈論語〉學的發展及其原因」『齊魯學刊』2006(5)

張艷奎, 2014, 「吐魯番出土72TAM169,83號〈論語〉習書初探」『吐魯番學研究』
　　2014(2)

朱玉麟, 2007, 「吐魯番新出論語古注與孝經義寫本研究」『敦煌吐魯番研究』
　　2007(10)

朱玉麟, 2010,「中古時期吐魯番地區漢文文學的傳播與接受——以吐魯番出土文書爲中心」『中國社會科學』2010(6)

曹道衡, 2004,「略論南北朝學風的異同及其原因」『河南大學學報(社會科學版)』2004(4)

王天然, 2012,「讀杏雨書屋所藏八件經部敦煌寫本小識」『亞洲研究』2012(16), 慶北大 亞洲研究所

王曉毅, 1992,「王弼〈論語釋疑〉研究」『齊魯學刊』1993(5)

王素, 2007,「吐魯番新出闞氏高昌王國〈論語鄭氏注〉寫本補説」『文物』2007(11)

宮崎市定, 1976,『論語の新研究』, 岩波書店

『慶應義塾大學三田メディアセンター (慶應義塾図書館)が『論語』の伝世最古の寫本を公開』, 慶應義塾大學圖書館, 2020.9.10

『最古級の「論語」寫本を発見　中國でも消失, 古書店から』, 朝日新聞, 2020.9.26, https,//www.asahi.com/articles/photo/AS20200926001456.html

奈良文化研究財木簡庫: https,//mokkanko.nabunken.go.jp/ja/MK023060000003

제2부

계양산성 출토
《論語》목간과 동아시아

제6장

계양산성 발굴과 문자자료

서봉수

I. 머리말

우리나라의 대표성을 갖는 유적을 일컫는 말 중, '산성의 나라'가 있다. 고대 국가인 고구려, 백제, 신라를 비롯하여 통일신라, 고려, 조선에 이르기까지 산성 은 우리 역사의 중요한 자리를 차지하며 선조들의 삶과 생존에 지대한 영향을 미 치며 존폐를 거듭해 왔기 때문이다. 따라서 그 흔적은 우리나라 곳곳 중요 거점 이나 교통로상에서 어김없이 나타난다. 이렇게 산성은 중앙 또는 지방 통치를 위 해서, 적 또는 외세 침략의 방어에 중요한 역할을 담당하여 왔다. 산성은 고고학 적으로도 중요한 위치를 차지하는데 유적의 성격이 통치의 기반이자 전쟁시에 는 수성의 요새로서 복합적인 성격을 갖기 때문에 확인되는 유구나 출토되는 유 물도 도성급 또는 관청급의 높은 수준을 보이고 있다.

한편, 각 시대별로 중요한 역사적, 고고학적 지위를 갖는 산성이지만 자연적, 지리적 천혜의 조건이라는 것은 시대를 달리해도 변하지 않는다. 따라서, 수많은 산성 조사에서 확인되는 것처럼, 한정된 지리적 조건내에서 시대를 달리하며 산성을 사용하였기 때문에 산성의 주체 세력이나 초축 세력에 대한 해석에는 때에 따라 서로 다른 의견이 존재하는 것도 사실이다. 특히, 한강 유역은 고대 삼국이 한반도의 패권을 차지하기 위해 중요한 거점으로 생각했던 곳이다. 그만큼 각 국이 남겨놓은 유적도 많다. 산성을 비롯하여 고분, 생활 유적, 생산 유적 등 다양하다. 그런데 다른 유적과 달리 산성은 그 활용성 면에서 사용 주체가 변하여도 다시 사용되는 사례도 있어 그 주체 세력 또는 초축 세력에 대한 해석이 신중할 수밖에 없다. 최종적으로 한강 유역을 확보한 신라가 고구려, 백제와는 달리 거점성적인 측면에서 더욱 많은 산성을 축조하고 이용하였지만 앞선 백제나 고구려의 산성도 다시 사용했으리라는 것은 어느 정도 유추가능한 해석일 수 있기 때문이다. 이러한 논쟁의 대표 유적으로는 한강 유역에서 파주 덕진산성, 연천 호로고루, 포천 반월산성, 인천 계양산성, 이천 설봉산성, 이천 설성산성 등을 들 수 있다.

하지만 고고학은 실증이다. 조사된 유구와 출토된 유물을 바탕으로 일차적인 해석을 하는 것이 기본이다. 역사적 정황이나 추론은 이차적인 부분이다. 이 논고는 이러한 문제의식을 가지고 인천 계양산성을 다루어 보고자 한다. 주지하듯이 인천 계양산성은 지금까지의 조사결과, 특정 유구나 유물의 해석을 통해서 그 초축세력을 백제로 보기도 하고 고구려로 보기도 하기 때문이다. 이 글에서는 계양산성에서 조사된 수많은 성격의 유구와 유물 중에서 문자자료에 주목하여 논지를 진행하려고 한다. 특히 계양산성에서는 목간을 비롯하여 수많은 기와에서 글자가 확인되어 문자자료의 가치가 상당히 높다. 이 글은 지금까지의 계양산성 발굴결과를 토대로 문자자료를 정리하고 특히 글자기와의 고고학적 속성과 연관시켜 그 특성 및 구체적인 편년안을 제시하고자 한다. 이를 통해 계양산성의 사용 주체세력 및 중심시기를 파악하는 단서를 제공할 수 있을 것이다.

II. 계양산성 발굴조사 현황과 문자자료 종류

1. 발굴조사 현황

인천 계양산성은 현 인천광역시 계양구에 위치한 계양산(395m) 중봉(中峰, 202m)의 동쪽 능선에 위치하고 있다. 이 지역은 한강 유역을 중심으로 넓게 펼쳐진 김포평야와 부천, 양천구 일대를 조망할 수 있는 교통의 요충지이다. 계양산성은 인천의 대표적 성곽으로 문학산성[1]과 함께 중요한 교통로상의 거점성으로서 인식되어 왔다. 지금까지 십여 차례에 이르는 조사가 진행되었으며 대략의 현황은 다음 표와 같다. 총 2차례의 지표조사와 10차례에 이르는 발굴조사를 통해 어느 정도 계양산성에 대한 발굴조사는 마무리되는 듯 한데 주요 유구 및 출토 유물에 대한 의견은 발굴자에 따라 또는 학자에 따라 상이하다.

일차적으로 중요한 쟁점이 되는 부분은 3차 발굴까지 선문대학교 고고연구소에 의해 진행된 조사결과에서 확인된 물저장고(집수정)와 출토 목간, 그리고 백제토기로 추정한 둥근바닥짧은목항아리(원저단경호)이다. 조사자는 물저장고 안에서 목간과 함께 확인된 층위에서 수습된 목제 시료의 AMS 측정 결과, 방사성탄소연대를 B.P.1640±60(시료 1)과 B.P.1580±60(시료2)으로 제시하여 보정연대를 A.D.400년과 A.D.480년으로 규정하였다. 따라서 이와 함께 출토된 목간과 둥근바닥짧은목항아리도 서체와 제작기법으로 보아 4~5세기대 백제 유물로 판단하였다. 더불어 연화무늬 막새는 백제와 신라의 영향을 동시에 받은 6세기

---

1) 인천의 진산(鎭山)인 문학산(213m)에 위치한 둘레 577m의 테뫼식 석성이다. 옛 문헌에 비류와 관련한 성터와 비판(扉板)이 있다고 전하나 자세한 발굴조사가 진행된 바가 없어 확인할 길은 없다. 현재로서는 신라시대의 석성으로 알려져 있다. 하지만 문학산이 인천의 주산(主山)인 만큼 삼국시대 이래로 인천의 주요 산성으로서 그 역할을 담당하여 온 것으로 파악된다(인천광역시사편찬위원회, 2003, 『인천의 역사와 문화』, pp.36-38).

지도 1. 계양산성의 위치

대 유물로, '주부토(主夫吐)' 관련 글자기와들은 7세기대 유물로 판단하였다(선문대학교 고고연구소 2008).

이후, (재)겨레문화유산연구원에서 진행된 4차 조사에서는 일부 고구려(계) 토기편과 적색계통의 통쪽와통 기와를 토대로 고구려 또는 백제의 영향 가능성도 언급된 바이다.[2] 한편, 8차 조사에서는 그동안 출토된 기와를 제작기술의 차이에 따라 총 5군의 형식으로 분류하고 특히 A군의 형식적 특징을 ① 기와 내면에 연결흔 없는 통쪽흔만 남은 암키와 성형틀의 특징, ② 글자 및 기호, 그림 등을 외면에 선각하는 방식, ③ 건조전 자르기면 조정 방식, ④ 점토띠소지를 사용하여 사절흔 및 점토판 접합흔이 확인되지 않는 점 등으로 정리하고 고구려의 조와 기술로 판단한 바도 있다.[3] 이러한 다양한 견해는 계양산성을 비롯한 인천지역이 백제가 처음 점유하고 고구려의 남진으로 인한 영향을 받으며 6세기 중반 이후 신라가 한강유역을 경영한 역동적인 상황을 그대로 나타내 주는 것이기도 하다. 하지만, 앞서 언급하였듯이, 보고자의 판단을 그대로 인정하더라도 특정 유물 몇 편에 의해 산성의 축조세력과 역사적 정황을 그대로 연결시키는 것은 다소 위험한 판단이라 생각한다.

---

2) 겨레문화유산연구원, 2015, pp.285-287.
3) 겨레문화유산연구원, 2019, 『계양산성 Ⅳ』, pp.135-154.

표 1. 계양산성 조사 현황

	조사구분	조사대상	주요성과	주요유물	조사기관
1	지표(1997)	축조위치, 방법, 성내시설 유존파악	현황파악		㈜유성건축 사무소
2	지표(2001)	전체	치, 건물지, 문지	삼국시대 토기 및 기와편	선문대 고고연구소
3	1차발굴 (2003)	서벽 육각정	내외벽 4m	기와, 토기, 철기 등	선문대 고고연구소
4	2차발굴 (2004, 2005)	동문추정지 및 주변	1, 2집수정	문확석, 목간	선문대 고고연구소
5	3차발굴 (2006)	동문추정지, 성벽, 집수시설	3집수정	토기, 기와	선문대 고고연구소
6	4차발굴 (2009)	북문추정지, 치성지, 주변 건물지	북문 현문 구조, 보축시설	글자 및 부호 기와, 토기	(재)겨레문화유산 연구원
7	5차발굴 (2013)	내부 건물지	건물지, 수혈	기와, 토기 등	(재)겨레문화유산 연구원
8	6차발굴 (2014)	건물지	건물지 9동, 구들 2기, 수혈 3기	기와, 토기 등	(재)겨레문화유산 연구원
9	7차발굴 (2015)	건물지, 추정 치성부	건물지, 토심석축 치성	기와	(재)겨레문화유산 연구원
10	8차발굴 (2016)	건물지	집수시설, 제의유구, 담장지	기와	(재)겨레문화유산 연구원
11	9차발굴 (2017)	성벽, 집수시설	4호 집수시설	기와, 토기	(재)겨레문화유산 연구원
12	10차발굴 (2019)	성벽	협축성벽, 기단보축 등	기와, 토기	(재)겨레문화유산 연구원

현재, 출토 목간 및 토기에 대해서는 그 편년 및 성격에 대해서 학회를 비롯한 학계의 다양한 의견이 제시되고 있는 바이니 따로 구체적인 언급은 하지 않겠다. 여기에서는 계양산성에서 출토된 모든 문자자료를 발굴보고 중심으로 정리

하고 그중 글자기와를 대상으로 학계의 연구 성과를 토대로 고고학적 분석을 하려고 한다.

2. 문자자료 종류

이 장에서는 계양산성에서 출토된 모든 문자자료의 내용을 보고자의 내용을 바탕으로 출토 층위와 함께 정리하였다.

1) 목간

목간은 계양산성의 제1물저장고 바닥에서 2차와 3차 조사에서 각각 1매씩 출토되었다. 보고자에 따르면, 제1물저장고의 퇴적토층의 맨 아래층인 Ⅶ층 바닥 남측 벽면에 가까운 지점의 둥근바닥짧은목항아리(원저단경호) 주변에서 확인되었다(선문대학교 고고연구소, 2008: 262)고 한다.

(1) 목간 1(5각형 목주)[4]

　　　1면: ... 賤君子 .. 人 ...
　　　2면: .... 吾斯之未能信子設
　　　3면: .... 也不之其仁也赤也 ..
　　　4면: ..... 十 ....
　　　5면: ..... 子曰吾 ....

---

4) 자세한 설명은 다른 논문에서 상세히 정리하였으므로 여기서는 생략한다.

(2) 목간 2

1면: … 子 …

2) 글자기와

다양한 형태의 음각 부호 글자와 두드림판 글자 등이 출토되었다. 4차 조사 시에 가장 많은 수가 출토되었는데 당시 조사 층위는 크게 4개층으로 구분되었다. 이 중 음각 부호 글자는 마지막 Ⅳ층인 적갈색 사질점토층에서 주로 출토되었다. 상대적으로 두드림판 글자 기와는 그 위층인 Ⅱ층의 황갈색 사질점토층과 Ⅲ층의 암갈색 사질점토층에서 확인된다.[5)]

(1) 음각 부호 글자

① 4차 조사: 'カ', '土', 'ラ', '卩', '丰', '朩', '∩', '之'
② 5차 조사: 'キ'형, '⊘'형, 'X'형, '一 '형 부호

(2) 두드림판 글자

① 4차 조사: '主', '主夫', '主夫十夫口大(?)', '口十夫口', 主夫十夫
(?) - 主夫吐 관련
'月', '官', '草', '瓦草', '天(?)'
② 5·6차 조사: '官草', '寺', '主夫土夫口大(?)', '口土夫口', 主夫土夫(?)

5) 겨레문화유산연구원, 2011, 『계양산성 II』, pp.37-38.

③ 7차: '九嵒仰一是(or 見)成'

     - 가. 구암이 우러르니 한꺼번에 (다) 이뤄졌다.

     나. 구암이 우러러 한번 보고 만들었다.

'大十' - '도(冬)', '본(本)'??

III. 계양산성 출토기와의 고고학적 속성[6]

이 장에서는 계양산성에서 출토된 많은 유물 중에서 기와의 고고학적 속성 및 편년을 살펴보려고 한다. 앞서, 계양산성 4차 발굴조사결과를 발표하면서 출토된 기와의 편년을 크게 세 단계로 구분한 바가 있다.[7] 여기서는 좀 더 심층있는 기와 분석을 통해 구체적인 편년안을 마련하는 것이 목적이다. 이를 위해 우선, 지금까지 이루어진 발굴조사 자료 중에서 4차 발굴조사에서 출토된 기와들을 중심으로 고고학적 속성을 분석하여 이를 대상으로 구체적인 편년안을 마련하고 출토된 글자기와들의 성격을 살펴볼 것이다.

1. 출토기와 속성

1) 분석기준

4차 보고서에 기록된 유물번호를 중심으로 유물의 종류, 무늬, 두드림판 크기, 두드림 방법, 측면 자르기 방법, 두께 등을 분석하였고 비고에는 내면 조정 여부를 비롯한 참고할 만한 사항들을 속성으로 적었다. 기술된 형식은 최종 결과를 분류한 것이다.

---

6) 이 장은 본인의 학위논문 중에서 부분발췌하여 가감하였다(서봉수, 2020).

7) 서봉수·박종서·김우락·박햇님, 2010, pp.109-132.

총 297점의 기와를 분석하였다. 대상 유물들은 인천 계양산성 4차 발굴조사에서 출토된 기와 중 분석 요건을 갖춘 기와들을 선정한 것이다. 그 분류 기준은 크게 기와 외면의 무늬, 와통의 형태, 두드림판(타날판) 크기, 두드림(타날) 방법, 측면 자르기 방법이고 부가적으로 끝다듬기(단부조정) 방법, 내면 조정 자국, 두께 등을 기술하였다.

(1) 외면 무늬

외면 무늬는 대분류의 기준으로 삼고 민무늬(Ⅰ), 꼰무늬(Ⅱ), 줄무늬(Ⅲ), 격자무늬(Ⅳ), 기타무늬(Ⅴ)로 구분하였다. 삼국시대 이래 통일신라시대까지 나타

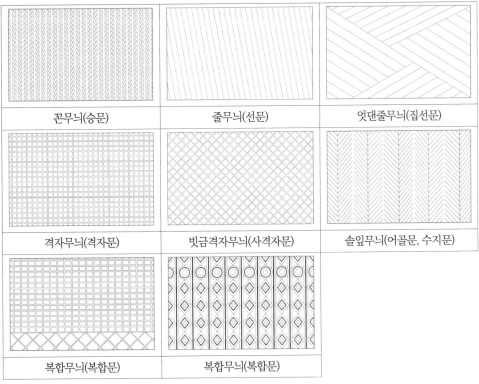

꼰무늬(승문)	줄무늬(선문)	엇댄줄무늬(집선문)
격자무늬(격자문)	빗금격자무늬(사격자문)	솔잎무늬(어골문, 수지문)
복합무늬(복합문)	복합무늬(복합문)	

도판 1. 각종 무늬 도안

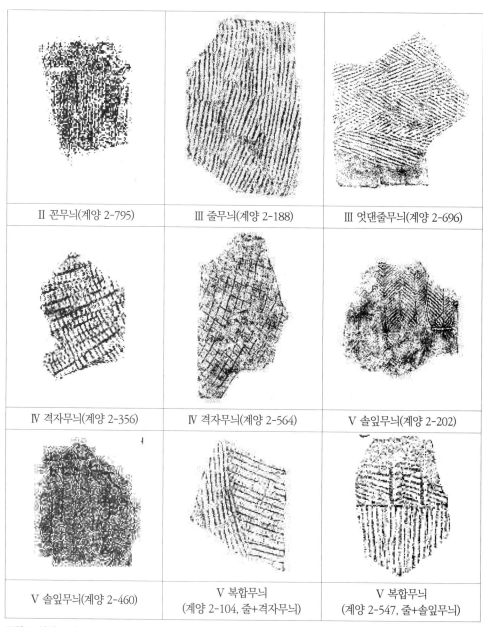

II 꼰무늬(계양 2-795)	III 줄무늬(계양 2-188)	III 엇댄줄무늬(계양 2-696)
IV 격자무늬(계양 2-356)	IV 격자무늬(계양 2-564)	V 솔잎무늬(계양 2-202)
V 솔잎무늬(계양 2-460)	V 복합무늬 (계양 2-104, 줄+격자무늬)	V 복합무늬 (계양 2-547, 줄+솔잎무늬)

도판 2. 외면 무늬 종류

나는 무늬 대부분은 Ⅰ~Ⅳ의 범주 안에 들어오며 특히 통일신라 후반에 나타나기 시작하는 솔잎무늬(어골문)와 톱니무늬 등과 함께 복합무늬는 기타 무늬(Ⅴ)로 통합하였다.

(2) 두드림판 크기

두드림판 크기는 단판(A), 중판(B), 장판(C)으로 구분하여 중분류의 기준으로 삼았다. 두드림판의 크기는 단판에서 중판, 중판에서 장판으로의 변화가 인정되어[8] 두드림 방법의 변화와 함께 어느 정도 시간적 선후를 반영하는 요소로서 지역차와 계통차를 반영한다고 하였다.

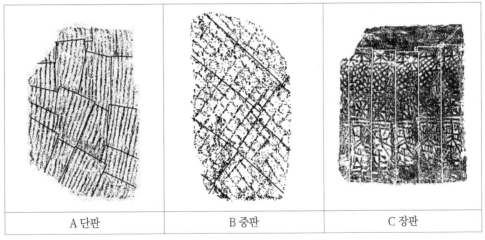

| A 단판 | B 중판 | C 장판 |

도판 3. 두드림판 크기 형태

---

8) 최태선, 1993, 「平瓦製作法의 變遷에 대한 研究」, 경북대학교대학원 석사학위논문, p.43; 이재명, 2016, 「경남지역 삼국~고려시대 평기와 연구」, 경상대학교대학원 석사학위논문, pp.36-38.

(3) 두드림 방법

두드림 방법은 필자의 분류 기준에서 중요하다고 판단하여 채택된 속성으로 소분류의 중요 기준으로 삼았다. 즉, 기와의 외면에 두드림판으로 다소 불규칙적으로 부분적인 두드림을 했는지, 기와 외면 전면에 걸쳐서 정연하게 겹치기 두드림을 했는지를 구분한 것이다. 이에 따라 부분두드림(a), 전면두드림(b)으로 구분하였다.

| a 부분두드림 | b 전면두드림 |

도판 4. 두드림 방법 차이

(4) 측면 자르기 방법

측면 자르기 방법 역시 필자 나름대로 중요한 시기 구분의 분류 기준으로 판단하여 최종적인 세분류의 기준으로 삼은 것이다. 기와 측면을 전면 또는 두 번 조정하는 경향은 고구려[9]나 백제[10] 시기에도 나타나는 시대적 현상이기도 하고

9) 한국토지공사 토지박물관, 2007,『漣川 瓠盧古壘 Ⅲ(제2차 발굴조사보고서)』, pp.318-319.
10) 서울역사박물관·한신대학교박물관, 2008,『풍납토성 Ⅸ-경당지구 출토 와전류에 대한 보고-』; 국립문화재연구소, 2009,『風納土城 Ⅺ-풍납동 197번지(舊 미래마을)시굴 및

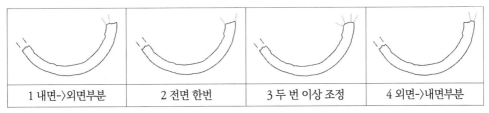

| 1 내면->외면부분 | 2 전면 한번 | 3 두 번 이상 조정 | 4 외면->내면부분 |

도판 5. 측면 자르기 방법

측면을 2~3차례 다듬는 것을 초기 기와(7세기 후반)로 생각하는 경우[11]도 있지만 계양산성을 비롯한 한강 유역의 신라기와에서는 다양한 측면 자르기 자국이 특정시기별로 나타나고 있다. 따라서 기와 측면에 남아있는 기와칼자국(와도흔)이 기와 내면에서 외면(또는 외면에서 내면)으로 부분적으로 남아 있는지, 전면에 걸쳐 자르기했는지, 자르기 후 내외로 추가적인 조정을 했는지에 따라서 '내->외 부분(1)', '전면(2)', '두 번 이상(3)', '외->내(4)'로 구분하였다.

보조 속성 분석으로는 기와 내면에 나타나는 다양한 제작 자국 중 내면의 조정 여부에 따라 무조정한 것과 조정한 것을 구분하여 민무늬 기와 중 조정한 것에 '-1'을 부기하였다. 이와 함께 기와의 두께도 참고하였다.

2) 분석 결과

다음의 표는 그 분석 결과를 정리한 것이다.

발굴조사 보고서 1-』.

11) 심광주, 2019, 「용인 할미산성의 축성법과 역사적 의미」 『용인 할미산성-문화재적 가치와 위상-』, 용인시, p.33.

표 2. 계양산성 출토 기와 속성 분석

번호	유물번호	종류	무늬	두드림판	두드림법	측면	두께	색조	형식	비고
1	계양2-26	암	줄무늬	단판	전면	전면	2.15	갈	IIIAb2	내면빗질
2	계양2-29	암	격자무늬	단판	전면	전면	1.95	명갈	IVAb2	빗질
3	계양2-76	수	민무늬	무	무	내-->외	1.75	명갈	I 1-1	글자 부관대, 빗질
4	계양2-77	암	민무늬	무	무	내-->외	2.15	회청	I 1-1	글자 주부
5	계양2-80	암	민무늬	무	무	내-->외	1.95	명갈	I 1-1	글자 부
6	계양2-81	암	민무늬	무	무	내-->외	1.8	암적	I 1-1	글자 부, 빗질
7	계양2-82	암	민무늬	무	무	전면	1.8	적	I 2-1	부호, 빗질
8	계양2-89	암	줄무늬	단판	전면	세번	1.9	적	IIIAb3	부호, 빗질
9	계양2-91	암	민무늬	무	무	내-->외	1.65	회청	I 1-1	글자 초, 빗질
10	계양2-92	수	민무늬	무	무	내-->외	2.2	갈	I 1-1	글자 관
11	계양2-93	수	민무늬	무	무	외-->내	1.7	갈회	I 4-1	물손질
12	계양2-94	수	줄무늬	단판추정	전면	네 번	1.6	적갈	IIIAb3	물손질
13	계양2-95	수	줄무늬	단판추정	전면	전면	1.8	명회	IIIAb2	빗질
14	계양2-96	수	줄무늬	단판추정	전면	전면	1.25	적	IIIAb2	물손질
15	계양2-97	수	줄무늬	단판	전면	외-->내	1.4	적	IIIAb4	
16	계양2-98	수	엇댄줄무늬	중판추정	전면	전면	2	명갈	IIIBb2	빗
17	계양2-99	수	줄무늬	단판	전면	내-->외	1.65	갈	IIIAb1	물손질
18	계양2-100	수	복합무늬	중판추정	전면	전면	2.6	회청	VBb2	물손질, 줄무늬+솔잎
19	계양2-102	암	줄무늬	단판	전면	내-->외	1.4	연적	IIIAb1	물손질, 빗질
20	계양2-103	암	추상무늬	중판추정	전면	전면	2.8	황갈	VBb2	빗질
21	계양2-104	암	복합무늬	중판추정	전면	내-->외	1.65	회	VBb1	줄무늬+격자, 빗질
22	계양2-169	암	엇댄줄무늬	장판추정	전면	내-->외	1.85	회청	VCb1	글자 주부+엇댄줄, 빗질
23	계양2-176	수	줄무늬	단판	전면	전면	1.3	청회	IIIAb2	물손질
24	계양2-177	수	줄무늬	단판	전면	전면	1.8	회청	IIIAb2	빗질
25	계양2-178	수	줄무늬	단판	전면	전면	1.8	명회	IIIAb2	물손질
26	계양2-179	수	줄무늬	단판	전면	외-->내	1.1	회청	IIIAb4	물손질,빗질, 양쪽분할
27	계양2-180	수	격자무늬	단판	전면	외-->내	1.5	명적	IVAb4	빗질
28	계양2-181	수	격자무늬	단판	전면	내-->외	1.4	명회	IVAb1	빗질
29	계양2-182	수	격자무늬	단판	전면	내-->외	1.65	회청	IVAb1	물손질
30	계양2-183	수	격자무늬	단판추정	전면	내-->외	1.7	회청	IVAb1	물손질
31	계양2-184	수	톱니무늬	중판추정	전면	외-->내	1.5	적	VBb4	빗질

번호	유물번호	종류	무늬	두드림판	두드림법	측면	두께	색조	형식	비고
32	계양2-185	수	추상무늬	중판이상	전면	외-->내	1.75	회청	VBb4	물손질
33	계양2-186	수	추상무늬	중판이상	전면	두 번	1.7	회흑	VBb3	물손질
34	계양2-187	암	줄무늬	단판	전면	내-->외	2	흑	IIIAb1	빗질
35	계양2-188	암	줄무늬	단판	전면	전면	1.8	명갈	IIIAb2	빗질
36	계양2-189	암	줄무늬	단판	전면	전면	2	명회	IIIAb2	빗질
37	계양2-190	암	줄무늬	단판	전면	내-->외	1.75	명갈	IIIAb1	빗질
38	계양2-191	암	줄무늬	단판	전면	내-->외	1.95	명회	IIIAb1	빗질
39	계양2-192	암	줄무늬	단판	전면	내-->외	1.75	자	IIIAb1	빗질
40	계양2-193	암	줄무늬	단판	전면	전면	1.5	명갈	IIIAb1	물손질
41	계양2-194	암	줄무늬	단판	전면	내-->외	1.95	암회청	IIIAb1	
42	계양2-195	암	줄무늬	단판	전면	전면	1.8	명갈	IIIAb2	빗질
43	계양2-196	암	엇댄줄무늬	중판이상	전면	내-->외	2.4	적,회청	IIIBb1	물손질, 빗질
44	계양2-197	암	엇댄줄무늬	단판	전면	내-->외	1.55	연적	IIIAb1	빗질
45	계양2-198	암	격자무늬	단판	전면	내-->외	2.05	명회	IVAb1	빗질
46	계양2-199	암	격자무늬	단판	전면	전면	1.3	회백	IVAb2	빗질
47	계양2-200	암	빗금격자무늬	단판	전면	전면	1.8	명갈	IVAb2	빗질
48	계양2-201	암	빗금격자무늬	중판추정	전면	전면	1.3	명갈	IVBb2	물손질
49	계양2-202	암	솔잎무늬	장판	전면	내-->외	1.65	적갈	VCb1	물손질, 빗질
50	계양2-203	암	줄무늬	단판	전면	두 번	1.75	명회	IIIAb3	물손질
51	계양2-204	암	복합무늬	장판	전면	내-->외	2	갈	VCb1	빗질
52	계양2-223	암	민무늬	무	무	내-->외	1.6	회흑	I 1-1	글자 주, 빗질
53	계양2-228	암	엇댄줄무늬	장판	전면	내-->외	1.95	자작	IIICb1	빗질
54	계양2-229	암	격자무늬	단판	전면	내-->외	1.75	회갈	IVAb1	빗질
55	계양2-230	암	빗금격자무늬	중판이상	전면	내-->외	1.85	암회청	IVBb1	빗질
56	계양2-231	암	복합무늬	장판추정	전면	내-->외	1.8	암회청	VCb1	빗질, 물손질
57	계양2-280	암	줄무늬	단판	전면	두 번	1.2	명갈	IIIAb3	부호, 물손질
58	계양2-281	암	줄무늬	단판	전면	두 번	1.6	적	IIIAb3	부호, 통쪽, 물손질
59	계양2-294	암	줄무늬	단판	전면	전면	1.05	적	IIIAb2	부호, 물손질
60	계양2-295	암	줄무늬	단판	전면	두 번	1.2	적	IIIAb3	부호
61	계양2-296	암	줄무늬	단판	전면	세 번	1.75	적	IIIAb3	부호, 통쪽
62	계양2-300	암	격자무늬	단판	부분	내-->외	1.45	연적	IVAa1	부호, 빗질

번호	유물번호	종류	무늬	두드림판	두드림법	측면	두께	색조	형식	비고
63	계양2-305	암	민무늬	무	무	내-->외	1.35	회청	I 1-1	글자, 빗질
64	계양2-306	암	민무늬	무	무	내-->외	1.5	회청	I 1-1	글자 인(팥)
65	계양2-307	암	민무늬	무	무	내-->외	1.65	갈	I 1-1	글자
66	계양2-309	암	민무늬	무	무	내-->외	1.95	회청	I 1-1	글자
67	계양2-311	수	줄무늬	단판	전면	두 번	1.35	적흑	IIIAb3	물손질
68	계양2-312	수	줄무늬	단판	전면	두 번	1.7	적	IIIAb3	물손질
69	계양2-313	수	줄무늬	단판	전면	두 번	1.2	적	IIIAb3	통쪽, 물손질
70	계양2-314	수	빗금격자무늬	단판	전면	내-->외	1.6	회	IIIAb1	빗질
71	계양2-315	수	줄무늬	단판	전면	두 번	1.45	적	IIIAb3	바깥와도, 물손질
72	계양2-317	수	복합무늬	단판	전면	전면	1.75	회청	VAb2	줄무늬+격자, 빗질
73	계양2-318	암	줄무늬	단판	전면	전면	1.55	적	IIIAb2	
74	계양2-319	암	줄무늬	단판	전면	세 번	1.55	적	IIIAb3	통쪽
75	계양2-320	암	줄무늬	단판	전면	전면	1.55	회백	IIIAb2	빗질
76	계양2-321	암	엇댄줄무늬	중판이상	전면	내-->외	1.7	흑회	IIIBb1	
77	계양2-322	암	엇댄줄무늬	중판이상	전면	전면	1.75	회갈	IIIBb2	빗질
78	계양2-323	수	빗금격자무늬	중판이상	전면	외-->내	1.75	회	IVBb4	물손질
79	계양2-324	암	솔잎무늬	중판이상	전면	내-->외	2.05	회	IVBb1	빗질, 물손질
80	계양2-325	암	줄무늬	중판이상	전면	내-->외	2.1	갈	IIIBb1	빗질
81	계양2-326	암	추상무늬	중판이상	전면	내-->외	2.1	적	IVBb1	빗질
82	계양2-346	수	민무늬	무	무	내-->외	2.1	명갈	I 1-1	글자 부
83	계양2-347	수	줄무늬	단판	전면	두 번	1.6	적	IIIAb3	부호
84	계양2-349	암	줄무늬	단판	전면	전면	1.65	적	IIIAb2	부호
85	계양2-351	암	줄무늬	단판	전면	전면	1.85	적	IIIAb2	부호
86	계양2-356	암	격자무늬	단판	전면	전면	1.6	연적	IVAb2	부호, 물손질
87	계양2-361	수	줄무늬	단판	전면	세 번	1.4	적	IIIAb3	부호, 물손질
88	계양2-364	수	민무늬	무	무	외-->내	1.4	회청	I 4-1	물손질
89	계양2-365	수	민무늬	무	무	두 번	1.45	적	I 3-1	물손질
90	계양2-366	수	민무늬	무	무	외-->내	1.1	암회	I 4-1	빗질
91	계양2-367	수	줄무늬	단판	전면	두 번	1.35	적	IIIAb3	물손질
92	계양2-368	수	줄무늬	단판	전면	두 번	1.5	적	IIIAb3	물손질
93	계양2-369	수	줄무늬	단판	전면	전면	1.8	적	IIIAb2	빗
94	계양2-370	수	줄무늬	단판	전면	전면	1.2	적	IIIAb2	

번호	유물번호	종류	무늬	두드림판	두드림법	측면	두께	색조	형식	비고
95	계양2-371	수	솔잎무늬	장판추정	전면	외-->내	1.5	적	VCb4	
96	계양2-373	수	복합무늬	중판이상	전면	외-->내	1.65	회청	VBb4	물손질
97	계양2-374	암	줄무늬	단판	전면	두 번	1.25	적	IIIAb3	
98	계양2-375	암	줄무늬	단판	전면	세 번	1.45	적	IIIAb3	
99	계양2-376	암	줄무늬	단판	전면	두 번	1.45	적	IIIAb3	
100	계양2-379	암	줄무늬	단판	전면	내-->외	1.95	적	IIIAb1	완형, 통쪽, 물손질
101	계양2-380	암	줄무늬	단판	전면	전면	1.1	적	IIIAb2	빗질
102	계양2-383	암	줄무늬	단판	전면	내-->외	1.8	회청	IIIAb1	
103	계양2-384	암	줄무늬	단판	전면	내-->외	2.15	명갈	IIIAb1	빗질
104	계양2-385	암	줄무늬	단판	전면	두 번	1.15	적	IIIAb3	통쪽, 물손질
105	계양2-386	암	줄무늬	단판	전면	두 번	1.7	적	IIIAb3	통쪽, 물손질
106	계양2-387	암	격자무늬	단판	전면	전면	1.95	적	IVAb2	물손질
107	계양2-388	암	격자무늬	단판	전면	전면	2.15	적	IVAb2	물손질
108	계양2-390	암	빗금격자무늬	중판추정	전면	내-->외	1.6	회청	IVBb1	물손질
109	계양2-419	암	민무늬	무	무	내-->외	1.5	회청	I 1-1	글자 주부
110	계양2-421	암	민무늬	무	무	내-->외	2.1	회청	I 1-1	글자 부, 물손질
111	계양2-425	수	줄무늬	단판	전면	외-->내	1.85	회청	IIIAb4	물손질
112	계양2-427	수	빗금격자무늬	장판	부분	내-->외	1.45	회청	IVCb1	빗질
113	계양2-431	암	민무늬	무	무	내-->외	1.3	회청	I 1-1	빗질
114	계양2-432	암	민무늬	무	무	내-->외	2.05	회	I 1-1	물손질
115	계양2-434	암	복합무늬	중판	부분	내-->외	2.1	암갈	VBa1	빗질
116	계양2-446	수	민무늬	무	무	내-->외	1.3	회청	I 1-1	물손질
117	계양2-447	수	민무늬	무	무	내-->외	2.25	회청	I 1-1	빗질
118	계양2-448	수	민무늬	무	무	내-->외	2	회청	I 1-1	물손질, 빗질
119	계양2-450	암	엇댄줄무늬	단판	전면	전면	1.5	암회청	IIIAb2	빗질
120	계양2-451	암	엇댄줄무늬	중판이상	전면	내-->외	1.7	회청	IIIBb1	빗질
121	계양2-457	암	민무늬	무	무	내-->외	1.9	회청	I 1-1	글자 부, 빗질
122	계양2-458	수	솔잎무늬	중판이상	전면	외-->내	1.65	회청	VBb4	글자 부, 물손질
123	계양2-459	암	솔잎무늬	중판이상	전면	내-->외	1.85	명갈	VBb1	글자 부
124	계양2-460	암	솔잎무늬	중판이상	전면	내-->외	1.35	적갈	VBb1	글자 부, 빗질
125	계양2-461	암	솔잎무늬	중판이상	전면	내-->외	2.05	회청	VBb1	글자 부, 빗질
126	계양2-465	수	민무늬	무	무	내-->외	1.95	회청	I 1-1	물손질, 빗질

번호	유물번호	종류	무늬	두드림판	두드림법	측면	두께	색조	형식	비고
127	계양2-466	수	민무늬	무	무	내--〉외	2.05	회청	I 1-1	빗질
128	계양2-467	수	민무늬	무	무	내--〉외	2.35	회청	I 1-1	물손질, 빗질
129	계양2-469	암	엇댄줄무늬	중판추정	전면	내--〉외	1.75	회청	IIIBb1	물손질
130	계양2-470	암	격자무늬	단판	전면	내--〉외	1.8	갈	IVAb1	빗질
131	계양2-471	암	빗금격자무늬	중판추정	부분	내--〉외	1.8	갈	IVBa1	물손질, 빗질
132	계양2-472	암	줄무늬	단	전면	전면	2.2	명갈	IIIAb2	하단 무늬, 빗질
133	계양2-473	암	복합무늬	중판이상	전면	내--〉외	1.8	암회	VBb1	격자+빗금격자, 빗질
134	계양2-506	수	민무늬	무	무	내--〉외	1.9	회청	I 1-1	글자 십부관
135	계양2-507	암	민무늬	무	무	내--〉외	1.6	명적	I 1-1	글자 부관대
136	계양2-509	암	솔잎무늬	중판이상	전면	내--〉외	1.65	암회	VBb1	글자 주
137	계양2-510	암	솔잎무늬	중판추정	전면	내--〉외	1.8	회청	VBb1	글자 부, 물손질
138	계양2-511	암	민무늬	무	무	내--〉외	1.85	회	I 1-1	글자 부, 빗질
139	계양2-512	암	솔잎무늬	중판이상	부분	내--〉외	1.45	회	VBa1	글자 부, 빗질
140	계양2-513	암	솔잎무늬	중판이상	전면	내--〉외	1.6	회청	VBb1	글자 부
141	계양2-514	암	솔잎무늬	중판이상	전면	전면	1.75	회청	VBb2	글자 부, 물손질
142	계양2-515	암	솔잎무늬	중판이상	전면	외--〉내	1.75	회청	VBb4	글자 부
143	계양2-516	암	솔잎무늬	중판이상	전면	내--〉외	1.65	회청	VBb1	글자 부, 물손질
144	계양2-517	수	솔잎무늬	중판이상	전면	외--〉내	1.55	회청	VBb1	글자 부, 물손질
145	계양2-520	암	민무늬	무	무	내--〉외	1.95	회청	I 1-1	글자 초
146	계양2-522	수	민무늬	무	무	내--〉외	1.5	회청	I 1-1	빗질
147	계양2-523	수	민무늬	무	무	내--〉외	2.05	회청	I 1-1	물손질, 빗질
148	계양2-525	수	줄무늬	단판	전면	전면	1.75	명갈	IIIAb2	
149	계양2-526	수	줄무늬	단판	전면	내--〉외	2.45	회청	IIIAb1	
150	계양2-527	수	줄무늬	단판	전면	전면	2.1	명황	IIIAb2	빗질
151	계양2-528	수	엇댄줄무늬	중판	전면	외--〉내	2	회청	IIIBb4	
152	계양2-529	수	엇댄줄무늬	중판이상	전면	전면	1.75	회청	IIIBb2	물손질
153	계양2-530	수	격자무늬	중판이상	전면	외--〉내	1.9	명갈	IVBb4	
154	계양2-531	수	민무늬	무	무	전면	1.7	회청	I 2-1	물손질, 빗질
155	계양2-534	수	빗금격자무늬	중판이상	전면	내--〉외	1.9	명회	IVBb1	물손질, 빗질
156	계양2-547	수	복합무늬	중판이상	전면	외--〉내	2.1	회녹	VBb4	종선+솔잎
157	계양2-550	수	복합무늬	장판	전면	내--〉외	1.75	회청	VCb1	물손질
158	계양2-551	암	민무늬	무	무	내--〉외	1.35	청회	I 1-1	물손질

번호	유물번호	종류	무늬	두드림판	두드림법	측면	두께	색조	형식	비고
159	계양2-552	암	줄무늬	단판	전면	내-->외	1.95	명회	IIIAb1	물손질
160	계양2-553	암	줄무늬	단판	전면	전면	1.8	흑	IIIAb2	빗질
161	계양2-554	암	줄무늬	단판	전면	내-->외	1.5	회청	IIIAb1	물손질
162	계양2-555	암	줄무늬	단판	전면	내-->외	1.55	명회	IIIAb1	빗질
163	계양2-556	암	줄무늬	중판	전면	내-->외	2.05	명황	IIIBb1	물손질
164	계양2-557	암	엇댄줄무늬	중판	전면	전면	2.05	적	IIIBb2	빗질
165	계양2-558	암	엇댄줄무늬	중판	전면	내-->외	1.8	회청	IIIBb1	빗질
166	계양2-559	암	엇댄줄무늬	중판	전면	내-->외	1.6	회청	IIIBb1	물손질
167	계양2-560	암	엇댄줄무늬	중판추정	전면	전면	1.8	명적	IIIBb2	빗질
168	계양2-561	암	엇댄줄무늬	중판추정	전면	내-->외	2.1	회	IIIBb1	빗질
169	계양2-562	암	엇댄줄무늬	중판추정	전면	내-->외	2.1	회청	IIIBb1	빗질
170	계양2-563	암	빗금격자무늬	단판추정	전면	전면	2.05	명적	IVAb2	
171	계양2-564	암	빗금격자무늬	단판	전면	두 번	2.05	명갈	IVAb3	빗질
172	계양2-565	암	빗금격자무늬	단판추정	전면	전면	1.85	명적	IVAb2	물손질
173	계양2-567	암	빗금격자무늬	중판추정	전면	전면	2.1	명회황	IVBb2	빗질
174	계양2-568	암	빗금격자무늬	중판이상	전면	내-->외	1.65	회	IVBb1	빗질
175	계양2-569	암	빗금격자무늬	중판이상	전면	내-->외	2.15	명자갈	IVBb1	
176	계양2-570	암	빗금격자무늬	중판	전면	내-->외	1.85	회청	IVBb1	
177	계양2-571	수	빗금격자무늬	중판	부분	외-->내	1.05	회	IVBa4	빗질
178	계양2-572	암	솔잎무늬	중판이상	전면	내-->외	2.15	암회	VBb1	
179	계양2-574	수	솔잎무늬	중판	전면	전면	1.9	연적	VBb2	
180	계양2-575	수	솔잎무늬	중판이상	전면	전면	1.65	연	VBb2	빗질
181	계양2-576	암	솔잎무늬	중판이상	전면	두 번	2.55	갈	VBb3	물손질
182	계양2-577	암	솔잎무늬	중판이상	전면	내-->외	2.25	암회청	VBb1	빗질
183	계양2-578	암	추상무늬	중판이상	전면	내-->외	2.05	암회청	VBb1	빗질, 물손질
184	계양2-579	암	복합무늬	중판이상	전면	내-->외	1.85	회청	VBb1	솔잎+줄, 물손질
185	계양2-580	암	복합무늬	중판이상	전면	내-->외	1.8	회청	VBb1	솔잎+줄, 물손질
186	계양2-582	암	복합무늬	중판	부분	내-->외	2.15	회청	VBa1	물손질
187	계양2-583	암	복합무늬	중판이상	전면	내-->외	2.55	회	VBb1	빗질
188	계양2-588	암	복합무늬	중판추정	부분	내-->외	1.7	회	VBa1	물손질
189	계양2-589	암	복합무늬	중판	부분	내-->외	1.3	회	VBa1	
190	계양2-590	암	복합무늬	중판	부분	내-->외	1.25	회청	VBa1	빗질

번호	유물번호	종류	무늬	두드림판	두드림법	측면	두께	색조	형식	비고
191	계양2-591	암	복합무늬	중판이상	전면	내-->외	2	명갈	VBb1	
192	계양2-596	암	복합무늬	중판이상	전면	내-->외	1.9	회청	VBb1	글자 부, 솔잎+줄
193	계양2-599	수	민무늬	무	무	내-->외	2.45	회청	I 1-1	물손질
194	계양2-602	수	솔잎무늬	중판이상	전면	외-->내	1.8	명갈	VBb4	글자 주부, 물손질
195	계양2-607	수	빗금격자무늬	단판	전면	내-->외	1.7	회청	IVAb1	물손질, 빗질
196	계양2-608	암	줄무늬	단판	전면	내-->외	2.1	회	IIIAb1	물손질
197	계양2-609	암	엇댄줄무늬	중판이상	전면	내-->외	2	암회청	IIIBb1	물손질
198	계양2-610	암	엇댄줄무늬	장판	부분	내-->외	2.4	회청	IIICa1	빗질
199	계양2-611	암	빗금격자무늬	단판	전면	두 번	2.5	암회	IVAb3	물손질, 빗질
200	계양2-612	암	솔잎무늬	장판	부분	내-->외	1.6	회청	VCa1	빗질
201	계양2-613	암	복합무늬	장판추정	부분	내-->외	2.2	회청	VCa1	추상+방곽
202	계양2-650	암	민무늬	무	무	내-->외	2.05	회청	I 1-1	글자 주부, 물손질
203	계양2-651	암	민무늬	무	무	전면	1.5	회청	I 1-1	글자 부관대, 빗질
204	계양2-653	수	복합무늬	중판이상	전면	내-->외	1.35	회청	VBb1	글자 주, 물손질
205	계양2-659	수	복합무늬	중판이상	전면	외-->내	1.4	회청	VBb4	글자 부
206	계양2-661	암	줄무늬	단판	전면	전면	2.2	적	IIIAb2	부호
207	계양2-663	암	민무늬	무	무	내-->외	2.05	회청	I 1-1	글자 초관
208	계양2-670	암	민무늬	무	무	내-->외	1.5	회청	I 1-1	글자 ?주, 물손질
209	계양2-675	수	줄무늬	단판	부분	전면	2.4	적	IIIAa2	물손질
210	계양2-676	수	줄무늬	단판	전면	전면	1.4	회청	IIIAb2	빗질
211	계양2-677	수	줄무늬	단판	전면	전면	1.25	회황	IIIAb2	빗질
212	계양2-681	수	꼰무늬	장판	전면	두 번	1.25	명갈	IICb2	
213	계양2-685	수	줄무늬	단판	전면	전면	1.8	회	IIIAb2	빗질
214	계양2-686	수	복합무늬	중판이상	전면	내-->외	1.7	회청	VBb1	물손질
215	계양2-687	수	복합무늬	중판이상	부분	내-->외	1.4	회청	VBa1	빗금격자무늬+방곽,빗질,물손질
216	계양2-688	수	복합무늬	중판이상	전면	내-->외	1.65	적	VBb1	엇댄줄+X
217	계양2-689	수	복합무늬	장판	전면	내-->외	1.7	회	VBb1	엇댄줄+솔잎?
218	계양2-691	암	줄무늬	단판	전면	두 번	2.35	청회	IIIAb2	물손질
219	계양2-693	암	격자무늬	단판	전면	전면	1.4	명회	IVAb2	물손질
220	계양2-694	암	엇댄줄무늬	중판이상	전면	내-->외	2.05	적	IIIBb1	
221	계양2-695	암	엇댄줄무늬	단판	전면	내-->외	1.65	회청	IIIAb1	빗질
222	계양2-696	암	엇댄줄무늬	단판	전면	내-->외	1.65	회청	IIIAb1	빗질

번호	유물번호	종류	무늬	두드림판	두드림법	측면	두께	색조	형식	비고
223	계양2-697	암	엇댄줄무늬	단판	전면	내-->외	2.35	회청	IIIAb1	빗질
224	계양2-698	암	엇댄줄무늬	단판	전면	내-->외	2.05	회청	IIIAb1	물손질
225	계양2-699	암	엇댄줄무늬	단판	전면	내-->외	1.9	암회청	IIIAb1	빗질
226	계양2-700	암	엇댄줄무늬	단판	전면	내-->외	1.45	회청	IIIAb1	
227	계양2-702	암	엇댄줄무늬	단판	전면	내-->외	1.55	회청	IIIAb1	빗질
228	계양2-704	암	격자무늬	단판	전면	전면	1.5	적	IVAb2	통쪽, 물손질
229	계양2-705	암	빗금격자무늬	단판	전면	두 번	2.7	명회	IVAb3	물손질, 빗질
230	계양2-706	암	빗금격자무늬	중판	전면	내-->외	1.8	녹회	IVBb1	물손질
231	계양2-707	암	빗금격자무늬	중판추정	전면	내-->외	2	회청	IVBb1	물손질
232	계양2-708	암	빗금격자무늬	중판이상	전면	내-->외	2.15	회적	IVBb1	물손질
233	계양2-709	암	빗금격자무늬	중판이상	전면	내-->외	1.95	회청	IVBb1	빗질
234	계양2-712	암	빗금격자무늬	중판	전면	내-->외	1.7	회청	IVBb1	빗질
235	계양2-713	암	꼰무늬	중판이상	전면	두 번	1.2	회청	IIBb2	
236	계양2-714	암	솔잎무늬	중판이상	전면	내-->외	2.05	회적	IVBb1	빗질
237	계양2-715	암	솔잎무늬	장판	전면	내-->외	1.9	적	VCb1	빗질
238	계양2-716	암	솔잎무늬	중판이상	전면	내-->외	2.05	적	IVBb1	물손질
239	계양2-717	암	솔잎무늬	중판이상	전면	전면	2.1	적갈	IVBb1	빗질
240	계양2-718	암	솔잎무늬	중판이상	전면	전면	2.05	적갈	IVBb2	빗질
241	계양2-719	암	톱니무늬	중판이상	전면	전면	1.5	연갈	IVBb2	
242	계양2-721	암	추상무늬	단판추정	부분	내-->외	1.8	명회청	IVAa1	
243	계양2-722	암	추상무늬	중판이상	전면	두 번	1.8	암회갈	IVBb2	
244	계양2-724	암	복합무늬	장판	전면	내-->외	2.7	회갈	VCb1	격자+솔잎, 빗질
245	계양2-725	암	복합무늬	중판	전면	내-->외	1.85	회청	VBb1	격자+방곽,물손질,빗질
246	계양2-727	암	복합무늬	중판추정	전면	내-->외	1.45	회청	VBb1	격자+솔잎, 빗질
247	계양2-728	암	복합무늬	중판이상	전면	내-->외	1.9	회청	VBb1	솔잎+동심원, 빗질
248	계양2-729	암	복합무늬	장판	전면	내-->외	1.9	회	VCb1	솔잎+추상+격자
249	계양2-730	암	복합무늬	중판이상	전면	내-->외	1.85	적	VBb1	솔잎+격자, 물손질
250	계양2-731	암	복합무늬	중판이상	전면	내-->외	1.45	회청	VBb1	솔잎+방곽, 물손질
251	계양2-732	암	복합무늬	장판	전면	내-->외	1.75	적갈	VCb1	엇댄줄+X
252	계양2-764	수	솔잎무늬	장판	전면	외-->내	1.45	적회	VCb4	글자 부,물손질, 빗질
253	계양2-765	암	솔잎무늬	단판	전면	내-->외	2.5	회청	VAb1	글자 부, 빗질
254	계양2-767	수	솔잎무늬	단판	전면	외-->내	1.8	회청	VAb4	글자 부

번호	유물번호	종류	무늬	두드림판	두드림법	측면	두께	색조	형식	비고
255	계양2-779	수	민무늬	무	무	내-->외	2.1	회청	I 1-1	물손질
256	계양2-781	수	줄무늬	단판	전면	외-->내	1.7	적갈	IIIAb4	물손질
257	계양2-782	수	줄무늬	단판	전면	외-->내	1.7	적갈	IIIAb4	내외분할, 물손질, 빗질
258	계양2-783	수	줄무늬	단판	전면	전면	1.35	회청	IIIAb2	외측분할, 빗질
259	계양2-784	수	줄무늬	단판	전면	전면	1.5	회	IIIAb2	외측분할, 물손질
260	계양2-785	수	줄무늬	단판	전면	전면	1.75	회	IIIAb2	외측분할, 빗질
261	계양2-786	수	줄무늬	단판	전면	전면	1.35	적갈	IIIAb2	외측분할, 물손질
262	계양2-787	수	줄무늬	단판	전면	전면	1.55	명회	IIIAb2	빗질
263	계양2-788	수	줄무늬	단판	전면	전면	1.85	회	IIIAb2	물손질
264	계양2-789	수	엇댄줄무늬	중판	전면	외-->내	1.3	회청	IIIBb4	물손질
265	계양2-790	수	격자무늬	단판	전면	외-->내	1.65	적	IVAb4	
266	계양2-791	수	격자무늬	단판	전면	전면	1.85	회청	IVAb4	물손질, 빗질
267	계양2-792	수	격자무늬	단판	전면	내-->외	1.7	명회	IVAb1	
268	계양2-793	수	격자무늬	단판	전면	외-->내	1.9	명황갈	IVAb4	빗질
269	계양2-794	수	빗금격자무늬	단판	전면	전면	2.15	명적	IVAb2	물손질
270	계양2-795	수	꼰무늬	단판	전면	전면	1.65	회청	IIAb2	
271	계양2-796	수	솔잎무늬	장판	전면	외-->내	1.45	회청	VCb4	내외분할, 빗질
272	계양2-797	수	솔잎무늬	장판	전면	외-->내	1.8	회청	VCb4	내외분할, 빗질
273	계양2-799	수	복합무늬	단판	전면	외-->내	1.85	회청	VAb4	격자+줄무늬, 물손질
274	계양2-800	수	복합무늬	단판	전면	전면	1.7	회청	VAb2	격자+줄무늬,빗질,물손질
275	계양2-801	수	복합무늬	단판	전면	전면	1.8	회	VAb2	격자+줄무늬, 물손질
276	계양2-803	수	복합무늬	단판	전면	전면	1.75	회	VAb2	격자+줄무늬, 물손질
277	계양2-805	수	복합무늬	단판	전면	내-->외	1.65	회흑	VCb1	솔잎+방곽, 빗질
278	계양2-806	암	민무늬	무	무	세 번	2.2	적	I 3-1	빗질
279	계양2-808	암	줄무늬	단판	전면	전면	1.45	적	IIIAb2	물손질
280	계양2-810	암	줄무늬	단판	전면	내-->외	2.15	회청	IIIAb1	빗질
281	계양2-811	암	줄무늬	단판	전면	내-->외	1.75	백	IIIAb1	빗질
282	계양2-812	암	줄무늬	단판	전면	내-->외	2.3	명회	IIIAb1	빗질
283	계양2-813	암	엇댄줄무늬	단판	전면	내-->외	1.35	회청	IIIAb1	물손질
284	계양2-814	암	엇댄줄무늬	단판	전면	내-->외	1.75	회청	IIIAb1	빗질
285	계양2-816	암	엇댄줄무늬	중판이상	전면	내-->외	2.05	적	IIIAb1	빗질
286	계양2-817	암	톱니무늬	단판	전면	네 번	2.05	명회	VAb3	물손질

번호	유물번호	종류	무늬	두드림판	두드림법	측면	두께	색조	형식	비고
287	계양2-818	암	엇댄줄무늬	중판이상	전면	내--〉외	2.3	회	ⅢBb1	빗질
288	계양2-819	암	격자무늬	단판	전면	내--〉외	1.9	명회청	ⅣAb1	빗질
289	계양2-820	암	격자무늬	단판	전면	내--〉외	1.75	명황갈	ⅣAb1	물손질
290	계양2-821	암	격자무늬	단판	전면	전면	1.45	명갈	ⅣAb2	빗질
291	계양2-823	암	격자무늬	단판	전면	두 번	2.2	명회	ⅣAb3	빗질
292	계양2-824	암	빗금격자무늬	단판	전면	전면	1.8	회	ⅣAb2	빗질
293	계양2-825	암	빗금격자무늬	단판	전면	전면	1.75	명적	ⅣAb2	빗질
294	계양2-830	암	솔잎무늬	중판추정	전면	내--〉외	1.7	명회청	ⅤBb1	빗질
295	계양2-831	암	솔잎무늬	중판추정	전면	내--〉외	2.3	명회청	ⅤBb1	빗질
296	계양2-832	암	꽃무늬	중판추정	전면	내--〉외	2.3	회청	ⅤBb1	물손질
297	계양2-833	암	줄무늬	단판	전면	내--〉외	1.8	회청	ⅢAb1	빗질

표 3. 한강 유역 출토 기와 속성 분석 결과(서봉수 2020: 77 전재)[12]

대분류	중분류	소분류	세분류	형식	형식 내용
Ⅰ			Ⅰ1	Ⅰ1	민무늬, 내-〉외 부분자르기, 내면 무조정
				Ⅰ1-1	민무늬, 내-〉외 부분자르기, 내면 조정
			Ⅰ2	Ⅰ2-1	민무늬, 전면자르기, 내면 조정
			Ⅰ3	Ⅰ3-1	민무늬, 두 번 이상 조정, 내면 조정
			Ⅰ4	Ⅰ4	민무늬, 외-〉내 부분자르기, 내면 무조정
				Ⅰ4-1	민무늬, 외-〉내 부분자르기, 내면 조정
Ⅱ	ⅡA	ⅡAb	ⅡAb2	ⅡAb2	꼰무늬, 단판, 전면두드림, 전면자르기
	ⅡB	ⅡB2	ⅡBb2	ⅡBb2	꼰무늬, 중판, 전면두드림, 전면자르기
	ⅡC	ⅡCb	ⅡCb2	ⅡCb2	꼰무늬, 장판, 전면두드림, 전면자르기

---

12) 이 표에서 Ⅰ1형식, Ⅰ4형식, ⅢAa1형식, ⅢCb3형식, ⅤCb3형식 등 5종을 제외하고는
40종의 형식이 계양산성에서 모두 나타난다.

대분류	중분류	소분류	세분류	형식	형식 내용
III	IIIA	IIIAa	IIIAa1	IIIAa1	줄무늬, 단판, 부분두드림, 내->외 부분자르기
			IIIAa2	IIIAa2	줄무늬, 단판, 부분두드림, 전면자르기
III	IIIA	IIIAb	IIIAb1	IIIAb1	줄무늬, 단판, 전면두드림, 내->외 부분자르기
			IIIAb2	IIIAb2	줄무늬, 단판, 전면두드림, 전면자르기
			IIIAb3	IIIAb3	줄무늬, 단판, 전면두드림, 두 번 이상 조정
			IIIAb4	IIIAb4	줄무늬, 단판, 전면두드림, 외->내 부분자르기
	IIIB	IIIBb	IIIBb1	IIIBb1	줄무늬, 중판, 전면두드림, 내->외 부분자르기
			IIIBb2	IIIBb2	줄무늬, 중판, 전면두드림, 전면자르기
			IIIBb4	IIIBb4	줄무늬, 중판, 전면두드림, 외->내 부분자르기
	IIIC	IIICa	IIICa1	IIICa1	줄무늬, 장판, 부분두드림, 내->외 부분자르기
		IIICb	IIICb1	IIICb1	줄무늬, 장판, 전면두드림, 내->외 부분자르기
			IIICb3	IIICb3	줄무늬, 장판, 전면두드림, 두 번 이상 조정
IV	IVA	IVAa	IVAa1	IVAa1	격자무늬, 단판, 부분두드림, 내->외 부분자르기
		IVAb	IVAb1	IVAb1	격자무늬, 단판, 전면두드림, 내->외 부분자르기
			IVAb2	IVAb2	격자무늬, 단판, 전면두드림, 전면자르기
IV	IVA	IVAb	IVAb3	IVAb3	격자무늬, 단판, 전면두드림, 두 번 이상 조정
			IVAb4	IVAb4	격자무늬, 단판, 전면두드림, 외->내 부분자르기
	IVB	IVBa	IVBa1	IVBa1	격자무늬, 중판, 부분두드림, 내->외 부분자르기
			IVBa4	IVBa4	격자무늬, 중판, 부분두드림, 외->내 부분자르기
		IVBb	IVBb1	IVBb1	격자무늬, 중판, 전면두드림, 내->외 부분자르기
			IVBb2	IVBb2	격자무늬, 중판, 전면두드림, 전면자르기
			IVBb4	IVBb4	격자무늬, 중판, 전면두드림, 외->내 부분자르기
	IVC	IVCb	IVCb1	IVCb1	격자무늬, 장판, 전면두드림, 내->외 부분자르기
V	VA	VAb	VAb1	VAb1	복합무늬외, 단판, 전면두드림, 내->외 부분자르기
			VAb2	VAb2	복합무늬외, 단판, 전면두드림, 전면자르기
			VAb3	VAb3	복합무늬외, 단판, 전면두드림, 두 번 이상 조정
			VAb4	VAb4	복합무늬외, 단판, 전면두드림, 외->내 부분자르기

대분류	중분류	소분류	세분류	형식	형식내용
	VB	VBa	VBa1	VBa1	복합무늬외, 중판, 부분두드림, 내->외 부분자르기
		VBb	VBb1	VBb1	복합무늬외, 중판, 전면두드림, 내->외 부분자르기
			VBb2	VBb2	복합무늬외, 중판, 전면두드림, 전면자르기
			VBb3	VBb3	복합무늬외, 중판, 전면두드림, 두 번 이상 조정
			VBb4	VBb4	복합무늬외, 중판, 전면두드림, 외->내 부분자르기
	VC	VCa	VCa1	VCa1	복합무늬외, 장판, 부분두드림, 내->외 부분자르기
		VCb	VCb1	VCb1	복합무늬외, 장판, 전면두드림, 내->외 부분자르기
			VCb3	VCb3	복합무늬외, 장판, 전면두드림, 두 번 이상 조정
			VCb4	VCb4	복합무늬외, 장판, 전면두드림, 외->내 부분자르기

이러한 기와 분석 결과에 의해 계양산성 출토기와에는 삼국 말 신라시대부터 통일신라시대까지 총 40개의 형식이 다양하게 나타남을 확인하였다. 앞선 글[13]에서 주 분석대상이 된 서울 독산동 유적이 5개의 형식이 나타나고 포천 반월산성 유적이 13개의 형식만이 나타나는 것에 비해 매우 다양한 것이다. 이는 인천 계양산성이 최초 유적이 형성된 시점부터 통일신라 말까지 시기를 달리하며 계속적으로 사용되었음을 알 수 있게 한다.

신라 기와의 무늬는 줄무늬, 격자무늬, 꼰무늬[14]를 공유하였고 이는 통일신라시대까지도 주 무늬대로 유행하였다고 보았다.

---

13) 서봉수, 2020, 앞의 논문, pp.78-89.
14) 꼰무늬 기와는 신라시기에서 고구려, 백제시기보다 상대적으로 출토량이 적었으나 최근 이루어진 아차산성 발굴조사 결과(한강문화재연구원, 2020), 다량의 꼰무늬 기와가 출토되어 주목되며 이로써 고대 삼국은 민무늬, 꼰무늬, 줄무늬, 격자무늬를 서로 공유하였음을 확인할 수 있게 되었다.

두드림판의 크기도 단판에서 중판, 중판에서 장판으로의 변화양상을 보인다. 두드림 방법은 부분두드림에서 전면두드림으로의 변화를 인정할 수 있다.

측면 자르기 방법은 부분 자르기에서 전면 자르기, 이어서 2~3회 조정, 그리고 다시 부분 자르기 혼용으로의 속성 변화를 감지하였다.

3) 편년

발굴 보고자는 신라가 한강 유역에 진출한 후 3단계의 과정을 거치며 변화한 것으로 파악한 바 있고[15] 나아가 필자는 앞서 제기한 형식을 순서배열하여 5단계의 시기구분을 하였다.[16] 이상의 결과를 정리하면 다음과 같다.

제1기는 6세기 중반에서 7세기 전반에 해당한다. 유물적 속성으로 무늬는 꼰무늬(II), 줄무늬(III), 격자무늬(IV)로 대변되는데 계양산성에서는 앞선 단계의 민무늬(I) 계열은 출토되지 않고 꼰무늬와 줄무늬, 격자무늬와 함께 단판(A)으로 부분 또는 전면 두드림(a, b)하고 측면을 부분 자르기한(1) 형식이 나타난다. IIAb2, IIIAb1, IVAa1, IVAb1 등 4개 형식이 이에 해당한다.

제2기는 7세기 중반에서 7세기 후반까지이다. 유물적 속성으로 역시 무늬는 꼰무늬, 줄무늬, 격자무늬, 민무늬가 대표되며 복합무늬 형식인 V형식이 7세기 후반대, 즉 통일직후 등장한다. 초기의 복합무늬 단계는 서로 다른 두드림판에 줄무늬+줄무늬, 또는 줄무늬+격자무늬의 형태이다. 통일 전 삼국 말까지의 무늬 구성대는 전 단계인 제1기와 동일하며 두드림판은 단판(A)형식이 주류이긴 하나 중판(B)도 동시성을 보이며, 특히 두드림 방법에 있어 부분두드림 방식(a)보다는 전면두드림 방식(b)이 주류를 나타낸다. 가장 두드러진 특징으로는 측면 자르기 방법에 있어 한 번에 잘라서(2) 말린 뒤 사용하는 방식이 대부분으로 이 시기를 구분짓는 대표적인 속성으로 판단할 수 있겠다. I2-1 형식과 함께 IIBb2, II

---

15) 겨레문화유산연구원, 2011, 앞의 책, pp.285-287.

16) 서봉수, 2020, 앞의 논문, pp.127-132.

Cb2, ⅢAa2, ⅢBb2, ⅣAb2, ⅣBb2, ⅤAb2 등 9개 형식이다.

제3기는 8세기 전반에서 8세기 후반에 이른다. 무늬대는 줄무늬와 격자무늬의 지속적인 사용과 함께 복합무늬의 양상이 좀 더 다양해지고 있다. 두드림판의 형식도 단판과 중판이 지속되나 장판이 등장하여 혼재한다. 두드림 방법에 있어서는 기와 외면에 전면두드림하는 것이 보편적 방법으로 자리잡는다. 측면 자르기 방법은 더욱 다양해져 와통에서 기와를 분리한 뒤 부분 자르기하여 곧바로 2~3회 조정, 낱건조를 시키는 것이다. Ⅰ3-1 형식과 함께 ⅢAb3, ⅢAb4, ⅢBb1, ⅢCb3, ⅣAb3, ⅣAb4, ⅤAb3, ⅤBb2, ⅤBb3, ⅤCb3 등 총 11종의 형식이 나타나 전 시기에 비해 좀 더 다양한 형식이 공존한다.

제4기는 9세기 전반에서 9세기 후반까지로 전통적인 단위 무늬인 줄무늬, 격자무늬의 마지막 단계로 파악되며 다양한 복합무늬와 함께 각종 무늬 형식이 활발히 등장하는 시기이다. 두드림 방법은 역시 기와 외면에 전면두드림하는 것이 보편적이며 일부 부분두드림이 이루어지는 장판의 두드림판은 시기 구분상에서는 무의미한 것으로 판단된다. 두드러진 양상은 측면 자르기 방법에 있어서 부분 자르기 방식(1)이 재등장하여 보편화되고 그 세부적인 양상에서도 다른 한쪽은 기와 외면에서 내면으로 향하는 형식(4)이 8세기 후반에 등장한 이래 공존한다. Ⅰ4-1, Ⅰ1-1 형식을 비롯하여 ⅢBb4, ⅢCa1, ⅢCb1, ⅣBa1, ⅣBa4, ⅣBb1, ⅣBb4, ⅤAb1, ⅤAb4, ⅤBa1, ⅤBb1, ⅤBb4, ⅤCb4 등 총 15종의 다양한 형식이 유행한다.

제5기는 10세기 전반에 해당하며 통일기의 마지막 단계로서 전통적인 단위 무늬대는 거의 사라지고 다양한 복합무늬와 솔잎무늬가 본격적으로 사용되기 시작한다. 측면 자르기 방법에서는 전 단계에 나타났던 기와 내외면을 서로 다르게 자르기했던 방식이 사라지고 내면에서 외면으로의 자르기(1)형식으로 통일되는 양상이 나타난다. ⅣCb1 형식과 ⅤCa1, ⅤCb1 형식 등 단 3종만이다.

표 4는 계양산성을 비롯한 한강 유역에서 나타난 형식들을 순서배열하여 얻은 시기 구분표이다. 총 45종의 형식 중 계양산성 기와에서는 앞서 말했듯이 40

표 4. 시기 구분(서봉수 2020: 131 전재)

1기	2기	3기	4기	5기
6c중 ~ 7c전	7c중 ~ 7c후	8c전 ~ 8c후	9c전 ~ 9c후	10c전
← I 1 →				
← I 4 →				
	← I 2-1 →			
		← I 3-1 →		
			← I 4-1 →	
			← I 1-1 →	
← II Ab2 →				
	← II Bb2 →			
	← II Cb2 →			
← III Aa1 →				
	← III Aa2 →			
← III Ab1 →				
	← III Ab2 →			
	← III Ab3 →			
		III Ab4 →		
	← III Bb2 →			
		← III Bb1		
			← III Bb4	
		← III Cb3 →		
		← III Ca1 →		
			← III Cb1 →	
IVAa1 →				
← IVAb1 →				
	← IVAb2 →			
	← IVAb3 →			
		IVAb4 →		
	← IVBb2 →			
		← IVBa1 →		
			← IVBa4 →	
		← IVBb1		
			← IVBb4 →	
			← IVCb1	
	← V Ab2 →			
		← V Ab3 →		
		← V Ab1 →		
			V Ab4 →	
	← V Bb2 →			
		← V Bb3 →		
		V Ba1 →		
		← V Bb1 →		
			← V Bb4 →	
			← V Ca1	
		← V Cb3 →		
			← V Cb4 →	
				V Cb1

(I 민무늬, II 꼰무늬, III 줄무늬, IV 격자무늬, V 기타무늬 ; A단판, B중판, C장판 ; a부분두드림, b전면두드림 ; 1측면내->외자르기, 2전면자르기, 3두세번조정, 4외->내자르기 ; -1내면조정)

종의 형식이 나타나 대표적이다. 해당 시기마다 유행한 기와 형식들을 정리하고 각각의 형식이 크게 유행한 시기와 함께 그 상한과 하한을 고려하여 제시하였다. 표에서 알 수 있듯이, 각 형식들이 해당 시기에만 유행한 것은 아니다. 많은 형식들이 이미 그 전 시기에 나타나기도 하며 중심 유행시기를 지나 다음 시기까지도 꾸준히 이용되기도 한다.

IV. 계양산성 글자기와의 편년 및 특성

이번 장에서는 앞장에서 정리한 기와의 편년 기준에 글자기와의 속성을 대비하여 글자기와의 시기를 조명하고 그 글자가 갖는 특성을 살펴보려 한다.

1. 음각 부호 글자기와

앞서도 언급하였지만 계양산성에는 많은 글자기와가 출토되었다. 크게 층위와 무늬를 두드린 방법에서 두 가지 종류로 구분이 가능하다. 하나는 적갈색 점토층에서 출토된 적색류의 기와로 다양한 음각 부호 글자기와가 그것이다. 부호인지 글자인지 명확한 뜻을 알 수는 없으나 외면 무늬로는 줄무늬와 격자무늬 계열로 구분할 수 있다. 대부분 크기가 작아 정확한 두드림판의 크기는 알 수 없으나 단판계열로 추정되며 두드림방법은 부분두드림한 것 일부와 전면두드림한 것으로 나뉜다. 측면은 기와칼(瓦刀)로 한번에 자르기한 것과 2~3회 조정한 것이며 내면에 통쪽흔이 나타나는 것도 있다. 보고자는 계양산성 출토 기와 중 가장 이른 시기의 것으로 보고 신라가 한강유역을 점유한 후 통일기 초반에 이르기까지 조성한 것으로 대강의 시기를 설정한 바 있다.[17]

이 글에서 분류한 형식에 의하면 줄무늬 계열은 'ⅢAa2'형식에서 'ⅢAb3'형식으로 분류가 가능하며 격자무늬 계열은 "ⅣAb2'형식에서 'ⅣAb3'형식으로 파

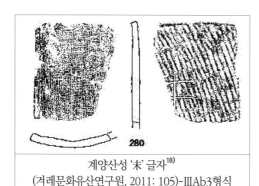

계양산성 '未' 글자[18]
(겨레문화유산연구원, 2011: 105)-ⅢAb3형식

도판 6. 계양산성 글자기와 1

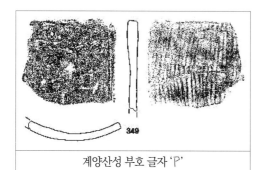

계양산성 부호 글자 'ㄗ'
(겨레문화유산연구원, 2011: 125)-ⅢAb2형식

도판 7. 계양산성 글자기와 2

악되어 구체적인 시기는 2기와 3기를 걸치는 단계에 해당된다. 구체적 시기는 7세기 중반을 전후하여 8세기 전반까지 설정이 가능하다.

한편, 한 점이긴 하나 부호 글자기와 중 격자문에 단판으로 부분두드림하고 측면을 안에서 밖으로 기와칼로 반가량 그어 분리한 'ⅣAa1'형식이 있다. 이 기와는 통쪽흔이 남아있는 기와 중, 역시 한 점인데, 줄무늬에 단판으로 전면두드림하고 측면을 양쪽 다 반가량으로 그어 분리한 'ⅢAb1'형식과 함께 가장 앞선 1기에서 2기 전반의 단계로 파악되며 구체적 시기는 6세기 말에서 7세기 초중반이 되겠다.

중요한 것은 이 단계 기와가 측면 자르기 형식을 달리하며 다음 시기로 자연스럽게 계승된다는 점에서 일관된 계통성을 인정할 수 있다는 것이다.

이런 음각 부호 글자기와는 어떤 의미가 있을까? 혹 압자(押字)[19]의 형태는

---

17) 겨레문화유산연구원, 2011, 앞의 책, p.285

18) 보고서에는 '夫'로 읽었으나 이 글에서는 '未'로 판단하였다.

19) 압(押)은 대개 화압(花押)을 뜻하기도 하는데 수결(手決), 수촌(手寸), 서압(署押), 화서(花書), 화자(花字)등으로 일컬어졌다. 문서의 수수(授受)나 권리 관계의 이동을 표시할 때 본인임을 믿게 하기 위하여 붓으로 직접 서명한 것이라 하였다. 당나라에서 시작해 전래된 것으로 신라시대부터 조선 말기까지 유지되었다. 이름의 한자를 파자하는 경우, 한자를 파자하고 위에 성을 앉히는 방식 등 다양하나 안정되고 쓰기 쉽게 하는 것이 통

계양산성 부호 글자 'キ'형 (겨레문화유산연구원 2016: 48, 201)-ⅢAb3형식

도판 8. 계양산성 글자기와 3

계양산성 부호 글자 'X'형 (겨레문화유산연구원 2016: 166, 201)-ⅢAb3형식

도판 9. 계양산성 글자기와 4

계양산성 부호 글자 '⊘'형 (겨레문화유산연구원 2016: 103, 201)-ⅣAb3형식

도판 10. 계양산성 글자기와 5

아니였을까?하는 것이 필자의 생각이다. 자세한 것은 선학의 연구를 기대할 수밖에 없는 입장이지만, 당시 신라의 군현성 중 하나였던 계양산성 관리들 간에 이루어진 물품 인수 수결의 형태가 아닐까 한다. 즉, 이름의 한자를 파자하여 각서한 형태, 본인만의 부호로 각서한 형태로 생각할 수 있다.

2. '주부토(主夫吐) 글자기와

또 다른 한 종류로는 '주부토(主夫吐)와 관련된 것들로 수많이 출토되었다. 주지하듯이 '주부토'는 인천 계양산성이 옛 고구려 또는 백제와 관련있음을 반증하는 지명이다. 하지만 계양산성 출토 관련 글자기와들은 다른 '월(月)', '관(官)', '초(草)', '와

계양산성 '主夫' 글자
(겨레문화유산연구원 2011: 77)-ⅢCb1형식

도판 11. 계양산성 글자기와 6

초(瓦草)[20], '천(天)' 등의 글자기와와 함께 주 무늬는 주로 솔잎무늬와 엇댄줄무늬, 복합무늬 기와에서 나타나고 있으며 두드림판은 글자와 무늬가 조합된 중판 이상으로 추정된다. 특히 '주부토'글자기와는 측면 자르기 자국이 한쪽은 내면에서 외면으로, 다른 한쪽은 외면에서 내면으로 교차자르기한 것들이다.[21]

례였다.(한국민족문화대백과)

20) 이 역시 보고서에서는 '범초(凡草)'로 해석하였으나 필자는 '와초(瓦草)'로 보았다.

21) 보고자는 9세기의 특징으로 파악한 바 있다(겨레문화유산연구원, 2011, 앞의 책, p.285).

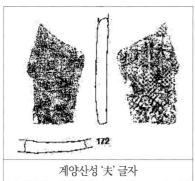

계양산성 '夫' 글자
(겨레문화유산연구원 2011: 77)-VCb1(4)
형식

도판 12. 계양산성 글자기와 7

이 글의 편년안에 의하면 엇댄줄무늬 계열은 'ⅢBb1', 'ⅢBb4', 'ⅢCb1'형식에 포함되어, 이르면 8세기 후반, 늦으면 9세기 후반까지 편년이 가능하다. 솔잎무늬나 복합무늬 계열도 'VBa1', "VBb1', 'VBb4', 'VCb4'형식에 해당하여 9세기 전반에서 후반에 걸쳐 유행한 것임을 알 수 있다.

'주부토' 관련 글자기와들은 통일신라 후반, 즉 8세기 후반부터 대두된 정치·사회적 모순이 9세기 전반에 이르러 극심해지면서 지방호족들이 등장, 성장함으로 인해 각 지역마다 남아 유지되고 있던 고구려나 백제의 옛 지명들이 그 세력에 의해 복고현상의 하나로 현상화한 것으로 파악된다.[22]

3. 기타 글자기와

한편, 7차 발굴조사에서는 비교적 문장형태의 글자기와가 출토된 바 있다. 글자는 폭 2.5㎝의 장방형 액내에 '九嵒仰一是(or 見)成'을 우서(右書)로 양각하였다. 유물적 속성은 주무늬대가 격자무늬와 함께 솔잎무늬가 복합된 기타무늬로 분류할 수 있고 장판의 두드림판으로 전면두드림하였다. 측면자르기 방법은 내

---

22) 대표적인 예로 포천 반월산성의 '마홀(馬忽)'글자기와를 들 수 있다. 이 기와는 속성에 따라 7세기 중반과 8세기 전반을 중심시기로 편년한 바이다(서봉수, 2020, 앞의 논문, pp.109-110). 이렇듯 백제나 고구려의 지명이 신라가 그 지역을 점유한 후에도 남아있는 사례는 점차 증가하고 있는 추세이다. 이 글의 목적은 계양산성 출토 기와의 편년속에서 글자기와의 속성을 대비하는 것이 주목적이므로 통일신라 한주와 관련된 지명 글자기와에 대한 자세한 분석과 내용은 향후 다른 글에서 다루고자 한다.

에서 외 방향으로 'VCb1'형식이다. 이르면 9세기 후반, 늦으면 10세기 전반 이후로 편년이 가능하다. 하지만 통일신라 후반의 복합무늬 형태가 줄무늬+줄무늬, 줄무늬+격자무늬, 줄무늬+솔잎무늬인 것과 달리 이 글자기와는 솔잎무늬를 주 무늬대로 한 격자무늬가 복합된 형태인 것으로 보아 앞서의 복합무늬 계열보다 더 늦은 고려 전기의 기와인 것으로 판단된다.

글자의 해석은 보고자가 두 가지를 제시하였는데, '구암이 우러르니 한꺼번에 (다) 이뤄졌다.' 또는 '구암이 우러러 한번 보고 만들었다.'[23]라고 하였다.[24]

이 외에도 '夫', '寺', '大十' 글자기와도 출토되었는데 이 중 '大十'은 정확한 뜻을 파악하기는 어려우나 '도(주)', '본(本)'으로도 해석이 가능할 것 같다.[25] 이 글

계양산성 글자기와(겨레문화유산연구원 2017: 66, 89)	글자 세부

도판 13. 계양산성 글자기와 8

---

23) 글자의 해석은 발굴당시 겨레문화유산연구원에서 신종원(한국학중앙연구원 명예교수)과 강문석(한국학중앙연구원 박사)에게 해독을 의뢰하여 작성된 안이다.

24) 겨레문화유산연구원, 2017, 『계양산성 Ⅳ』, p.89.

25) 겨레문화유산연구원, 2017, 위의 책, p.89.

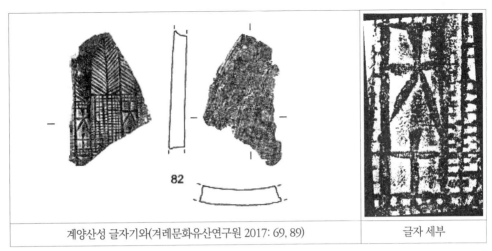

계양산성 글자기와(겨레문화유산연구원 2017: 69, 89)	글자 세부

도판 14. 계양산성 글자기와 9

자기와 역시 솔잎무늬와 격자무늬가 결합된 전형적인 10세기 이후 고려 전기 기와로 판단된다.

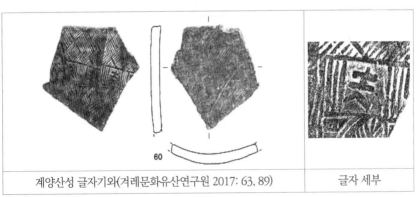

계양산성 글자기와(겨레문화유산연구원 2017: 63, 89)	글자 세부

도판 15. 계양산성 글자기와 10

위 '夫'명 기와는 엇댄줄무늬와 솔잎무늬가 결합된 형태로 솔잎무늬의 형태가 초기적인 형식이고 줄무늬 계열과 복합된 것으로 보아 'VCb1'형식으로 추정된다. 순서배열상으로는 고려전기에서도 다소 앞선 시기로 판단된다.

아래 '寺'명 기와는 남아있는 형태로 보아 솔잎무늬만이 남아 있으나 글자 아래에 다른 무늬가 복합된 형태일 가능성이 많다. 측면의 형태는 알 수 없으나 역시 'VCb1'형식으로 추정할 수 있다.

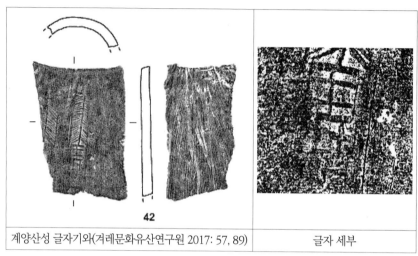

계양산성 글자기와(겨레문화유산연구원 2017: 57, 89)	글자 세부

도판 16. 계양산성 글자기와 11

V. 맺는말

이 글은 지금까지 10여 차례에 걸쳐 계양산성에서 조사된 수많은 성격의 유구와 유물 중에서 문자자료에 주목하여 논지를 진행하였다. 특히 계양산성에서는 목간을 비롯하여 수많은 기와에서 글자가 확인되어 문자자료의 가치가 상당히 높기 때문이다. 글은 지금까지의 계양산성 발굴결과를 토대로 문자자료를 정리하고 특히 글자기와의 고고학적 속성과 연관시켜 그 특성 및 구체적인 편년안을 제시하였다.

결과적으로, 계양산성 글자기와는 크게 음각 부호 글자기와와 '주부토(主夫

吐)’ 관련 글자기와, 그리고 ‘구암앙일시(견)성(九嵒仰一是(or 見)成)’ 관련 글자기와이다. 총 세 단계 구분이 가능하다. 일반 평기와는 전반적인 고고학적 속성과 계통성 안에서 크게 6세기 중후반에 제작되기 시작하여 10세기 전반까지 시기별로 변화양상을 나타낸다. 여기서 음각 부호 글자기와는, 몇 점의 앞선 시기도 있지만, 줄무늬나 격자무늬를 중심 무늬로 하며 단판의 두드림판으로 부분 또는 전면두드림하였다. 또한 측면의 자르기 흔적은 대부분 한 번에 기와칼로 그어 분리하거나 2~3회 조정한 것들이다. 이러한 글자기와들의 고고학적 속성을 토대로 음각 부호 글자기와들은 7세기 중반에서 8세기 전반을 중심시기로 편년하였다. 음각 부호의 성격에 대하여는 조심스럽게 압자(押字)의 형태가 아닐까 추정해보았다.

다른 부류는 ‘주부토(主夫吐)’ 관련 글자기와들이다. 고고학적 속성은 장판화된 줄무늬나 솔잎무늬, 격자무늬가 복합된 형태 등으로 두드림판은 중판 또는 장판화되고 측면 자르기가 내에서 외로 향하거나 교차 자르기하는 형태를 나타내고 있어 8세기 후반에서 9세기 후반까지로 편년이 가능하다. 이러한 글자기와는 통일신라 후반 지방호족의 등장과 함께 옛 삼국의 지명을 재사용하는 측면에서 이루어진 현상으로 파악하였다.

마지막 부류는 ‘구암앙일시(견)성(九嵒仰一是(or 見)成)’ 관련 글자기와이다. 고려시대 전기에 해당하는 기와들로 사찰과 관련된 것들로 판단된다.

결론적으로 계양산성 출토 기와를 통해 산성의 중심 사용시기는 7세기 중반에서 9세기 후반에 이르기까지 주로 신라 말 및 통일신라에 해당하는 것으로 파악된다. 이는 계양산성이 신라가 한강유역에 진출한 후 그 지역의 행정적, 군사적 치소로서 역할하였음을 입증하는 것이라 생각하며 향후 이에 대한 부족한 논거는 다른 글에서 다루어 보고자 한다.

참고문헌

1. 발굴보고서

국립문화재연구소, 2009, 『風納土城 ⅩⅠ-풍납동 197번지(舊 미래마을)시굴 및 발굴조사 보고서 1-』

겨레문화유산연구원, 2011, 『계양산성Ⅱ』

겨레문화유산연구원, 2016, 『서울 독산동 유적-서울 금천구심 도시개발사업구 내 유적 시·발굴조사 보고서』

겨레문화유산연구원, 2017, 『계양산성 Ⅳ』

겨레문화유산연구원, 2019, 『계양산성 Ⅴ』

서울역사박물관·한신대학교박물관, 2008, 『풍납토성 Ⅸ-경당지구 출토 와전류에 대한 보고-』

鮮文大學校 考古硏究所, 2008, 『桂陽山城』

심광주, 2019, 「용인 할미산성의 축성법과 역사적 의미」 『용인 할미산성-문화재적 가치와 위상-』, 용인시

인천광역시사편찬위원회, 2003, 『인천의 역사와 문화』

한강문화재연구원, 2020, 『아차산성』

한국토지공사 토지박물관, 2007, 『漣川 瓠盧古壘 Ⅲ(제2차 발굴조사보고서)』

2. 논저

백종오, 2006, 『고구려 기와의 성립과 왕권』, 주류성출판사

서봉수, 2020, 『한강유역의 신라기와 연구-한주(漢州)영역을 중심으로-』, 한국학중앙연구원 한국학대학원 박사학위논문

이재명, 2016, 「경남지역 삼국~고려시대 평기와 연구」, 경상대학교대학원 석사학위논문

최태선, 1993, 「平瓦製作法의 變遷에 대한 硏究」, 경북대학교대학원 석사학위논문

제7장

한국 고대 산성의 집수시설과 용도
-한강유역 석축 집수지를 중심으로-

백종오

I. 머리말

우리의 옛 집이나 옛 마을에는 꼭 우물이 있었고 옛 성에도 우물이나 물을 모으는 집수시설[1]이 있었다. 인간 생활의 필수 요소가 물인 만큼, 성곽에서 防禦나

---

1) 집수시설에 대한 명칭과 사전적 정의는 개별 사전이나 개설서 등에 다르게 나오고 있다. 예컨대, '집수정'과 '집수지'(문화재청, 2007, 『한국성곽용어사전』), '음수시설'(손영식, 2009, 『한국의 성곽』) '저수시설'(국립문화재연구소, 2011, 『한국고고학전문사전-성곽·봉수편-』), '용수시설'(최병화, 2010, 「백제산성 용수시설에 대한 검토」『한국상고사학보』 69, 한국상고사학회) 등의 명칭을 사용하고 있다. 그 정의는 '성내 용수 확보와 우수시 유속을 줄여 성벽 및 문지의 보호를 목적으로 물을 모아 놓은 시설'이라고 기술하고 있다.

또한 이글에서는 발굴조사보고서에 수록된 개별 집수시설의 명칭인 집수정, 저수지, 집

籠城 등 守城時 꼭 필요한 시설이 용수나 음료와 관련된 유구이다. 이렇게 물을 모으는 것을 集水(water catchmant), 取水(water intake, water inlet, water catch), 貯水(impoundment) 등의 단어를 통해 표현한다.

또 集水와 못(池, bassin, pond)의 합성어가 集水池(a receiving reservoir, a collecting basin)다. 『표준국어대사전』에는 '한 곳으로 물이 모임 또는 그렇게 모이게 함'을 집수, '넓고 오목하게 팬 땅에 물이 괴어 있는 곳'을 못이라고 정의한다. 『廣韻』에는 '池는 물이 멈추면 池'라 하였다. 『中文大辭典』에는 '땅을 파서 물을 모으는데 둥근 것은 池이고 네모난 것은 塘'이라 하였다. 그리고 城池는 성과 못의 합성어이다. 일반적으로 '성과 그 주변에 파놓은 못' 즉 垓子를 말한다. 하지만 우리나라는 산지와 구릉지가 국토의 70% 이상을 차지하기 때문에 지형 여건상 성 밖에 해자를 시설하기는 쉽지 않다. 우리나라 산성의 외측에는 隍 혹은 外隍, 乾濠 등 마른 도랑을 두는 경우가 일반적이다. 해자는 평지성에 많이 시설하나 역시 물의 공급이 원활하지 않기 때문에 구간에 따라 못(池) 정도로 머무는 경우가 많은 것이다. 경주의 월성 해자도 5개의 석축 연못이 연결되어 하나의 해자를 이룬다는 것이 확인된 바 있다. 중국의 후청허(護城河)나 청하오(城壕), 서양의 중세 성곽이나 일본의 근세 성곽처럼 웅장한 규모의 해자인 모우트(moat)나 호리(ほり, 堀, 濠, 壕 ;そうほり外堀, じょうご 城濠·城壕) 등과는 차이가 많다. 그래서 우리나라의 城池는 '성과 그 안의 못'이라는 말 그대로의 개념이 보다 적절한 것으로 생각된다.

그동안 삼국시대부터 통일신라시대까지의 집수시설에 대한 구조와 특징 검토, 형식 분류를 통한 입지별 시·공간적 특성, 용수시설의 입지와 입수방법에 따른 집수유구의 구분, 석축 집수지의 축조공정과 단계별 변화양상, 집수시설의 지

수지, 지당, 연지, 연못, 원지 등 그대로 사용하고자 한다. 이는 현재의 개념으로 재정리한 용어를 사용하였을 때 독자들의 혼란을 피하고자 하는 의도이다. 그러나 인용 보고서 이외에는 집수지, 저수조, 우물 등을 포괄하는 '집수시설'이라는 명칭으로 통칭하고자 한다.

역적 특징과 영향관계 등에 대한 연구가 진행되었는데, 집수시설의 구조적 특징과 변천과정 파악에 집중하는 경우가 대부분이었다.[2] 이외에 산성은 제사와 전쟁의 공간이며 그 제사의 증거로 집수유구와 그 출토유물의 의례성에 주목한 연구가 있었다.[3]

본고에서는 한강유역 고대 산성에 조영된 집수시설의 발굴 사례를 정리한 후 그 기능 및 용도에 대해 구조적인 측면과 의례적인 측면으로 나누어 살펴보고자 한다. 그 대상은 한강유역의 인천 계양산성을 중심으로 하남 이성산성, 안성 죽주산성, 충주 남산성 등의 석축 집수지로 제한하였다. 그 이유는 이들 석축 집수지가 점토 집수지에 비해 토기류와 기와류는 물론 목제품, 철제품, 토제품 등 각종 유물들을 풍부하게 포함하기 때문이다.[4]

---

2) 김윤아, 2007, 「고대 산성의 집수시설에 대한 연구」, 한양대 석사논문.

오승연, 2007, 「신라 산성지의 기능과 전개」『경문논총』창간호, 경남문화재연구원.

정인태, 2008, 「삼국~통일신라시대 산성 집수지에 관한 연구」, 동아대 석사논문.

이명호, 2009, 「백제 집수시설에 관한 연구」, 목포대 석사논문.

최병화, 2010, 「백제산성 용수시설에 대한 검토」『한국상고사학보』69, 한국상고사학회.

권순강·이호열·박운정, 2011, 「석축 산성의 계곡부 체성과 못(池)에 관한 연구-거창 거열성과 함안 성산산성을 중심으로-」『건축역사연구』76, 한국건축역사학회.

황대일, 2014, 「고대산성내 석축집수지의 구조와 변천」『야외고고학』19.

金世宗, 2017, 「湖南地方 古代 石築山城 硏究」, 목포대 석사논문.

全赫基, 2017, 「古代 城郭 集水施設의 性格과 變遷」, 한신대 석사논문.

최병화, 2018, 「百濟城郭 內 우물의 登場과 造成過程에 대한 硏究」『先史와 古代』55, 韓國古代學會.

3) 정의도, 2007, 「제장으로서 산성 연구」『문물연구』11, 동아시아문물연구학술재단·한국문물연구원.

백종오, 2008, 「남한 내 고구려 유적 유물의 새로운 이해」『先史와 古代』28, 한국고대학회.

백종오, 2015, 「韓日 古代 集水遺構 出土遺物의 儀禮性 硏究」『先史와 古代』46, 한국고대학회.

4) 점토집수지에서 출토된 고구려 유물은 장동호, 옹, 동이, 완, 종지, 접시 등 토기류가 대부분이며 그 출토량도 많지 않다. 서울 홍련봉1·2보루, 아차산3·4보루, 시루봉보루 등

II. 집수시설의 사례 검토

1. 인천 계양산성

인천 계양산성에서는 모두 4기의 집수시설이 확인되었다.[5] 그중 2005년 ~2006년까지 2·3차 발굴을 진행하여 제1집수정과 제3집수정을[6], 2017년 9차 발굴에서 4호 집수시설을 조사하였다.[7]

성내 동남향하는 계곡부의 하단에는 제1집수정, 중단에는 제2집수정, 상단에는 제3집수정이 일렬로 배치되어있다. 제1집수정의 하부는 말각 방형이고 상부는 원형으로 축조된 上圓下方形이다. 상부 외

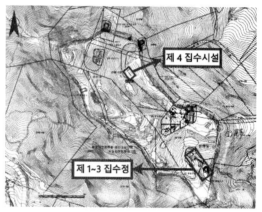

그림 1. 계양산성 내 집수시설 위치

과 청원 남성골유적 목곽고 등이 있다. 백제의 경우도 호, 옹, 소호, 완, 삼족기, 개 등의 토기류가 소량으로 수습되었다. 홍성 신금성 목곽고, 서천 봉선리 목곽고, 금산 백령산성 목곽고, 광양 마로산성 1호 점토집수정, 순천 검단산성 점토집수정2 등이 있다.

5) 인천광역시 1999, 『계양산성 지표조사 보고서』.

선문대학교 고고연구소, 2001, 『계양산성 일대 문화유적 지표조사 보고서』; 2008, 『桂陽山城 發掘調査報告書』.

겨레문화유산연구원, 2013, 『계양산성 II-4차 시·발굴조사 보고서』; 2016, 『계양산성 III-인천 시도기념물 제 10호 계양산성』; 2017, 『계양산성 IV-인천 계양산성 7차 시·발굴조사 보고서』; 2019, 『계양산성V- 인천 계양산성 8차 발굴조사 보고서』; 2020, 「인천 계양산성 제10차 발굴조사 완료 약보고서」.

6) 선문대학교 고고연구소, 2008, 앞의 책.

7) 겨레문화유산연구원, 2019, 앞의 책.

연 직경은 13m, 하부 직경은 6m, 깊이는 5m 정도이다. 바닥면은 풍화암반층 위에 70㎝ 내외의 점토다짐층을 채운 점토바닥이며 상부 호안석축 사이로도 점토를 채우는 찰쌓기로 누수를 방지하였다. 제3집수정은 한 변의 길이가 10.5m인 정방형으로 바닥은 풍화암반층을 그대로 사용하였다. 깊이는 3m이다. 4호 집수시설은 성내 북동 사면부의 계곡부에 위치하며 평면은 장방형이다. 모두 2차례의 개축 과정이 확인되었고 인접 체성부 외측에 2기의 토심석축형 치성이 발굴된 바 있다. 수혈선은 장축 17m, 단축 12.1m로 장단비는 1.4:1이다. 초축은 장축 13.1m, 단축 8.8m(장단비1.5:1), 1차 개축은 장축 11.7m, 단축 8.4m(장단비 1.4:1), 2차 개축은 장축 9.3m, 단축 6.1m(장단비1.5:1) 정도이다. 바닥면은 탐색 피트에서 목재 일부가 관찰되었으나 하층까지 조사하지는 못하였다. 북쪽 경사면 4m 거리에 별도의 축대시설을 조성하였다. 4호 집수시설의 북편 20m 지점에서 제의유구가 확인되었는데 이곳에서 제3집수정 출토품과 동범와로 추정되는 훼기와당[8] C형인 단판 연화문 수막새가 수습되었다.

제1집수정과 제3집수정에서는 단판 연화문 수막새, 원통형와통의 암키와와 竹狀形瓦桶의 토수기와가 세트로 출토된 점이 주목된다. 특히 죽상형와통 수키와는 이들 집수정에서 집중 출토되었다. 내면에는 통보 혹은 갈대와 함께 죽상의 성형틀 흔적인 통쪽흔이

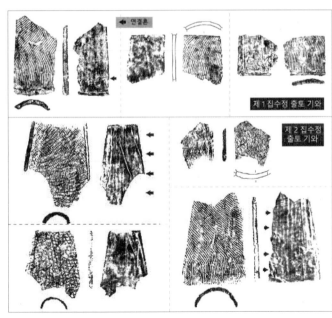

그림 2. 계양산성 제 1·2 집수정 출토 기와

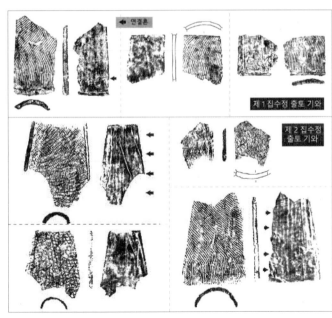내 텍스트: 연결흔 / 제1 집수정 출토 기와 / 제2 집수정 출토 기와

관찰되는데 한 개체당 4곳 정도의 횡방향 연결흔이 남아있다. 이들 수키와의 배면에는 평행선문, 격자문, 사격자문 등이 중복 타날되었다. 암키와는 모두 원통형와통을 사용하였고 점토판 성형, 양측면 완전분할 후 조정 등은 수키와의 양상과 동일하게 나타난다. 그리고 단판연화문수막새는 볼륨감 있는 반구형 자방에 판단이 뾰족한 연판과 편평하게 마무리한 간판을 배치한 양식이다. 수키와피복 접합기법과 함께 종치형압날시문법의 가능성을 보여준다.[9) 유사 사례로 서울 아차산성과 충주 탑평리유적 출토품이 있다.

　4호 집수시설 출토 토기류 중 시기구분이 가능한 기종은 단각고배와 대형호류, 편병, 주름무늬병 등이다. 먼저 단각고배는 대각의 형태로 보아 7세기 중·후엽, 대형호류는 경부의 파상문 형태로 보아 8세기 중엽에서 9세기 중엽, 편병은 동체가 편형하게 2면 이상의 각을 둔 형태로 9세기대, 주름무늬병은 9세기 중·후엽의 특징을 보여준다. 기와류도 집수시설 1층은 어골문과 종선문, 사격자문, 2층에서는 종선문, 격자문, 승선문, 3층에서는 종선문만 수습되었다.[10) 이는 통

---

8) 훼기와당의 유형은 아래와 같이 크게 4종류로 나누어진다.
　① a형 : 주연부를 완전히 타결,
　② b형 : 주연부를 일부분 타결,
　③ c형 : 주연부 타결후 막새면을 1/2~1/3 절단(c-1식), 1/4이하로 깨뜨려 절단(c-2식)
　④ d형 : 주연부를 그대로 둔 채 막새 자체를 절단

a형	b형	c형	d형

(백종오, 2010, 「百濟 및 韓國古代瓦當의 比較 硏究」『百濟瓦塼과 古代 東Asia의 文物交流』, 한국기와학회, pp.82-83.)

9) 최영희, 2018, 「계양산성 출토 기와에 대한 검토」『계양산성의 역사적 가치와 쟁점에 대한 검토』.

일신라의 종선문과 나말여초의 어골문, 격자문, 사격자문의 양상과도 동일하다.

2. 하남 이성산성

하남 이성산성에서는 모두 3기의 집수
시설이 확인되었다.[11] 그중 1990년~1991
년 3·4차 발굴조사에서 A지구 1차 저수지
와 2차 저수지를, 1999년 C지구 저수지와 1
차 저수지 호안에 대한 조사가 진행되었다.
A지구 저수지는 성내 동남향 계곡을 막아서
두 차례 조성하였는데 1차 저수지가 자연
매몰된 후 다시 그 안에 2차 저수지를 축조
한 양상이다. 1차 저수지는 장축 54m, 단축
30m이고 평면은 북동-남서방향이 장축인
타원형이다. 저수지의 북쪽 한계는 2차 저
수지의 북서쪽 호안석축과 같으며 남쪽은
성벽으로, 서쪽은 곡부 개울까지로 여겨진
다. 저수지 바닥인 암반까지는 지표하

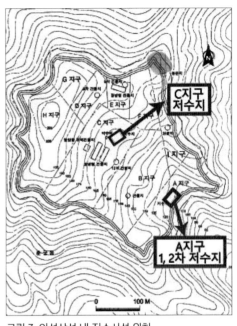

그림 3. 이성산성 내 집수시설 위치

408~420㎝이고 토층은 모두 33개 층으로 나누어진다. 만수시 깊이는 2m 정도
이다. 2차 저수지는 장방형의 평면으로 북안 석축이 남안 석축보다 약간 긴 梯形

---

10) 겨레문화유산연구원, 2019, 앞의 책, pp.60-61.

11) 漢陽大學校, 1991, 『二聖山城 三次發掘調査報告書』; 1992, 『二聖山城 四次發掘調査報告
書』.
漢陽大學校 博物館, 1999, 『二聖山城 6次發掘調査報告書』; 2002, 『二聖山城 9次發掘調査
報告書』.

에 가까우며 장축은 북동 남서향이다. 전체 둘레는 84.65m로, 동안 석축은 26.55m, 서안 석축은 26.6m, 남안 석축은 15.1m, 북안 석축은 16.4m이다. 깊이는 평균 2m 정도이다. C지구 저수지는 1호 장방형 건물지 동편에 위치하며 평면은 장방형이다. 동서 21m, 남북 14m로 서벽과 북벽의 붕괴가 심한 편이다.

유물은 1차 저수지의 경우, 16층과 21층의 유기물층에서 목간과 칠기, 고판 등과 토기류가 다량으로 수습되었다. 2차 저수지에서도 수골, 목제 조각품, 목간, 짚신 등과 함께 토기류와 기와류가, C지구 저수지에서는 묵서명 뚜껑, 목제품, 원판형 제품(58점) 등이 출토되었다. 기와류는 1차 저수지에서 보이지 않던 것에 비해 2차 저수지 남안 석축의 주변에서 집중되고 있으며 1차 저수지와 2차 저수지 모두 훼기와당인 단판 연화문 수막새가 1점씩 출토된 점이 주목된다.[12]

3차 발굴조사에서 초축 성벽과 관련되는 1차 저수지 안에서 길이 15㎝의 '戊辰年正月十二日朋南漢城道使'명 목간이 확인되었다. 공반유물은 단각고배류와 삼각집선문이 시문된 고배뚜껑, 호형토기 등이다. 여기서 무진년은 608년으로, 남한성은 이성산성의 원래 명칭이자 한산주의 치소성의 명칭으로 추정하였다. 한강 북안의 아차산성에서 '北漢'명 명문기와가 출토되어 한강 남안의 이성산성에 대응하는 위치와 명칭으로 보고 있다. 이성산성의 초축과 사용시기는 6세기 중엽에서 9세기 중엽으로 비정하는데, 이는 신라가 한강유역을 점유하는 553년에 가까운 시기의 출토 유물인 고배나 목간 명문, 절대 연대 측정치를 반영한 것이다. 즉 역사적 상황과 결부시켜, 신주 설치 이후 한산주 또는 한주로 명칭이 바뀌게 되면서 삼국통일 이후 발달된 새로운 석재 가공기술을 동원하여 보다 안정적인 2차 성벽을 구축하게 되었고 건물지의 영조척도 고구려척에서 당척으로 변화하며 건물의 규모도 커지고 화려해지는 양상으로 파악하였다.[13]

---

12) 백종오, 2011, 「韓國古代瓦當의 毁棄樣相 檢討」『韓國史學報』43, 고려사학회.

13) 심광주, 2015, 「이성산성과 하남시 고대유적의 성격」『고대동아시아의 왕성과 풍납토성』, 국립문화재연구소, pp.93-94.

3. 안성 죽주산성

안성 죽주산성에서는 모두 8기의 집수시설이 확인되었다.[14] 2006년부터 2010년까지 2차~4차 발굴을 진행하여 신라시대의 S1~S6 집수시설과 조선시대의 C1, C2집수시설[15]을 조사하였다. 죽주산성은 산정상부를 중심으로 테뫼식으로 축조된 내성이 있고, 다시 내성의 주변을 감싸는 테뫼식의 중성이 있으며, 중성에서 동북쪽으로 형성된 깊은 계곡을 막아 축조한 포곡식 외성이 있다. 집수시설이 위치한 곳은 중성 내부 저지대의 개활지로 서쪽에서 내려온 곡간부가 동문지쪽으로 완만하게 형성된 지역에 해당한다. 신라시대 집수시설은 곡간부를 따라 평면 'S'자 형태의 계단식 단차를 둔 배치이다.

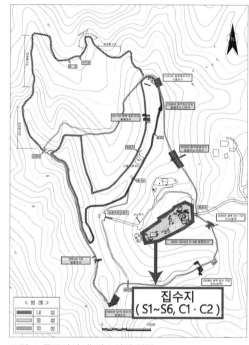

그림 4. 죽주산성 내 집수시설 위치

위쪽 집수시설이 만수되면 그 아래쪽 집수시설로 흘러 넘치는 구조로 되어 있다.

S1~S4 집수시설은 곡간부 방향으로 일직선이지만, S4 집수시설 아래의 화강 암반을 피해 원지형을 최대한 활용하여 지형이 낮은 북쪽에 S5~S6 집수시설을 배치하고 있다. 죽주산성의 집수시설은 축조양상이 부실한 반면 여러 기를 조성하여 운영한 것이 특징이다. 신라시대 집수시설의 현황은 다음의 표 1과 같다.

---

14) 한백문화재연구원, 2012, 『안성 죽주산성 2~4차 발굴조사보고서』.

15) 조선시대 집수시설에 대해서는 다음의 논문이 참고된다.
오창희, 2020, 「조선시대 관아의 지당 조성기법 연구」, 세종대 석사논문.

표 1. 죽주산성 신라시대 집수시설 현황[16]

유구명		규모(cm) 장축×단축×깊이	평면	출토유물	비고
S1	1차	1180~1330 × 850 × 10~115	장방형	대부장경호 굽다리, 뚜껑, 견부압날 문 토기편, 목간, 각종 목제류	
	2차	1330 × 730 × 55~250	방형	고배, 인화문토기, 목제공구	
S2	1차	460 × 630 × 13~110	장방형	뚜껑, 발형토기,	
	2차	520 × 519 × 60~90	장방형	고배, 인화문토기	
S3		740 × 560 × 20~50	방형	인화문 뚜껑, 고배, 목제품, 토제목 걸이	
S4		510 × 201 × 10~35		뚜껑, 고배, 대형호 구연부	
S5	2차	860 × 380 × 70	타원형	연화문수막새, 대부완, 완, 호형토 기, 목제품, 수골	바닥 소형 할석
S6	2차	708 × 420 × 90~160	장방형	고배, 뚜껑, 대부완, 장경호, 인화문토 기, 목간, 묵서명 목제품, 각종 목제 류, 수골	바닥 소형 할석

　　유물은 토기류와 기와류, 목제품, 석제품, 토제품 등으로 분류된다. S1 집수
시설의 경우 바닥 상부인 4층에서 목간, 첨기, 결합부재 등의 목제품들이 수습되
었으며 3층에서는 출수구 개폐에 사용된 것으로 보이는 목제 물마개가 확인되었
다. S5 집수시설의 6~8층은 집수시설의 폐기층으로 연화문수막새와 암키와, 뚜
껑 손잡이, 고배 저부, 동이 구연부, 완, 잔, 대부호 저부, 원형토제품 등이, 9~14
층은 집수시설 사용 당시의 바닥층으로, 주로 11층에서 뚜껑, 고배, 완, 병, 호, 파
수 등 각종 토기류와 함께 다수의 수침 목재와 뼈 등이 출토되었다.

---

16) 한백문화재연구원, 2012, 위의 책, pp.604-605, 표 1을 참조하였다. 그런데 旣 회의자
　　료와 보고문에는 잔존 규모와 평면형태, 출토 유물이 일부 다르게 기술되어 있었으므
　　로, 최종 발굴조사 보고서를 기준으로 정리하였음을 밝혀둔다. 그리고 저자의 拙稿(白

S6 집수시설도 6~7층은 집수시설이 본격적으로 폐기가 진행될 당시의 퇴적층이고 8층은 집수시설 사용 당시의 퇴적층으로 다수의 토기편과 수침목재, 뼈 등이 수습되었다. 9층은 S6-2차 집수시설의 바닥층으로 목간 등의 목제품이 확인되었다.

이들 신라시대 집수시설에서 출토된 유물 중 고배, 뚜껑, 대부완 등은 6세기 중반에서 7세기 중반으로 편년된다. 한강유역의 이단투창고배는 6세기 중반 이후부터, 'Λ'자 종장연속문이 시문된 대부완은 7세기 중엽 이후부터 나타나는데 비해 반구형 뚜껑은 7세기 중반 이후에는 등장하지 않는다. 그 하한은 줄무늬병, 편병 등을 통해 9세기 중반으로 볼 수 있다. 연대 측정치 역시 A.D. 540~690년의 결과치를 보여주므로 집수시설의 축조 및 운영시기는 6세기 중엽에서 7세기 중후반으로 추정되었다.[17]

4. 충주 남산성

충주 남산성에는 동쪽 계곡부의 체성 내측에서 1기의 집수시설이 조사되었다. 2001년 시굴조사와 2002년~2003년의 발굴조사를 통해 남북방향 12.2m, 동서방향 13.4m 크기의 3단 계단식 저수지를 확인하였다.[18] 평면은 바닥을 사다리꼴로 조성한 다음 계단식으로 쌓아 올렸으며 중단을 넘어서면서부터 말각

種伍, 2015, 「韓日古代 集水遺構 出土遺物의 儀禮性 硏究」『先史와 古代』 46, 韓國古代學會)를 작성시 죽주산성의 규모에 대해서는 기존 자료를 인용하였기에 拙稿, p.242, 표 1과는 차이가 있다. 아울러 같은 쪽 하단의 "A2 집수시설 1차 유구는 평면형태가 방형으로 잔존 규모는 동서 4m, 남북 4m, 높이 0.46m 정도이다. 유물은 훼기 연화문수막새 1점을 비롯하여 뚜껑·발형토기가 출토되었다."고 서술하였다. 그러나 기존 보고문과 달리 발굴조사보고서(pp.195-206)에는 연화문수막새가 S5집수시설의 8층에서 출토된 것으로 확인되었기에 이 역시 수정하였음을 명시한다.

17) 한백문화재연구원, 2012, 앞의 책, pp.623-624.
18) 忠北大學校 中原文化硏究所, 2005, 『忠州山城 - 東門 南側 貯水池 試·發掘調査 報告書-』.

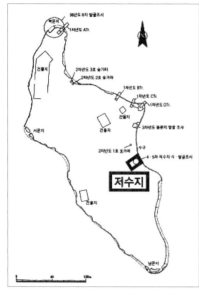

그림 5. 남산성 내 집수시설 위치

다각형으로 변화하는데 전체적인 상단의 평면은 원형을 기본으로 하고 있다. 계곡부에 접한 남서쪽 모서리는 후대 개축이 이루어졌다. 이처럼 평면형태가 불규칙한 것은 성내 유수가 동쪽 계곡부로 집중하는 지형적 요인과 함께 그 고저차가 심하게 작용했기 때문으로 생각된다. 사다리꼴의 첫 번째 석축은 남북 370㎝, 동서 450㎝이고 두 번째 석축은 남북 445㎝, 동서 570㎝이다. 세 번째 석축은 남북 545㎝, 동서 670㎝로 모서리의 모를 확연하게 없앤 형태를 보여주고 있다. 불규칙하지만 대체로 抹角多角形을 이룬 3중의 석축은 바깥에서 안쪽으로 차례로 층단을 이루어 내려가는 계단식 보호석축이다. 바닥면은 암반위에 회백색 뻘을 채운 후 얇은 판석을 깔아 부석하여 담수의 효과를 높이고 있다. 이에 비해 바닥 정상부 쪽은 암반을 그대로 이용하고 있어 바닥 최고점과 최저점의 높이 차이는 120㎝에 이른다. 성내에서 가장 큰 동쪽 계곡부의 유수는 저수지내 일정 수위에 오르면 수로를 통해 수구로 배출되는 구조이다. 충주산성 수구는 성벽통과식으로 입수구와 출수구는 계단식으로 조성되었으며 그 경사도는 27.5도로 계측된다. 동문지 문도부 바닥에도 수구가 별도로 구비되어 있다. 유물은 복환식 경판의 재갈, 사행상 철기, 철제 가위, 철도자 등의 철제류, 나무망치와 절구공이 모양의 목제류, 완이나 호, 단각고배 등의 토기류와 선조문계열의 기와류 등이 있다. 특히 단각고배, 태선문 기와편 등은 6세기 중엽에서 7세기 때의 유적에서 보편적으로 출토되며 산성 경영과 관련된 시기의 폭이 좁은 것으로 보았다.[19]

---

19) 忠北大學校 中原文化硏究所, 2005, 앞의 책, p.53.

III. 집수시설의 기능 및 용도

산성 내 집수시설의 일차적인 기능은 성내 생활에 필요한 '물'을 모으고 저장하는 것이다. 저수된 '물'은 飮用水, 用水, 防火水 등 다양한 용도로 사용된다. 따라서 집수지는 평상시 성곽을 유지·관리하고, 전쟁시 수성전과 농성전 등의 전투를 수행하는 데에 반드시 필요한 시설이라고 할 수 있다.

이 장에서는 지표수를 모아 저장하는 집수시설의 기능과 용도에 대해 살펴보고자 한다. 구조적인 측면에서 산성 내에 집수지를 설치하는 것이 체성부의 안전성에 어떠한 영향을 주는지를 검토해 볼 것이다. 아울러 의례적인 측면은 집수시설과 의례유구를 바탕으로 집수시설에서 출토된 목간과 훼기와당, 수골 등을 통해 용도를 언급하도록 하겠다.

1. 구조적인 측면

1) 집수시설과 체성

성내 용수 관련 시설은 크게 집수시설[20]과 배수시설로 나누어진다. 집수시설

---

20) 일반적으로 산성은 성벽이 봉우리를 돌아가는 방식에 따라 테뫼식과 포곡식, 그리고 이들을 결합한 복합식 산성으로 구분된다. 이 분류법은 日帝强占期 東京帝國大學 造家學科 교수였던 세키노 타다시(關野貞)가 제시한 것으로 현재에도 이를 그대로 따르고 있다. 테뫼식은 산정상부를 둘러친 것이며, 포곡식은 계곡을 포함하는 것이다. 테뫼식에는 저수조, 포곡식에는 집수지의 적용이 가능하다(최병화, 2010, 앞의 글; 2018, 「百濟城郭 內 우물의 登場과 造成過程에 대한 硏究」『先史와 古代』 55, 韓國古代學會). 이러한 적용법은 정약용과 신관호의 산성 분류법인 蒜峰, 紗帽峰, 馬鞍峰, 栲栳峰에도 대입할 수 있다. 저수조는 마늘 어깨를 두른 것과 같이 산 정상부를 둘러친 산봉식과 紗帽와 같이 높고 낮은 봉우리와 능선을 감싼 사모봉식에 주로 시설된다. 집수지는 사방이 높고 중간부가 낮은 고로봉식에 설치되는 것으로 이해된다. 저수조와 집수지를 함께 활용하는 경우는 말안장처럼 능선 정상과 계곡부를 모두 포함하는 마안봉식 산성에서 확

은 샘과 우물, 저수조, 집수지 등으로 대별된다. 샘은 성내와 성외에, 우물은 대수층 형성지에, 저수조는 능선 정상부나 능선 사면에, 그리고 집수지는 계곡의 곡간부에 입지하는 경향이 강하다. 배수시설은 집수시설에 저장된 물이 체성부를 거쳐 성외로 배출되는 구간에 시설된다. 물을 배수하는 시설은 導水路(headrace, driving channel)와 餘水路(spillway), 입수구와 출수구 등으로 구성된다. 도수로는 수원에서 집수시설까지 물을 유도하는 시설이다. 여수로는 집수시설의 수위 및 유량이 일정량 이상이 되었을 때 여분의 물을 배출하기 위한 수로이다. 여수로와 도수로는 지표면을 기준으로 축조되는 위치에 따라 명거식과 암거식으로 분류된다. 유수가 체성부에서 배수되는 방식에 따라 체성부 越流式과 체성부 通過式으로 나누고, 체성부 통과식은 다시 城壁通過式과 城門通過式 등으로 세분된다. 즉 도수로 → 집수지 → 여수로 → 수구 순으로 정리된다.

집수지는 대부분 지표수를 효과적으로 모을 수 있는 곡간부나 계곡부에 위치한다. 흔히 산성을 보수하거나 정비할 때 가장 먼저 살펴보아야 하는 것이 바로 排水體系라고 말할 수 있다. 산성 정비와 보수는 배수체계의 파악에서부터 시작되어야 한다. 그래야 성벽, 문지, 수구 등의 성벽 시설물과 건물지, 집수시설 등의 성내 시설물이 우수에 의해 훼손되는 것을 방지할 수 있기 때문이다. 성곽을 지속적으로 관리하기 위해서도 배수체계를 잘 이해해야만 한다.

성내 계곡부는 유수의 영향을 가장 많이 받는다. 계곡부의 체성은 온전히 유지되기가 가장 어려운 구간으로 우리는 대부분 이를 붕괴된 상태로 접하게 된다. 집수지는 유수의 집중에 의한 체성부의 이완이나 붕괴를 최소화하는 역할을 한다. 다시 말해 집수지는 성내 계곡부로 집중되는 유수를 모으는 고유의 기능뿐만 아니라 유속을 낮추거나 토압을 분산시켜 횡압력으로 인한 성벽 훼손을 방지하는 기능도 가지고 있는 것이다. 또한 유수가 운반한 퇴적물을 집수지에 저류시키

인된다. 추후 별고를 통해 정리하고자 한다.

면서 물과 퇴적물을 분리시킨 후 유속이 감소된 물만 출구수로 배출시키는 역할도 한다. 산성 계곡부의 체성은 자중과 함께 횡압력이 크게 작용한다. 이때 성내 집수지는 수압을 저감시키며 체성 사이의 간격을 넓게 유지하는 방법으로 단면적을 증대시킨다는 연구 결과[21]는 성곽의 구조를 이해하는데 있어 그 시사하는 바가 크다.

요컨대, 집수지의 고유 기능은 평시나 전시에 필요한 용수를 저장·공급하는 것이다. 아울러 구조적인 측면에서 볼 때 성내 가장 저지대이자 유수에 의해 붕괴 위험성이 높은 지점의 체성부에 가해지는 자중과 횡압력의 감소, 단면적을 증대시켜 지내력을 확보하는 기능도 함께 가지고 있었다고 할 수 있다.

2) 집수시설과 평면

여기에서는 집수시설의 평면 형태가 계곡부의 경사도와 고저차 및 위치에 따라 어떻게 변화하는지 언급해 보고자 한다. 결론부터 말하면 집수지의 평면 형태는 성내 지형 및 체성부 조성지점과 일정한 관련성이 있는 것으로 보인다.

집수지의 평면 행태는 원형, 타원형, 정방형, 장방형 등으로 분류된다. 하지만 이러한 일반적인 형태가 아닌 上圓下方形의 집수지가 인천 계양산성과 충주 남산성에서 확인되었다.

먼저 계양산성은 계양산(해발 395m)의 주봉에서 동향하는 능선을 따라 내려온 중봉(해발 202m)에 위치한다. 중봉에 인접한 육각정 옆의 해발 188.4m의 봉우리에서부터 동남향하는 계곡부와 동북향하는 계곡부로 나누어진다. 동남향 계곡부는 제1집수정과 제3집수정이 있고, 동북향 계곡부에 제4집수시설이 시설되었다. 제1집수정은 호안 상단이 해발 116m, 바닥이 111m 정도이다. 집수정이 설치된 곳이 최고지점은 아니더라도 곡간부 형성에 영향을 주는 해발 168.4m

---

21) 권순강·이호열·박운정, 2011, 「석축 산성의 계곡부 체성과 못(池)에 관한 연구-거창 거열성과 함안 성산산성을 중심으로-」 『건축역사연구』 76, 한국건축역사학회, pp.19-20.

지점과의 레벨 차이는 53.4m~57.4m 정도이다. 실질적인 곡간부는 해발 139.2m~150m의 등고선에서부터 광범위한 면적에 걸쳐 있다. 따라서 계양산성 내 유수의 집중점은 제1집수정이나 제3집수정으로 추정할 수 있다. 제4집수시설 도 성내 최고점인 중봉과 해발 188.4m의 봉우리와 55m 내외의 레벨 차이를 보 인다. 제1집수정의 평면은 기본적으로 상원하방형으로 생각되는데, 하단은 방형 에 가깝고 중단은 방형과 원형을 혼용한 抹角 형태이고 상단은 원형으로 축조하 였다.

다음으로 충주 남산성 저수지의 평면 형태는 바닥은 제형, 중단은 말각다각 형, 상단은 원형 등 호안석축의 부위별로 다르게 확인되었다. 이러한 구조는 계양 산성 제1집수정과 유사하다. 여기에는 계곡부의 경사도와 고저차, 이에 따른 토 압과 수압의 증가 그리고 체성부와 집수시설의 인접성 등 모든 지형과 환경적 요 인이 작용하였을 것으로 짐작된다. 성내 최고지점인 해발 635m의 정상부와 연 결되는 해발 632.2m의 봉우리가 동쪽으로 급경사를 이루며 최저지점인 계곡부 해발 561.5m~564m에 집수지가 형성되었다. 집수지 바닥 해발은 561.5m, 서안 석축은 해발 564m, 동안 석축은 체성 내측성벽과 같은 해발 563.5m 정도이다. 특히 저수지의 바닥은 암반이 노출된 서편과 점토 충전 후 판석을 설치한 동편의 높이차가 120㎝를 넘는다. 정상부의 두 봉우리와 집수지 바닥의 레벨 차이는 60.7m ~ 63.5m 정도로 매우 큰 격차를 보인다. 다른 산성에 비해 계곡부로 집중 되는 유수의 가중치가 높을 수 밖에 없다. 현재의 충주산성 집수지의 평면과 단 면의 부위별 차이는 바로 이와 같은 상황을 반영하고 있는 것으로 생각된다.

따라서 저수지의 바닥 평면을 제형으로 조성한 다음 계단식으로 올리면서 중 단을 넘어서 말각다각형으로 변화하고 상단은 원형에 가깝게 축조하는 상원하 방형의 복잡한 형태는 경사가 급한 지형 및 고저차에 따른 토압과 수압을 극복하 기 위한 결과로 보는 것이 타당하다고 판단된다.

3) 집수시설과 조경

지금까지 산성에서 확인된 집수시설에 관한 연구는 막연히 용수 확보와 배수 체계 등 기본적인 기능을 해명하는 방향으로 진행되었다. 물론 이는 지극히 당연한 일이라고 생각된다. 하지만 이제 집수지가 가지는 다양한 용도에 주목할 필요가 있다. 그중 하나가 구조 분석에 따른 조경이나 수경적인 요소를 밝히는 것으로 생각된다.

앞서 언급한 바와 같이, 죽주산성의 6기 집수시설 모두 평면 S자 형태로 배치되었다. 각각의 집수시설은 단차가 있지만 도수로를 통해 연결되는 구조이다. 집수시설이 위치한 계곡부는 동쪽의 동문지 방향으로 형성되었는데, 이곳은 서쪽의 계곡 상류뿐만 아니라 남북 양쪽 사면부의 우수가 집결되는 곳이다. 집수시설의 서쪽 상단면의 S1 집수시설 서북쪽에는 수량이 풍부한 샘이 있다. 이 샘은 도수로로 S1 집수시설과 연결된다. 집수시설 서남쪽에는 집수시설로 유입되는 토사 등을 방지하기 위한 보호석축의 기능을 가진 적석이 확인된다. 계곡부에는 대형 암반이 2군데 돌출되어 있는데, S1 집수시설은 서쪽의 대형 암반에 의지해 조성되었다. 이 암반 서쪽으로 약 30m 정도 거리에 길이 25m 가량의 대형 암반이 돌출되어 있고, 암반 동쪽으로 약 30m 정도 이격되어 동문지가 자리하고 있다. 집수시설은 계곡부의 대형 암반 사이에 배치되어 있다. S1~S4 집수시설은 이 암반 사이에 서-동 방향으로 연결하여 설치되었고, S5 집수시설은 중간의 암반 북쪽으로 돌려서 조성하였다. 이후 S6 집수시설은 동문지 쪽으로 다시 방향을 틀어서 배치하였다. S6 집수시설과 동문지 사이는 약 30m 정도 이격된 상태이기에 추가적인 집수시설이 존재할 가능성을 배제하기 어렵다. 다만 그 위쪽의 조선시대 집수시설이 존재하고 있어 더 이상의 조사가 진행되지 않았다고 한다. 이렇듯 죽주산성 집수시설은 다른 산성의 집수시설과 달리 평면적으로 펼쳐놓은 듯한 특이한 평면 구조를 가지고 있다. 발굴조사 보고서에는 집수시설의 배치와 구조를 검토한 후 주요 기능은 식음료의 확보였고 체성부에 미치는 횡압력 감소, 그리고 제의적인 기능도 함께 언급하였다.

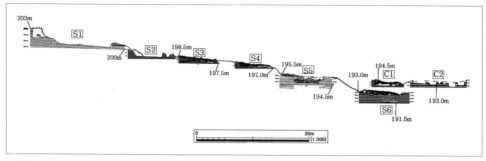

그림 6. 죽주산성 삼국시대 및 조선시대 집수시설 단면도

그런데, 발굴조사 보고서에 수록된 죽주산성 집수시설의 평면도를 보았을 때 배치의 특이성과 함께 집수시설 간의 단차를 상정해 볼 수 있었다. 그래서 〈그림 6〉과 같이 집수시설의 단면을 도면상에 표현해 보았다.[22] 그 결과, 서쪽의 S1 집수시설 바닥은 해발 200m, 동쪽의 S6 집수시설의 바닥은 해발 191.5m 정도임을 확인할 수 있었다. 도면을 보면 S2~S4 집수시설은 서쪽에서 동쪽으로 계곡부의 지형에 따라 조성된 것과 같이 큰 段差를 보이지 않는다. 그러나 S1과 S2 집수시설 바닥의 높이 차이는 약 2m 정도이고, S4와 S5 집수시설은 2.5m, S5와 S6 집수시설은 최대 3m 내외의 레벨 차이가 있는 것으로 파악되었다.

즉 유수는 S1에 집수된 후 S2~S4 집수시설에서 貯留하다가 S5와 S6 집수시설로 급격하게 떨어진다. 특히 S1 집수시설에서 출토된 〈그림 7〉의 목제 물마개는 S1 집수시설에서 다른 집수시설로 유입되는 물의 양을 조절하였던 사실을 말해 준다. 죽주산성 집수시설은 모두 S1 집수시설 서북쪽에 위치한 샘을 수원으로 삼는다. 지금도 사시사철 풍부한 수량을 보여주고 있기에 수자원 확보는 문제가 되지 않는다. 다단계 집수시설은 유속을 감소시키는 저류 효과가 있다. 따라

---

22) 해당 발굴조사 보고서(한백문화재연구원, 2012, 앞의 책)에는 유구 전체에 대한 종횡 단면이 표시되지 않았기 때문에 필자가 별도로 김호준 박사와 이동휘 연구원(충북문화재연구원)의 도움을 받아 재작성해 보았다. 힘써 준 두 분께 고마움을 전한다.

서 죽주산성은 우기에도 우수 관리가 적절하게 이루어졌을 것으로 판단된다.

집수시설에서 수위를 조절하는 물마개는 경주 안압지에서도 수습된 바 있다(〈그림 7〉).[23] 이것은 월지로 유입되는 수량을 조절하기 위해 사용한 것으로 보인

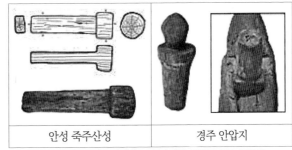

| 안성 죽주산성 | 경주 안압지 |

그림 7. 죽주산성 S1 집수시설 출토 물마개와 안압지 출토 물마개

다. 신라에서 수량의 조절과 관계된 유적으로는 경주 월성 해자와 포석정 등이 있다. 이 유적들은 모두 물의 흐름을 이용한 조경 기능을 가지고 있다.

그렇다면 죽주산성의 집수시설 또한 기존 산성들의 집수지와의 차이를 고려하였을 때 조경의 기능을 지니고 있었을 것으로 상정해 볼 수 있다. 죽주산성의 집수시설은 大小의 장방형, 방형, 타원형 등의 평면 형태에 단차이를 두고 있다. 이러한 배치 구조는 다단계 저류 공간을 통해 수량을 조절하는 데 유리할 뿐만 아니라 집수시설에 조경의 기능이 부여되었음을 반증한다.

최근, 수원 화성의 『華城城役儀軌』의 내용과 「華城全圖」의 도면을 분석하여 池, 溝 등의 위치 및 공간구성 요소와 조성방법 등을 밝힌 연구가 있었다.[24] 이 연구에 따르면 池 주변에는 느릅나무와 버드나무, 池 내부에는 마름, 홍련과 백련 등을 식재한 것으로 보인다. 죽주산성의 삼국시대 집수시설 상층에 위치한 조선시대 집수시설은 방지에 원도, 혹은 원도와 정자 등이 조성되었을 것으로 상정할 수 있다.

또한 집수시설에서는 목제삽과 방망이, 자귀, 나막신 등이 출토되었다. 이러

---

23) 한백문화재연구원, 2012, 앞의 책, p.619 삽도20 전재.

24) 백종철, 2020, 「수원 화성 미복원 수(水) 공간의 전통조경 조성방법 연구」 『韓國傳統造景學會誌』 38-1, 한국전통조경학회, pp.21-27.

한 목제류는 부여 사비도성과 궁남지, 순천 검단산성, 함안 성산산성, 창녕 화왕산성, 거제 둔덕기성, 아산 갈매리 유적, 광주 신창동 유적 등 성내 집수시설과 저습지에서 주로 검출된다.

목제삽은 6세기 후엽 이전부터 철제날을 단 삽과 가래 등이 사용되었다. 방망이는 목제품 가공용, 물마개용, 탈곡용 초본류나 포목류를 다듬는 용도 등 쓰임새가 다양하다. 자귀는 물마개와 말목 등 목재유물에서 자귀흔이 확인되어 木材를 가공할 때 사용된다고 한다. 원삼국~삼국시대의 목제 기경구는 점성이 높은 토양 즉 저습지의 개간 또는 물이 고여 있는 상태의 경작지의 기경에 이용되었다고 보고 있다.[25] 특히 목제삽은 수로를 파거나 흙을 파서 뒤집는 데 사용하는 도구이다. 그래서 죽주산성의 집수시설에서 출토된 목제삽과 방망이, 자귀 등은 저습지의 농기구로 볼 수 있다. 이러한 점은 죽주산성 집수시설 내부와 그 주변의 수경 재배와도 연관 지을 수 있다고 생각된다.

따라서 구조적인 측면에서 죽주산성 내 삼국시대 집수시설은 다단계 집수공간과 단차를 이용한 전통 조경의 水景 요소를 그대로 포함하고 있으며 출토 목제 기경구를 통해 성내 곡간부와 집수시설을 이용한 水耕의 가능성도 매우 높은 것으로 판단된다. 이는 다음과 같은 몇 가지 사실을 통해서 추정할 수 있다.

첫째, 죽주산성의 집수시설에는 수경 요소인 流水와 止水가 있다. 유수는 폭포와 간수, 수로 등이 있고 지수는 池塘, 석지나 연지, 泉井 등으로 구성된다. 죽주산성 집수시설은 풍부한 수원을 가진 최고점의 샘을 필두로 다양한 평면과 크기를 가지고 있다. 이에 더하여 계곡부를 이용한 배치와 단차를 이용한 낙수, 그리고 이를 연결하는 도수로 등을 통해 수경의 요소를 모두 충족하고 있다.

둘째, 6기 이상의 각기 다른 집수시설과 돌출된 암반이 주는 경관적인 다채로움이 있다. 낙차가 없는 S2~S4 집수시설은 물이 담수되어 연꽃류와 수경식물

---

25) 김도헌, 2016, 「고대의 목제 기경구 연구」 『중앙고고연구』 21, 중앙문화재연구원, pp.81-121.

이 자생하기 유리한 곳이다. 이러한 수경 식물류는 자체적인 시각적인 요소를 지니고 있다. 이와 더불어 집수시설 주변의 암반과 식재된 나무 역시 전통 조경의 요소로서 계절적인 감성을 불러일으키기 충분하였을 것이다.

셋째, 집수시설 간의 단차를 이용한 낙수 소리는 폭포를 연상하게 한다. S1 집수시설에서 흘러내리는 물은 높은 곳에서 낮은 곳으로 구불구불 흐른다. 말 그대로 流觴曲水가 된다. 집수시설간 단차가 2m 이상 되는 부분을 3군데에 두고 있어 여기에서 각각의 물의 흐름과 낙차로 인해 생기는 물소리와 함께 시각적인 요소인 물안개, 무지개, 물거품 등을 동시에 느낄 수 있으며, 물보라를 통한 물 향기와 서늘한 물의 느낌을 만족하는 五感 體驗을 할 수 있다.

이처럼 집수시설은 水景과 水耕, 心象 등 총체적 여흥을 즐길 수 있는 조경의 의미를 품고 있다.

2. 의례적인 측면

집수시설은 '용수 저장 시설'이라는 고유의 기능과 함께 '의례 공간' 또는 '제장'이라는 상징성이 강한 유구이다. 이는 '물=생명+부활', '城=生命+保障處'와 같은 등식을 보여주기 때문이라고 생각한다. 성곽은 성곽의 축조기술이 발달하고, 지방제도가 정착되면서 정기적인 제사와 의례의 공간으로 변모되었다. 이때 祭場으로 활용된 주요 공간이 바로 집수시설과 그 주변이라고 할 수 있다.

제장에는 어떠한 행위 과정의 흔적이 물질자료로 남게 된다. 제사 행위는 태우고, 깨고, 묻고, 던지는 행위로 귀결되기 때문에 출토유물이나 유구에서 관찰이 가능하다. 그러면 어떻게 일반 유물과 제사 유물을 구분할 수 있을까 하는 궁금증이 생긴다. 구석기 유물인 석기를 자연유물과 구분할 때는 의도성을 가지고 떼었다는 규칙성을 강조한다. 마찬가지로 제사와 의례 때에는 신에게 바쳐진 제물이나 공헌물은 神聖性을 유지하기 위해 대부분 불에 태우거나 깨버리게 된다. 그런 후 일정한 장소에 묻거나 던지는 과정을 거치게 되는데 그 결과 타결이나 훼기된 유물을 매납과 투기의 유구에서 발굴하게 되는 것이다.

그런데, 우리나라에서의 제사고고학은 초보적인 단계에 있다. 특히 제장으로서 산성은 크게 주목받지 못하였다. 성곽은 전쟁의 공간이라는 고정된 관념이 앞서기 때문이다. 물론 산성은 전시에 전쟁을 수행한다. 淸野入保, 堅壁守城, 籠城, 引兵出擊 등의 수성전이 산성에서 이루어진다. 하지만 평상시 산성을 어떻게 활용하는지 고민하지 않는다. 그 답은 지역 통합이다. 의례를 통해 지역민을 하나로 뭉치게 하는 것이다. 사실 전시도 마찬가지이다. 전시에는 평상시보다 더 강한 지역민들의 결속력이 필요하다.

산성 내에서 전시와 평시에 지역민을 통합하기 위해 시행되는 의례는 '물'과 관련된 집수지에서 행해지는 경우가 많다. 신에게 바쳐지는 제물이나 공헌물은 신성하다. 따라서 이를 인간이 다시 사용하지 못하게 깨거나 태우는 행위를 하게 되는 것이다. 공헌물의 종류는 토기류, 기와류, 목제품, 철제품, 토제품 등으로 우리가 흔히 말하는 '異形 遺物'이 많다. 이때 훼기와 타결 같은 의도성을 가지는 규칙적인 흔적들이 유물에 남게 된다. 토기의 경우 구연부나 구순부를 돌아가며 타결한다든지, 기대나 대각은 남기고 기신은 타결해 떼어 낸다든지, 아니면 토기 손잡이만 남긴다든지 하는 다양한 사례가 있다. 그리고 기와편이나 토기편을 사용해서 원형이나 원반형 토제품을 만들기도 한다.[26]

이러한 흔적을 유구와 유물 속에서 찾는 작업은 과거 인류의 생각과 의식의 결과를 추적하는 과정이다. 그리고 그것이 행해진 장소 안에서 집단의 공동체 의식도 추정이 가능하다. 특히 집수지는 물과 뻘 등의 安定化(stabilization)된 환경 속에서 목제품, 각종 뼈와 씨앗류, 꽃가루, 기생충 등의 유기물들이 그대로 출토된다는 특성이 있다. 이 유기물들은 고대인들의 당시 생활상은 물론 그 속에서 펼쳐진 제의 행위, 자연환경 등까지도 복원해 낼 수 있는 소중한 자료이다.

---

26) 백종오, 2015, 앞의 글, pp.270-275.

이 절에서는 집수지의 의례성을 추적하기 위해 집수시설과 의례유구의 관계, 그리고 집수지 출토 목간과 훼기와당, 수골 등으로 나누어 언급해 보고자 한다.

1) 집수시설과 의례유구

성내의 제사나 의례와 관련된 유구는 집수지를 비롯하여 다각형 건물지, 방단 석축유구, 적석유구, 암반, 수혈 등이 있다. 집수지는 점토 집수지 보다는 석축 집수지에서, 건물지는 8각, 9각, 12각 등 다각형 건물지에서 좀 더 제의의 흔적이 강한 유물들이 출토되고 있다. 적석이나 석단 그리고 암반이 단독 혹은 결합되면서 신앙의 공간이 되기도 한다.

계양산성에서는 2016년 8차 발굴조사시 4호 집수시설 옆에서 제의유구가 확인되었다. 제의유구는 집수시설의 북편 20m 지점으로 해발 137.6~144.8m의 사면부에 조성되었으며 집수시설과 동일한 해발을 보이는 점이 주목된다. 규모는 길이 12.2m, 너비 4.2m로 내부는 자연암반을 다듬어 평탄면을 조성한 후 20~30㎝의 석재를 이용해 석축단을 이루는 형태이다. 모두 3단이 계단상을 이루는데 너비 1.3~1.5m 내외의 공간을 확보하게 된다. 자연암반층은 너비 1.5~2m 정도로 평탄하게 굴착한 다음 자연면을 그대로 활용하였다. 역시 하단부에는 기단렬과 같이 석축을 돌리고 있다. 이중 최상단의 석렬 내부에서 대부완과 완, 접시 등이 매납되었으며 주변에서는 토기 및 기와류가 다량 출토되었다. 그 중심 시기는 7세기 후반~8세기 후반으로 편년된다. 현재까지 집수시설의 하층부는 조사되지 않아 그 사용 시기를 논하기에는 이른 감이 있다. 하지만 집수시설과 제의유구가 등고선과 평행한 방향으로 동일한 해발 고도에 위치하고 있다는 점도 유의할 필요가 있다. 동일시기에 동일한 유구를 한 공간에 조성하는 것이 일반적이기 때문이다. 그리고 제3집수정 출토 연화문수막새와 동범와로 추정되는 반구상의 단판 연화문 수막새(훼기와당 C형)가 제사유구에서도 출토되었다.[27] 토기류 역시 7세기 중·후엽부터 9세기 후엽에 이르는 점 등으로 보았을 때 집수시설과 석단형 제의유구, 대벽건물지는 같은 통일신라시대 전 기간에 걸쳐 조영되었으

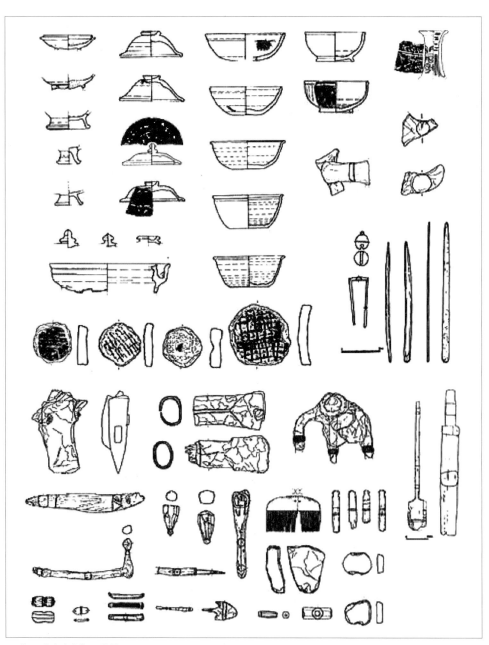

그림 8. 이성산성 출토 유물

며 그 중심 시기는 8세기 중반이지 않을까 한다. 이성산성의 경우 저류지 형태의 1차 저수지가 자연퇴적 되면서 그 안의 대수층을 이용해서 2차 저수지가 축조되었다. 이 시기의 E지구 건물지, C지구 1, 2호 건물지 등이 창고의 기능에서 의례용의 건물로 변화되는 것으로 파악하며 이성산성의 전략적 의미는 감소되지만 문화적인 기능은 강화된 것으로 보았다. 그 변화 시기는 『삼국사기』에 성덕왕 17년(718)에 한산주 도독 관내 여러 성을 쌓았다는 기록에 근거해 8세기 초엽으로 보았다.[28] 또 이성산성의 E지구의 장방형 건물지를 사이에 두고 대칭을 이루며 배치된 8각 건물지와 9각 건물지는 독특한 구조로 주목을 받았다. 8각 건물지는 중심부에 4개의 둥근돌이 세워져 있어 사직단으로 추정되었으며 동편의 9각 건물지는 9라는 숫자가 하늘을 상징하는 숫자임을 감안할 때 하늘에 제사를 지내는 천단으로 추정되었다.[29] 그리고 신앙유적은 C지구 1호 장방형 건물지와 E지구 장방형 건물지에 위치하고 있다. 형태는 건물의 초석이나 초석의 가까운 곳에 높이 100~150㎝ 가량의 돌을 놓고 주변에 잔돌을 쌓은 모습이다. 이런 신앙석 아래의 할석들 사이에서 토제마와 철제마 편이 출토되어 무속신앙과 관련되는 것으로 보았다.[30]

2) 집수시설 출토 목간

다음으로 계양산성과 이성산성, 죽주산성 출토 목간들의 층위와 출토 상태,

27) 이성산성 2002년 6차 발굴조사시 I지구 TR-E의 적석유구1과 적석유구2가 노출되었는데, 이 트렌치 동쪽끝 표토 아래층에서 훼기와당 C형인 8엽 단판 연화문 수막새편이 수습되었다. 2001년 9차 조사시 동문지 집수지 윗층에서 출토된 수막새와 동범와로 추정된다(한양대학교 박물관, 2003, 『이성산성 10차 발굴조사보고서』, pp.145-146.)

28) 한양대학교, 1991, 『이성산성 3차 발굴조사보고서』, pp.468-469.

29) 한양대학교 박물관, 2002, 『이성산성 9차 발굴조사보고서』, pp.260-261.
    심광주, 2015, 앞의 글, p.92.

30) 한양대학교 박물관, 2002, 앞의 책, p.262.

공반유물을 살펴 투기나 매납 등 인위적인 의례 행위의 요소를 추적해 보도록 하겠다.

계양산성 제1집수정의 층위는 깊이 350㎝로 모두 9개 층으로 나누어진다. Ⅰ층은 표토, Ⅱ층부터 Ⅳ층까지는 적갈색, 황갈색, 암갈색의 사질점토, Ⅴ층과 Ⅵ층은 암청색, 암회색 점토, Ⅶ층은 암황색 사질점토, Ⅷ층은 암갈색 뻘 다짐점토, Ⅸ층은 풍화암반층으로 구성된다. 이 중 Ⅵ층에 목재와 나뭇가지 등 유기물이 깔려 있었으며 Ⅶ층에서는 목간Ⅰ과 목간Ⅱ, 獸骨, 貝殼類, 과일 씨앗, 원저단경호, 원형토제품, 토제 방추차, 기와류 등이 출토되었다. 목간은 오각형의 觚(고) 형식이다. 목간은 동남 호안석축에서 가까운 곳에서 발견되었으며 바로 옆에서는 원저단경호 한 개체분이 수습되었다. 이 목간에는 『論語』 제5편 公冶長의 일부가 쓰여진 것으로 확인되었다. 1면은 '賤君子□□人□□', 2면은 '吾斯之未能信子說', 3면은 '也不知其仁也赤也', 4면은 '□□□□十□□□', 5면은 '□□□□子曰吾□'로 판독된다. 목간Ⅱ는 흑화현상으로 1면만 '□□□子□□□'로 읽을 수 있다. 그리고 남동쪽에서 龜甲이 온전한 상태로 출토되었다. Ⅷ층은 집수정 바닥을 조성하기 위한 점토 충전층이고 그 아래는 원지반인 풍화암반토이다. 여기에서 목간과 단경호, 구갑 등이 주목된다. 특히 목간은 출토 층위 및 양상으로 볼 때 원저단경호 내에 담겨진 상태로 매납되었을 가능성이 매우 크다고 생각한다. 이와 유사한 사례는 하남 이성산성 A지구 2차 저수지와 창녕 화왕산성 연지 출토 단경호와 나무뚜껑(그

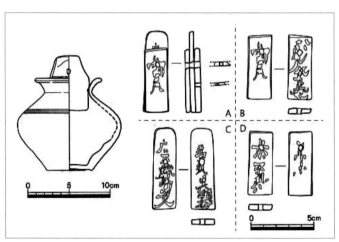

그림 9. 화왕산성 출토 토기 내부에 담긴 목간

림 9),[31] 경주 안압지 등에서 확인되었다.

이성산성에서는 3차 조사시 1차 저수지 S1E3 피트 L318㎝ 지점의 14층과 15층 사이에서 목간이 출토되었다. 전면에는 '戊辰年正月十二日朋南漢城道使...', 측면에는 '須城道使村主前南漢城...', 후면에는 '..蒲...' 라고 쓰여 있다. 먼저 목간 1(무진년)이 출토된 1차 저수지의 토층 상황을 보면, 14층은 지표하 295~302㎝ 에 흑갈색 sand clay 층이고 15층은 지표하 285~295㎝에 흑갈색 organic sand clay 층이다. 저수지 내 퇴적층은 모두 33개 층으로 분류되는데, 각 층은 1~2㎝ 두께에서 10㎝까지 다양한 사질토층과 뻘층이 반복되었다. 보고서에는 "유물은 주로 12층 이상에서 출토되기 시작하며 1층에서 11층까지는 유물이 거의 출토되지 않고 있다"[32]고 기록한 것으로 보아 1차 저수지 조성시 바닥은 점질토층 (silty clay)과 사질토층(sand)을 교대로 85~100㎝ 내외를 充塡하였던 점토층일 가능성도 있지 않을까 한다.

그리고 2차 저수지 출토 목간들은 병이나 호 안에서 출토되는 특징이 있다. 3차 조사시 목간 3·4·5는 N2W1피트 L318㎝ 지점의 편구형 소병 안에서, 목간 7·8·9·10은 N1EO 피트 L280㎝ 지점의 대부장경병 안에서 발견되었다.[33] 목간이 확인된 병은 구연부를 돌려가며 타결한 흔적이 남아있다. 4차 조사시에도 2차 저수지의 남쪽둑 L254㎝ 지점의 바닥 뻘층에서 〈그림10〉과 같이 단경호가 수습되었는데 그 안에 목간 1~5로 명명된 5점의 목간이 담긴

그림 10. 이성산성 집수지 목간 담긴 호 출토 모습

31) 경남문화재연구원, 2009, 『昌寧 火旺山城內 蓮池』.
32) 漢陽大學校 博物館, 1991, 앞의 책, pp.46-52.
33) 漢陽大學校 博物館, 1991, 앞의 책, pp.108-117.

채로 출토되었다.[34] 이 단경호는 흑회색 연질 토기로 정치된 상태로 보아 인위적인 매납이나 투기 등이 이루어진 것으로 추정된다.

그렇다면 2차 저수지의 목간 출토 사례 중 토기 내부에 담긴 것을 제외한 개별 목간들의 출토 지점은 어떠한지 살펴볼 필요가 있다. 3차 조사시 목간 2와 목간 6은 N2W1 피트 L317㎝의 동일한 레벨에서, 목간 11은 N2E1 피트 L299㎝

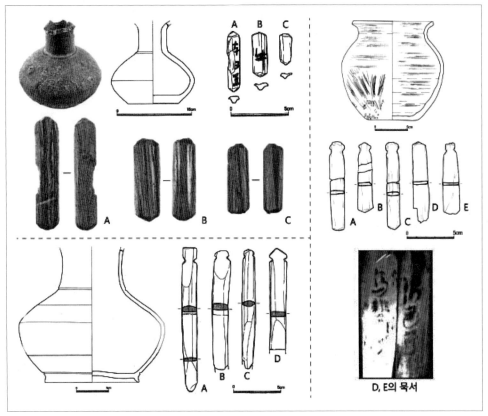

그림 11. 이성산성 출토 토기 내부에 담긴 목간

---

34) 漢陽大學校, 1992, 앞의 책, pp.99-102, pp.145-146.

지점에서, 목간 12는 S3E1 피트 L299㎝ 지점에서 확인된다. 목간 11과 12는 유물이 출토된 피트는 달랐지만 같은 레벨에서 수습되었다. 따라서 이성산성 내 2차 저수지 출토 목간은 저수지의 북안 석축에 인접한 북편부에서 대부분 출토되었다는 특징이 있으며 일부 목간만이 호안의 북동모서리와 남동모서리 피트에서 수습되는 양상이다. 출토 레벨은 3차 조사를 기준으로 할 때, L254~318㎝로 두께 59㎝의 범위 안에 분포한다. 이는 비교적 균일한 깊이에 목간 포함층이 형성되었다는 것을 의미한다. 그리고 편구형병이나 단경호 속의 공반 목간은 L254~318㎝이고 개별 목간은 L299~317㎝로 양분되고 있는데, 개별 목간들이 공반 목간보다 좀 더 깊고 넓은 범위에서 출토되는 점 또한 흥미롭다.

이상과 같은 목간의 출토 상황을 고려할 때 2차 저수지 출토 목간들은 일정한 공간이나 층위에 집중되는 경향성을 보이는 것으로 이해할 수 있다. 목간 이외에 목제 인물상, 목제 인면상, 舟形, 鳥形, 木簡形, 팽이형, 톱형 등 각종 이형 목제품들과 훼기 와당들이 같은 유구에서 공반되어 그러할 가능성을 더욱 높여 준다. 각종 이형 목제품들의 출토 레벨 범위나 2차 저수지 한가운데의 암반층과 뻘층이 접하는 지점에서 1점만 수습된 훼기와당 등 유구와 유물들이 가지는 특성들을 고려할 때 우연히 빠트리거나 자연적으로 쓸려 들어갔다고 보기에는 의도성이 너무 강하다.

참고로 나주 복암리 고분군 주변유적의 1호 수혈유구에서 목간 30여 점과 함께 참외, 살구, 밤, 솔방울 등 씨앗류와 바구니, 대형의 멍에형 목제유물, 동물뼈 등 유기질의 유물과 함께 백제계 선문기와, 대

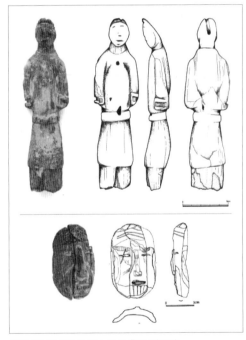

그림 12. 이성산성 집수시설 출토 인물상

형 호, 발형토기, 개배, 자배기 등 토제품 및 철제 슬래그 덩어리, 숫돌, 금동제이식 등이 공반되었다. 그리고 바로 옆의 수혈유구에서 제례의식과 깊은 관련이 있는 소 1개체분의 뼈가 출토되었는데, 소의 頭部를 절단해 꼬리부분에 놓은 채로 노출되었다. 유적의 중심 시기는 7세기 초반으로 편년된다.[35]

3) 집수시설 출토 수막새

여기에서는 집수시설 출토 수막새에 대해 알아보도록 하겠다. 그간 집수시설 내 출토유물 중 주연부가 훼기된 와당(이하 毀棄瓦當)의 의례성은 몇 편의 논고를 통해 살펴본 바 있다.[36] 이들 훼기와당은 해자, 우물, 연못, 집수정, 원지 등의 집수시설, 주변 지형여건상 유입수나 침투수의 영향을 많이 받는 성토대지나 매축지, 배수로와 측구, 건물지 하부의 축기부나 기단토 내부, 성벽이나 문지 등의 성곽 시설물, 고분의 적석부 상면, 폐와무지층이나 수혈구덩이, 주거지 등 다양한 출토 양상을 보여주고 있다. 이 중 집수유구(32.2%)와 건물지(22.8%) 등에서 가장 많은 출토율(55%)을 보여주고 있다. 특히 집수유구는 물[水]과 관련되는 시설이므로 그 안에 연꽃 무늬의 훼기와당을 매납이나 투기함으로써 당시 고대인들의 염원이었던 蓮花化生을 간절히 기원하였던 것이다. 연화화생은 인간만이 아니라 연못, 고분, 건물, 성곽 등 모든 사물을 대상으로 한다. 주요 유적으로 집안 태왕릉과 천추총, 경주 월성 해자, 공주 공산성, 익산 미륵사지, 부여 능산리사

---

35) 金聖範, 2009a, 「나주 복암리 유적 출토 백제목간과 기타 문자 관련 유물」『백제학보』 창간호, 백제학회; 2009b, 「羅州 伏岩里 遺蹟 出土 百濟木簡」『고대의 목간 그리고 산성』, 국립가야문화재연구소·국립부여박물관, p.63.

36) 백종오, 2008, 「남한 내 고구려 유적 유물의 새로운 이해」『先史와 古代』 28, 한국고대학회; 2010, 「百濟 및 韓國古代瓦當의 比較 研究」『百濟瓦塼과 古代 東Asia의 文物交流』, 한국기와학회; 2011, 「韓國古代瓦當의 毀棄樣相 檢討」『韓國史學報』 43, 고려사학회; 2012, 「高句麗 瓦當의 毀棄와 그 象徵的 意味」『韓國古代史研究』 66, 한국고대사학회; 2015, 「韓日 古代 集水遺構 出土遺物의 儀禮性 硏究」『先史와 古代』 46, 한국고대학회.

지, 경주 분황사, 충주 탑평리사지, 제천 장락사지 등이 있다. 이 항에서는 계양산성, 이성산성, 죽주산성의 집수시설내 출토 훼기와당의 층위와 그 수습 상태를 살펴보고자 한다.

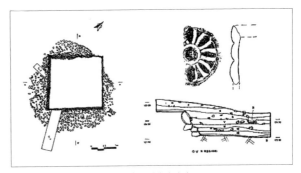

그림 13. 계양산성 집수시설 출토 훼기와당

계양산성 제3집수정 내 토층은 모두 Ⅰ~Ⅸ층의 9개 층위로 구분된다. 훼기와당 B형인 8엽 단판연화문수막새는 풍화암반층(Ⅸ층) 바로 위층인 Ⅷ층 암회색 점질토층에서 반 정도 결실된 상태로 1점이 출토되었는데, 주연부는 완전히 탈락되었고 화판은 현재 5엽만이 남아 있다. 화판과 자방은 高浮彫이다. 그리고 2009년 북벽과 북문지에 대한 발굴시에도 북벽 내벽부에 설치한 트렌치 두 곳에서 주연부가 결실된 연화문수막새가 1점씩 수습되었다. 북문지 3번 트렌치 출토품은 내벽의 중간부에 엎어진 상태로 통일신라시대의 8엽 중판 연화문 수막새이고, 북문지 남편 6번 트렌치 출토품은 반파된 상태로 배면에 불에 탄 흔적이 남은 훼기와당 B형인 단판 연화문 수막새이다. 이것은 제3집수정 출토품과 동범와로 여겨진다.[37] 그리고 배면의 불에 그을린 흔적을 통해 매납시에 이루어진 의도된 행위를 어렵지 않게 추정할 수 있다.

이성산성에서는 A지구 1차 저수지(1996년 6차) 남벽에서 훼기와당 A형인 8엽 단판연화문수막새 1점이, A지구 2차 저수지(1991년 4차)에서 반파된 훼기와당 B형인 연화문수막새 1점이, C지구 2호 장방형 건물지(1987년 2차)에서 훼기와당 A형인 10엽 단판연화문수막새 1점이, 동문지 집수지(2001년 9차) 윗층에서 훼기와당 A형인 8엽 단판연화문수막새 1점 등이 출토되었다. 이 중 A지구 2

---

37) 겨레문화유산연구원, 2011, 『계양산성Ⅱ』, pp.76-77·pp.111-112.

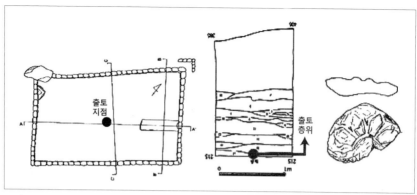

그림 14. 이성산성 집수시설 출토 훼기와당

차 저수지 출토품과 동문지 출토품은 同一范으로 추정된다. 또 동문지 내 I지구 적석유구 트렌치에서 훼기와당 C형의 단판연화문수막새 편이 1점 출토되었다.

죽주산성에서는 모두 6기의 집수시설이 조사되었는데 그중 S5 집수시설에서 훼기와당 A형인 단판 연화문 수막새와 이형 목제품, 수골 등이 확인되었다.[38] 이들 집수시설의 내부 층위를 중심으로 유물을 수습하고 기록하였기 때문에 층위 간의 형성과정과 공반유물 등보다 다양한 정보들을 얻을 수 있었다.

〈그림 15〉에서 보듯이, 11층은 흙갈색 점토층이 30~46㎝ 정도 남아있는데 집수시설의 바닥 퇴적층이다. 이층에서는 신라시대 각종 토기류와 함께 개 아래턱뼈 2점, 소 윗어금니 1점 등이 수습되었다. 그 위 8층은 연회색 모래층으로 5~20㎝ 두께인데 이층에서 연화문수막새 한 점이 주연부가 훼기된 상태로 출토되었다. 출토 당시의 사진을 보았을 때 수막새는 막새면을 하늘을 향해 정치된 상태였고, 그 주위로 단각편과 동체부편 등이 있어 연꽃이 집수지에서 활짝 핀 모습을 연상할 수 있었다. 보고서에는 6~8층을 S5 집수시설의 폐기층으로 파악

---

38) 한백문화재연구원, 2013, 앞의 책, pp.195-225.

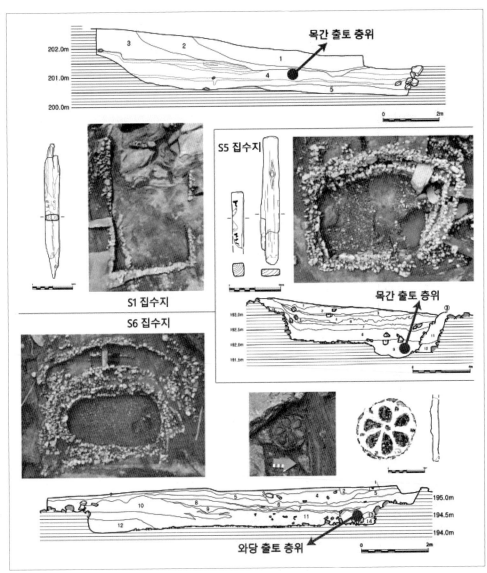

그림 15. 죽주산성 집수시설 출토 훼기와당 및 목간

하였다. 따라서 집수지 폐기와 관련된 모종의 의례 행위가 있지 않았을까 생각된다. 이와 함께 8층에서는 뚜껑 손잡이편과 고배 단각편 각 5점, 완, 잔, 대부완 대

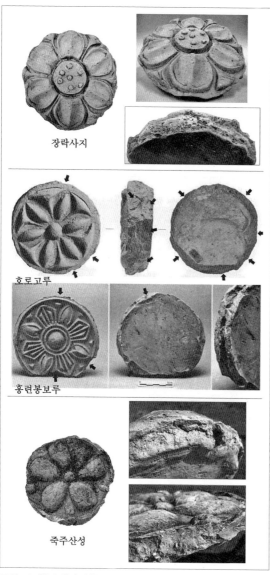

장락사지

호로고루

홍련봉보루

죽주산성

그림 16. 훼기 와당의 사례

각편, 대부호 저부편, 동이 구연부, 대옹 동체편, 우각형 파수, 원형 토제품 등 10여 기종 정도의 다양한 토기가 파편으로 출토되었다. 11층에서는 뚜껑편 17점, 고배편 23점, 완, 대부완, 병, 발형토기, 호, 소호, 대옹, 시루, 우각형파수, 원반형 토제품, 갈돌 등 12기종의 토기편이 출토되었다. 11층에서 출토된 토기는 8층보다 수량이 많으며 기종 또한 더 다채롭게 구성되어 흥미롭다. 물론 고배는 단각편이 대다수이다. 그리고 11층의 목제품 중 용도미상(발굴조사 보고서 사진 549와 550)으로 분류한 유물은 'V'자형 1회 굴절과 2회 굴절의 평면을 보여주고 있다. 길이는 132㎝이다. 결합부재(발굴보고서 사진 551) 목제품도 공반되었다. 이들 수침 목재의 보존 처리 전 상태조사를 보면, 용도미상 목제품 두 점은 이상재를 가공하였으며 유물의 양단부에서 부분적인 탄화 흔적이 보인다고 하였다. 또 결합부재 역시 일부 표면에서 탄화 흔적이 남아있다고 기록하였다.[39] 이러한 탄화흔적은 목제품을 제작할 때의 흔적일 수도 있고 집수지에서 이루어진 어떠한 행위의 결과일 수도 있다. 현재 S5 집수시설에서 출토된 고배와 뚜껑 중심의 10여 종의 토기는 대부분 편으로, 그 기종은 주로 단각, 대각, 파수 등으로 구성되어 있다. 특히 주연부를 훼기한 단판연화문수막새, 개 아래턱뼈와 소 윗어금니 등의 수골 그리고 같은 층의 탄화흔적이 남은 이형 목제품 등은 집수지에서 진행된 일련의 제의 행위의 결과로 남겨진 흔적들이 아닌가 한다.

현재까지 계양산성에서 출토된 연화문수막새는 모두 4점으로 훼기와당 A형이 1점, B형이 2점, C형이 1점이다. 훼기와당 B형과 C형은 동범와로 추정되는데, 집수지와 북문지 남벽 6번트렌치 등에서 출토되는 것으로 보아 같은 시기에 사용된 것으로 보인다. 이 유물들은 집수지와 북벽 등이 연화화생하기를 바라는 염원이 들어있다고 이해된다. 다만 이것이 초축인지 수축인지는 좀 더 검토가 필요하다. 이성산성도 마찬가지다. 모두 5점의 연화문 수막새가 출토되었는데 훼기와당 A형 3점, B형인 1점, C형 1점 등이다. A지구 1차 저수지와 2차 저수지의 훼기와당 A형과 B형, 동문지 집수지의 훼기와당 A형은 모두 동범와로 여겨진다. 이들 유구는 동시기에 수개축된 것으로 생각된다. 유물은 A지구 2차 저수지의 뻘층 아랫부분과 암반층에 접해서 저수지의 정중앙부에서 검출되었다. 물론 동문지 출토품은 집수지 윗층에서 노출되었기 때문에 동문지 수개축과 연결시켜야 하는지 집수지 폐기와 관련되는지에 대한 구체적인 검토가 요구된다. 여하튼 A지구 1차 저수지와 2차 저수지, 동문지 집수지와 I지구 적석유구, C지구 장방형 건물지 등에서 각 유구별로 1점씩의 훼기와당이 형식을 달리하며 1점씩 수습되었다는 점으로 볼 때, 훼기와당 투기 및 매납의 규칙성과 의도성이 농후한 것으로 이해된다. 죽주산성도 S5 집수시설에서 훼기와당 A형인 단판연화문수막새 1점이 바닥 위층에서 수습되었다. 서울 아차산성의 경우도 서벽 내벽 중간부에 얹혀진 채로 훼기와당 A형인 단판연화문 수막새 1점이, 그리고 남벽 내벽에서

---

39) 한백문화재연구원, 2012, 앞의 책, pp.720-721.

표 2. 이성산성 출토 훼기와당 (해당 보고서 전재)

와당				
연도/위치	198년 2차 C지구 2호 건물지	1991년 4차 2차 저수지	1999년 6차 A지구 1차 저수지	2001년 9차 동문지 집수지 윗층
특징	*10엽 단판(單瓣) *자방지름 4.2㎝, 14개 연자 *회갈색 연질로 굵은 모래가 많이 섞여있음. *지름10㎝, 두께 1.8~2.6㎝	*4장의 연판만 남음. *판단의 모양이 삼각형. *흑회색의 정선된 태토. *지름 12.2㎝, 두께 1.6~2.8㎝	*8엽 단판(單瓣) *자방 지름 3㎝, 연자 없음. *판단 모양이 삼각형 *연판과 자방이 모두 볼륨 있음. *회색 경질 *지름 12.9㎝	*8엽 단판(單瓣) *자방 지름 3.1㎝, 연자 없음. *판단 모양이 삼각형. *갈색, 연질이나 단단함. *지름 13.3㎝, 두께 1.4~3.0㎝

홍련봉1보루 출토 훼기와당 A형인 단판연화문수막새와 동일한 양식의 고구려 수막새가 출토된 바 있다.

따라서 계양산성과 이성산성, 죽주산성 등 집수지 출토 훼기와당은 대부분 집수지 내 중앙부의 바닥층에서 출토되는 공통점이 나타난다. 그리고 집수지를 중심으로 문지, 성벽, 건물지 등의 초축이나 수개축에 훼기와당을 투기하거나 매납하는 사례는 당시 고대인들의 사유체계에 한 단계 더 접근할 수 있는 단초가 된다고 할 수 있다.

4) 집수시설 출토 짐승뼈

다음으로 집수시설에서 출토된 짐승뼈에 대해 계양산성, 이성산성, 죽주산성의 순으로 정리해보고자 한다. 먼저 계양산성의 제1집수정 발굴시 Ⅶ층인 암황색 사질 점토층에서 목간을 비롯한 각종 목제품, 수골, 패각류, 씨앗 등과 바닥 남동쪽에서 구갑 1구가 비교적 온전하게 남아있었다. 수골은 3점으로 동정은 알 수 없다.[40]

이성산성에서는 1990년 3차 조사시 2차 저수지에서 출토된 181점의 수골을 대상으로 동물종과 신체 부위 판정을 실시하여 소, 말, 돼지, 개 등과 함께 종류 미상인

그림 17. 이성산성 집수지 자라뼈 출토 모습

물고기뼈 1점 등을 동정하였다. 빈도는 개, 소, 돼지, 말 순이다. 돼지는 이빨 형태로 보아 모두 멧돼지이며 최소 2개체 이상으로 보인다. 소는 3개체분인데 부위별로 고르게 남아있다. 개뼈는 가장 많은 6개체 이상이며 전체의 1/3 정도이다. 이 뼈들은 저수지가 폐기되기 이전에 유입되었을 것으로 보인다. 만약 폐기 행위가 존재했다면 보다 많은 양의 다양한 뼈들이 나와야 한다.[41] 자연적으로 들어갔는지, 의식의 한 과정으로 투입되었는지는 면밀한 검토가 요구된다.

죽주산성에서는 S1 집수시설에서 목간 1점, S6 집수시설에서 목간과 묵서명, 용도 미상 목제품 각 1점, 각종 수골 등이 출토되었다. S1 집수시설은 암반 위에 기저부 조성층인 흑갈색점토+모래+잡석층이 30㎝ 두께로 형성되었다. 그 위 4층은 회청색 점토+모래층으로 집수시설 사용시의 내부 퇴적층에 해당한다. 이층은 두께 70~90㎝로 목간 1점과 자귀, 삽, 방망이, 말목, 첨기, 결합부재, 용도미상 목제품, 미완성 목제품 등이 다양하게 수습되었다. 또한 S6 집수시설의 8층은 두께 20~65㎝의 흑갈색점토층으로 다량의 토기편과 목재류, 수골 등이 수습되었다. 9층은 두께 20~60㎝의 흑갈색 점토 + 모래(석립) + 할석층으로 S6-2차 집수시설의 바닥층이다. 유물은 이층에서 묵서명 용도 미상 목제품(발굴조사 보고서

---

40) 선문대학교 고고연구소, 2008, 앞의 책, pp.133-134, pp.310-311.

41) 漢陽大學校, 1991, 앞의 책, pp.301-332.

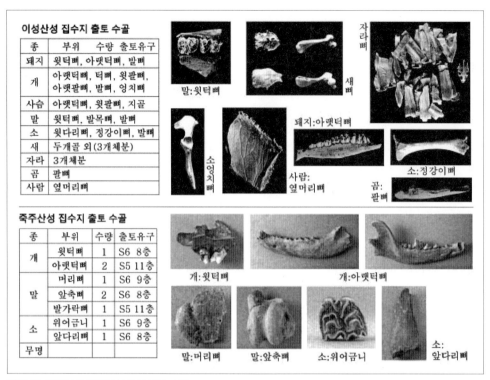

그림 18. 이성산성·죽주산성 출토 각종 수골

사진745, 도면697)과 목간이 출토되었다. 그리고 북벽 외벽 피트에서는 외면에 '井'자 명문이 시문된 토기 동체부편, 나막신, 봉형 목제품, 결합부재 등의 목제품들이 확인되었다. 이들 8층과 9층에서는 개, 소, 말 등의 수골 7점이 수습되었다. 특히 앞서 언급한 S5 집수시설에서는 훼기와당과 수골, S6 집수시설에서는 목간과 수골 등이 같은 층에서 공반된다는 점이 특이하다. 조금 더 많은 사례가 조사되기를 기대한다.

남산성 출토유물 중에는 마구류인 재갈과 사행상 철기가 있다. 재갈은 복환식 경판으로 얇은 경판과 좁은 선단을 중앙하단에서 둥글게 인동초 모양으로 감고 있다. 좌우가 작은 원을 그리며 돌아간다. 재갈은 가는 철봉의 양단을 꼬아서

8자의 고리에 연결하면서 경판과 고삐이음대를 끼우고 있다. 출토 사례가 드문 편으로 6세기의 1/4~2/4분기에 유행한 것으로 보고 있다.[42]

이 집수지 출토 재갈은 말을 제어하는 마구로서 말을 상징하는 유물이다. 집수지에 재갈을 투기하는 행위는 말 희생의 대용품으로 본 것이다. 일본에서는 기우제를 지낼 때 水神에 대한 제물로서 우마를 사용하므로 마구를 통하여 기우제와의 관련성을 제기하기도 한다.[43]

IV. 맺는말

지금까지 한국 고대 산성의 집수시설의 그 기능 및 용도에 대하여 인천 계양산성과 하남 이성산성, 안성 죽주산성, 충주 남산성 등 한강유역의 발굴 사례를 중심으로 구조적인 측면과 의례적인 측면으로 나누어 살펴보았다.

먼저 집수지는 구조적인 측면에서 체성 축조나 성내 시설물 조성 등 모든 城役에 필요한 용수를 공급하고 성곽 유지에 필요한 저장하는 것이 고유 기능이다. 뿐만 아니라 성내 가장 저지대이자 유수에 의한 취약 지점인 체성부에 가해지는 자중과 횡압력을 저감시키는 기능이 구조적인 측면에서 우선 고려되었다고 할 수 있다. 그리고 인천 계양산성과 충주 남산성은 집수지는 上圓下方形을 기본 평면으로 하고 있다. 이러한 평·단면 형태는 지형의 경사도와 고저차에 따른 토압과 수압을 반영한 결과로 보는 것이 타당하다고 판단된다. 또 안성 죽주산성의 집수시설은 다단계의 저류 공간을 통해 수량과 유속을 조절하고 있다. 大小의 장방형, 방형, 타원형 등의 집수시설은 段差를 두며 유속을 조절하는 조경의 기능

---

42) 忠北大學校 中原文化硏究所, 2005, 앞의 책, p.169.

43) 김재홍, 2009, 「창녕 화왕산성 龍池 출토 木簡과 祭儀」 『목간과 문자』 4, 한국목간학회, pp.115-116.

도 고려했기에 가능하다고 생각된다.

　다음으로 의례적인 측면에서는 집수시설과 의례유구, 집수시설 출토유물인 목간, 수막새, 짐승뼈 등의 의례성을 언급하였다.

　성내의 제사나 의례와 관련된 유구는 집수지를 비롯하여 다각형 건물지, 방단 석축유구, 적석유구, 암반, 수혈 등이 있다. 집수지는 점토 집수지 보다는 석축 집수지에서, 건물지는 8각, 9각, 12각 등 다각형 건물지에서 좀 더 제의적 흔적이 강한 유물들이 출토되고 있다. 목간이나 와당, 수골 등이 대표적이다.

　계양산성의 경우, 바닥층 출토 목간은 동일 층위와 출토 양상으로 보아 원저 단경호 내에 목간들이 담겨져서 매납되었을 가능성이 매우 크다고 생각한다. 이를 방증하듯 하남 이성산성 A지구 2차 저수지 출토 목간들은 병이나 호 안에서 출토되는 특징이 있다. 3차 조사때 편구형 소병 안에서 목간 3점과 대부장경병 안에서 목간 4점의 발견되었다. 이들 병은 구연부를 돌려가며 타결한 흔적이 남아 있다. 4차 조사시에도 2차 저수지의 남쪽둑 바닥 뻘층에서 단경호가 수습되었는데 그 안에 목간 5점이 담겨진 채로 출토되었다. 이 단경호는 흑회색 연질 토기로 정치된 상태로 보아 인위적인 매납이나 투기 등이 이루어진 것으로 추정된다. 이들 2차 저수지 출토 목간들이 일정한 공간이나 층위에 집중되는 경향성을 보여주고 있다. 이외 목제 인물상과 목제 인면상, 舟形, 鳥形, 木簡形, 팽이형, 톱형 등 각종 이형 목제품들과 훼기 와당들이 같은 유구에서 공반되는 점 역시 집수지의 의례성을 반영한다고 할 수 있다. 창녕 화왕산성 연지 출토 단경호와 나무뚜껑, 경주 안압지 등의 사례가 있다.

　연화문 수막새의 주연부를 타결한 훼기와당은 계양산성과 이성산성, 죽주산성 등 집수지 내 중앙부의 바닥층에서 1점씩 출토되는 공통점이 나타난다. 그리고 집수지를 중심으로 문지, 성벽, 건물지 등의 초축이나 수개축에 훼기와당을 투기하거나 매납하는 사례는 당시 고대인들의 사유체계에 한 단계 더 접근할 수 있는 단초가 된다고 할 수 있다.

　이렇듯 집수시설은 용수 저장이라는 고유한 기능, 체성 보호와 지형의 경사도와 고저차에 따른 평면형태 변화, 조경적 요소 등 구조적인 측면이 있다. 이와 함께 '의례 공간' 또는 '제장'이라는 상징성이 강한 유구이기도 하다. 이는 성곽의 발달과 지방제도의 정착 등이 이루어지면서 정기적인 제사와 의례의 공간으로 변모하게 되는데 그 주요 공간으로서 집수시설과 그 주변이 祭場의 역할을 하게 되는 것이다.

(餘滴)

1996년 경기도박물관 개관 준비를 위해 하남 이성산성 출토 유물을 대여하여 전시한 바 있다. 이때 목제인물상, 인면상을 비롯한 각종 토기류와 기와류 그리고 異形 유물들을 보면서 어떤 과정을 거쳤기에 이러한 생김새와 모습으로 남았는지가 궁금해졌다. 흔하지 않은 유물들이기에 더욱 흥미로웠다. 그 궁금증을 풀어보기 위해 관심과 애정을 가지고 대하니 무엇인가 하나 둘씩 의문들이 풀려가는 느낌이 든다. 그때는 30대초였다. 지금은 50대 중반에 들어섰다. 이성산성 출토품들이 하나하나 더욱 소중해진다. 오래전 한양대 박물관 전시실에 갔다. 이성산성 특별전이 있어서다. 그때 쇼케이스 안에 목간과 항아리, 거북뼈 등이 함께 전시되어 있었다. '아!! 공반유물이였구나.' 그 뒤 계양산성의 보고서를 뒤지니 목간과 항아리, 자라뼈가 같은 층에 있었다. 요즘 보고서를 보면 유물의 출토 맥락을 알기 어렵다. 학부시절 중요 유물들은 좌표나 층위, 공반유물 등을 유구 내에서 파악할 수 있어야 한다고 고고학 강의시간에 배웠다. 지금도 그렇게 가르친다. 그러나 실제는 그렇지 않은 경우가 대부분이다. 이번 대상인 목간과 연화문 수막새만 보더라도 그 출토 위치나 층위, 공반유물을 알기는 쉽지 않다. 보고서의 칼라 화보로 막새를 실으면서도 정작 보고문에는 그런 내용이 없다. 그러다보니 정확한 기록인 사진, 도면, 기술은 기대하기 힘들다. 또 이를 통해 그 맥락을 이해한다는 것도 여간한 인내심 없이는 어렵다. 2010년 와당의 의례성을 찾기 위해 700여 권의 보고서를 뒤진 적이 있다. 출토지점, 층위 등을 잘 안쓰는구나.

2014년 역시 일본 고대 유적에서 출토된 훼기와당을 찾기 위해 교토대로 갔다. 문학부 도서관의 방대한 장서에 묻혀 1년을 보냈다. 평성궁 보고서도 마찬가지다. '일본도 그렇구나. 어디서 배웠나 했네.' 그때마다 기억나는 보고서가 있다. 1987년 公州師範大學 博物館에서 펴낸 『公山城 百濟推定王宮址發掘調査報告書』이다. 지금은 작고하신 안승주 선생님과 이남석 선생님께서 쓰셨다. 보고서의 내용만 가지고도 훼기와당을 도면에 표시할 수 있었다. 깊은 감사드린다. 이것을 알게 된 것도 행운이다.

참고문헌

1. 사전 및 보고서

겨레문화유산연구원, 2011, 『계양산성Ⅱ』

겨레문화유산연구원, 2013, 『계양산성 Ⅱ-4차 시·발굴조사 보고서』

겨레문화유산연구원, 2016, 『계양산성 Ⅲ-인천 시도기념물 제 10호 계양산성』

겨레문화유산연구원, 2017, 『계양산성 Ⅳ-인천 계양산성 7차 시·발굴조사 보고서』

겨레문화유산연구원, 2019, 『계양산성 Ⅴ- 인천 계양산성 8차 발굴조사 보고서』

겨레문화유산연구원, 2020, 「인천 계양산성 제10차 발굴조사 완료 약보고서」

경남문화재연구원, 2009, 『昌寧 火旺山城內 蓮池』

국립문화재연구소, 2011, 『한국고고학전문사전-성곽·봉수편-』

문화재청, 2007, 『한국성곽용어사전』

선문대학교 고고연구소, 2001, 『계양산성 일대 문화유적 지표조사 보고서』;
    2008, 『桂陽山城 發掘調査報告書』

인천광역시 1999, 『계양산성 지표조사 보고서』

忠北大學校 中原文化硏究所, 2005, 『忠州山城 - 東門 南側 貯水池 試·發掘調査 報
    告書-』

한백문화재연구원, 2012, 『안성 죽주산성 2~4차 발굴조사보고서』

漢陽大學校, 1991, 『二聖山城 三次發掘調査報告書』; 1992, 『二聖山城 四次發掘調
    査報告書』

漢陽大學校 博物館, 1999, 『二聖山城 6次發掘調査報告書』; 2002, 『二聖山城 9次發
    掘調査報告書』

한양대학교 박물관, 2002, 『이성산성 9차 발굴조사보고서』

한양대학교 박물관, 2003, 『이성산성 10차 발굴조사보고서』

2. 논문 및 단행본

권순강·이호열·박운정, 2011, 「석축 산성의 계곡부 체성과 못(池)에 관한 연구-거창 거열성과 함안 성산산성을 중심으로-」『건축역사연구』 76, 한국건축역사학회

김도헌, 2016, 「고대의 목제 기경구 연구」『중앙고고연구』 21, 중앙문화재연구원

金聖範, 2009a, 「나주 복암리 유적 출토 백제목간과 기타 문자 관련 유물」『백제학보』 창간호, 백제학회

金聖範, 2009b, 「羅州 伏岩里 遺蹟 出土 百濟木簡」『고대의 목간 그리고 산성』, 국립가야문화재연구소·국립부여박물관

金世宗, 2017, 「湖南地方 古代 石築山城 硏究」, 목포대 석사논문

김윤아, 2007, 「고대 산성의 집수시설에 대한 연구」, 한양대 석사논문

김재홍, 2009, 「창녕 화왕산성 龍池 출토 木簡과 祭儀」『목간과 문자』 4, 한국목간학회

백종오, 2008, 「남한 내 고구려 유적 유물의 새로운 이해」『先史와 古代』 28, 한국고대학회

백종오, 2010, 「百濟 및 韓國古代瓦當의 比較 硏究」『百濟瓦塼과 古代 東Asia의 文物交流』, 한국기와학회

백종오, 2011, 「韓國古代瓦當의 毁棄樣相 檢討」『韓國史學報』 43, 고려사학회

백종오, 2012, 「高句麗 瓦當의 毁棄와 그 象徵的 意味」『韓國古代史硏究』 66, 한국고대사학회

백종오, 2015, 「韓日 古代 集水遺構 出土遺物의 儀禮性 硏究」『先史와 古代』 46, 한국고대학회

백종철, 2020, 「수원 화성 미복원 수(水) 공간의 전통조경 조성방법 연구」『韓國傳統造景學會誌』 38-1, 한국전통조경학회

손영식, 2009, 『한국의 성곽』, 주류성

심광주, 2015, 「이성산성과 하남시 고대유적의 성격」『고대동아시아의 왕성과

풍납토성』, 국립문화재연구소

오승연, 2007, 「신라 산성지의 기능과 전개」『경문논총』 창간호, 경남문화재연구원

오창희, 2020, 「조선시대 관아의 지당 조성기법 연구」, 세종대 석사논문

이명호, 2009, 「백제 집수시설에 관한 연구」, 목포대 석사논문

정의도, 2007, 「제장으로서 산성 연구」『문물연구』 11, 한국문물연구원

정인태, 2008, 「삼국~통일신라시대 산성 집수지에 관한 연구」, 동아대 석사논문

全赫基, 2017, 「古代 城郭 集水施設의 性格과 變遷」, 한신대 석사논문

최병화, 2010, 「백제산성 용수시설에 대한 검토」『한국상고사학보』 69, 한국상
    고사학회

최병화, 2018, 「百濟城郭 內 우물의 登場과 造成過程에 대한 硏究」『先史와 古代』
    55, 韓國古代學會

최영희, 2018, 「계양산성 출토 기와에 대한 검토」『계양산성의 역사적 가치와 쟁
    점에 대한 검토』

황대일, 2014, 「고대산성내 석축집수지의 구조와 변천」『야외고고학』 19, 한국
    문화유산협회

황보경, 2016, 『삼국과 한강』, 주류성

황보경, 2015, 「한강유역 古代 우물에 대한 試論的 연구」『新羅史學報』 33, 신라
    사학회

제8장

한국 출토 『論語』 목간의 원형 복원과 용도

하시모토 시게루

I. 머리말

본고는 한국에서 출토된 『論語』가 쓰인 목간(이하 '논어 목간')을 검토한다. 현재까지 논어 목간은 김해 봉황동에서 출토된 목간(이하 '봉황동 목간'), 인천 계양산성에서 출토된 목간(이하 '계양산성 목간'), 그리고 부여 쌍북리에서 출토된 목간 3점이 있다.

필자는 그동안 봉황동 목간과 계양산성 목간을 다룬 논문을 발표해왔다.[1] 논

---

1) 지금까지 필자가 발표한 논어 목간 관련 논문은 아래와 같다.
　橋本繁, 2004, 「金海出土論語木簡と新羅社会」 『朝鮮学報』 193, 朝鮮学会.
　橋本繁, 2007a, 「金海出土『論語』木簡について」 『韓国出土木簡の世界』, 雄山閣.
　橋本繁, 2007b, 「古代朝鮮における論語受容再論」 『韓国出土木簡の世界』, 雄山閣.
　橋本繁, 2007c, 「東アジアにおける文字文化の伝播」 『古代東アジアの社会と文化』, 汲古書院.

문에서 봉황동 목간과 계양산성 목간의 형태적 특징으로 서사면이 각각 4면, 5면인 고대 중국에서 觚라고 불리던 형태이며 복원하면 1m를 넘는 장대한 목간이라고 지적했다. 복원 길이에 대해서는 몇 가지 추정이 있지만[2] 장대한 목간이라는 점에는 거의 이론이 없었다. 그리고 이러한 특징적인 형태를 전제로 해서 그동안 용도에 대해 습자설[3], 학습설[4], 시각목간설[5], 의례설[6] 등 다양한 견해가 제기되었다. 이렇게 여러 견해가 나온 이유는 용도를 추정할 수 있는 관련 사료가 한국은 물론 중국이나 일본에도 없고 일본이나 중국의 觚나 장대한 목간과 비교하면서 용도를 추정할 수밖에 없기 때문이다.

그런데 최근에 중국의 賈麗英이 이러한 복원 자체에 이론을 제시하였다.[7]

하시모토 시게루, 2012, 「한국에서 출토된 『논어』 목간의 형태와 용도」 『지하의 논어, 지상의 논어』, 성균관대학교출판부.

橋本繁, 2014, 『韓国古代木簡の研究』, 吉川弘文館.

橋本繁, 2018, 「韓国, 日本出土的論語木簡」 『出土文獻的世界:第六届出土文獻青年學者論壇論文集』, 向桃鳳·鄭伊凡 譯, 中西書局.

하시모토 시게루, 2019, 「'시각목간(視覺木簡)'의 정치성」 『문자와 고대한국 1 기록과 지배』, 주류성.

2) 李均明, 2008, 「韓中簡牘 비교연구:중국 간독의 분류설명에 의거하여」 『목간과 문자』 1, 한국목간학회는 80㎝ 이상으로 복원된다고 하고 윤재석, 2011, 「한국·중국·일본 출토 『논어』 목간의 비교연구」 『東洋史學研究』 114(『지하의 논어, 지상의 논어』 전재), 동양사학회는 약 100㎝로 복원했다.

3) 東野治之, 2005, 「近年出土の飛鳥京と韓国の木簡—上代語上代文学との関わりから」 『日本古代史料学』, 岩波書店.

4) 橋本繁, 2004, 앞의 논문.

5) 富谷至, 2010, 『文書行政の漢帝国—木簡·竹簡の時代』, 名古屋大学出版会; 李成市, 2014, 「韓国出土木簡と東アジア世界論—『論語』木簡を中心に」 『東アジア木簡学のために』, 汲古書院.

6) 橋本繁, 2014, 앞의 책; 하시모토 시게루, 2019, 앞의 논문.

7) 賈麗英, 2020, 「韓国木简《论语》觚考论」 『郑州大学学报(哲学社会科学版)』 53-4 논문 내용을 검토하는 과정에서 戴卫红 선생님과 방국화 선생님의 도움을 받은 것을 명기하여 감사드린다. 다만 내용 해석의 잘못은 전적으로 팔자의 책임이다.

1m를 넘는 장대한 목간일 수 없고 짧은 습자용 목간이라고 주장한 것이다. 본고는 이 비판에 대한 응답을 주목적으로 하고 있다. 먼저 2장에서 장대한 목간으로 복원하는 근거를 다시 제시한 다음에 3장에서 賈麗英의 주장을 검토하여 비판한다. 그리고 4장에서 부여 쌍북리에서 출토된 논어 목간의 용도를 최근에 일본에서 발견된 『論語義疏』에 언급하면서 검토해 보고자 한다.

II. 논어 목간의 복원

이 장은 봉황동 목간과 계양산성 목간을 장대한 목간으로 복원한 근거를 제시한다.

먼저 봉황동 목간은 2001년에 부산대학교 박물관이 경남 김해시 봉황동 지구에서 실시한 발굴로 출토되었다.[8]

I　　×不欲人之加諸我吾亦欲无加諸人子×　(앞　면)

　　　〔文也?〕
II　×□□子謂子産有君子道四焉其×　　　　(좌측면)
III　×已□□□色舊令尹之政必以告新×　　(뒷　면)
IV　×違之何如子曰清矣□仁□□曰未知×　(우측면)
　　　　　　　　　　　　　　　　　(209)×15~19

목간은 상하 양단이 파손되어 있으며 현존 길이는 20.9㎝이다. 각 면의 폭이 1.5~1.9㎝인 각재 모양이며 4면에 논어 공야장편이 적혀 있다.

---

8) 부산대학교 박물관, 2007, 『金海 鳳凰洞 低濕地遺蹟』.

다음에 계양산성 목간은 2005년에 선문대학교 고고연구소 발굴로 인천광역시 계양구 계산동에 있는 계양산(해발 395m) 중복에 위치한 계양산성 집수정에서 출토되었다.[9]

I ×賤君子□若人□×
II ×吾斯之未能信子□×
III ×□不知其仁也求也×
IV ×[   ]×
V ×[   ]子曰吾×

(138)×11.9~18.7

목간은 단면이 부정형 오각형이며 각 면의 폭은 1.19~1.87㎝로 일정하지 않다. 상하 양단이 파손되었고 현존 길이는 13.8㎝이다. IV면은 판독이 어렵지만 나머지 면에는 역시 논어 공야장편이 적혀 있다.

이들 논어 목간이 1m를 넘는 장대한 목간이었다고 추정하는 근거는 목간에 쓰인 논어 구절이 일정한 간격으로 나타나기 때문이다. 아래는 논어 공야장편 원문에 목간에 보이는 글자를 밑줄로 표시한 것이다.

『논어』 공야장편 전문과 목간에 보이는 글자
(1행 45자. ___ = 계양산성 목간, ___ = 봉황동 목간, ┈┈ = 추정 부분)

公冶長第五子謂公冶長可妻也雖在縲絏之中非其罪也以其子妻之子謂南容邦有道不廢邦無道免於刑戮以
其兄之子妻之子謂子賤君子哉若人魯無君子者斯焉取斯子貢問曰賜也何如子曰女器也曰何器也曰瑚璉也

---

9) 李亨求, 2008, 『桂陽山城發掘調査報告書』, 선문대학교고고연구소, p.273.

或曰雍也仁而不佞子曰焉用佞禦人以口給屢憎於人不知其仁也焉用佞子使漆雕開仕對曰吾斯之未能信
子説子曰道不行乘桴浮于海從我者其由與子路聞之喜子曰由也好勇過我無所取材孟武伯問子路仁乎子曰
不知也又問子曰由也千乘之國可使治其賦<u>也 不知其仁也</u>求也何如子曰求也千室之邑百乘之家可使爲之宰
也不知其仁也赤也何如子曰赤也束帶立於朝可使與賓客言也不知其仁也子謂子貢曰女與回也孰愈對曰賜
也何敢望回回也問一以知十賜也聞一以知二子曰弗如也吾與女弗如也宰予晝寢子曰朽木不可雕也糞土之
牆不可杇也於予與何誅子曰始吾於人也聽其言而信其行今吾於人也聽其言而觀其行於<u>予</u>與改是子曰吾未
見剛者或對曰申棖子曰棖也慾焉得剛子貢曰我<u>不欲人之加諸我也吾亦欲無加諸人</u>子曰賜也非爾所及也子
貢曰夫子之文章可得而聞也夫子之言性與天道不可得而聞也子路有聞未之能行唯恐有聞子貢問曰孔子何
何以謂之文也子曰敏而好學不恥下問是以謂之<u>文也子謂子産有君子之道四焉其行</u>巳也恭其事上也敬其養
民也惠其使民也義子曰晏平仲善與人交久而敬之子曰臧文仲居蔡山節藻梲何如其知也子張問曰令尹子文
三仕爲令尹無喜色<u>三巳之無慍色</u>舊令尹之政必以告新令尹何如子曰忠矣曰仁矣乎曰未知焉得仁崔子弒齊
君陳文子有馬十乘棄而違之至於他邦則曰猶吾大夫崔子也違之之一邦則又曰猶吾大夫崔子也違之何如<u>子</u>
<u>曰清矣曰仁矣乎曰未知焉得仁</u>季文子三思而後行子聞之曰再斯可矣子曰甯武子邦有道則知邦無道則愚其
知可及也其愚不可及也子在陳曰歸與歸與我黨之小子狂簡斐然成章不知所以裁之子曰伯夷叔齊不念舊惡
怨是用希子曰孰謂微生高直或乞醯焉乞諸其鄰而與之子曰巧言令色足恭左丘明恥之丘亦恥之匿怨而友其
人左丘明恥之丘亦恥之顔淵季路侍子曰盍各言爾志子路曰願車馬衣輕裘與朋友共敝之而無憾顔淵曰願無
伐善無施勞子路曰願聞子之志子曰老者安之朋友信之少者懷之子曰巳矣乎吾未見能見其過而内自訟者也
子曰十室之邑必有忠信如丘者焉不如丘之好學也

이것을 보면 계양산성 목간에는 공야장편 전반부가, 봉황동 목간에는 후반부
가 일정한 간격으로 나타나는 것을 알 수 있다.

더 구체적으로 면과 면 사이의 논어 글자 수를 세 보면 계양산성 목간은 Ⅰ면
첫 글자 '賤'에서 Ⅱ면 첫 글자 '吾'까지 76자이며, Ⅱ-Ⅲ면 사이는 71자, Ⅳ면은
판독이 안 되지만 Ⅲ면 '也'에서 Ⅴ면 '子'까지를 보면 154자이며 이를 2로 나누면
77자가 된다. 즉 어느 면의 글자와 그다음 면의 같은 위치에 있는 글자와의 간격
은 71, 76, 77자가 되어 거의 일정하다.

이와 마찬가지로 봉황동 목간은 I면 첫 글자인 '不'에서 II면 첫 글자인 '文'까지는 91자, II-III면은 79자, III-IV면은 77자이다. 목간의 어느 면과 다음 면의 글자 간격은 77, 79, 91자가 되어 약간의 차이는 있지만 역시 일정하다.

목간의 원래 길이를 계산하기 위하여 글자가 가장 많은 면의 글자 수를 바탕으로 하면 계양산성 목간은 77자, 봉황동 목간은 91자이다. 현재 남아있는 글자 수와 길이를 바탕으로 계산해 보면 2점 목간은 다 길이 130㎝ 정도로 복원할 수 있다(그림 1).

이 추정은 글자 간격이 일정했다고 가정한 것이기 때문에 결과에는 어느 정도 폭이 있을 수 있다. 하지만 상술했듯이 다른 연구자의 복원도 대체로 1m 정도였다는 점에서 일치한다. 위에서 언급한 목간 용도에 대한 다양한 견해는 이러한 복원을 바탕으로 해서 추정된 것들이다.

그런데 최근에 賈麗英이 이러한 복원 자체를 부정한 것이다. 다음에 이 비판에 대해 살펴보겠다.

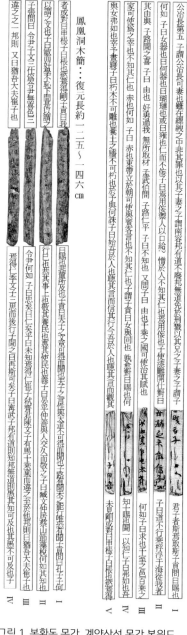

그림 1. 봉황동 목간, 계양산성 목간 복원도

Ⅲ. 賈麗英의 비판에 대한 검토

1. 목간의 길이

먼저 장대한 목간일 수 없다는 비판에 대해 검토한다.

賈麗英이 장대한 목간임을 부정하는 근거는 觚가 1m를 넘었다면 너무 가늘고 길기 때문에 부서지기 쉽다는 것이다.[10]

그런데 목간 복원이 너무 길다는 비판은 이미 계양산성 보고서에도 있었다.

> 길이가 150㎝나 되는 소나무 막대기를 구하기도 어렵지만, 이
> 를 지름이 2㎝ 이하로 5면을 치목한다는 것은 더더욱 불가능하
> 다고 본다.[11]

이에 대한 반론도 이미 제시했지만[12] 간략하게만 언급하면 먼저 150㎝가 넘는 소나무 가지를 찾아내는 것은 어려운 일이 아니라고 생각된다. 실물 사례를 제시하면 고려시대 청자를 운반할 때 소나무류를 길이 87~134㎝, 폭 2.5~3㎝, 두께 0.9~1.4㎝로 만든 막대형 포장재가 이용되었다.[13] 복원된 논어 목간과 길이, 폭, 두께가 비슷한 목재가 청자를 운반할 때 포장재로 사용되었다는 것이니 목간이 너무 길어서 부서지기 쉽다는 주장은 근거가 없다고 생각한다.

그리고 목간을 만드는 데 사용된 나무의 지름에 대해서 계양산성 보고서는

---

10) 賈麗英, 2020, 앞의 논문, p.87 '从实用角度来看, 这样纤细的四面觚, 其结实耐用度定是不尽人意'.
11) 李亨求, 2008, 앞의 책, p.273.
12) 하시모토 시게루, 2012, 앞의 논문, p.211.
13) 국립해양문화재연구소, 2009, 『태안 대섬 수중발굴 조사보고서』.

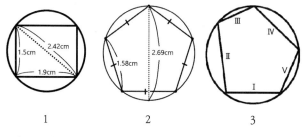

그림 2. 목간을 만드는 데 필요한 나뭇가지의 지름

'지름이 2㎝ 이하'라고 했는데 과연 그런지 검토해 보고 싶다.

먼저 봉황동 목간의 단면을 저변 1.9㎝, 높이 1.5㎝의 직사각형으로 간주하면 외접하는 원의 지름은 2.42㎝가 된다(그림 2-1).[14] 그리고 계양산성 목간의 단면은 부정형 오각형이기 때문에 원래 나무 지름을 계산하기가 어렵다. 그래서 각 면의 폭을 평균해서 목간 단면을 정오각형으로 가정해서 계산해 본다. 각 면 상단의 폭은 I면이 1.59㎝, II면 1.85㎝, III면 1.19㎝, IV면 1.87㎝, V면 1.398㎝이며 이를 평균하면 1.58㎝가 된다. 한 변의 길이가 1.58㎝의 정오각형에 외접하는 원의 지름은 2.69㎝이다(그림 2-2).[15] 정오각형으로 가정해서 계산한 수치이지만 큰 차이는 없을 것이다. 지름 2.69㎝의 원에 계양산성 목간 각 면의 폭으로 오각형을 그려본 것이 〈그림 2-3〉이다.

목간을 만드는 데 필요한 나뭇가지의 지름은 각각 2.42㎝, 2.69㎝인데 이는 최소한의 크기이다. 목간에 수피가 확인되지 않으니 원래 나뭇가지 지름은 더 컸을 것으로 추정된다. 결국 적어도 지름 약 3㎝ 정도의 나뭇가지를 가공한 것으로 추정할 수 있다.[16]

그리고 2019년에 경북 경산시 와촌면 소월리에서 출토된 목간이 이와 비교

---

14) 지름을 x로 하면 삼평방의 정리로 $x^2=1.5^2+1.9^2=5.86$, $x=\sqrt{5.86}≒2.42$

15) https://keisan.casio.jp/exec/system/1258355051 를 이용해서 계산했다.

16) 이 추정은 함안 성산산성에서 출토된 목간을 만들기 위해 이용한 나뭇가지의 원래 지름이 대체로 2~4㎝ 정도로 추정되는 것과 공통된다(橋本繁, 2014, 「城山山城木簡の製作技法」『韓国古代木簡の研究』, 吉川弘文館, p.49).

할 수 있다.[17] 소월리 목간은 상단이 파손되었지만, 현존 길이 74.2㎝나 되어 현재까지 출토된 한국 목간 중에서 가장 길다. 원래 길이가 1m를 넘었는지는 알수 없으나 적어도 80㎝는 넘었을 것이다. 이 목간이 지름 2.8~4.3㎝ 원주형인데 목간 표면을 4면이나 5면으로 깎으면 바로 봉황동, 계양산성 논어 목간과 비슷한 형태가 될 것이다.

장대한 목간일 수 없다는 비판은 고려청자 포장재나 소월리 목간 같은 실물 자료로 반증된다고 생각한다.

2. 습자설의 문제점

다음에 논어 목간의 용도를 습자라고 하는 賈麗英의 추정에 대해 검토한다.

그런데 습자·습서 목간이라는 주장도 새로운 견해가 아니며 봉황동 목간이 출토된 후에 처음에 東野治之가 주장한 것이다. 東野治之는 목간의 원형을 90㎝에 이르는 장대한 것으로 복원하고 '이러한 형태로 전편을 쓸 수가 없고 또 사면에 글자가 있어서 編綴할 수도 없으니 이는 논어를 습서한 것으로 봐야 한다'라고 했다.[18] 이에 대한 반론도 이미 제시한 적이 있는데[19] 비슷한 목간이 50~60점 있으면 전편을 서사할 수 있으니 결코 무리한 상정이 아니고, 敦煌에서 출토된 『急就篇』은 서사면이 3면이 있는 고에 서사한 것이니 편철할 수 없다고 해서 습자라고 볼 근거가 될 수 없다.

한편 賈麗英이 습자로 추정하는 근거는 크게 2가지로 정리된다.

첫째는 봉황동 목간에 깎아낸 흔적이 뚜렷하기 때문에 재이용한 것으로 추측된다는 것이다. 새로운 고는 비교적 굵고 많은 서사면을 만드는 것이 쉽고, 사용

---

17) 전경효, 2020, 「경산 소월리 목간의 기초적 검토」 『목간과 문자』 24, 한국목간학회.

18) 東野治之, 2005, 앞의 논문, p.184.

19) 橋本繁, 2014, 앞의 책, pp.137-139; 하시모토 시게루, 2019, 앞의 논문, pp.618-619.

해서 깎으면 깎을수록 고는 가늘어지고 서사면이 적어진다. 실제로 출토된 고를 보면 횡단면이 작은 고는 길이가 길지 않다. 그렇지 않으면 부러지기 쉽다는 것이다.[20] 둘째는 목간의 글씨가 제멋대로 흘려 썼고 寫經體와는 차이가 크며 일본의 습서 목간과 비슷하다는 것이다.[21]

賈麗英은 목간을 몇 번이나 깎아서 습자해서 사용한 것으로 보는 것 같지만 봉황동 목간의 깎아낸 흔적이라는 것이 어느 부분을 말하는 것인지 분명하지 않다. 그리고 깎아내서 남은 묵흔 같은 반복해서 습자한 것을 알 수 있는 증거도 확인되지 않는다. 둘째 근거에 관해서 글자를 사경만큼 곱게 쓰지는 못했다고 하더라도 논어 목간의 글씨는 제멋대로 썼다고 할 만큼 흘려 쓴 것으로는 보이지 않는다. 논어 목간을 습자로 보는 적극적인 근거는 없다고 생각한다.

그리고 습자한 것으로 생각하면 앞에서 봤듯이 논어와 목간을 비교할 때 본문에 일정한 간격으로 나타나는 것을 설명할 수 없을 것이다.

賈麗英은 봉황동과 계양산성 목간을 습자용이라고 하지만 원래 길이가 어느 정도였는지 구체적으로 제시하지는 않았다. 그런데 쌍북리 목간의 원래 길이가 32㎝ 정도인 것을 '실용적인 고의 길이'라고 평가하고 있으니[22] 이 정도였다고 생각하는 것 같다. 그러면 목간 길이를 30㎝ 정도로 복원할 수 있을까. 계양산성 목간을 통해서 검토해 본다.

계양산성 목간의 현존 길이는 13.8㎝이며 한 면에 약 8자가 적혀 있다. 원래 길이가 30㎝ 정도였다면 한 면에 18자 정도 있었을 것이다. 한 면에 18자를 썼다

---

20) 賈麗英, 2020, 앞의 논문, p.88, '凤凰洞《论语》觚四面刮削痕迹明显, 为旧觚. 从觚的制作原理看, 新觚往往比较粗, 且容易制作成比较多的棱面. 随着不断刮削, 觚往往会越刮越细, 棱面越来越少. 从出土的实物觚来看, 横截面小的觚不会太长, 否则易折断'.

21) 賈麗英, 2020, 앞의 논문, p.88, '书写随意, 草化明显, 与写经体的秀美风格差别很大, 反而与日本木简的习字简有更大的相似性, 视为论语习书觚更为合适'.

22) 賈麗英, 2020, 앞의 논문, p.87, '其全长应该在32厘米左右. 这个长度是一个实用觚的长度'.

고 하면 Ⅰ면에 쓰여있는 공야장편 제2장이 바로 18자이니 이에 맞추어서 계양산성 목간은 원래 위에 3자, 아래에 7자 더 있었다고 가정해서 복원해보면 다음과 같다. Ⅳ면은 판독이 안 되므로 생략한다('/'는 논어 장이 바뀌는 부분, 【 】는 목간 한 면 18자로 복원할 때의 상·하단).

Ⅰ   /【子謂子賤君子哉若人魯無君子者斯焉取斯 】/

Ⅱ   /子使漆雕開【仕對曰吾斯之未能信子説/子曰道不行乘桴】浮于海從我~(20자 생략)~所取材/

Ⅲ /孟武伯問~(20자 생략)~使治【其賦也不知其仁也求也　何如子曰求也千 】室之邑百乘~(35자 생략)~其仁也/

Ⅴ /宰予晝寢~(43자 생략)~而觀【其行於予與改是/子曰吾未見剛者或對曰　】申棖子曰棖也慾焉得剛/

위와 같이 복원하면 Ⅱ면은 5장 후반부와 6장 시작 부분을, Ⅲ면은 7장 중간 일부만을, Ⅴ면은 9장 마지막과 10장 모두만을 쓴 것이 된다. 이렇게 되면 논어의 내용과 전혀 상관없이 목간에 서사한 것이 되어 버리며 이러한 복원은 성립하기 어렵다고 생각한다.

결국, 논어 목간은 1m를 넘는 장대한 목간에 논어 본문을 충실히 서사했다고 하는 것이 합리적인 복원이라고 생각된다. 그리고 논어 목간의 용도나 성격은 이 복원을 전제로 해야 할 것이다.

Ⅳ. 부여 쌍북리 출토 목간과 신발견 『論語議疏』

1. 목간 내용

다음에 최근에 부여 쌍북리 56번지 일원에서 출토된 논어 목간을 검토한다. 목간 17점이 출토되었는데 그중 1점이다.[23] 판독은 다음과 같다.

Ⅰ「□子曰學而時習之　不亦悅

Ⅱ「有朋自遠方來　不亦樂□

Ⅲ「人不知　而不慍　不亦□

Ⅳ「子乎　有子曰　其爲人也

(280)×25×18

　　사면목간이며 상단은 완형이지만 하단부는 결실되었다. 판독에 문제가 되는
글자는 거의 없다. 다만 1행 첫째 글자만 문제가 되어 있다. 習자 밑에 辶이 돌아
가는 형식의 글자를 크게 적은 것이거나 인면을 그린 것처럼 보이기도 한다고 지
적된다. 賈麗英은 '卷一'로 판독했지만 그렇게 보기는 어렵다. 본고에서는 미판독
자로 한다.

　　내용은 이미 지적되어 있듯이 논어 학이편 제1장 전문과 제2장 모두 부분이
다. 참고로 학이편 제1, 2장을 제시한다.

　　1장　子曰學而時習之不亦悅乎有朋自遠方來亦不樂乎人不知而不
　　　　　慍不亦君子乎
　　2장　有子曰其爲人也孝弟而好犯上者鮮矣不好犯上而好作亂者未
　　　　　之有也君子務本本立而道生孝弟也者爲仁之本與

　　논어 본문과 목간을 비교해보면 1면에는 '乎'자가 더 있었을 것이고, 2면 마지
막 글자는 '乎', 3면 마지막 글자는 '君'일 것으로 추정된다. 그리고 4면 '有子曰'부
터 2장이 시작되는데 특별한 표시는 보이지 않는다.

　　1면은 제1자를 제외해서 11자, 2면은 10자, 3면은 9자, 4면 9자다. 한 글자

---

23) 김성식·한지아, 2018, 「부여 쌍북리 56번지 사비한옥마을 조성부지 유적 출토 목간」
　　『목간과 문자』 21, 한국목간학회.

크기로 봐서 원래 길이는 적어도 30㎝ 정도 있었을 것이다. 이 목간 1점에 39자를 적었으니 학이편을 다 쓰기 위해서는 13점이 필요하다.

2. 용도

쌍북리 목간도 봉황동 목간, 계양산성 목간과 같은 觚 형태이지만 길이는 약 30㎝ 정도로 짧다. 용도에 대해 지금까지 권인한이 『논어』 텍스트를 정확히 서사하고 있음은 경전 학습의 의도가 매우 철저했으리라는 점에서 보면 "典籍 學習用 習·落書木簡"으로 규정했고[24] 賈麗英도 논어를 학습하기 위한 고(论语学书觚)로 봤듯이[25] 학습용으로 생각할 수 있을 것이다. 그런데 학습용이라고 해도 구체적인 사용 방법으로는 글자를 외우기 위해 목간에 쓴 것이거나 목간에 적혀 있는 글자를 외우기 위해 사용한 것 등 다양한 가능성을 상정할 수 있다.

더 구체적인 사용법을 추정하기 위해 일본의 습자 목간을 검토한 新井重行의 지적에 주목하고 싶다.[26] 일본에서 출토된 논어 목간 가운데 중복되는 글자 없이 본문을 쓴 것은 습서 이외에 다른 의도가 있었다는 지적이다.

효고현(兵庫縣) 시바(柴) 유적 출토 목간

· ×悦乎有朋自×

· ×子乎有子×

(100)×24×7

---

24) 권인한, 2019, 「扶餘 雙北里 論語木簡에 대한 몇 가지 생각」 『목간과 문자』 23, 한국목간학회.

25) 賈麗英, 2020, 앞의 논문, p.88, '觚字迹流畅 断句清晰 书写疏阔, 觚的长度适宜, 且题头有"卷一"标识, 与木觚章的"学书之牍"课本功能相似, 可视为"论语学书觚"'.

26) 新井重行, 2006, 「習書·落書の世界」, 平川南 기타편 『文字と古代日本5 文字表現の獲得』, 吉川弘文館.

그림 3. 시바 (柴) 유적 출토 목간 복원(新井重行, 2006, p.224)

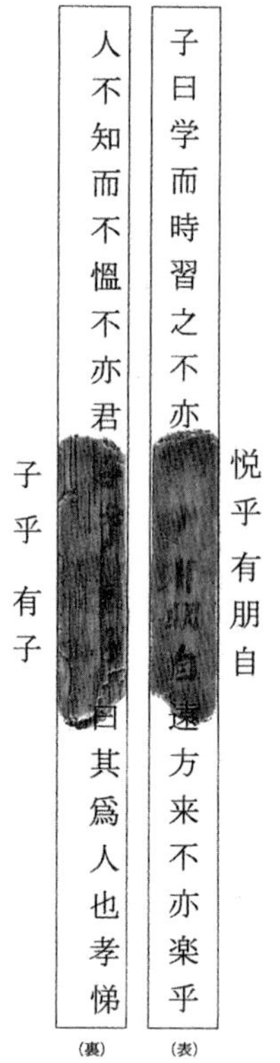

子曰学而時習之不亦
悦乎有朋自遠方来不亦楽乎
（表）

人不知而不慍不亦君
子乎 有子曰 其爲人也孝悌
（裏）

이 목간의 연대는 8~9세기 전반이다. 학이편을 적은 것인데 앞면에서 뒷면으로 이어서 본문이 서사되었고 중복되는 글자가 없다는 특징이 있다. 그래서 이 목간의 원래 형태는 〈그림 3〉처럼 복원할 수 있다. 이 목간에 대해 新井重行는 '당시 전적은 본문 곳곳에 상세하고 긴 주석을 삽입한 두루마리 형태였기 때문에 본문만을 읽기에 불편하다. 그래서 목간에는 본문만을 쓰고 그것을 텍스트로 참조하면서 주석을 읽었다는 사용법'을 상정했다.[27] 쌍북리 논어 목간도 이러한 두루마리 논어를 읽기 위해 사용된 가능성이 있다.

그러한 목간의 필요성을 잘 보여주는 자료가 최근에 일본에서 발견된 『論語義疏』이다.

『論語義疏』는 梁 皇侃(488~545년)이 쓴 논어 주석서이다. 이 사본이 제일 오래된 것이면서 종이에 쓴 논어로도 현존하는 최고의 사본으로 추정되고 있다. 연대 추정의 근거는 글자체가 六朝期라는 것이다. 隋唐시기에 일본으로 수입된 것으로 추측되고 있는데 한반도에서 유입된 가능성도 언급되어 있다.[28] 이 『論語義疏』를 보면 논어 본문과 주소문이 똑같은 크기로 적혀 있어서 어느 부분이 본문인지 주소인지를 구분하기가 어렵다. 실제로 이 사본에는 본문을 구별하기 위해 글자 오른쪽에 붉은 점이 찍혀 있다.

백제에서 사용되었던 논어가 이와 같은 형태였을 가능성은 충분히 있을 것이

---

27) 新井重行, 2006, 앞의 논문, p.224.
28) 慶應義塾図書館, 2020, 『第32回慶應義塾図書館貴重書展示会 古代中世 日本人の読書』, p.11. 이 자료를 구하는데 日本國立歷史民俗博物館 三上喜孝 교수님이 도와주신 것을 명기하여 감사드린다.

다. 만약 그렇다면 논어 본문과 주소문을 구별하기가 어려우니 학습을 할 때 본문을 구별하기 위해 쌍북리 목간처럼 본문만을 쓴 목간을 같이 사용하지 않았을까. 『論語議疏』의 紙高가 27.3㎝이며 쌍북리 목간의 길이가 약 30㎝인 것도 이러한 사용법에 적당하다고 볼 수 있다.

V. 맺음말

본고는 한반도에서 출토된 논어 목간을 1m를 넘는 장대한 목간으로 복원하는 것에 대한 賈麗英의 비판을 검토했다. 그 결과 그 비판이 성립하기 어렵고 장대한 목간으로 보는 것이 적당하다는 것을 재확인했다.

그리고 쌍북리 목간에 관해서는 본문을 충실하게 쓴 것으로 학습용으로 생각되는데 더 구체적으로는 『논어의소』와 같은 주석서를 읽을 때 본문 부분을 확인하기 위해 참조한 것일 가능성을 지적했다.

* 이 논문은 2019년 대한민국 교육부와 한국연구재단의 지원을 받아 수행된 연구임 (NRF-2019S1A6A3A01055801). 또한 본고는 2020년 11월 27일 계양산성박물관에서 열린 계양산성박물관, 경북대학교 HK+사업단, 한국목간학회 주최 "東아시아 '論語'의 전파와 桂陽山城"에서 발표한 내용을 수정·보완한 것이다. 토론을 맡아 주신 경북대 이영호 교수님께 감사드린다.

참고문헌

국립해양문화재연구소, 2009, 『태안 대섬 수중발굴 조사보고서』

부산대학교박물관, 2007, 『金海 鳳凰洞 低濕地遺蹟』

李亨求, 2008, 『桂陽山城發掘調査報告書』, 선문대학교고고연구소

권인한, 2019, 「扶餘 雙北里 論語木簡에 대한 몇 가지 생각」 『목간과 문자』 23, 한
　　국목간학회

김성식·한지아, 2018, 「부여 쌍북리 56번지 사비한옥마을 조성부지 유적 출토
　　목간」 『목간과 문자』 21, 한국목간학회

윤재석, 2011, 「한구·중국·일본 출토 『논어』 목간의 비교연구」 『東洋史學硏究』
　　114

李均明, 2008, 「韓中簡牘 비교연구:중국 간독의 분류설명에 의거하여」 『목간과
　　문자』 1, 한국목간학회

전경효, 2020, 「경산 소월리 목간의 기초적 검토」 『목간과 문자』 24, 한국목간학회

하시모토 시게루, 2012, 「한국에서 출토된 『논어』 목간의 형태와 용도」 『지하의
　　논어, 지상의 논어』, 김경호·이영호 편, 성균관대학교출판부

하시모토 시게루, 2019, 「'시각목간(視覺木簡)'의 정치성」 『문자와 고대한국 1 기
　　록과 지배』, 한국목간학회편, 주류성

慶應義塾図書館, 2020, 『第32回慶應義塾図書館貴重書展示会　古代中世　日本人
　　の読書』

橋本繁, 2004, 「金海出土『論語木簡と新羅社会」 『朝鮮学報』 193, 朝鮮学会

橋本繁, 2007a, 「金海出土『論語』木簡について」 『韓国出土木簡の世界』, 雄山閣

橋本繁, 2007b, 「古代朝鮮における論語受容再論」 『韓国出土木簡の世界』, 雄山閣

橋本繁, 2007c, 「東アジアにおける文字文化の伝播」 『古代東アジアの社会と

文化』, 汲古書院

橋本繁, 2014,『韓国古代木簡の研究』, 吉川弘文館

橋本繁, 2018,「韓国, 日本出土的論語木簡」, 向桃鳳·鄭伊凡 譯,『出土文獻的世界:
　　第六屆出土文獻靑年學者論壇論文集』, 中西書局

東野治之, 2005,「近年出土の飛鳥京と韓国の木簡―上代語上代文学との関わり
　　から」『日本古代史料学』, 岩波書店

冨谷至, 2010,『文書行政の漢帝国―木簡·竹簡の時代』, 名古屋大学出版会

新井重行, 2006,「習書·落書の世界」, 平川南 기타편『文字と古代日本5 文字表現
　　の獲得』, 吉川弘文館

李成市, 2014,「韓国出土木簡と東アジア世界論―『論語』木簡を中心に」『東アジ
　　ア木簡学のために』, 汲古書院

賈麗英, 2020,「韓国木简《论语》觚考论」『郑州大学学报』53-4, 哲学社会科学版

제9장

古代 日本 論語 木簡의 特質
-한반도 출토 論語 木簡과의 비교를 통해서-

三上喜孝

I. 들어가며

본고는 古代 일본의『論語』수용과 그 特質을 論語 木簡의 검토를 통해 살펴보고자 한다. 여기에서 말하는 論語 木簡이란 論語의 한 구절이 쓰여 있거나,「論語」라고 하는 명칭이 기록되어 있는 목간 등을 의미한다.

論語 木簡은 지금까지 일본에서 30점 이상 출토되었다. 하지만 출토 지역은 도성 유적을 비롯해 일본 열도 각지에 걸쳐있다. 게다가 중국의 문자 텍스트(서적 및 교과서)를 옮겨 적은 목간으로는 論語 木簡이 가장 많은 수량이 출토되었다. 즉『論語』는 7세기 후반부터 8세기에 걸쳐 널리 퍼진 典籍이었던 것이다.

그렇다면『論語』는 언제 일본에 전파되었을까. 잘 알려진 것은『古事記』応神天皇 조에 보이는 전승이다. 앞서 언급한『古事記』応神天皇 조는 백제의 照古王(근초고왕)이 보낸 和邇吉師(王仁)에 의해『論語』10권과『千字文』1권이 전해졌다고 한다.

応神天皇이 실존했다고 한다면 이 시기는 『宋書』倭国伝에 보이는 「倭 五王」의 시기에 해당하는 것이므로, 5세기 전반의 기사로 볼 수 있다. 그러나 이 기사에 보이는 『千字文』은 6세기 초 南朝 梁 시대에 편찬된 사서이기에 엄밀하게 말하면 5세기 후반의 応神天皇 시대에 『千字文』이 전래되었다고 하는 것은 명백한 모순이다. 그러므로 이 기사는 사실을 전하고 있다고 보기는 어렵다.

그러나 최근 한국에서 일본과 같은 패턴으로 작성된 論語 木簡이 출토되고 있어,[1] 『古事記』応神天皇 조가 가지는 의미에 대해 주목할 필요가 있다.[2] 물론 해당 기사는 전승에 지나지 않지만, 『古事記』가 편찬되었던 7세기 후반에서 8세기 전반에 걸친 인식을 보여주고 있다는 점은 인정해도 좋다.

『論語』와 함께 기록되고 있는 『千字文』 역시 중국에서는 초학자용 텍스트로 알려져 있다. 『千字文』은 중국 南朝 梁의 周興嗣가 작성한 것으로, 1000개의 문자를 중복되지 않게 4자 1구로 운문 한 것이다. 『千字文』을 기록한 木簡은 현재 일본에서 17점이 확인되고 있으며, 典籍 習書로는 論語 木簡 다음으로 출토량이 많다. 正倉院 문서 중에도 『千字文』을 기록한 習書의 사례는 7개이다.

8세기 초에 현저하게 보이는 『論語』, 『千字文』 習書의 존재는 이 시기의 문자문화 수용이라는 문제를 생각하는 데 있어 시사하는 바가 있다. 이미 지적한 것과 같이 7세기 후반부터 8세기 전반에 현저하게 보이는 習書 木簡(『論語』, 『千字文』「難波津의 노래」)은 모두 백제 王仁에 의한 전승과 깊은 관계가 있고, 문자 문

---

1) 東野治之,「近年出土の飛鳥京と韓国の木簡」『日本古代史科学』, 2005(초판 2003); 橋本繁,「金海出土『論語』木簡と新羅社会」『朝鮮学報』193, 2004; 橋本繁,「金海出土『論語』木簡について」, 朝鮮文化研究所編, 『韓国出土木簡の世界』, 雄山閣, 2007; 橋本繁,「古代朝鮮における『論語』受容再論」『韓国出土木簡の世界』, 雄山閣, 2007; 橋本繁, 『韓国古代木簡の研究』, 2014.
2) 東野治之, 「『論語』『千字文』と藤原宮木簡」『正倉院文書と木簡の研究』, 塙書房, 1977(초판 1976).

화가 백제에서 전래되었다고 하는 의식이 문자를 습득하고자 하는 사람들 사이에서도 널리 존재하고 있었다고 볼 수 있다.[3] 있는 그대로 보아도 7세기 후반에서 8세기 초에 걸쳐 일본의 문자 문화는 백제의 영향을 크게 받았음이 확실하다. 그러므로 典籍을 기록한 木簡 중에서 論語 木簡과 千字文 木簡이 현저하게 보이는 사실은 일본의 초기 문자 문화가 백제에서 전래되었다고 하는 당시 의식과 밀접한 관계가 있는 것으로 생각된다.

II. 한반도에서 출토된 논어 목간

고대 일본의 論語 木簡에 대해 검토하기 전에 한국에서 출토된 論語 木簡에 대해서 간단하게 살펴보고자 한다. 한국에서는 論語 木簡이 경상남도 김해시 봉황동 지구, 인천광역시 계양산성, 충청북도 부여군 쌍북리 유적에서 각각 1점씩 출토되었다. 나아가 조선민주주의인민공화국의 평양에서는 낙랑시대의 고분에서 『論語』가 기록된 冊書(편철간 형태)가 출토되었다고 한다. 이는 해당 지역에서 문자가 이용되기 시작한 시기와 관련되어 있다고 생각된다. 한국에서 출토된 3점의 論語 木簡을 살펴보면 아래와 같다.

> ○ 한국 경상남도 김해시 봉황동 지구 출토 목간
> · ×不欲人之加諸我吾亦欲无加諸人子×
> · ×文也子謂子産有君子道四焉其×
> · ×已□□□色旧令尹之政必以告新×
> · ×違之何如子曰淸矣□仁□□曰未知×

---

3) 三上喜孝, 「習書木簡からみた文字文化受容の問題」 『歷史評論』 680, 2006.

(209)×19×19

○ 한국 인천광역시 계양산성 출토 목간

·賤君子[   ]

·吾斯之未能信子□

·□不知其仁也求也

·[   ]

·[   ]子曰吾

(138)×18.5

○ 한국 충청북도 부여군 쌍북리 출토 목간

·□子曰学而時習之不亦説□〔乎〕

·有朋自遠方來. 不亦樂□〔乎〕

·人不知而不慍. 不亦□〔君〕

·子乎有子曰其爲人也

한국에서 출토된 3점의 論語 木簡은 모두 단편적이다. 하지만 그 형태가 같다는 특징을 가지고 있어 흥미롭다. 긴 나무 표면을 4면 혹은 5면으로 하는 다면체로 가공하여 여기에 논어의 문장을 1행씩 기록하는 형식으로 제작하였다. 전체 길이를 복원하면 1m 정도가 된다.

더구나 이 3점의 목간 중 2점에는 『論語』의 公冶長 구절이 쓰여 있고, 1점에는 學而篇의 첫 부분이 쓰여 있다. 뒤에서 서술하겠지만, 이는 고대 일본의 論語 木簡과 공통되는 요소이다.

이렇게 낙랑군 시대 한반도 북부와 신라라고 하는 한반도 남부 지역에서도 문자 텍스트로서 『論語』의 존재가 확인되기 때문에, 『論語』는 바로 동아시아 세계에서 문자 문화의 확장을 상징하는 텍스트라고 할 수 있다.

III. 고대 일본에서 출토된 논어 목간

다음으로는 일본에서 출토된 論語 木簡에 대해서 살펴보고자 한다.

지금까지 일본에서 출토된 論語 木簡의 수량은 30점 정도이다. 출토된 지역을 살펴보면 飛鳥 지역에서 출토된 것이 6점, 藤原宮·京에서 출토된 것이 4점, 平城宮·京에서 출토된 것이 14점, 都城 이외에서 출토된 것이 11점이다(표 참조). 그 시기는 7세기 후반에서 8세기 전반에 집중되어 있어, 문자 습득과 論語 木簡의 존재는 밀접한 관계가 있다고 생각된다.

일본 각지에서 출토된 論語 木簡을 살펴보면 몇 가지 공통된 특징을 지적할 수 있다. 그러므로 고대 일본의 論語 木簡 특징에 대해서 살펴보고자 한다.

1. 출토 유적의 성격

고대 論語 木簡의 공통된 특징 중 하나는 출토된 유적의 성격이다. 飛鳥京, 藤原京, 平城京 등 도성에서 출토된 것이 대다수이지만, 지방의 유적에서 출토된 목간도 유적의 성격에서 공통성이 보인다. 지방 유적에서 출토된 목간에 대해서는 그 내용을 소개하는 선에서 그 유적의 성격에 대해 생각해보고자 한다.

德島県 德島市 観音寺 유적에서 출토된 논어 목간은 그 형태가 흥미롭다. 긴 목간을 사각형 막대기 형식으로 만들어 『論語』學而篇의 첫 부분을 써놓았다. 이 형태는 한국에서 발견된 3점의 논어 목간과 매우 비슷하다. 다만 글자 모양은 典籍에 보이는 것처럼 근엄한 문자라고는 할 수 없는 무너진 글자 모양이다.

○ 德島県 観音寺 유적 출토 목간(『木簡研究』20)

· □□依□□乎□止□所中□□□ (オモテ面)

· 子曰　学而習時不孤□乎□自朋遠方来亦時楽乎人不□亦不慍 (左側面)

· □□□□乎 (裏面)

·[　　　] 用作必□□□□人[　　　　] □□□　　　　　　　　(右側面)

(635)×29×19　081

観音寺 유적은 7세기 후반에서 8세기 전반에 걸친 官衙 유적으로, 지방행정과 관련된 다수의 목간이 출토되었다. 習書 木簡으로 『論語』를 기록한 목간 외에 「難波津의 歌」라고 불리는 노래 한 구절이 기록된 것도 출토되고 있다. 観音寺 유적은 초기 阿波国府가 아닐까 추정된다.

兵庫県 袴狭 유적에서는 행정과 관련된 목간이 다수 출토되고 있는 점에서 但馬国府의 관련성이 지적되고 있다. 이 유적에서는 2점의 論語 木簡이 출토되었는데, 주목되는 것은 행정용으로 기록했던 목간 외에 『論語』의 한 구절과 표제가 쓰여 있다는 점이다.

○ 兵庫県 袴狭 유적 출토 목간(『木簡研究』 22)
　　·「『子謂公冶長可妻』」
　　·「右為鐲符捜求□」

(196)×26×五　○一九

앞면에는 『論語』 公冶長篇의 첫 구절이 習書되어 있다. 뒷면의 「鐲符」는 課役의 면제와 관련된 문서를 가리키는 말로, 즉 행정문서와 관련된 문구이다. 목간을 살펴보면 우선 행정문서와 관련된 내용(뒷면)이 먼저 작성된 후에 論語의 習書(앞면)가 이루어졌다고 생각된다.

○ 兵庫県 袴狭 유적 출토 목간(『木簡研究』 22)

	入日下部国□	□□	[　　]	静成女
·□□日大□□□□□	□□部酒継	入□□水中知		□□□
	[　]当女	入安万呂□当女		入[　]

```
          「      □□
·□□      論語序何晏集□」
```

$(332) \times (32) \times 5 \quad 081$

　판으로 된 나무의 양면에 문자를 기록했는데, 앞면은 사람 이름을 나열한 帳籍이 쓰여 있고, 뒷면에는 『論語』 習書가 쓰여 있다. 앞면에 보이는 「大□」는 「大帳」으로 판독될 가능성이 있다고 한다면 이것은 課役 집계 帳簿으로, 国府가 작성한 大帳과 관련된 목간일 가능성이 있다. 이 목간의 경우도 우선 帳簿 목간으로 작성된 후 論語의 習書가 이루어졌다고 생각된다.

　다음으로 長野県 千曲市의 屋代 유적군에서 출토된 論語 木簡이다. 여기에는 『論語』 學而篇의 첫 부분이 기록되어 있다.

○ 長野県 屋代 유적군 출토 목간(『木簡研究』 22)

　子曰学是不思」

$(202) \times 21 \times 4 \quad 019$

○ 長野県 屋代 유적군 출토 목간(『木簡研究』 22)

　·亦楽乎人不知而不慍

　·　　　[　　　　　]

$(196) \times (10) \times 7 \quad 019$

　屋代 유적에서도 7세기 후반에서 8세기 전반에 걸쳐 행정과 관련된 목간이 다수 출토되고 있어, 초기 信濃国府가 두어졌던 장소로 추측하는 견해가 있다.

　더욱이 兵庫県의 柴 유적과 深江 北町 유적에서도 『論語』 學而篇의 첫 부분이 쓰인 목간이 출토되고 있다.

○ 兵庫県 柴 유적 출토 목간(『木簡研究』23)
·悦乎　有朋自
·子乎　有子

(100)×24×7　081

『論語』學而篇을 판으로 된 나무의 앞·뒤 양면에 기록한 목간이다. 앞면에는 첫 부분의 한 구절이 쓰여 있고, 뒷면은 앞면에 이어지는 부분이 쓰여 있다. 현재 남겨진 상태를 보면 위·아래 부분이 파손되어 있는데, 양면에 문자가 쓰인 것으로 볼 때, 한 면에 20~21자가 쓰여 있으며, 문자가 쓰인 부분은 40㎝가 조금 안 된다. 파손된 것을 감안한다면 목간의 전체 길이는 40㎝ 이상이었을 것으로 추정된다.

柴 유적은 출토된 목간의 기재 내용으로 보아 駅家와 관련된 유적이 아닐까 생각된다. 駅家란 중앙의 관인이 지방과 왕래할 때 사용한 官道沿에 설치된 시설로 30里(약16㎞)마다 두어졌다. 駅家는 国府가 관리했던 것으로 생각되며, 그 의미에서도 国府 수준의 관인이 관여하고 있던 시설이라 할 수 있다.

○ 兵庫県 深江北町 유적 출토 목간(『木簡研究』36)
遠方来不亦楽乎人不知而不慍不亦君子乎

270×30×5　011

파손이 없는 완벽한 형태를 가지고 있는 목간으로 『論語』 學而篇 제1의 「子曰, 学而時習之, 不亦説乎. 有朋 自遠方来, 不亦楽乎. 人不知而 不慍, 不亦君子乎」의 일부를 기록하고 있다. 지금은 문자가 남아 있지 않지만, 반대편에도 전반부가 쓰여 있었을 가능성이 있다.

深江北町 유적은 이 유적 부근에 고대 官道의 하나인 山陽道가 통과하고 있어 근처에 葦屋駅家가 8~9세기에 존재하고 있었다고 상정하고 있다. 그렇다면 이

유적도 마찬가지로 国府 차원의 관인이 관여하고 있었을 가능성이 있다.

이들 유적에서 공통되는 특징 중 흥미로운 점은 이른바 초기 国府 혹은 国府 관인과 어떠한 관련을 가진 유적이라고 생각되는 점이다.[4] 徳島県 観音寺 유적은 초기 阿波国府가 두어진 것이 아닌가 생각된다. 兵庫県의 袴狭 유적도 但馬国府과 관계가 고려되고 있다. 長野県 千曲市의 屋代 유적군 역시 여기에 초기 信濃国府가 있었던 것이 아닐까 하는 가능성이 지적되고 있다. 兵庫県의 柴 유적과 深江北町 유적은 중앙에서 파견된 관인이 왕래할 때에 이용했던 駅家과 관련된 유적으로, 이 역시 国府가 관할하던 시설이다. 출토된 다른 목간의 내용에서도 당시의 행정구역이라고 하는 것이 郡 단계보다도 한 단계 위인 국가적 단계의 행정이 행해졌던 것 같다는 추측이 나오고 있다.

福岡県 太宰府市의 国分松本 유적에서도 『論語』 學而篇의 일부를 習書했다고 생각되는 목간이 출토되고 있는데, 이 유적도 筑前国府의 전신 시설이었던 筑紫大宰에 관련 시설이었을 가능성이 상정되고 있다.

○ 福岡県 太宰府市 国分松本 유적 출토 목간(『木簡研究』 33)
　·「□〔論〕語学×
　　　『□□〔論而〕第一』
　·「□□□〔五〕

　　　　　　　　　　　　　　　(76)×27.5×65 019

国分松本 유적에서는 호적 작성 후 戸口의 변동을 기록한 목간이 출토되었다. 해당 목간은 그 기재 내용으로 보아 庚寅年籍(690년) 이후, 大宝令制定(701년) 이전의 단계에 작성된 것으로 알려져 있다. 호적 작성에 관련된 목간이 출토되었다

4) 三上喜孝, 「古代地方社会と文字文化-学ぶ·記録する·信仰する-」 『古代日本と古代朝鮮の文字文化交流』, 大修館書店, 2014.

는 점에서도 이 유적이 관아이었던 것은 의심할 여지가 없다. 게다가 이 목간에 기재된「嶋評」라고 하는 지명은 8세기 이후에는 筑前国 嶋郡의 땅에 속하게 되며, 国分松本 유적이 소재한 御笠郡이란 다른 郡이다. 이 때문에 国分松本 유적은 郡보다도 위인 국가 차원의 행정이 이루어졌던 곳이었다는 것은 명백하다.

○ 福岡県 太宰府市 国分松本 유적 출토 목간(『木簡研究』35)

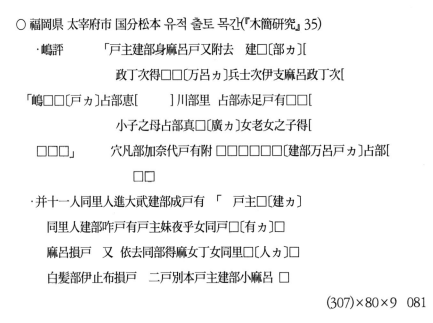

·嶋評　　「戸主建部身麻呂戸又附去　建□〔部ヵ〕[

政丁次得□□〔万呂ヵ〕兵士次伊支麻呂政丁次[

「嶋□□〔戸ヵ〕占部恵[　　　]川部里　占部赤足戸有□□[

小子之母占部真□〔廣ヵ〕女老女之子得[

□□□」　　　穴凡部加奈代戸有附　□□□□□〔建部万呂戸ヵ〕占部[

□□

·并十一人同里人進大貳建部成戸有　「　戸主□〔建ヵ〕

同里人建部咋戸有戸主妹夜乎女同戸□〔有ヵ〕□

麻呂損戸　又　依去同部得麻女丁女同里□〔人ヵ〕□

白髪部伊止布損戸　二戸別本戸主建部小麻呂　□

(307)×80×9　081

観音寺 유적, 袴狭 유적, 屋代 유적, 柴 유적, 深江北町 유적, 国分松本 유적 등 논어 목간이 출토된 지방의 유적은 행정과 관련된 기록 및 문서 목간이 동시에 출토되고 있어 論語를 習書하는 곳과 문서 행정이 있었던 곳이 일치하고 있다는 것을 알 수 있다.

게다가 논어 목간이 소위 国府의 전신 시설과 초기 国府, 혹은 官道沿의 駅家와 관련된 유적에서 출토되고 있다는 사실은 간과할 수 없다. 이것은 7세기 후반에『論語』가 지방사회에 확산된 배경에는 그 당시 중앙에서 지방으로 파견된 国宰라고 하는 役人이 담당했던 역할이 크다는 것을 암시한다.

『論語』뿐만 아니라 중국의 古典 등의 문자 텍스트는 8세기 이후에도 지방의 거점인 관아를 중심으로 확대되고 있었다. 동북지방의 고대 城柵 유적을 예로 들면 宮城県 多賀城市의 市川橋 유적은 고대 陸奥国의 城柵인 多賀城 바로 남쪽에 펼쳐진 유적인데, 이 유적에서는 중국 唐나라 시기에 작성된 書簡 模範文例集『杜家立成雑書要略』의 첫 부분이 쓰인 習書 목간이 출토되었다. 참고로 奈良의 東大寺 正倉院 보물에서도 光明皇后가 서사했다고 전해지는 『杜家立成』 사본이 전해진다.

○ 秋田県·秋田城 유적 출토 목간(古代 出羽国의 城柵 유적)(『木簡研究』1)
·而察察察察察察察察察察之之之之之之之灼灼灼灼灼灼若若
·若若若若若若夫夫夫藁藁藁出緑緑波波波波醴醴醴醴

458×26×9 011

이 외에도 秋田県 秋田市의 秋田 유적에서는 중국 梁나라 시대에 작성된 『文選』의 한 구절이 쓰인 목간이, 岩手県 奥州市의 胆沢 유적에서는 『孝経』의 注釈書인 「古文孝経」이 쓰인 漆紙文書가 출토되었다.

○ 宮城県·市 川橋 유적 출토 목간(古代陸奥国 多賀城 관련 유적)(『木簡研究』21)
·杜家立成雑　　書要□□〔略雑ヵ〕書□〔略ヵ〕□□□□〔成立家ヵ〕
·杜家立成雑書事要略一巻雪寒呼知故酒飲書

360×36×6 011

城柵과 중국 문자 텍스트는 언뜻 보면 연결되지 않는다고 생각할 수도 있지만, 지방사회 중에서도 선진화 된 지방거점에서는 중국 문자 텍스트의 수용이 필요불가결이었음을 보여주고 있다. 특히 고대 동북지방(陸奥国·出羽国)은 고대 국가 경계영역이며, 경계 밖에 있는 집단에 선진성을 과시할 필요가 있었다고 생각된다. 그 선진성의 상징으로서 중국의 古典 등의 문자 텍스트가 고대 城柵에서 빈번히 학습되고 있었던 것이다. 『論語』는 그중에서도 가장 기초적인 텍스트로서 자리 잡고 있었던 것이며, 지방거점에 널리 수용되고 있었던 것이다.

따라서 한반도의 경우를 고려한다면 계양산성에서 출토된 논어 목간도 같은 의미를 가능다고 볼 수 있지 않을까. 한국 고대 산성에서 論語 木簡이 출토되는 것과 일본 고대 城柵에서 중국 문자 텍스트를 習書한 목간이 출토되는 것은 산성과 城柵이 군사적 거점일 뿐만 아니라 선진적인 문명 세계를 의식했던 장소였다는 것도 보여준다고 생각된다.

김해시 봉황동에서 출토된 목간을 살펴보면 이 목간은 文武王 20년(680)에 두어진 「金官小京」과 관련성을 지적하는 견해도 있다.[5] 小京은 州 다음으로 중요한 지방 지배의 거점이며, 骨品身分의 귀족들이 移住되었다고 하는 기록이 있다.[6] 김해시 출토 論語 木簡의 사례는 일본에서는 초기 国府와 駅家과의 관계가 상정되는 각지의 유적에서 출토된 논어 목간과의 공통성을 살펴볼 수 있을 것이다.

2. 논어 목간의 습서 방식

고대 일본의 논어 목간의 두 번째 특징은 學而篇, 그것도 첫 부분을 기록하는 사례가 두드러지게 많다고 하는 점이다. 첫 부분을 기록하는 경향은 『論語』에 한정된 것이 아닌, 이 외의 문자 텍스트를 기록한 목간에서도 비슷하게 보인다.

『論語』와 함께 중국 텍스트를 옮겨 적은 목간으로 『千字文』이 있다. 현재까지 남겨진 목간과 正倉院 문서에 보이는 『千字文』 習書를 살펴보면 역시 첫 부분을

---

5) 橋本繁, 「金海出土『論語』木簡について」, 朝鮮文化研究所編, 『韓国出土木簡の世界』, 雄山閣, 2007.
6) 『三国史記』 40 職官志, "文武王十四,, 以六徒真骨出居於五京九州"

기록한 것이 대부분이다.

이러한 특징은 텍스트를 실용적으로 습득하기보다 오히려 텍스트의 첫 부분을 암송할 수 있거나 문자화할 수 있다는 것에 큰 의미가 있었음을 보여주는 것이다. 즉 『論語』는 문자 문화를 습득한 관인들에게 상징적인 의미가 있는 텍스트였던 것이다. 이것은 7세기 무렵 일본 열도 사회의 문자 문화의 특징과 밀접하게 관련된 문제이다.

7세기 후반 지방사회에 왜 『論語』가 널리 퍼지게 되었는가. 수용 배경으로 율령국가의 성립에 의한 지배 논리의 전환이 있었다는 것은 쉽게 생각할 수 있지만, 그러한 지배 논리의 전환이란 구체적으로 국가가 유교적인 합리주의에 기반에서 토지와 인민을 지배하는 것을 의미한다.

중앙에서 지방으로 파견된 国宰들에 의해 지방사회에 유입된 『論語』는 지배 논리의 전환을 강요받은 지방호족들에게도 적극적으로 수용되고 받아들여졌다고 생각된다. 『論語』를 적극적으로 배우는 자세를 보였던 것은 지방호족들이 율령국가의 지배윤리에 따라가기 위해서는 불가결이었던 것이다. 이때 전부를 암기하는 것이 아니라 첫 부분을 문자화할 수 있는 것만으로도 상당히 큰 의미를 가지고 있었던 것을 아닐까.

또 현재까지 일본에서 學而篇을 習書한 것이 10건, 公冶長篇을 習書한 것이 3건이며, 이 외 八佾篇이 1건, 爲政篇이 1건, 堯曰篇이 1건, 憲問篇이 1건이다. 즉 學而篇과 公冶長篇의 수가 두드러지는데, 이것은 한국에서 출토된 論語 木簡이 公冶長篇과 學而篇인 것과도 공통된다.

3. 사원과 논어 목간

고대 일본의 論語 木簡 특징 중 3번째는 사원과 관계가 있다는 것이다. 우선 飛鳥池 유적에서 출토된 다음 목간을 살펴보고자 한다.

○ 飛鳥池 유적 北地区 출토 목간(『木簡研究』21)

· 観世音経巻

· 支為□支照而為　(左側面)

· 子曰学　[　　　]是是

(145)×21×20　011

飛鳥池 유적은 일본 고대에서 가장 처음 만들어진 사원인 飛鳥寺(6세기 말 건립)의 동남쪽에 위치한 유적으로, 유적의 성격은 飛鳥寺에 부속된 공방이었다고 생각되고 있다. 7세기 말에서 8세기 초에 만들어진 목간이 다수 출토되고 있다.

「観世音経」이라는 글자의 習書와 『論語』學而篇의 첫 부분(「子曰, 学而時習之…」)의 習書가 동일한 목간에 쓰여 있는데, 특히 「観世音経」라는 글자에서 유적 주변에 위치한 飛鳥寺와의 관계를 생각해볼 수 있다.

불교의 경전 이름과 유교의 텍스트인 論語가 동일한 목간에 쓰여 있다는 것은 고대 일본의 불교와 유교 수용의 특질을 생각하는 데 있어 시사하는 바가 있다. 불교와 유교도 중국에서 유래되어 동아시아로 확대되었던 종교이며, 일본으로 전해진 것은 6세기 중엽으로 생각된다. 이 두 가지는 확연히 구별되어 수용되었다고 보기보다 오히려 그것들이 혼연일체가 되어 수용되었음을 이 목간이 보여주고 있다. 『日本書紀』推古紀에 보이는 유명한 聖徳太子의 「十七条憲法」이 유교와 불교를 비롯한 다양한 사상을 습합하고 있다는 것도 관련이 있을 것이다.[7]

推古紀와 사원의 관계는 8세기 이후에도 보인다.

○ 奈良県·東大寺 출토 목간(『木簡研究』16)

· ○　東大之寺僧志尺文寺得□〔得カ〕

---

7) 三上喜孝, 「文字がつなぐ古代東アジアの宗教と呪術」『古代東アジアと文字文化』, 同成社, 2016.

尊

· 　作心信作心　　第　為□　為是□是

○ 　論語序一「寺」□　　第

　　　　信心　哥第　　為為為為為羽[　　]

(266)×24×8

東大寺는 8세기에 건립된 사원으로 平城京의 동쪽에 위치한 奈良時代의 大寺院이다. 목간 앞면에는 「東大之寺僧…」이라고 쓰여 있으며, 뒷면에는 「論語序一」이라고 쓰여 있다. 전체는 習書 목간이라고 생각되지만, 이 목간 또한 사원과 論語의 관계를 보여주는 사료이다.

○ 平城京 右京　一条 三坊(西大寺 旧境内) 출토 목간

·論論語卷卷卷卷

·[　　　　]　　　□

(144)×24×10　019

○ 平城京 右京　一条 三坊(西大寺 旧境内) 출토 목간

□□論語

091

西大寺는 756년에 孝謙天皇의 발원에 의해 창건된 사원이다. 西大寺의 旧境内에서는 다수의 목간이 출토되었는데, 그중에서 『論語』라는 명칭을 기록한 習書 목간이 2점 출토되었다.

이렇게 論語 木簡 출토 유적의 특징 중 하나로 사원을 들 수 있다는 것도 주목하고 싶다. 유교의 문자 텍스트가 경전과 함께 사원 안에서 학습 대상이 되었다는 것을 말해준다. 이것은 불교와 유교가 먼저 지배자층 사이에 널리 퍼져 국가의 지배이념을 뒷받침하는 사상으로서 혼연하고 있었다고 하는 역사적 배경이 크게 관련되어 있는 것은 아닐까. 비록 한국에서는 아직 사원 유적에서 論語 木簡이 출토되었다는 사례가 확인되지 않았지만, 이후 이러한 사례가 확인될 가능성이 있다.

IV. 나오며

이상으로 지금까지 출토된 고대 일본 論語 木簡을 언급하면서 그 특징에 대해 고찰해보았다. 지금까지 살펴본 것을 정리하면 다음과 같다.

첫째, 論語 木簡이 출토된 유적의 성격에 주목해 공통성을 살펴보았다. 7세기 후반~8세기 전반의 것으로 확인되는 論語 木簡은 도성을 중심으로 출토되는 것 이외에도 지방에서 출토되는 論語 木簡이 있다. 지방에서 출토된 논어 목간에 대해서도 초기 國府가 두어졌다고 상정되는 유적과 중앙 관인이 왕래한 驛家로 상정되는 유적 등 중앙에서 관인이 파견되는 유적에서 출토되는 경향이 있음을 지적하였다. 7세기 후반에 『論語』의 지방 전파에는 國司의 전신인 國宰가 큰 역할을 하지 않았을까 생각된다.

또 『論語』뿐만 아니라 중국 古典 등의 문자 텍스트가 변경 城柵 유적에서 발견되는 의미에 대해서도 고찰했다. 國家의 경계 밖과 접하는 城柵 유적에서는 지배의 선진성과 문명 세계의 상징으로서 중국 문자 텍스트의 수용이 적극적으로 이루어졌던 것이 아닐까. 한국의 계양산성에서 論語 木簡이 출토된 것의 의미도 이러한 관점에서 찾을 수 있을 것이다.

둘째, 論語 木簡의 習書 방식에 주목하여 學而篇의 첫 부분을 기록하고 있는 것이 다수 출토되고 있는 등 그 경향이 편중되어 있음을 언급했다.

이러한 특징은 텍스트를 실용적으로 습득하기보다 오히려 텍스트를 암송하거나 문자화하는 것에 큰 의미를 두고 있었던 것을 보여준다. 즉 『論語』는 문자문화를 습득한 관인들에게 상징적인 의미를 가지는 텍스트였던 것이다.

셋째, 사원 유적에서도 論語 木簡이 출토된다는 점에 주목했다. 유교의 문자 텍스트가 경전과 함께 사원 안에서 학습 대상이 되었다는 것은 불교와 유교가 먼저 지배자층 사이에 널리 퍼져 국가 지배이념을 뒷받침하는 사상으로서 혼연히 자리 잡고 있었다고 하는 역사적 배경과 관련이 깊은 것으로 추정했다.

고대 일본의 論語 木簡의 이러한 특징이 동일하게 중국에서 『論語』가 전해져 한반도에서도 공통되는 것인지 아닌지는 한국에서의 사례가 아직 매우 적어서 확인할 수 없지만, 이후 발굴 사례가 증가한다면 검토가 가능해질 것이다.

(번역 : 오택현 | 동국대학교 국사학과 강사)

<부록>

일본의 논어목간 출토 목록표

	本文	篇·章	法量(㎜)	型式	出典	遺跡名
1	論論語		(40),4	91	明日香風17	奈良県·飛鳥京跡
2	赤楽乎	学而1		91	飛鳥藤原京1	飛鳥池遺跡北地区
3	礼論□語礼□礼		(92),(19),1	81	飛鳥藤原京1	飛鳥池遺跡北地区
4	·観世音経巻 ·支為□〔照カ〕支照而為 (左側面) ·子日学□□是是	学而1	145,21,20	11	木研21	飛鳥池遺跡北地区
5	論語学			91	飛17	奈良県·石神遺跡
6	·乎 有朋自遠方来 □ ·「大大大大□□□〔大カ〕」(左側面)	学而1	(259),(11),18	81	木研27	奈良県·石神遺跡
7	糞土墻墻糞墻賦	公冶長10	(188),22,4	81	藤原宮出土木簡概報	藤原宮北辺地区
8	·子日学而不□ ·水明□ □	学而1	(85),(18),2	81	木研1	藤原宮跡東方官衙北地区
9	· 有有 必必 【□ 有有 有有】 必者 者者 ·□	憲問14	122,59,8	11	藤原宮4	藤原宮跡西面南門地区
10	而時習	学而1		91	木研25	藤原京左京七条一坊西南坪
11	·□□□□〔秦忌寸諸人カ〕大□〔田カ〕 「□論語」 ·□□ □□		(122),(23),4	81	平城宮2	平城宮東院地区西辺
12	·青青青秦秦秦謹謹申 ·謹論語諫許計計課許謂誤誰		(235),.,(29),5	11	平城宮4	平城宮宮城東南隅地区
13	·論語序論□·論□		128,7,4	51	木研4	平城宮城南面西門(若犬養門)地区
14	論語語□□			91	平城京1	平城京左京三条二坊一·二·七·八坪長屋王邸
15	□□□□〔語論語カ〕			91	城33	平城京左京三条二坊八坪二条大路濠状遺構(南)
16	□□□□□〔論語カ〕			91	城30	平城京左京二条二坊五坪二条大路濠状遺構(北)
17	□□五美 □道皇五□ 道道皇五 □	堯曰7		91	城30	平城京左京二条二坊五坪二条大路濠状遺構(北)
18	·□□□□□□□ □□□□□□□〔則カ〕又曰猶吾大夫崔子也□有有有 有有 人道根根枏枏長長長長長可可及不及 武 章 章 帰帰帰 不 章帰道章帰路章章 章 章 帰 帰帰 帰帰 所 □ 有 道 · 帰 帰□ 事事 大大大天天大天天天天天天天天有道章事 飛 □□□□□□者 有有 有	公冶長19	444,(28),10	81	平城京3	平城京左京二条二坊五坪二条大路濠状遺構(北)
19	〔 〕 何晏集解 子日□		(203),(15),4	81	城29	平城京左京二条二坊五坪二条大路濠状遺構(北)

	本文	篇・章	法量(mm)	型式	出典	遺跡名
20	・日上［　　］　　不□我学 □子日学而時習之□ ・□□識　　　　　　子日	学而1	(310),42,4	19	木研20	平城京左京二条二坊十・十一坪二条条間路北側溝
21	孔子謂季氏八□〔佾カ〕□ □□	八佾1		91	木研20	平城京左京二条二坊十・十一坪二条条間路北側溝
22	・論論語巻巻巻巻 ・［　　］　□		(144),24,10	19	木研35	平城京右京一条三坊十三・十四坪(西大寺旧境内)
23	□□論語			91	木研35	平城京右京一条三坊十三・十四坪(西大寺旧境内)
24	・○　東大之寺僧志尺寺得□〔得カ〕 　　　　　　　尊 ・　　作心信作心　第　為　□　為是□是 　○　論語序一「寺」□　第 　　　　信心　哥第　為為為為羽〔　］		(266),24,8	81	木研16	奈良県・東大寺
25	□□夫子之求之与其諸異乎	学而10	(253),21,7	81	木研16	奈良県・阪原阪戸遺跡
26	『子謂公冶長可妻』 ・右為鎧符搜求□	公冶長1	196,26,5	19	木研22	兵庫県・袴狭遺跡
27	・(省略) ・　　□□ 　　□□　論語序何晏集□〔解カ〕		(332),(32),5	81	木研22	兵庫県・袴狭遺跡
28	・悦乎　有朋自 ・子乎　有子	学而1	(100),24,7	81	木研23	兵庫県・柴遺跡
29	・□〔翼カ〕□依□〔夷カ〕乎□□〔還カ〕止□〔耳カ〕所中□□□(表面) ・□□□□乎(裏面) ・子日○学而習時不孤□乎□自朋遠方来亦楽乎人不知亦不慍(左側面) ・　　］用作必□□□□〔兵カ〕□人［　　］□□□〔刀カ〕(右側面)	学而1	(653),29,19	65	木研20	徳島県・観音寺遺跡
30	・　　之子　　　左右　我　　　□□□ 論語□「論□論天」天　道　「天」 　　　　天　我我我我　□道天　□ ・(裏面略)		331,48,10	65	木研8	滋賀県・勧学院遺跡
31	論□〔語カ〕		(22),(8),0.5	91	木研2	静岡県・城山遺跡
32	子日学是不思	為政15	(202),21,4	19	木研22	長野県・屋代遺跡群
33	・亦楽乎人不知而不□〔慍カ〕 ・　　［	学而1	(196),(10),7	19	木研22	長野県・屋代遺跡群
34	遠方来不亦楽乎人不知而不慍不亦君子乎	学而1	270,30,5	11	木研36	兵庫県・深江北町遺跡
35	・□〔論カ〕語学 『□□〔論而カ〕【第一】』 ・□□〔五カ〕		(76),27.5,6.5	19	木研33	福岡県・国分松本遺跡

※ 出典の「木研」は『木簡研究』、「飛」は『飛鳥藤原宮発掘調査出土木簡概報』、「城」は『平城宮発掘調査出土木簡概報』、「飛鳥藤原」は『飛鳥藤原京木簡』、「藤原宮」は『藤原宮木簡』、「平城宮」は『平城宮木簡』、「平城京」は『平城京木簡』

참고문헌

東野治之,「『論語』『千字文』と藤原宮木簡」『正倉院文書と木簡の研究』, 塙書房, 1977(초판1976)

東野治之,「近年出土の飛鳥京と韓国の木簡」『日本古代史料学』, 2005(초판 2003)

橋本繁,「金海出土『論語』木簡と新羅社会」『朝鮮学報』193, 2004

橋本繁,「金海出土『論語』木簡について」, 朝鮮文化研究所編, 『韓国出土木簡の世界』, 雄山閣, 2007

橋本繁,「古代朝鮮における『論語』受容再論」『韓国出土木簡の世界』, 雄山閣, 2007

橋本繁,『韓国古代木簡の研究』, 2014

三上喜孝,「習書木簡からみた文字文化受容の問題」『歴史評論』680, 2006

三上喜孝,「古代地方社会と文字文化-学ぶ·記録する·信仰する-」『古代日本と古代朝鮮の文字文化交流』, 大修館書店, 2014

三上喜孝,「文字がつなぐ古代東アジアの宗教と呪術」『古代東アジアと文字文化』, 同成社, 2016

제10장

신라의 유가 교육과 『논어』

채미하

I. 머리말

유가는 중국 춘추·전국시대에 공자와 맹자에 의해 그 틀을 갖추었고 兩漢代에는 국교가 되어 경학으로 정립되었으며 수·당대에 유교문화로 완결되었다. 『禮記』 學記편에 따르면 "치국은 교화로써 먼저하고, 교화는 학교로써 근본으로 한다(治國以教化爲先 教化以學校爲本)"고 하였다.[1]

유가가 우리나라에 수용된 것은 삼국시대로,[2] 지금까지 연구에 따르면 유가적 인식을 가능하게 한 사회·문화적 배경과 유가의 덕목 등이 분석되었다.[3] 이

---

1) 『禮記』 學記, "發慮憲 求善良 足以諛聞 不足以動衆 就賢體遠 未足以化民 君子如欲化民成俗 其必由學乎"
2) 문화에 있어서 접촉이 반드시 수용을 뜻하는 것이 아니라 일정한 사회적 기능을 발휘해야만 비로소 수용되는 것이다(이기백, 1986, 『신라사상사연구』, 일조각, p.194).

를 통해 유가는 삼국이 고대국가로 성장해 나가는 정치사사상으로 이해하면서 王者의 권위를 합리화하는 방향으로 나타났다고 한다.[4] 그리고 삼국시대 유가 교육과 통일 후 신라의 국학에 대한 연구를 통해서는 삼국시대뿐만 아니라 통일 후 신라의 유가 교육과 그 내용을 알 수 있었다.[5]

하지만 기왕의 연구에서는 삼국시대 유가교육과 신라 국학의 연계성에 대한 언급이 부족하였고, 유가 교육에서 『논어』의 위상에 대해서도 크게 관심을 가지지 않았다. 따라서 본 글은 여기에 대해 생각하려는 것이다.[6] 이를 위해 우선 삼국시대의 유가교육과 긴밀한 관련을 가진 신라 국학이 당 국자감의 영향을 받았다는 점을 염두에 두면서 신라 유가 교육의 실제를 살펴볼 것이다. 다음으로는 신라 유가 교육에서 『논어』가 차지하는 위상을 『삼국사기』 등의 『논어』 인용 기록, 신라 국학의 교과과정과 독서삼품과, 공자가 추구한 인간상인 군자, 공자 등의 先聖과 先師에 대한 제사인 釋奠과 신라 국왕이 국학에 행차[視學]했을 때 강론된 내용을 통해 알아 볼 것이다.

---

3) 이와 관련해서는 본문 참고.

4) 김철준, 1990, 「삼국시대의 예속과 유교사상」 『한국고대사회연구』, 서울대 출판부, p.299.

5) 본문 참고. 최근 연구는 (재)신라문화유산연구원, 2014, 「동아시아 인재양성과 신라국학」 『제2회 신라 국학대제전 국제학술대회』; (재)신라문화유산연구원, 2013, 「신라 국학 수용과 전개」 『2013 신라학국제학술대회 논문집』; 주보돈 외, 2015, 『신라 국학과 인재양성』, 민속원; 이영호, 2015, 「신라 국학의 성립과 변천」 『역사교육논집』 57, 한국역사교육학회; 박수정, 2018, 「신라 국학의 교수법과 관리 등용」 『역사와교육』 26, 동국대 역사교과서연구소; 한영화, 2019, 「신라의 국학 교육과 관인선발」 『신라학보』 45, 신라사학회 등.

6) 본 논문의 기본 틀은 채미하, 2006, 「신라 국왕의 시학과 그 의미」 『한국사상사학』 32, 한국사상사학회; 채미하, 2015, 『신라의 오례와 왕권』, 혜안을 참고하였다.

II. 신라의 유가교육과 그 실제

신라의 유가 교육은 다음에서 알 수 있다.

1) 國學은 禮部에 속한다. 신문왕 2년(682)에 두었다. 경덕왕이
   大學監으로 고쳤았다가, 혜공왕이 되돌렸다. 卿은 1명으로
   경덕왕이 司業으로 고쳤다가 혜공왕이 다시 경으로 칭하였
   다. 관등(位)은 다른 경과 같다. 博士(약간 명으로 수는 정해
   지지 않았다), 助敎(약간 명으로 수는 정해지지 않았다), 大舍
   는 2명으로 진덕왕 5년(651)에 두었는데, 경덕왕이 주부로
   고쳤다가 혜공왕이 다시 대사로 칭하였다. 관등은 舍知에서
   奈麻까지이다 (…).[7]

2) 及飱國學少卿臣金奉△△敎撰 (…) 卄五日景辰建碑 大舍臣韓訥
   儒奉 (「문무왕릉비」)

3) (신문왕 2년) 6월에 국학을 세우고 卿 1인을 두었다.[8]

4) (성덕왕 16년) 가을 9월에 당에 갔던 大監 金守忠이 돌아와
   文宣王·10哲·72弟子圖를 바치니, 바로 大學에 두었다.[9]

위의 내용을 보면 진덕왕 5년(651)에 대사가 국학에 설치되었고(1)[10] 국학

---

7) 『三國史記』 卷38, 雜志7, 職官上, "國學 屬禮部 神文王二年置 景德王改爲大學監 惠恭王復
   故 卿一人 景德王改爲司業 惠恭王復稱卿 位與他卿同 博士(若干人 數不定) 助敎(若干人 數
   不定) 大舍二人 眞德王五年置 景德王改爲主簿 惠恭王復稱大舍 位自舍知至奈麻爲之 (…)"

8) 『三國史記』 卷8 新羅本紀8 神文王 2년, "六月 立國學 置卿一人"

9) 『三國史記』 卷8 新羅本紀8 聖德王 16년, "秋九月 入唐大監守忠廻 獻文宣王十哲七十二弟子
   圖 卽置於大學"

10) 국학 설치시기는 진덕왕 5년과 신문왕 2년으로 대별된다. 전자는 이병도, 1977, 『국역

소경은「문무왕릉비」[11]에서 볼 수 있으며(2), 국학의 경은 신문왕 2년(682)에 설치되고 있음(3)을 알 수 있다. 이로 볼 때 진덕왕 5년에 설치되기 시작한 국학은 국학의 장관인 경을 신문왕 2년에 둠으로써 정비되었고, 경이 설치되기 전에 국학에는 소경이 있었다고 할 수 있다.[12] 이후 김수충이 大(學)監으로 성덕왕 16년(717)에 나온다는 점에서 국학은 대학으로 불리기도 하였고(4), 경덕왕대 대학감으로 바뀌었다가 혜공왕대 다시 국학으로, 경은 사업으로, 대사는 주부로 변하였다(1).

삼국사기』, 을유문화사, p.583; 이기동, 1984, 『신라골품제사회와화랑도』, 일조각, p.124; 김희만, 1994, 「신라 국학의 성립과 운영」『소헌남도영박사고희기념역사학논총』, 민족문화사, pp.14-19; 이인철, 1993, 『신라정치제도사연구』, 일조각, p.142; 박순교, 1997, 「신라 중대 시조존숭 관념의 형성」『한국 고대의 고고와 역사』, 학연문화사, pp.12-13. 후자는 이기백, 1986, 앞의 책, p.228; 고경석, 1997, 「신라 관인선발제도의 변화」『역사와 현실』23, 한국역사연구회, p.112; 정호섭, 2004, 「신라의 국학과 학생녹읍」『사총』58, 고려대 역사연구소, pp.48-50. 필자는 진덕왕 5년 국학에 대사 2인을 둔 것을 국학 설치의 시점으로 보고 신문왕 2년에는 국학이 정비되었다고 본다. 한편 김영하는 진덕왕 5년의 대사가 유학 관련 업무를 담당하였지만(김영하, 2002, 『한국 고대사회의 군사와 정치』, 고려대학교민족문화연구원, pp.272-274), 국학은 아직 설치되지 않았고 그럼에도 불구하고 실무관인이 배치는 현실적 필요에 따른 신라 관제의 정비과정의 관행이라고 하였다(김영하, 2005, 「신라 중대의 유학수용과 지배윤리」『한국고대사연구』40, 한국고대사학회, p.146).

11) 문무왕비 건립연대와 관련된 견해는 신문왕 1년과 신문왕 2년이 있다. 신문왕 1년설은 유희해, 1922, 『해동금석원』, p.75; 이인철, 1993, 위의 책, pp.141-142; 박순교, 1997, 위의 논문, pp.129-130. 신문왕 2년설은 今西龍, 1933, 「新羅文武王陵碑に就きて」『新羅史研究』, 國書刊行會, p.503; 이영호, 1986, 「신라 문무왕릉비의 재검토」『역사교육논집』8, 한국역사교육학회, p.52; 김창호, 1986, 「문무왕릉비에 보이는 신라인의 조상인식」『한국사연구』53, 한국사연구회, p.19; 정호섭, 2004, 위의 논문, p.50 등.

12) 이인철, 1993, 위의 책, pp.141-142; 박순교, 1997, 위의 논문, pp.128-131. 한편 문무왕릉비에 소경이 기록된 것을 볼 때 직관지 국학조에 기록된 국학의 경은 실제로는 소경(浜田耕策, 1980, 「新羅 國學生と遣唐留學生」『呴沫集』2, 呴沫集發行世話人, p.60)으로 보기도 하나, 따르지 않는다.

국학의 설치와 정비는 진덕왕·신문왕·성덕왕·경덕왕 등의 정치·사회적 상황과 당 국자감의 영향과 관련지어 이해하고 있다.[13] 하지만 예부의 부속관서로 신문왕대 정비된 신라 국학은 당 국자감이 예부와는 별도의 독립적인 기구인 점과 비교된다. 그리고 신라 국학은 장관인 경과 행정 담당의 대사-사, 교육 담당의 박사-조교로 이루어졌다. 당 국자감은 祭酒(종3품)-司業(종4품하)-丞(종6품하)-主簿(종7품하)-綠事(종9품하)가 행정을, 교육은 국자학과 태학의 박사와 조교 등이 담당하였다.[14]

국학의 장관인 경은 경덕왕대 사업으로 바뀌는데, 사업은 당 국자감의 장관인 祭酒 아래 관직이며[15] 당 국자감의 장관은 좨주 혹은 좨주박사였다. "진령에서 좨주박사는 마땅히 스승으로서 모범이 되고 학교의 여러 일들을 총괄한다"고 하였고, 사업은 "『예기』에서 樂正은 (수)업을 주관하고[司業] 父師는 학업의 완성을 주관한다[司成]"고 하였다.[16] 이와 같이 국학의 장관인 경(사업)은 국학의 수업을 주관하는 자로, 당 국자감의 장관이 좨주인 것과는 비교된다. 후술되지만 신라 국왕이 국학에 행차했을 때 강의 또는 강론을 담당한 것은 '박사'와 '박사이하'였다.[17] 당에서는 황제시학 등에서 좨주가 집경을 담당하였다.[18] 국학의 교수

---

13) 이상은 기왕의 연구성과인 각주 5 참고.

14) 『唐六典』 卷21, 국자감.

15) 『唐六典』 卷21, 국자감 좨주사업, "國子監祭酒司業之職 掌邦國儒學訓導之政令 有六學焉"

16) 『唐六典』 卷21, 국자감, "祭酒((…)晉令曰 祭酒博士當爲訓範 總統學中衆事(…)) 司業((…)禮記曰 樂正司業 父師司成(…))"

17) 신라 중앙 행정관부의 상급관직인 영-경은 진골·6두품이, 하급관직인 대사-사지-사는 5·4두품이 담당한다. 국학의 경은 다른 핵심 행정관부의 경과 동일한 관등인 급찬에서 아찬까지이다. 박사는 국학조의 서술 순서에서 경과 대사의 사이에 위치하고 있다는 점에서 나마-대나마(三池賢一, 1971, 「新羅內廷官制考(下)」 『朝鮮學報』 61, 天理大學朝鮮學會, p.26), 나마 이상으로(노중국, 1998, 「신라와 고구려·백제의 인재양성과 선발」 『신라의 인재양성과 선발』(신라문화제학술발표회논문집19), p.61) 파악하기도 한다. 「성덕대왕신종명」에는 당시 기술학에 종사하였던 박사의 관등이 대사에서 대나마까지

내용 역시 당 국자감의 내용과는 차이가 있는데, 다음이 그것이다.

1) ① 국학 (…) 教授하는 법은 周易·尚書·毛詩·禮記·春秋左氏傳·文選으로 구분하여 학업으로 삼았고, 박사 또는[若] 조교 1명이 때로는 예기·주역·논어·효경을, 때로는 춘추좌전·모시·논어·효경을, 때로는 상서·논어·효경 ·문선을 교수하였다. ② 諸生이 책을 읽음으로써 3품으로 出身한다. 춘추좌씨전과 예기와 문선을 읽고 능히 그 뜻에 통달하고 겸하여 논어와 효경에 밝은 자는 상급으로, 곡례·논어·효경을 읽은 자는 중급으로, 곡례·효경을 읽은 자는 하급으로 삼았다. 만약 五經三史와 諸子百家書를 능히 아울러 통하는 자는 등급을 뛰어넘어(超) 발탁하여 임용하였다. (…) ③ 모든 학생은 관등(位)이 大舍 이하부터 관등이 없는 자이며, 나이는 15세부터 30세까지 모두 이를 충족하였다. 9년이 기한이며, 만약 노둔하여 인재가 될 가능성이 없는 자(朴魯不化者)는 그만두게 하였다. 만약 재주와 도량은 이룰 만하지만, 아직 미숙한 자(未熟者)는 비록 9년을 넘더라도 국학에 남아있는 것을 허락하

나온다. 당 국자감에서 기술학 박사보다 유학을 교육하는 국자학·태학의 박사가 높은 관품을 가지고 있다. 이보다 신라 국학의 박사는 기술학에 종사한 박사보다는 높은 관등을 가졌을 것이다. 조교의 관등은 잘 알 수 없으나, 대사와 같지 않았을까 한다.

18) 『唐六典』21, 국자감 좨주사업, "皇帝視學 皇太子齒胄 則執經講義焉 凡釋奠之日 則集諸生執經論議 奏請京文武七品以上清官並與觀焉." 당 정관 21년(647; 진덕왕 1) 이전에는 尼父廟(공자묘)에 박사가 제사지냈다. 『新唐書』卷15 志5 예악5, "(貞觀)二十一年 詔左丘明 (…) 范甯二十二人皆以配享 而尼父廟學官自祭之 祝曰 博士某昭告先聖 州縣之釋奠 亦以博士祭 中書侍郎許敬宗等奏 禮 學官釋奠于其先師 (…) 請國學釋奠以祭酒司業博士爲三獻 辭稱皇帝謹遣 (…)."; 『通典』卷53, 예13, 연혁13, 길례12 석전조 참고.

였다. 관등이 大奈麻와 奈麻에 이른 이후에는 국학에서 내보
낸다.[19]

2) (원성왕 4년) ① 봄에 처음으로 讀書三品을 정함으로써 出身
하게 하였다. 춘추좌씨전이나 혹은 예기·문선을 읽고 그 뜻
에 능통하며 논어와 효경에 모두 밝은 자를 上品으로, 곡례와
논어·효경을 읽은 자를 中品으로, 곡례와 효경을 읽은 자를
下品으로 삼았다. 혹 五經·三史·諸子百家의 글을 널리 통달
한 자는 등급을 뛰어넘어 발탁하여 임용하였다. ② 예전에는
다만 弓術로써만 사람을 선발하였으니, 이때에 이르러 이를
고쳤다.[20]

위의 내용에서 국학의 '教授之法'은 각 교과목, 즉 『周易』·『尙書』·『毛詩』·『禮
記』·『春秋左氏傳』·『文選』을 나누어서 業으로 하였다고 한다(1)①). 이것은 『禮
記』·『周易』, 『春秋左傳』·『毛詩』, 『尙書』·『文選』 3과정이며 각 과정에는 『논어』와
『효경』이 공통으로 포함되어 있다(1)②).
당은 『주역』·『상서』·『주례』·『의례』·『예기』·『모시』·『춘추좌씨전』·『공양
전』·『곡량전』을 각 1경으로 하고 『예기』·『춘추좌씨전』은 大經, 『모시』·『주례』·

---

19) 『三國史記』卷38 雜志7, 職官上, "① 國學 (…) 教授之法 以周易·尙書·毛詩·禮記·春秋左
氏傳·文選 分而爲之業. 博士若助教一人 或以禮記·周易·論語·孝經 或以春秋左傳·毛詩·
論語·孝經 或以尙書·論語·孝經·文選教之 ② 諸生 讀書以三品出身 讀春秋左氏傳 若禮
記 若文選 而能通基義 兼明論語·孝經者爲上 讀曲禮·論語·孝經者爲中 讀曲禮·孝經者爲
下 若能兼通五經·三史·諸子百家書者 超擢用之 (…) ③ 凡學生 位自大舍已下至無位 年自
十五至三十皆充之 限九年 若朴魯不化者罷之 若才器可成而未熟者 雖踰九年許在學 位至大
奈麻·奈麻以後 出學"
20) 『三國史記』卷10 新羅本紀10 元聖王 4년, "春 始定讀書三品以出身 讀春秋左氏傳 若禮記
若文選而能通基義 兼明論語·孝經者爲上 讀曲禮·論語·孝經者爲中 讀曲禮·孝經者爲下 若
博通五經·三史·諸子百家書者 超擢用之 前祇以弓箭選人 至是改之"

『의례』은 中經, 『주역』·『상서』·『공양전』·『곡량전』은 小經으로 나누고 『효경』과
『논어』(와 『노자』)를 필수로 하고 있다.[21] 일본에서는 『주역』·『상서』·『주례』·
『의례』·『예기』·『모시』·『춘추좌씨전』을 각 1경으로 하고, 『예기』·『좌전』의 大經,
『모시』·『주례』·『의례』의 中經, 『주역』·『상서』의 小經으로 나누며 『효경』과 『논
어』가 공통과목이었다.[22] 동아시아 삼국의 유가 교수 내용을 〈표 1〉로 제시하면
다음과 같다.

표 1. 신라·당·일본의 유가 교육 교수내용[23]

	大經	中經	小經	공통과목
신라	禮記·周易	春秋左傳·毛詩	尙書·文選	論語·孝經
중국	禮記·春秋左氏傳	詩經·周禮·儀禮	易經·尙書·春秋公羊傳·春秋穀梁傳	孝經·論語(·老子)
일본	禮記·春秋左氏傳	毛詩·周禮·儀禮	周易·尙書	孝經·論語

〈표 1〉을 보면 일본은 당의 9경 중 『공양전』·『곡량전』을 제외하고 7경을 두

---

21) 『唐六典』 卷21 國子監 祭酒, "凡敎授之經 以周易·尙書·周禮·儀禮·禮記·毛詩·春秋左氏
傳·公羊傳·穀梁傳各爲一經 孝經·論語·老子 學者兼習之 諸敎授正業((…))其禮記·左傳爲
大經 毛詩·周禮·儀禮爲中經 周易·尙書·公羊·穀梁爲小經)"; 『唐六典』 尙書禮部 職任, "凡
正經有九：禮記·左氏春秋爲大經 毛詩·周禮·儀禮爲中經 周易·尙書·公羊春秋·穀梁春秋
爲小經 通二經者 一大一小 若兩中經 通三經者 大·小·中各一 通五經者 大經並通 其孝經·
論語·老子並須兼習"

22) 『養老令』 학령 5조, "凡經 周易·尙書·周禮·儀禮·禮記·毛詩·春秋左氏傳 各爲一經 孝經·
論語 學者兼習之"; 『養老令』 학령 7조, "凡禮記左傳 各爲大經 毛詩周禮儀禮 各爲中經 周
易尙書 各爲小經 通二經者 大經內通一經 小經內通一經 若申經 卽倂通兩經 其通三經者 大
經中經小經各通一經 通五經者 大經並通 孝經論語 皆須兼習"

23) 신라 국학의 교수내용은 당·일본과는 달리 대경·중경·소경으로 구분하지 않았지만,
편의상 기술된 순서대로 대경·중경·소경으로 편제하였다. 이와 관련해서 박수정,
2018, 앞의 논문 및 한영화, 2019, 앞의 논문 참고.

었고, 대·중·소경의 편제는 당과 같다. 반면에 신라 국학의 교수내용은 경학인 오경(『주역』·『상서』·『모시』·『예기』·『춘추좌씨전』)과 문학(『문선』), 『논어』와 『효경』이다.[24] 당의 국자학·태학·사문학에서는 경서를 다섯 범주로 나누고(五分其經以爲之業) 나머지 소경(『역경』·『상서』·『공양전』·『곡량전』)과 『효경』·『논어』를 수업한다고 한다.[25] 즉 『주례』·『의례』·『예기』·『모시』·『춘추좌씨전』의 大經과 中經을 5개의 학습단위로 수업을 진행하였다. 신라 국학 역시 5개의 학습단위로 설정하여 당의 9경 중 『주례』·『의례』·『공양전』·『곡량전』을 제외한 오경을 두었다고 생각된다. 하지만 당과 일본의 교수 내용에는 없는 『문선』이 신라 국학에는 포함되어 있다. 당에서는 대경인 『춘추좌전』과 소경인 『주역』이 신라 국학에서는 『주역』이 『예기』와 함께, 『춘추좌전』은 『모시』와 함께 나온다. 그리고 당과 일본에서는 『효경』 다음에 『논어』를 기록하였지만, 신라 국학에서는 『논어』 다음에 『효경』이 나오며, 『문선』보다는 『논어』가 앞에 기록되어 있다.

후술되는 당의 명경과에서는 2경을 평가하여 관리를 선출하였지만, 원성왕 4년(788) 제정된 독서삼품과에서는 구체적인 시험과목을 명시하였다(2). 이 중 독서삼품과의 중품과 하품에서 평가받은 『곡례』는 『예기』의 首篇으로, 당의 명경과에서는 평가 대상이 아니었다. 『곡례』는 국가적 지배질서에서 여러 신분이 지켜야 할 예와 사회적 인간관계인 부자·군신·장유·주객 등 일상생활에서 접하는 예를 설명한 것으로,[26] 당시 신라 사회의 시대적 요청과 관련 있었다고 한다.[27] 그리고 신라 국학에서 다양한 유가경전을 교수하고 있었음에도 불구하고

---

24) 이를 통해 유교적 도덕정치이념 구현이 국학의 목적이라고 하였다(이기백, 1986, 앞의 책, p.226).

24) 이를 통해 유교적 도덕정치이념 구현이 국학의 목적이라고 하였다(이기백, 1986, 앞의 책, p.226).
25) 『唐六典』卷21 國子監 國子博士,; 『唐六典』卷21, 國子監 太學博士; 『唐六典』卷21, 國子監 四門博士 "國子博士 (…) 五分其經以爲之業 習周禮·儀禮·禮記·毛詩·春秋左氏傳 每經 各六十人 餘經亦兼習之(…)"
26) 錢玄·錢興奇, 1998, 『三禮辭典』, 江蘇古籍出版社, pp.362-363; 김영하, 2005, 앞의 논문, p.158.

독서삼품과 이전에는 '단지 弓箭(활쏘는 것)으로 인물을 선발하였다'(2)②)다.

신라 국학의 박사 또는(若) 조교 약간 명은 그 수는 정해져 있지 않았고 박사 또는[若] 조교 1명이 교과목을 교수하였는데, 경덕왕 6년(747)에 諸業博士와 助教를 두었다고 한다.[28] '業'의 사전적인 뜻은 '부여된 과업'으로, 신라 국학의 제업박사와 조교는 유가 교육 과목을 분업하는 박사와 조교라고 할 수 있다.[29] 당 국자감의 국자학과 태학, 사문학에서도 박사와 조교가 학업을 담당하였다.[30] 하지만 당 국자감에서는 『효경』·『논어』는 1년 안에, 『상서』·『춘추공양전』·『춘추곡량전』은 각각 1년 반에, 『주역』·『모시』·『주례』·『의례』는 각각 2년 안에, 『예기』·『좌씨춘추전』은 각각 3년 안에 학업을 마치게 한다고 하였다.[31] 신라 국학은 9년을 기한으로 하였고, 일본 역시 마찬가지였다.[32]

이와 같은 신라 국학은 당 국자감에 소속된 관부인 태학에 준하는 정도로 여겨지는데, 성덕왕대 대학이라고 하였고 경덕왕대 태학감이라고 한 점에서 생각해 볼 수 있다.[33] 이후 신라는 9세기 중엽 제2차 관호개혁을 추진하였다.[34] 前國

---

27) 이에 대해서는 채미하, 2006, 앞의 논문; 채미하, 2013, 「신라 흥덕왕대의 정치와 의례」 『신라문화』 42, 동국대 신라문화연구소; 채미하, 2015, 앞의 책 참조.

28) 『三國史記』 卷9 新羅本紀9 景德王 6년, "春正月 改中侍爲侍中 置國學諸業博士·助教"

29) 노용필, 1994, 「신라시대 효경의 수용과 그 사회적 의의」 『이기백선생고희기념논총』, 일조각, p.196; 정호섭, 2004, 앞의 논문, pp.58-60; 이현주, 2020, 「신라 효경의 수용과 활용」 『한국사상사학』 64, 한국사상사학회도 참고. 이명식은 국학의 명칭을 대학감으로 개칭하던 경덕왕 6년에 박사와 조교를 두었다고 한다(이명식, 2000, 「신라 국학의 운영과 재편」 『대구사학』 59, 대구사학회, pp.13-14).

30) 당 국자감의 박사와 조교, 학생 등의 인원과 관품 등은 『唐六典』 卷21, 국자감 참고.

31) 『唐六典』 卷21 國子監, "國子博士 督孝經·論語限一年業成 尙書·春秋公羊·穀梁各一年半 周易·毛詩·周禮·儀禮各二年 禮記·左氏春秋各三年"

32) 『養老令』 학령 8조, "(…) 及在學九年 不堪貢擧者 並解退(…)". 한편 국학의 각 교과과정은 7년으로 이해하기도 한다(한영화, 2019, 앞의 논문, p.348). 이외의 연구성과는 각주 5 참고.

33) 김영하, 2005, 앞의 논문, p.153 및 p.156.

子監卿은 「개선사석등기」(868년)[35]에, 태학박사는 최치원이 쓴「奏請宿衛學生還蕃狀」에 나온다.[36] 이로 볼 때 신라 하대 국학은 國子監으로 불렸을 것이고, 당 국자감과 같이 국자학과 태학으로 나누어져 신라 하대 유학 교육이 이루어졌을 것이다.[37]

이상과 같이 신라 국학에서 이루어진 유가 교육은 당 제도를 수용하면서 정

---

34) 이기동, 1978, 「나말·려초 근기기구와 문한기구의 확장」『역사학보』 77, 역사학회; 이기동, 1984, 앞의 책, pp.233-246. 정호섭은 국학이라는 용어가 경문왕·헌강왕기에도 그대로 있어 국학은 변하지 않았다고 보기도 한다(정호섭, 2004, 앞의 논문, pp.54-56).

35) 「개선사석등기」의 '景文大王主 文懿皇后主 大娘主 願燈二炷 唐咸通九年戊子中春 夕繼月光 前國子監卿沙干金中庸 送上油粮業租三百碩'를 보면 경문왕 9년 석등 건립에 필요한 물자를 전국자감경인 사간 김중용이 보냈다고 한다(전미희, 1989, 「신라 경문왕·헌강왕대의 '能官人' 등용정책과 국학」『동아연구』 17, 서강대 동아연구소, p.52, p.51). 이와 관련해서 '見新羅國子博士薛因宣撰金庾信碑及朴居勿撰·姚克一書三郎寺碑文(『三國史記』卷28 百濟本紀6 義慈王 20년 史論)' 國子博士 설인선이 찬한 김유신비도 참고되는데, 김유신의 몰년이 문무왕 13년이므로, 그 무렵으로 보기도 한다(정호섭, 2004, 앞의 논문, p.49). 하지만 흥덕왕대(이현태, 2006, 「신라 중대 신김씨의 등장과 그 배경」『한국고대사연구』 42, 한국고대사학회, pp.237-240), 경문왕대(이문기, 1999, 「신라 김씨 왕실의 소호금천씨 출자관념의 표방과 변화」『역사교육논집』 23·24, 한국역사교육학회, pp.662-667)로 보기도 한다.

36) 「奏請宿衛學生還蕃狀」 '令准去文德元年放歸 限滿學生大學博士金紹游等例 勒金茂先等 幷首領輩 隨賀正使級餐金穎船次還蕃'에 따르면 문덕 원년(진성왕 2)에 김무선을 비롯한 신라의 숙위 학생 4명을 돌려보냈다고 한다. 여기의 태학박사는 헌강왕 4년 당시 그가 신라에서 역임하고 있었던 직책으로 보고 있다(전미희, 1989, 앞의 논문, p.52).

37) 전미희, 1989, 앞의 논문, pp.50-51. p.53에서 신라의 국학에는 경문왕·헌강왕대를 전후하여 이미 태학이나 산학 등의 학과가 구분되어 있다고 하였고 노중국도 국자학·태학·산학의 학업 분야가 국학에 설치되었다고 하였다(노중국, 1998, 앞의 논문, pp.56-57). 한편 김영하, 2005, 앞의 논문, p.153에서 당 국자감과 외형상의 차이를 극복하려는 의식의 소산으로 경덕왕대의 대학감, 「개선사석등기」의 국자감이라는 표현을 이해하고 있다. 당의 경우 국자학, 태학, 사문학의 구분 기준은 父祖의 관품이었다. 신라 하대 국자학과 태학의 기준이 무엇인지에 해서는 현재로서는 알 수 없다.

비되었지만, 그 실제는 변용되어 운영되었다. 이것은 신라에 국학이 설치되기 전부터 삼국시대 유가교육과 관련 있지 않았을까 한다. 그렇다면 삼국시대의 유가교육은 어떠했을까.

고구려는 소수림왕 2년(372)에 태학을 설치하여 유가교육을 하였고[38] 唐書에 따르면 "풍속이 서적을 좋아하고 빈천하고 짐승이나 먹이는 집에 이르기까지 집집마다 大屋을 지어 이를 경당이라 불렀으며, 미혼의 자제들이 주야로 이곳에서 글 읽고 활쏘기를 좋아하였다"고 한다.[39] 고구려의 서적으로는 五經·三史(사기·한서·후한서)·三國志·晉春秋와 사전으로 옥편·字統·字林이 있으며 문학서인 文選을 특히 중히 여겼다고 한다.[40] 소수림왕대 이후 고구려의 신화와 왕의 계보 등에 관한 100권에 달하는 『留記』가 편찬되었고, 영양왕 10년(600)에 박사 이문진이 古史를 축소하여 『新集』 5권을 수찬하였다.[41] 사서편찬은 유교경전을 비롯한 중국문화를 이해하고 활용할 수 있는 조건을 구비하고 있었음을 보여주며, 사서는 태학의 교재로도 사용되었을 것이다.[42]

백제는 근초고왕대 박사 고흥이 『書記』를 편찬하였고[43] 박사라는 칭호에서 대학과 전문학자가 있었을 것이다. 『일본서기』의 『백제기』·『백제신찬』·『백제본

---

38) 『三國史記』 卷18, 高句麗本紀8, 小獸林王 2년, "立太學 敎育子弟"

39) 『舊唐書』 卷199上 列傳149上 東夷 高句麗, "俗愛書籍 至於衡門廝養之家 各於街衢造大屋 謂之扃堂 子弟未婚之前 晝夜於此讀書習射";『新唐書』 卷220 列傳145 東夷 高句麗, "人喜 學 至窮理廝家 亦相矜勉 衢側悉構嚴屋 號扃堂 子弟未婚者曹處 誦經習射"

40) 『周書』 異域列傳 高句麗 및 『北史』 卷94 列傳82 高句麗, "書籍有五經·三史·三國志·陳陽 秋";『舊唐書』 卷199上 列傳149上 東夷 高句麗, "其書有五經及史記·漢書·范曄後漢書·三國 志·孫盛晋春秋·玉篇·字統·字林, 又有文選 尤愛重之"

41) 『三國史記』 卷20 高句麗本紀8 嬰陽王 11년, "春正月 詔大學博士 李文眞 約古史爲新集五 卷 國初始用文字 時有人記事一百卷 名曰留記 至是刪修"

42) 정구복, 1983, 「전통적 역사의식과 역사서술」 『한국학입문』, 대한민국학술원, p.83

43) 『三國史記』 卷24 百濟本紀2 近肖古王 30년, "古記云 百濟開國已來 未有以文字記事 至是 得博士高興 始有書記 然高興未嘗顯於他書 不知其何許人也"

기』는 『서기』 이후에 편찬되었을 것이다.[44] 『주서』에는 "풍속이 말 타고 활쏘기를 중히 여기고 경서와 사서를 좋아하였으며, 그중 뛰어난 자는 자못 한문을 해독하여 글을 잘 지었다"[45]고 하며 중국에서 毛詩博士[46]와 講禮博士[47]를 청해 오기도 하였다. 『주서』·『북사』에는 '글을 잘 지었다', 『북사』·『수사』에는 '吏事에 能했다', 『구당서』에는 '表나 疏는 중국의 법에 따랐다', 『신당서』에는 '文籍이 있다'고 기록되어 있다. 이로 볼 때 백제는 經·史·子를 중심으로 교육하였음을 알 수 있다.[48] 한성시기에는 왕자 阿直岐와 박사 王仁이 유교경전 등을 왜에 전달하였고[49] 무령왕대에는 오경박사 段楊爾와 高安茂가,[50] 성왕대는 오경박사 王柳貴가 왜에 갔다.[51]

신라는 진흥왕 6년(545) 왕실의 덕실을 논하기 위해 『국사』를 편찬하였는데,[52] 유가나 중국 사서의 영향을 받은 것으로 이해하고 있다.[53] 진흥왕 순수비의 巡狩는 『예기』 왕제편에서 제왕이 왕경을 출발하여 산천에 제사를 지내고 제후를 불러 모아 민신을 동향을 살피며, 역일을 제시하고 금제나 예악의 기준 및

---

44) 이기동, 1972, 「고대국가의 역사의식」 『한국사론 6』, 국사편찬위원회, pp.6-7.

45) 『周書』 異域列傳 百濟, "俗重騎射 兼愛墳史 其秀異者 頗解屬文"

46) 『三國史記』 卷26 百濟本紀4 聖王 19년, "(…)兼表 請毛詩博士 涅槃等經義 幷工匠·畵師等 從之"; 『南史』 梁本紀 武帝 大同 7년, "百濟求涅槃等經疏及醫工·畵師·毛詩博士 幷許之"

47) 『陳書』 卷33 鄭灼傳 附, "梁世百濟國表求講禮博士 詔令詔行"

48) 『舊唐書』 卷199上 列傳149上 東夷 百濟, "其書籍有五經·子·史 又表疏幷衣中華之法"

49) 『日本書紀』 卷10 應神紀 15년, "百濟王 遣阿直岐 (…)阿直岐亦能讀經典 即太子菟道稚郎子師焉 天皇問阿直岐曰 如勝汝博士亦有耶 對曰 有王仁者"; 『日本書紀』 卷10 應神紀 16년, "王仁來之 則太子菟道稚郎子師之 習諸典籍於王仁 莫不通達"

50) 『日本書紀』 卷17 繼體紀 7년, "百濟···貢五經博士段楊爾"; 『日本書紀』 卷17 繼體紀 10년, "秋九月 百濟 (…) 別貢五經博士漢高安茂 請代博士段楊爾 依請代之"

51) 『日本書紀』 卷19 欽明紀 15년, "二月 百濟 (…) 五經博士王有貴 代高德馬丁安"

52) 『三國史記』 卷4 新羅本紀4 眞興王 6년, "(…) 伊飡異斯夫曰 國史者 記君臣之善惡 示褒貶 於萬代 不有修撰 後代何觀 王深然之 命大阿飡 居柒夫等 廣集文士俾 之修撰"

53) 김두진, 1981, 「고대의 문화의식」 『한국사 2』, 국사편찬위원회, p.286.

제도 복색의 규정을 통일시켜 잘못을 바로 잡는 것을 말한다. 후술되듯이 「마운령비」의 '修己以安百姓'은 『논어』 憲問章에서 취한 것이다. 乾道는 천도로, 『서경』 大禹謨편에 '罔違道以干百姓之譽', 神祇는 『서경』 태갑(상)편에 "伊尹作書曰 先王 顧諟天之明命, 以承上下神祇 社稷宗廟 罔不祇肅", 四方託境은 『서경』의 왕도사상 과 관련 있는 것으로, 泰誓편에는 '寵綏四方'과 '光于四方'이, 畢命편에는 '四方無 虞'가, 益稷편에는 '予欲宣力四方'이 보인다. 純風은 '純美之風', 仁風으로 『晉書』 樂 志 宗朝歌詩 歌成帝에 보이며 歷數는 일월 운행의 度數로 『漢書』 예악지의 '我定 歷數人告其心'과 『한서』 율력지(상)의 '咨爾舜天之歷數在爾躬'에서 찾아진다. 應符 의 符는 하늘로부터 명을 받은 君에게 내리는 상서로 符籍·神符·符命이라고도 하며 『사기』 효무제기에 '賜諸侯白金 以風符應合于天地'의 注로 '集解曰 晉灼曰 符 瑞也 瓚曰 風示諸侯以此符瑞之應'이라고 하였다.

「임신서기석」에는 "또 따로이 먼저 신미년 (551년 또는 611년) 7월 22일에 맹서하였다. 詩·尙書·禮記·春秋傳을 차례로 습득하기를 맹서하되 3년으로 하였다"고 한다. 원광의 세속오계는 화랑도 교육의 유교덕목이 아닐까 한다.[54] 즉 事 君以忠(忠)은 왕권을 중심으로 한 중앙집권적인 국가체제의 형성에 부응하는 것, 事親以孝(孝)는 가부장적인 가족제도의 발전에 따른 것, 交友以信(信)은 화랑도와 같은 집단생활에서 필요한 것, 臨戰無退(勇)는 정복전쟁의 수행에서 필수적인 것 이다.[55] 살생유택은 불교의 규범으로 보기도 하나, 『예기』 月令篇과 玉藻篇에도 '때를 가려 죽이지 말라'·'細物을 죽이지 말라'·'가축을 죽이지 말라'가 나온다.

이상과 같은 삼국시대의 유가교육과 그 내용은 신라 국학이 성립되고 정비될 때 영향을 주었을 것이다. 삼국시대 유가 교육과 관련된 시스템에 대한 구체적인

---

54) 이병도, 1959, 『한국사 고대편』, 진단학회, pp.600-602. 한편 유교의 모방에서 온 것만 이 아닌 신라사회의 전통과 기반과도 연관되어 생각하기도 한다(김철준, 1990, 앞의 책, p.311).

55) 이기백, 1986, 앞의 책, p.201; 김철준, 1990, 앞의 책, pp.311-312.

내용은 알 수 없지만, 당의 제도를 받아들인 신라 국학이 당과 다른 모습을 띈 것은 삼국시대의 유가 교육 시스템의 반영이 아닐까 한다. 고구려 태학은 기록에 보이는 삼국시대 유일한 교육기관이다. 중국에서 본격적인 학교제도가 마련된 것은 漢 武帝代이다.[56] 이때 설립된 중앙의 학교인 태학은 중원의 여러 왕조에서도 사용하였고, 고구려는 소수림왕 2년(372)에 이것을 수용하여 유가교육을 하였다.[57] 백제의 경우 교육기관에 대한 기록은 없지만 유교 경전을 담당하는 박사가 있었고 신라의 경우 임신서기석을 보면 유가 경전을 공부하는 기간을 3년으로 설정하고 있다.

그리고 신라 국학의 교과목의 하나인 『문선』은 당·일본의 교수 내용에는 포함되지 않은 것으로, 신라의 필요성 때문에 『문선』을 교육하였을 것이지만,[58] 고구려에서 『문선』을 중히 여겼다고 하는 것도 참고된다. 또한 신라에서는 독서 삼품과를 시행하기 이전 弓箭(활쏘기)로 인재를 선발하였다. 고구려 시조 주몽의 이름이 '활을 잘 쏘는 사람'이라는 점에서 짐작할 수 있듯이, 弓箭, 射는 고구려 사회에서 왕에게 요구되는 덕목의 하나였다. 백제왕은 활 쏘는 것을 관람하거나 도성 내에 射臺를 만들어 활 쏘는 것을 익히게 하거나 도성 사람들을 모아 활 쏘는 것을 익히도록 하였다.[59] 신라왕은 활 쏘는 것을 '觀'하였고,[60] 『북사』와 『수서』, 『당서』에 따르면 8월 15일에 군신을 모아 궁정에서 활쏘기를 하였다.[61] 이와 같

---

56) 미조구치 유조 외, 2011, 『中國思想文化事典』, 김석근·김용천·박규태 譯, 책과 함께, pp.765-766. 漢 武帝代 학교제도의 정비는 유교의 국교화 내지 유학의 관학화와 밀접한 관련이 있다. 이와 관련해서는 渡邊義浩, 2011, 『후한 유교국가의 성립』, 김용천 譯, 동과서, 2011, pp.25-29 참조.

57) 이정빈, 2014, 「고구려의 교육기관과 인재양성」 『제2회신라국학대제전국제학술대회』, p.10.

58) 신라 국학의 『문선』과 관련해서 각주 5 참고.

59) 『三國史記』百濟本紀 古爾王 9년·比流王 17년·阿莘王 7년 참고.

60) 『三國史記』卷3 新羅本紀3 實聖尼師今 14년, "秋七月 又御金城南門觀射"

61) 『北史』卷94 列傳82 新羅; 『隋書』卷81 列傳46 東夷 新羅; 『舊唐書』卷99上, 列傳149上

은 활쏘기, 즉 射는 周 周公 때 완비된 六藝, 禮(禮容)·樂(音樂)·射(弓術)·御(馬術)·書(書道)·數(수학)의 하나로 육덕(知·仁·聖·義·忠·和)·육행(孝·友·睦·婣·任·恤)과 함께 중국 고대 교육의 중요한 교과 과정이었다. 따라서 독서삼품과 설치 이전 신라에서 인재를 弓箭을 통해 선발한 것은 삼국시대 유가 교육 및 인재 등용방식과 관련지어 이해된다.

III. 유가교육에서 『논어』의 위상

유가의 기본 교양서로 공자의 言行이 집약된 『논어』는 삼국시대 신라에서 일찍부터 읽혀졌다. 「울진봉평비」의 '獲罪於天'은 『논어』 八佾章에 "獲罪於天 無所禱也"(하늘에 죄를 지으면 빌 곳이 없다)에서, 마운령비의 '修己以安百姓'은 『논어』 憲問章의 "子路問君子 子曰修己以敬 曰如斯而已乎 曰修己以安人 曰如斯而已乎 曰修己以安百姓 修己以安百姓 堯舜其猶病諸"에서 나온 것이다. 「임신서기석」의 '天大罪得誓'는 「울진봉평비」의 '獲罪於天'과 비교된다. 『삼국사기』에는 눌최가 '至於歲寒 獨松柏於凋',[62] 죽죽이 '使我歲寒不凋',[63] 비령자가 '歲寒然後 知松柏之後凋'[64]라고 한 것은 『논어』 子罕章의 "歲寒然後 知松柏之後凋"에서 취한 것이다. 물계자가 "(…) 일찍이 들으니 신하된 도리는 위험을 보면 목숨을 바치고, 어려움을 만나면 자신을 돌보지 않는 것이라고 하였다.(…)"[65]는 김부식이 『논어』 子張章의 "臣見危致命 見得思義"라는 구절과 『禮記』 曲禮(上)의 "臨難毋苟免" 또는 『구당서』

東夷 新羅; 『新唐書』 卷220 列傳145 東夷 新羅.
62) 『三國史記』 卷47 列傳7 눌최.
63) 『三國史記』 卷47 列傳7 죽죽.
64) 『三國史記』 卷47 列傳7 비령자.
65) 『三國史記』 卷48 列傳8 물계자.

劉弘基傳의 "臨難不屈"의 구절을 합쳐 새로 만든 표현이다.[66] 하지만 이 역시 당시 『논어』에 대한 이해가 있었다고 생각한다.

김해 봉황동 저습지 유적에서 출토된 목간 4면에는 『논어』 公冶長章이 기록되어 있으며, 인천 계양산성에서도 『논어』 목간이 출토되었다. 강수와 함께 국학을 정비한 설총[67]은 '방언으로 九經을 읽었고 후생을 훈도하였'는데,[68] 9경에는 『논어』가 포함되었다고도 한다.[69] 외교문서 작성에 탁월했던 강수는 『효경』·『爾雅』·『곡례』·『文選』을 스승으로부터 배웠고[70] 유가 교육의 기본서인 『논어』도 읽었을 것이다. 『삼국사기』의 "(…) 삼가 아무 관직의 아무개를 보내 변변치 못한 물품을 진열하여 여기 계신 듯한 신령 앞에 정성을 올립니다(謹遣使某官某 奉陳 不腆之物 以虔如在之靈) (…)"[71]의 '如在'는 神이 그 곳에 있는 것과 같다는 뜻으로 『논어』 八佾章의 '祭如在 祭神如神在'에서, "(…) 한 가지를 들으면 이를 유추하여 세 가지를 깨달았다(聞一隅 則反之以三隅)(…)"[72]는 『논어』 述而章의 "擧一隅 不以 三隅反 則不復也"에서 나온 것이다. "최치원은「鸞郞碑」서문에서 말하기를, '(…)

---

66) 정구복 외, 1997, 『역주 삼국사기』 4 주석편(하), 한국정신문화연구원, p.799.

67) 이기백, 1982, 「통일신라와 발해의 사회」 『한국사강좌 I (고대편)』, 일조각, p.318.

68) 『三國史記』 卷46 列傳6 설총, "薛聰 (…) 以方言讀九經 訓導後生"

69) 당에서는 三經·三禮·三傳을 합하여 구경이라고 하였다. 즉, 『예기』와 『좌전』은 대경, 『시』·『주례』·『의례』는 중경, 『역』·『상서』·『춘추공양전』·『곡량전』은 소경이라고 하였다(『新唐書』 卷44 志34 選擧上, "凡禮記春秋左氏傳爲大經 詩周禮儀禮爲中經 易尙書春秋 公羊傳穀梁傳爲小經"; 皮錫瑞, 1995, 『中國經學史』, 李鴻鎭 譯, 형설출판사, pp.165-167 참고). 따라서 설총의 9경을 이것으로 보기도 하며(조준하, 2002, 「설총의 구경에 관한 사적 고찰」 『한국사상과 문화』 17, 한국사상문화학회, pp.98-99) 독서삼품과 시험과목 인 『시경』·『서경』·『역경』·『춘추』·『예기』·『의례』·『주례』·『논어』·『효경』을 9경이라고 도 한다(정구복 외, 1997, 앞의 책, pp.771-772). 이병도는 역경·서경·시경·예기·춘추·효경·논어·맹자를 9경으로 보고 있다(이병도, 1977, 앞의 책, p.681).

70) 『三國史記』 卷46 列傳6 강수, "强首 (…) 遂就師讀孝經·曲禮·爾雅·文選"

71) 『三國史記』 卷8 新羅本紀8 神文王 7년 夏 4월.

72) 『三國史記』 卷43 列傳3 김유신 부록 현손 김암.

이를테면 들어와서는 집안에서 효를 행하고 나가서는 나라에 충성함은 魯 司寇의 가르침이다.(…)'"[73)]는『논어』學而章의 "入則孝 出則悌"를 인용한 것이다.

「숭복사비」의 '覆簣'은 '작은 것을 쌓아서 큰 것을 이룸'이라는 뜻으로,『논어』子罕章의 "子曰 譬如爲山 未成一簣 止吾止也 譬如平地 雖覆一簣 進吾往也",「문경 봉암사지증대사탑비」의 '九思'는 군자가 항상 염두에 두고 반성하며, 그 행실을 삼가야 할 아홉 가지의 일로,『논어』季氏章의 '視思明·聽思聰·色思溫·貌思恭·言 思忠·事思敬·疑思問·忿思難·見得思義'를 총칭한다.「보령성주사지 낭혜화상탑 비」의 '후학[可畏]'은 後生의 뜻으로『논어』子罕章의 "子曰 後生可畏"에서,「제천 월광사지 원랑선사탑비」의 '憤悱'는 배우는 사람이 가르치는 사람이 말해주기 이 전에 먼저 꼭 배우고자 하는 마음을 갖는 것을 의미하는 것으로『논어』述而章의 "不憤不啓 不悱不發 擧一隅不以三隅反 則不復也"에서 취하였다.「하동 쌍계사진 감선사탑비」의 '先難後獲'은 어려운 일을 먼저하고 얻는 바를 뒤로 함이라는 뜻 으로『논어』雍也章에서 樊遲가 仁에 대하여 묻자 공자가 대답한 말이고,「하동 쌍계사진감선사탑비」의 '且尼父謂門弟子曰 予慾無言 天何言哉'(하늘이 말하지 않 으면서도 철을 바꾸고 만물이 생기게 하는 것처럼, 공자 자신도 그렇게 하겠다) 는『논어』陽貨章에 보인다.

앞 장에서 살펴보았듯이,『논어』는 동아시아 삼국의 유가 교육 과정에서『효 경』과 함께 공통 과목이었다. 하지만 신라 국학에서는 당·일본과는 달리『효경』 보다『논어』를 먼저 기록하고 있으며, 국학의 교과과목이『상서』-(『논어』-『효 경』-)『문선』순으로 기재되어 있다. 독서삼품과에서는『논어』가 상품과 중품에 포함되어 있다. 독서삼품과의 내용을 제시하면〈표 2〉와 같다.

〈표 2〉에서 독서삼품과의 상품에는『춘추좌씨전』혹은『예기』혹은『문선』과 『논어』·『효경』이, 중품에는『곡례』와『논어』·『효경』이, 하품에는『곡례』·『효경』

---

73)『三國史記』卷4 新羅本紀4, 眞興王 37년.

표 2. 독서삼품과 내용

	상품	중품	하품	超擢
독서삼품과	春秋左氏傳 (若)禮記 (若)文選 論語·孝經	曲禮·論語·孝經	曲禮·孝經	五經·三史·諸子 百家書

이 평가대상이었다. 『삼국사기』 직관지 국학조에 보이는 "諸生讀書以三品出身"과 "始定讀書三品以出身"의 '出身'은 "처음으로 벼슬길에 나섬"이라는 뜻이고, '諸生'은 국학생이다.[74] 이로 볼 때 국학생들은 국학의 교과목을 독서하여 삼품으로 평가받았으며, 독서삼품이라는 평가 내지 시험을 거쳐 관료로 진출할 수 있었다.[75]

당의 명경과에서는 二經을 시험 보는데, 2경에 통한다는 것은 대경 하나와 소경 하나에 통하거나, 중경 둘에 통하는 것이다. 시험은 경마다 10帖을 내고 『논

---

74) 당 국자감의 6학은 학생의 신분에 따라 나뉘지만(『唐六典』 卷21, 국자감), 신라 국학생의 규정은 명확치 않다. 따라서 주로 6두품(이기백, 1986, 앞의 책, p.229)이나 5두품(전미희, 1988, 「원효의 신분과 그의 활동」『한국사연구』 63, 한국사연구회, pp.48-50 참고), 6두품 이상의 신분층(고경석, 1997, 앞의 논문, p.101), 진골에서 5두품까지(이인철, 1993, 앞의 책, p.144; 정호섭, 2004, 앞의 논문, pp.52-53), 진골부터 4두품 까지(이희관, 1998, 앞의 논문, pp.106-109), 4두품에서 평민에 이르는 하급의 신분자들도 국학생이 되었을 것이라고 하였다(이명식, 2000, 앞의 논문, p.19). 국학생의 재학시의 관등은 대사에서 무위자이지만, 졸업시에는 대나마나 나마의 관등을 받는다. 따라서 국학생은 진골부터 5두품까지가 아니었을까 한다.

75) 독서삼품과의 성격을 국학의 졸업시험(이기백, 1986, 위의 책, p.230) 내지는 국학 졸업생의 성적 평가법이자 관리 등용의 시험제도(木村誠, 1982, 「統一新羅の官僚制」『日本古代史講座』 6, p.151)로 보기도 한다. 그리고 독서삼품과는 국학생 뿐만 아니라 개인적으로 유학을 습득하였던 사람들에게도 적용되었다고 한다(홍기자, 1998, 「신라 하대의 독서삼품과」, 『신라의 인재양성과 선발』(신라문화제학술발표회논문집19), pp.127-138; 정호섭, 2004, 앞의 논문, pp.63-66). 한편 독서삼품과는 진골귀족으로 어려움이 있었던 국학을 강화하기 위한 목적에서 운영되었다고 하기도 한다(장일규, 1992, 「신라말 경주최씨 유학자와 그 활동」『사학연구』 45, 한국사학회, pp.9-10).

어』는 8첩, 『효경』은 2첩을 낸다. 6첩 이상에 통하면 그 다음에 策을 시험하는데,[76] 모두 經文과 주석의 뜻[注意]을 쓰며 답안에서는 뜻과 이치를 분명하게 밝혀야 통한다고 하였다.[77] 독서삼품과에서도 경의 뜻을 평가받았을 것이고 주석에도 정통해야 했을 것이다. 후술되는 신라 국학에 국왕이 행차했을 때도 '經義', 경의 뜻을 강론하였다. 신라 국학의 유가교육에서 사용한 주석서와 관련해서 다음이 참고된다.

> 1) 『주역』은 정현과 왕필의 注, 『상서』는 공안국과 정현의 注, 『삼례』와 『모시』는 정현의 注, 『좌전』은 복건과 두예의 注, 『공양전』은 하휴의 注, 『곡량전』은 범녕의 注, 『논어』는 정현과 하안의 注, 『효경』과 『노자』는 모두 지금 황제의 注이다. 예전 『令』의 경우, 『효경』은 공안국과 정현의 注, 『노자』는 하상공의 注이다.[78]
>
> 2) 『주역』은 정현과 왕필의 注(생각건대, 1인이 아울러 2개를 배우는 것이 아니다. 정 또는 왕을 한 가지 注만 익히는 것이다. 만약 겸하는 자가 있다면 이미 박달로 간주한다), 『상서』

---

76) '通二經'의 策試 문항 수는 一大一小의 경우는 대경4+소경3+효경·논어3=10문항이고, 兩中經의 경우는 중경3(주례일 경우 4)+중경3+효경·논어3=9(10)문항이다.

77) 『唐六典』 尙書吏部 考功 貢擧-明經, "明經各試所習業 文注精熟 辨明義理 然後爲通 (諸明經試兩經 進士一經 每經十帖 孝經二帖 論語八帖 每帖三言 通六已上 然後試策 周禮·左氏禮記各四條 餘經各三條 孝經論語共三條 皆錄經文及注意爲問 其答者須辨明義理, 然後爲通 通十爲上上 通八爲上中 通七爲上下 通六爲中上 其通三經者 全通爲上上 通十爲上中 通九爲上下 通八爲中上 通七及二經通五爲不第)"

78) 『唐六典』 卷21, 國子監 祭酒, "凡敎授之經 以周易尙書周禮儀禮禮記毛詩春秋左氏傳公羊傳穀梁傳各爲一經 孝經·論語·老子 學者兼習之 諸敎授正業(周易 鄭玄王弼注 尙書 孔安國鄭玄注 三禮毛詩 鄭玄注 左傳 服虔杜預注 公羊 何休注 穀梁 范甯注 論語 鄭玄何晏注 孝經老子 並開元御注 舊令 孝經 孔安國鄭玄注 老子 河上公注"

는 공안국과 정현의 注, 『예기(삼례)』와 『모시』는 정현의 注,
『좌전』은 복건과 두예의 注, 『효경』은 공안국과 정현의 注,
『논어』는 정현과 하안의 注이다.[79]

위의 내용에서 당과 일본에서 사용한 『논어』의 주석서는 하안과 정현의 注이
다. '신주'인 주희의 『논어집주』 이전 『논어』 주석은 1,100여 종에 이르는 고주들
이 있다. 이 중 대표적인 것은 삼국시대 魏 何晏(?~ 249)의 『논어집해』, 남북조시
대 梁 黃侃(488~545)의 『논어의소』, 하안의 주에 북송시대 邢昺(932~1010)이 소
(『정의』)를 붙인 것이다. 정현은 『주역』·『상서』·『모시』·『주례』·『의례』·『예기』·
『논어』·『효경』 등에 주석을 하였다. 현재 통행하는 『十三經注疏』를 보면 『모시』·
『주례』·『의례』·『예기』에 정현의 주석이 남아있고, 그 외는 단편적으로 보인다.

경덕왕 2년(743) 당 현종이 신라에 보낸 御註 『효경』[80]은 舊註인 공안국과 정
현의 주를 당 현종이 정리한 것이다.[81] 신라 국학에서는 『효경』을 경덕왕 이전에
는 공안국과 정현의 주를, 경덕왕 이후는 御註 『효경』을 사용하였을 것이다. 일본
율령에 따르면 '1인이 2개를 배우는 것이 아니다. (…) 한 가지 주만 익히는 것이
다. 만약 겸하는 자가 있다면 이미 박달로 간주한다'(2)고 하였다. 이와 같은 점을
염두에 둔다면 신라 국학에서 사용한 『논어』 주석서는 하안과 정현의 주였을 것
이고, 이 중 하나만 익히면 되었을 것이다.

지금까지 신라 유가에 대한 연구에 따르면 신라는 信과 忠을 귀중하게 여겼
는데, 信은 횡적으로 사회적 결합을 이루고 이것은 다시 忠을 통하여 종적으로

---

79) 『養老令』 학령 6조 "凡教授之經 周易 鄭玄王弼注(謂 非是一人兼習二家 或鄭或王 習其一
注 若有兼通者 旣是爲博達也) 尙書 孔安國鄭玄注 三禮毛詩 鄭玄注 左傳 服虔杜預注 孝經
孔安國鄭玄注 論語 鄭玄·何晏注"
80) 『三國史記』 卷9 新羅本紀9 景德王 2년.
81) 舊註는 전한 공안국의 주석 '傳'과 후한 정현의 주석 '解'를 지칭한다.

왕권과 연결되었다고 한다.[82] 그리고 왕권을 중심으로 한 질서유지를 위해 충과 신을 강조함으로써 신분질서를 유지하였고 충의 윤리는 왕권의 강화와 관련 있다고 하였다.[83] 『춘추좌씨전』은 국가윤리인 충의를 중시한 것으로 왕권의 절대화를 위하여 요구되는 것이 반영한 것이라고 한다.[84] 후술되는 시학에서 강론한 『상서』는 『서경』으로, 유교의 정치사상이 담겨 있는 최고의 경전으로 요순의 道와 三王의 義가 담겨있는 정치철학의 역사기록이다.[85] 『효경』은 효가 忠道의 근간임을 강조한 것으로, 국가 중심·군주 중심이라고 한다.[86] 『논어』는 공자의 언행이 집약된 인·의·예에 관한 내용을 바탕으로 효제와 충신의 덕목을 강조하였다.[87]

공자는 『논어』에서 자신이 꿈꾸는 이상적인 인간상, 즉 '仁'을 실천하는 지도자로 君子를 내세웠다. 『삼국사기』를 보면 신라왕은 德과 智를 겸비하고 있어 善射와 剛勇을 내세운 고구려와 백제와는 달랐으며, 5세기 이후에는 君子之風(눌지마립간)[88]·謙恭自守(소지마립간)[89]·寬厚愛人(법흥왕)[90]·寬仁明敏(선덕왕)[91] 등

---

82) 이기백, 1986, 앞의 책, p.133.

83) 김두진, 1981, 앞의 책, pp.282-284.

84) 윤남한, 1973, 「전환기의 사상동향」『한국민족사상대계 2』, 한국정신문화연구원, p.218; 신동하, 1991, 「고대사상의 특성」, 『한국사상사대계 2』, 한국정신문화연구원, p.265.

85) 蔣伯潛·蔣祖怡, 2002, 『유교경전과 경학』, 최석기·강정화 역주, 경인문화사, pp.112-113; 이범직, 1991, 『한국중세예사상연구-오례를 중심으로-』, 일조각, p.34.

86) 경덕왕대 당 현종 주의 『효경』 수용은 경덕왕의 왕권강화에 도움이 되었을 뿐만 아니라 유교적 효행 실천에 대한 국가적 포상이 처음 등장한 배경이라고 하였다(노용필, 1994, 앞의 논문, pp.199-203). 김영하, 2005, 앞의 논문, p.150에서 당 현종은 어주 『효경』의 증여를 통해 신라왕에게 겸허와 근신으로써 부귀와 사직을 보전하는 제후의 효를, 신라왕은 예법과 도덕으로써 종묘를 유지하는 경대부의 효를 신하에게 요구하였을 것이라고 하였다.

87) 김영하, 2005, 위의 논문, p.156.

88) 『三國史記』 卷3 新羅本紀3 訥祗麻立干 즉위년.

유교의 덕목이 보인다. 당 태종은 신라를 "진실로 군자의 나라로구나"라고 말하였고,[92] 당 현종이 성덕왕에게 내린 조서에 "바친 牛黃과 金銀 등의 물품은 표문을 살펴보니 잘 갖추어졌도다. 경의 나라 해와 달이 복되고, 삼한이 잘 도우니 오늘날 仁義의 나라라 불리고 대대로 勳賢의 업적이 두드러지도다. 문장과 예악은 군자의 풍모가 드러나고, 귀순한 이들과 충심을 받치는 이들이 근왕(勤王)의 절개를 본받는다."[93]고 하였고 당 현종이 형숙을 신라에 사신으로 보내면서 "신라는 군자의 나라라 일컬어지고, 자못 글을 잘 알아 중국과 비슷함이 있다.(…)"고 하였다.[94] 당 대종은 혜공왕을 책봉한 문서에서 "忠敬孝恭이 純性을 따라 행동함으로써 번방의 군자국(蕃君子之國)으로 外臣의 예를 지킬 수 있었다. (…)"[95]라고 하였고, 혜공왕모를 책봉한 문서에는 "圖史에 견식이 있고 式은 禮容이 있어 동방의 군자국과 나란히 하며(…)"[96]라고 하였다.[97]

공자는 당 貞觀 11년(637; 선덕왕 6)에 宣父라 존칭되었고[98] 당 개원 8년

---

89) 『三國史記』卷3 新羅本紀3 炤智麻立干 즉위년.
90) 『三國史記』卷4 新羅本紀4 法興王 즉위년.
91) 『三國史記』卷5 新羅本紀5 善德王 즉위년.
92) 『三國史記』卷41 列傳1 김유신上, "眞德大和元年戊申 春秋以不得請於高句麗 遂入唐乞師 (…) 帝曰 誠君子之國也 乃詔許"
93) 『三國史記』卷8 新羅本紀8 聖德王 30년 2월, "(…) 所進牛黄及金銀等物 省表具之 卿二明慶祚 三韓善隣 時稱仁義之鄕 世著勳賢之業 文章禮樂 闡君子之風 納欵輸忠 效勤王之節 (…)"
94) 『三國史記』卷9 新羅本紀9 孝成王 2년 춘2월, "帝謂璹曰 新羅號爲君子之國 頗知書記 (…)"
95) 『全唐文』卷415 常袞 冊新羅王金乾運文, "(…) 忠敬孝恭 率由純性 用蕃君子之國 能執外臣之禮 (…)"
96) 『全唐文』卷49 代宗皇帝 冊新羅王太妃, "(…) 鑑於圖史 式是禮容 儷東方君子之國 (…)"
97) 군자국과 관련해서는 권덕영, 2005, 「8-9세기 '군자국'에 온 당나라 사절」『신라문화』 25, 동국대 신라문화연구소 등 참고.
98) 『新唐書』卷15 志5 예악5, "貞觀二年 左僕射房玄齡博士朱子奢建言 周公尼父俱聖人 然釋

(720; 성덕왕 19) 이후 10철과 72현이 분화되었다.[99] 개원 20년(732; 성덕왕 31) 공자는 孔宣父로 불렸으며, 孔廟는 중사에 편제되었다.[100] 개원 25년(737; 성덕왕 36) 先師 안회를 배향하고 공자의 72명 제자와 선대의 儒者 22명의 현인을 종사하였으며[101] 개원 27년(효성왕 3) 공자는 문선왕으로 추봉되었다.[102] 신라에서는 성덕왕 16년(717)에 문선왕과 10철, 72제자의 그림을 '대학'에 안치했다고 한다. 기왕의 연구에서 성덕왕 16년(개원 5년) 기사 내용이 윤색되었다고 보기도 하며[103] 경덕왕 21년 이후의 사실로 이해하기도 한다.[104] 하지만 성덕왕 16년 이전 신라는 先聖과 先師에 대한 제사인 석전을 알고 있었다.

奠於學 以夫子也 大業以前 皆孔丘爲先聖 顔回爲先師 乃罷周公升孔子爲先聖 以顔回配 (…) 貞觀十一年 尊孔子爲宣父 作廟於兗州 給戶二十以奉之"; 『唐會要』卷35 褒崇先聖조 참고.

99) 『新唐書』卷15 志5 예악5, "明年(開元八年) 司業李元瓘奏 先聖廟爲十哲像 以先師顔子配 則配像當坐 今乃立侍 餘弟子列像廟堂不豫享 而范甯等皆從祀 請釋奠十哲享於上 而圖七十子於壁 曾參以孝受經於夫子 請享之如二十二賢 乃詔十哲爲坐像 悉豫祀 曾參特爲之 像坐亞之圖 七十子及二十二賢於廟壁"; 『唐六典』卷21 國子監祭酒‧司業조 참고.

100) 『舊唐書』卷21 志1 예의1 大唐開元禮 "二十年九月 頒所司行用焉 昊天上帝五方帝皇地祇 神州及宗廟爲大祀 社稷日月星辰先代帝王嶽鎭海瀆帝社先蠶釋奠爲中祀 司中司命風伯雨師諸星山林川澤之屬爲小祀"

101) 『唐令拾遺』학령, "(開二五) 釋奠于先聖孔宣父於太學 以先師顔回配(冉伯牛 (…) 范甯等 從祀)"

102) 『新唐書』卷15 志5 예악5, "(開元)二十七年 詔夫子旣稱先聖 可諡曰文宣王 遣三公持節冊命 以其嗣爲文宣公 任州長史 代代勿絶 (…)"

103) 박찬수는 1984, 「문묘향사제의 성립과 변천」, 『남사정재각박사고희기념 동양학논총』, 고려원, p.135에서 『三國史記』 찬자가 당시의 관념에 따라 윤색한 것이라고 하였다.

104) 경덕왕 21년(762)에 파견되었던 사신이 귀국할 때 문선왕 등의 도상을 가지고 와서 그것을 대학에 두었다고 한다(高明士, 1989, 「新羅時代廟學制の成立與展開」 『대동문화연구』 23, 성균관대 동아시아학술원, pp.261-262). 이외 관련 연구성과는 각주 5 참고.

(진덕왕 2년) 1) 伊飡 金春秋와 그의 아들 文王을 唐에 보내 조공
하였다. 당 太宗이 光祿卿 柳亨을 보내서 교외에서 그를 맞이하
여 위로하였다. (⋯) 2) 춘추가 國學에 가서 釋奠과 講論을 참관
하기를 청하니, 태종이 이를 허락하였다. (⋯)[105]

위의 내용에서 김춘추는 진덕왕 원년(647) 12월에 입당하여 다음해 2월까지
당에 머물면서[106] 당의 국학에서 석전 및 강론을 참관하였다. 진덕왕 2년은 당
정관 22년으로 김춘추가 당 국학의 석전의식을 참관하였고, 진덕왕 5년은 당 영
휘 2년으로 신라 국학이 설치되었고, 신문왕 2년(682)은 당 永淳 1년으로 신라
국학이 정비되었다. 『삼국사기』 직관지의 '孔子廟堂大舍'는 공자의 묘당을 관리
하는 관직이다.[107] 공자묘당 대사는 국학의 大舍 2인과 무관하지 않았을 것이고
신라 국학에는 공자가 문성왕으로 추봉되기 전인 개원 27년 이전에 공자묘당이
있었을 것이다. 이것은 아마도 국학이 정비되는 신문왕 2년 이후 어느 시점에 설
치되었으며 성덕왕대와 경덕왕대 정비되었을 것이다. 다음은 신라 국왕이 국학
에 행차한 기록이다.

1) (혜공왕 원년) 크게 사면했다. 왕이 太學에 행차하여 박사들
   에게 명해 尙書의 뜻(尙書義)을 강의하게 하였다.[108]
2) (혜공왕 12년) 2월에 國學에 행차하여 강의를 들었다.[109]
3) (경문왕 3년) 봄 2월에 왕이 국학에 행차하여 박사 이하 여러

---

105) 『三國史記』 卷5, 新羅本紀5, 眞德王 2년, "1) 遣伊飡金春秋及其子文王朝唐 太宗遣光祿卿
　　 柳亨 郊勞之 (⋯) 2) 春秋請詣國學 觀釋奠及講論 太宗許之"
106) 권덕영, 1997, 『고대한중외교사연구』, 일조각, pp.26-31.
107) 공자묘당과 관련한 연구성과는 각주 5 참고.
108) 『三國史記』 卷9 新羅本紀9 惠恭王 원년, "大赦 幸太學 命博士講尙書義"
109) 『三國史記』 卷9 新羅本紀9 惠恭王 12년, "二月 幸國學聽講"

사람에게 경서의 뜻(經義)을 강론하게 하고, 물건을 차등 있
게 내렸다.[110)]

4) (헌강왕 5년) 봄 2월에 왕이 국학에 행차하여 박사 이하에게
명해 강론하게 하였다.[111)]

위의 내용을 보면 혜공왕 원년(755) 왕이 '태학'에 행차하여 '박사'에게 '尙書
義', 상서의 뜻을 '講'하게 하였다고 하고(1), 혜공왕 12년(766) 2월에는 왕이 '국
학'에 행차하여 '聽講'하였다고 한다(2). 경문왕은 3년(863)에는 왕이 '국학'에 행
차하여 '박사이하'에게 '經義'를 '講論'하게 하였고 물건을 차등 있게 내려주었고
(3), 헌강왕 5년(879)에는 왕이 '국학'에 행차하여 '박사이하'에게 '講論'을 명하였
다고 한다(4).

혜공왕은 경덕왕이 왕 24년 6월에 죽자[112)] 그 뒤를 이어 즉위하였고 7월부터
원년을 칭하였을 것이다.[113)] 이후 공식적인 직무에 임하면서 혜공왕은 8월에 국
학에 행차하였을 것이다. 이외에 신라 국왕이 국학에 행차한 시기는 2월이다. 그
렇다면 신라 국왕의 국학 행차 시기는 2월과 8월로, 당「개원례」의 '國子釋奠于公
宣父'에 해당한다. 당「개원례」길례 '國子釋奠于孔宣父', '諸州釋奠于孔宣父' '諸縣
釋奠于孔宣父'와 '皇帝皇太子視學', '皇太子釋奠于孔宣父' 항목은 석전과 시학이 구
분되어 행해졌다. 하지만 당 德宗 建中 3년(782; 선덕왕 3) 국자사업의 상주를 보
면 석전의 날에 "合集朝官 講論五經文義"하던 구례가 代宗 大曆 5년(770; 혜공왕
5)까지 계속되었으나, 이후 시행되지 않았으므로 이를 부활시키자고 하였고 德

---

110) 『三國史記』卷11 新羅本紀11 景文王 3년, "春二月 王幸國學 命博士已下 講論經義 賜物
有差"
111) 『三國史記』卷11 新羅本紀11, 憲康王 5년, "春二月 幸國學 命博士已下講論"
112) 『三國史記』卷9 新羅本紀9 景德王 24년.
113) 신라는 유월칭원법을 사용하고 있다(『三國史記』卷1 新羅本紀1 南解次次雄 즉위조 史
論).

宗 貞元 2년(786; 원성왕 2)의 석전에서 "自宰臣已下 畢集於國學 學官升講座 陳五 經大義及先聖之道"하였다고 한다.[114]

이로 볼 때 신라 국왕이 국학에 행차한 것은 視學儀에 해당하지만, 신라 시학 의는 당·고려·조선과 같이 단독으로 이루어진 것이 아니라 석전례 때 행해지지 않았을까. 이와 관련해서 『고려사』 예지 '酌獻文宣王視學儀', 『세종실록』 오례 '視 學酌獻文宣王儀'(진설-거가출궁-작헌-시학-거가환궁),[115] 『국조오례의』 '享文宣 王視學儀'((재계-진설-)거가출궁-(성생기-전폐-궤향-)시학-거가환궁),[116] '酌獻文 宣王視學儀'(거가출궁-작헌-시학-거가환궁)[117]가 참고된다.

이상에서 신라 국학에서는 공자를 비롯한 선성과 선사에 대한 의례인 석전례 가 공자묘당에서 행해졌으며 석전례의 절차 중 하나인 시학에서 '박사' 또는 '박 사이하'가 강의 또는 강론하였다. 시학에서 강의 또는 강론된 내용 중 '尙書義'는 『상서정의』로 보기도 하지만,[118] 상서의 뜻이다.[119] 그리고 당 태종은 국학에 행 차했을 때 『효경』이 講되었다고 하며,[120] 고려시대 국왕이 국자감에 행차했을 때 는 『상서』의 열명·무일편, 『시경』의 칠월편이 강의·강론되었다고도 한다.[121] 그

---

114) 『唐會要』 卷35 석전, "1) 建中三年二月 國子司業歸崇敬奏 上丁釋奠其日 准舊例合集朝官 講論五經文義 自大曆五年以前常行不絶 其年八月以後權停講論 今旣日逼恐須復 依舊奏 2) 貞元二年二月釋奠 自宰臣已下 畢集於國學 學官升講座 陳五經大義及先聖之道"

115) 『世宗實錄』 卷131 오례 길례의식, "視學酌獻文宣王儀"

116) 『國朝五禮儀』 卷1 길례, "享文宣王視學儀"

117) 『國朝五禮儀』 卷1 길례, "酌獻文宣王視學儀"

118) 김영하, 2005, 앞의 논문, p.156. 통일신라기 『상서』는 공영달의 『오경정의』 계통의 학문으로, 이것은 梅賾本을 텍스트로 한 것이라고 하였다(조성을, 1989, 「정약용의 상 서금고문연구」 『동방학지』 61, 연세대 국학연구원, p.92).

119) 채미하, 2006, 앞의 논문, p.146.

120) 『新唐書』 卷15 志5 예악5, "(貞觀)十四年 太宗觀釋奠於國子學 詔祭酒孔穎達講孝經 (…) 玄宗開元七年 皇太子齒胄於學 謁先聖 詔宋璟亞獻 蘇頲終獻 臨享 天子思齒胄義 乃詔二 獻皆用胄子 祀先聖如釋奠 右散騎常侍褚無量講孝經禮記文王世子篇"

121) 『高麗史』 卷62, 志16, 예4, "睿宗九年八月乙卯 王詣國學酌獻于先聖先師 御講堂 命翰林

렇다면 '經義'의 '經'에는 『상서』를 비롯한 국학의 교과 내용인 『예기』(『곡례』) 등의 오경이 포함되었을 것이다. 뿐만 아니라 『효경』과 함께 공자의 言行이 집약된 『논어』도 강의 또는 강론되지 않았을까 한다.

IV. 맺음말

본 글은 신라의 유가교육과 논어의 위상에 대한 것이다. 신라의 유가교육을 대표하는 것은 국학으로, 이것은 진덕왕 이후 정치·사회적 상황과 당 국자감의 영향을 받으면서 설치되고 정비되었다. 그런데 신라 국학은 당 국자감과는 달리 장관은 경(사업)이며 당 국자감의 장관인 좨주와는 역할 역시 차이를 보이고 있다. 뿐만 아니라 국학의 교과과정과 평가 시험도 당과 구별된다. 이와 같은 차이는 국학의 유가교육과 그 내용이 삼국시대 유가교육의 전통 위에 당 제도의 영향을 받았기 때문이 아닐까 하였다. 고구려의 유가 교육기관인 태학이라든가, 고구려에서 『문선』을 중히 여긴 것, 고구려와 백제의 박사 등이 그것이다. 그리고 신라 화랑이 유가 경전 공부를 3년으로 서약한 것과 독서삼품과 시행 이전 인재를 궁술로 선발한 것 역시 참고 된다.

다음으로 삼국시대에도 널리 읽혀진 『논어』는 신라 국학의 교과과정에 『효경』과 함께 공통과목이었고, 독서삼품과에서는 상품과 중품에 포함되어 있어 국학생들은 『논어』에 대한 평가를 통과해야만 관리로 진출할 수 있었다. 시험은

學士朴昇中 借大司成講說命三篇 百官及生員七百餘人 立庭聽講 各進歌頌 御製詩一首 宣示左右 令各和進"; 『高麗史』 卷16 世家16 仁宗2 仁宗 7년 3월 癸卯, "王視國學釋奠先聖獻以殷盤二事 綾絹三十匹 御敦化堂命大司成金富轍講書無逸篇 使起居郎郎尹彦頤及諸生講問大義 賜宰樞侍臣學官諸生酒食 學官諸生表賀"; 『高麗史』 卷45 世家45 恭讓王1 恭讓王 2년 8월 己巳, "王謁文廟 令大司成宋文中 講詩七月篇 遂如積慶園"

경문과 주석의 뜻에 대한 것으로, 당시 사용된 『논어』의 주석서는 하안과 정현의 것이었고 둘 중 하나만 통하면 되었다. 이와 같은 『논어』는 『효경』·『춘추좌씨전』과 함께 신라의 정치질서(忠과 信)을 정립하는데 기여하였고, 신라가 대외적으로 '君子之國'으로 불린 것도 『논어』와 관련지어 생각해 보았다. 그리고 공자의 言行이 집약된 『논어』의 위상은 공자에 대한 제사인 釋奠禮가 신라 국학의 공자묘당에서 행해지고, 석전례에서 함께 진행된 視學에서 『논어』가 강론되기도 하였다는 점에서도 알 수 있었다.

참고문헌

(재)신라문화유산연구원, 2013, 「신라 국학 수용과 전개」『2013 신라학 국제학
　　술대회 논문집』

(재)신라문화유산연구원, 2014, 「동아시아 인재양성과 신라국학」『제2회 신라
　　국학대제전 국제학술대회』

이기백, 1986, 『신라사상사연구』, 일조각

주보돈 외, 2015, 『신라 국학과 인재 양성』, 민속원

渡邊義浩, 김용천 역, 2011, 『후한 유교국가의 성립』, 동과서

蔣伯潛·蔣祖怡, 최석기·강정화 역, 2002, 『유교경전과 경학』, 경인문화사

채미하, 2015, 『신라의 오례와 왕권』, 혜안

고경석, 1997, 「신라 관인선발제도의 변화」『역사와현실』 23, 한국역사연구회

高明士, 1989, 「新羅時代廟學制の成立與展開」『대동문화연구』 23, 성균관대 동아
　　시아학술원

김두진, 1981, 「고대의 문화의식」『한국사』 2, 국사편찬위원회

김영하, 2005, 「신라 중대의 유학수용과 지배윤리」『한국고대사연구』 40, 한국
　　고대사학회

김철준, 1990, 「삼국시대의 예속과 유교사상」『한국고대사회연구』, 서울대 출판부

김희만, 1994, 「신라 국학의 성립과 운영」『소헌남도영박사고희기념역사학논
　　총』, 민족문화사

노용필, 1994, 「신라시대 효경의 수용과 그 사회적 의의」『이기백선생고희기념
　　논총』, 일조각

노중국, 1998, 「신라와 고구려·백제의 인재양성과 선발」『신라의 인재양성과 선
　　발』(신라문화제학술발표회논문집19)

박수정, 2018, 「신라 국학의 교수법과 관리 등용」『역사와교육』 26, 동국대 역사

교과서연구소

박찬수, 1984, 「문묘향사제의 성립과 변천」 『남사정재각박사고희기념 동양학논
　　총』, 고려원

이기동, 1972, 「고대국가의 역사의식」 『한국사론 6』, 국사편찬위원회

이명식, 2000, 「신라 국학의 운영과 재편」 『대구사학』 59, 대구사학회

이영호, 2015, 「신라 국학의 성립과 변천」 『역사교육논집』 57, 한국역사교육학회

전미희, 1989, 「신라 경문왕·헌강왕대의 '能官人' 등용정책과 국학」 『동아연구』
　　17, 서강대 동아연구소

정구복, 1983, 「전통적 역사의식과 역사서술」 『한국학입문』, 대한민국학술원

정호섭, 2004, 「신라의 국학과 학생녹읍」 『사총』 58, 고려대 역사연구소

조준하, 2002, 「설총의 구경에 관한 사적 고찰」 『한국사상과 문화』 17, 한국사상
　　문화학회

채미하, 2006, 「신라 국왕의 시학과 그 의미」 『한국사상사학』 32, 한국사상사학회

채미하, 2013, 「신라 흥덕왕대의 정치와 의례」 『신라문화』 42, 동국대 신라문화
　　연구소

한영화, 2019, 「신라의 국학 교육과 관인선발」 『신라학보』 45, 신라사학회

浜田耕策, 1980, 「新羅 國學生と遣唐留學生」 『朐沫集』 2, 朐沫集発行世話人

編者 윤재석(尹在碩) jasyun@knu.ac.kr

경북대학교 사학과 교수, 인문학술원장 겸 HK+사업단장

『수호지진묘죽간 역주』(소명출판, 2010)

「東アヅア木簡記録文化圏の研究」(『木簡研究』43, 2021)

「韓國的秦簡牘研究(2015-2017)」(『簡帛』18, 2019)

著者(執筆順) 이성시(李成市) sungsi@waseda.jp

早稻田大學文學學術院 教授

『東アジア古代出土文字資料の研究』(共著, 雄山閣, 2009)

「平壤 貞柏洞364號墳출토 竹簡《論語》에 대하여」(『木簡과 文字』, 4, 2009)

「平壤楽浪地区出土《論語》竹簡の歴史的性格」, 『國立歴史民俗博物館研究報告』194, 2015)

김경호(金慶浩) haozu@skku.edu

성균관대학교 동아시아학술원 교수

『지하(地下)의 논어, 지상(紙上)의 논어』(공저, 성균관대학교출판부, 2012)

「湖南 簡帛과 古典學 研究의 새로운 가능성 모색」(『동서인문』, 17, 2021)

「前漢時期 西域 境界를 왕래한 使者들 : 《敦煌懸泉置漢簡》 기사를 중심으로」, (『중국고중세사연구』 61, 2021)

닝쩐쟝(寧鎭彊) shdtchxj@163.com

上海大學文學院 教授

「由臣、隷等低贱阶层说周代的社会性质」(『史学理论研究』2021-2)

「由郭店简《成之闻之》篇申说《老子》思想的礼学背景」(『中华文化论坛』2020-6)

「由它簋盖铭文说清华简《周公之琴舞》"差寺王聪明"句的解读」(『出土文獻』2020-4)

천칸리(陳侃理) ckl@pku.edu.cn

北京大學歷史學系 教授

『儒学、数术与政治：灾异的政治文化史』(北京大学出版社, 2015)

「里耶秦簡牘所見的時刻記録與記時法」(『简帛』 2018-1)

「《史記集解》爲注體說」(『文史』 2018-2)

따이웨이홍(戴衞紅) yuqidwh19@163.com

中國社會科學院古代史研究所 研究員, 경북대학교 HK연구교수 역임

『北魏考课制度研究』(中国社会科学出版社, 2010)

『韩国木简研究』(广西师范大学出版社, 2017)

「汉末魏晋时期县级主官加领校探讨」(『中国史研究』 2019-4)

윤용구(尹龍九) lolang@knu.ac.kr

경북대학교 인문학술원 HK교수

『낙랑군 호구부 연구』(공저, 동북아역사재단, 2011)

「평양 출토《論語》의 계통과 성격」(『木簡과 文字』 27, 2021)

「'낙랑군 호구부' 연구의 동향」(『역사문화연구』 72, 2019)

서봉수(徐奉秀) sabo88@nate.com

(재)백두문화재연구원 원장

『한강유역 신라기와 연구』(한국학중앙연구원 박사학위논문, 2020)

『파주 금승리·덕은리유적』(기전문화재연구원, 2006)

「경기지역 산성출토 신라기와 연구」(『경기사학』 6, 2002)

백종오(白種伍) jopaek@hanmail.net

한국교통대학교 교양학부 교수

『고구려 기와의 성립과 왕권』(주류성, 2006)

『중국 소재 고구려 유적과 유물』(공저, 동북아역사재단, 2020~2021)

「6세기 중반 신라 丹陽 赤城의 景觀」(『선사와 고대』 61, 2019)

하시모토 시게루(橋本繁) sige1023@yahoo.co.jp

경북대학교 인문학술원 HK연구교수

「新羅 文書木簡의 기초적 검토」(『영남학』 77, 2021)

「월지(안압지) 출토목간의 연구 동향 및 내용 검토」(『한국고대사연구』 100, 2020)

「월성해자 신 출토 목간과 신라 外位」(『木簡과 文字』 24, 2020)

미카미 요시타카(三上喜孝) mikami@rekihaku.ac.jp

日本國立歷史民俗博物館 教授

『日本古代の文字と地方社会』(吉川弘文館, 2013)

「慶州·雁鴨池出土の薬物名木簡再論」(『国立歴史民俗博物館研究報告』 218, 2019)

「城山山城出土新羅木簡の性格:日本古代の城柵経営との比較から」(『国立歴史民俗博物館研究報告』 194, 2015)

채미하(蔡美夏) mhchai@daum.net

경희사이버대학교 강사

『신라의 오례와 왕권』(혜안, 2015)

『한국고대 국가제의와 정치』(혜안, 2018)

「삼한의 '祭天'과 동예 '舞天'의 포용성」(『백제문화』 62, 2020)